高等院校土木工程类应用型系列教材

# 桥梁基础工程

宁贵霞　王丕祥　主　编

王凯英　李洪峰　副主编

科学出版社

北　京

## 内 容 简 介

本书是依据土木工程专业的培养方案，按照"桥梁基础工程"课程教学大纲的要求，结合应用型本科生的培养目标编写的。

全书共七章，分别介绍了桥梁基础工程的基本概念、发展历程，基础的分类及公路桥梁荷载；对于各种基础的类型、构造、设计原理、验算方法和施工工艺，特殊土地基的处理方法、加固设计原理、施工要点及特殊地区基础设计特点等进行了全面的讲解。本书编写结合 2004 年以来交通部颁发的相关公路桥涵设计系列规范中具体的修订部分，对相应知识内容进行了更新；在基础施工部分，相应地引入目前的一些重点工程施工中所采用的新工艺和新方法；针对主要知识点在各部分内容中相应地穿插了典型的例题。各章末附有思考题和习题，书末给出参考答案要点。

本书是一本知识内容系统且适用性较强的教材，可供土木工程专业交通土建工程方向的本科学生和从事该领域工作的工程技术人员使用和参考。

**图书在版编目（CIP）数据**

桥梁基础工程/宁贵霞，王玉祥主编. —北京：科学出版社，2011
（高等院校土木工程类应用型系列教材）

ISBN 978-7-03-031629-5

I.①桥⋯ Ⅱ.①宁⋯ ②王⋯ Ⅲ.①桥梁基础-桥梁施工-高等学校-教材
Ⅳ.①U445.55

中国版本图书馆 CIP 数据核字（2011）第 116812 号

责任编辑：任加林 / 责任校对：刘玉靖
责任印制：吕春珉 / 封面设计：耕者设计工作室

**科 学 出 版 社** 出版
北京东黄城根北街 16 号
邮政编码：100717
http://www.sciencep.com

**北京中科印刷有限公司** 印刷
科学出版社发行　各地新华书店经销

\*

2011 年 10 月第 一 版　　开本：787×1092　1/16
2021 年 8 月第四次印刷　　印张：23 1/4
字数：535 000

**定价：66.00 元**
（如有印装质量问题，我社负责调换〈中科〉）
销售部电话 010-62134988　编辑部电话 010-62137026（BA08）

# 前　言

本书依据当前土木工程专业的培养方案，结合交通土建工程方向"桥梁基础工程"课程教学大纲的教学要求，由科学出版社组稿，按照应用型本科生的培养目标编写。在内容组织上，注重夯实基础，加强工程应用；在知识点的安排上，内容由浅入深，难度和深度、广度循序渐进，逐步拓展；在知识结构处理上，把握住理论与实践结合、设计和施工并举的原则。本书编写遵从以桥梁基础的类型和构造要求入手，围绕设计与施工的原理和方法进行展开，借助典型算例对设计理论予以消化理解，通过思考题和习题对内容中的知识点加以巩固，通过专业生产实习过程对施工方法进行认识和了解，从而全书形成较为完善、系统的知识结构体系。

全书共分七章，重点介绍了桥梁基础工程的基本概念、发展历程，基础的分类及桥梁的荷载（作用）；各种基础的类型、构造、设计原理、验算方法和施工工艺；特殊土地基的处理的方法、加固设计原理、施工要点及特殊地区基础设计特点等内容。编写中注重了专业知识内容的综合性、系统性和适用性；特别是在各知识点方面，结合了2004年以来交通部颁发的相关公路桥涵设计系列规范中具体的修订部分进行了相应内容的更新；在基础施工部分，相应地引入了目前的一些重点工程施工中所采用的新工艺和新方法；各部分内容中，针对主要知识点对应地穿插了相应的例题，并在章末附有思考题、习题，书末给出参考答案要点，以便学生在学习中参考。

本书共有5所院校7位教师参加编写工作：第一章——宁贵霞（兰州交通大学）、第二章——王凯英（北华大学）、第三章——李洪峰（东北林业大学）、宁贵霞、刘世明（华北水利水电学院），第四章——沈璐（大连水产学院），第五章——张慧（兰州交通大学），第六章和第七章——王丕祥（东北林业大学）。其中前五章内容的理论部分由宁贵霞统稿，施工部分及第六、七章内容由王丕祥统稿；全书由中国中铁七局集团有限公司总工程师吴俊主审。

本书从策划、编写到出版得到科学出版社和相关学校的大力支持，编写中参阅了许多学者和专家在该领域的教学、科研、设计及施工中积累的相关资料，由于篇幅有限，未能一一列出，在此对其作者表示诚挚的谢意。

限于编者水平，书中不妥及不完善之处在所难免，恳请读者提出宝贵的意见和建议，以便再版时得以更正和补充。

# 目　　录

# 第一章 绪 论

**本章提示：**

本章首先介绍桥梁的组成、桥梁基础的分类和特点；公路桥梁的作用与作用效应组合；桥梁基础的发展与展望；本门课的主要内容、特点及学习的要求等。重点叙述桥梁基础的基本概念和分类，详细介绍作用于公路桥梁结构上的荷载及其计算。通过本章学习使学生从总体上了解桥梁及其基础的发展历程，掌握桥梁基础的基本概念、各种作用（荷载）的计算方法和作用效应组合的原则。

## 1.1 概 述

桥涵是供车辆、行人及输送液体或气体的管路等跨越障碍（河流、山谷或其他线路等）的工程结构物，是交通线路、渠道及运输管道在跨越障碍时的延伸或连接部分。根据其跨度和结构特点可分为桥梁和涵洞。桥梁是架在水上或空中的建筑；涵洞是线路跨越小溪、农用通道时而修建的横向结构物。桥梁基础工程包括桥梁建设和管理中的其基础的规划、设计、施工、养护与维修等内容。

### 1.1.1 桥梁的组成

桥涵主要由上部结构和下部结构组成，多数桥梁在桥跨和墩台之间设有支座，用于连接和传力之用。桥梁位于支座以上部分称为上部结构，它包括桥跨结构（也称为承重结构）和桥面；而位于支座以下部分称为下部结构，也称为支承结构，它包括桥墩、桥台以及墩台的基础，是支承上部桥跨并将其荷载以及自身所受作用向下传递给地基的结构部分。

桥梁基础是位于墩台的最下部分，并将来自墩台以上及自身的全部荷载传递给地基的那部分结构；地基是承受来自基础的所有荷载而产生变形的各个土层（含岩层）。

桥梁是一个整体，上下部结构共同工作、互相影响，在桥梁设计中要重视下部结构与上部结构的合理形式选择和匹配。在确定基础的设计方案时，主要取决于桥址地质与水文、荷载特性、桥梁结构形式、使用要求、材料的供应和施工技术等因素；其原则是：使用上安全可靠、施工技术上简便可行、造价上经济合理且总体上有利环保。桥梁基础的设计，不仅本身应具有足够的强度、刚度、稳定性和耐久性，而且在承载能力、变位以及地基基础的稳定性等方面也应满足规范的要求。

桥梁的组成如图 1.1 所示。

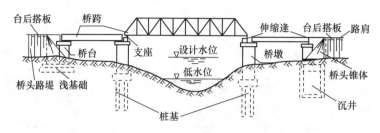

图 1.1　桥梁的组成

### 1.1.2　桥梁基础的发展

我国桥梁建筑有着悠久的历史，它是随着生产力和科学技术的进步而发展起来的，经历了古代桥梁、现代桥梁和当代桥梁三个阶段。桥梁基础是随桥梁的发展而逐步发展起来的。

在桥梁的发展历程中，其基础的发展体现在基础形式、埋深及建筑材料等方面；特别是桥梁深基础及深水基础的使用，使其从形式、设计理论和施工技术等方面均得以进一步发展。

在桥梁工程的发展历史上，将 19 世纪中叶及以前的桥梁称为古代桥梁。当时的桥梁设计和施工完全依靠人们的经验，没有力学知识的指导。建筑材料也基本以天然或加工过的木材、石材为主，还有竹索、藤索、铁索、铸铁乃至锻铁。在桥式方面，基本是梁、拱和索三大类。由于技术落后、工具简陋，桥梁基础埋深小，施工工期也较长。

桥梁的历史最早是从木桥、石桥的诞生开始的。隋代李春于 595～605 年建造的河北赵州安济桥（图 1.2），是世界上首创的石砌敞肩平拱桥。其净跨为 37.02m，基础平面尺寸为 5.5m×10m，高 4.4m，建在较密实的砂黏土地基上，拱的最大推力为 32MN，地基未产生过大变形。即使按照现在的规范检算，其地基承载力和基础后侧的被动土压力均能满足设计要求。此桥至今已经历 1300 多年，曾受多次洪水和地震的考验仍安然无恙，使世人惊叹。

图 1.2　安济桥

宋代福建泉州建造的万安石板桥（图 1.3）为 46 孔桥，水深流急，潮汐涨落频繁，河床变化剧烈，根据当时条件修建桥基很困难。但建筑者采用：先在江底抛投大石块，再在其上移殖耗使其繁殖，将石块胶结成整体，形成人工的坚实地基，再在其上建桥基，这种独特的施工方法，实为世界创举。但这些仅反映了我国历史上有关桥梁基础工程方面的工艺和技术成就，受当时社会生产力和自然科学发展水平的限制，还仅限于凭经验的感性认识阶段。

18 世纪欧洲工业革命后的资本主义工业化的发展，带动交通和桥梁科技的大发展。1773 年法国的库仑提出土的抗剪强度和土压力理论和 1925 年太沙基出版《土力学》为桥梁基础的设计和计算分析奠定了理论基础；1936 年成立了国际土力学与基础工程学会，并举行了第一次国际学术会议，从此开始了桥梁基础在设计、施工、试验、

图 1.3　万安石板桥

勘测等各方面进入国际性交流的时代，使工业发达国家在桥梁深水基础领域有了更新的开拓和发展。例如，1935 年丹麦涅托儿地带桥在水深达 30m 的条件下采用 43.5m×22m 的钢筋混凝土沉箱在细密均匀坚硬不透水深层黏土中修筑桥梁深水基础，深度达 39m；1936 年美国旧金山奥克兰大桥在水深 32m、覆盖层厚 54.7m 的条件下，采用 60m×28m 浮运沉井，定位后射水、吸泥下沉，基础深度达 73.28m；1938 年加拿大狮门大桥，南塔基础位于海潮急流处、流速 7n mile[①]/h，基础采用两个直径 14.63m 的开口沉井、浮运就位、灌注混凝土下沉，北塔基础在低潮处，采用 36.57m×20.68m 开口沉井，水深 12m，基础深度为 12.7m。当时，我国由于长期处于封建社会阶段，生产力发展缓慢，19 世纪中叶又遭受帝国主义入侵，民族资本主义的发展受到压制，桥梁科学技术大大落后于工业发达国家。

20 世纪初，桥梁发展的历史进入现代桥梁时期。钢筋混凝土也逐渐受到桥梁界重视，开始用于中小跨度的桥梁，其基础形式也是从简单向复杂发展的。随着科技的发展和进步，建桥机械也得到发展，出现蒸汽机、打桩机、电动工具、起重工具、铆钉机等。在深基础方面，可施工沉井、沉箱和大直径的桩等。从 20 世纪 30 年代起，公路桥梁也开始大力发展。

1937 年在桥梁工程先驱茅以升的组织下，中国人才开始自己设计和修建中国第一座现代大型桥梁——杭州钱塘江大桥（图 1.4）。此桥址处水深有十余米，基础采用 17.4m×11.1m×6m 的气压沉箱，有 6 个墩基础直接沉至岩石上，有 9 个桥墩先打长 30m 的木桩，而沉箱设于桩顶上，这就开创了我国桥梁深水基础的先河，并缩小了我国桥梁深水基础施工技术与西方的差距。但自此以后的近十余年内，由于内外战乱频加，我国桥梁技术一度陷入停滞状态，不论是公路还是铁路，遇江必阻，逢河必渡，在长江、黄河上根本没修一座像样的大桥。

20 世纪 50 年代出现城市桥梁，人们将这以后修建的桥梁称为当代桥梁。在材料方面，除钢材和混凝土以外，还有预应力混凝土、高强螺栓、高强钢丝、低合金钢及钢纤维和碳纤维等新型材料。随着各种新型桥梁结构形式的出现，基础也由单体基础向复合型基础发展。桥梁基础形式从原来的浅基础、桩基础也发展到连续墙、闭合墙和多壁墙等多种新型基础形式。基础设计的理论不断得到完善和发展，如从"c"法、"k"法到现行的"m"法；设计规范从 1975 年的《公路桥涵设计规范》中的一章，发展到《公路桥涵地基基础设计规范》（JTJ 024—85）版本以至现行的 JTG D63—2007 版，结构可靠性理论在现行的公路桥涵地基与基础设计中也得到进一步应用。建桥机具和设备有

---

①　1n mile（海里）=1852m，下同。

焊接机、张拉千斤顶、振动打桩机、水上平台、大吨位起重机和浮吊、钻孔机等。桥梁基础从形式、基础埋深以及施工方法上都有较大改进。不仅在无水、浅水区域的基础施工作业技术不断成熟，而且在深水基础以及海洋平台建设技术上也得到新的突破。由于桥梁深水基础承受的荷载大且集中，对地基的沉降和稳定要求很严格，加之水深、流急、施工困难，所以其设计与施工的技术难度较一般陆上桥墩的基础要大。

直到 1957 年，长江上第一座桥梁武汉长江大桥建成通车，才实现了"天堑变通途"这一多少代中国桥梁工作者的梦想，而且这座桥首先采用新型基础结构管柱基础，克服水深 40m 的施工困难，使我国桥梁深水基础技术发生了转折性的变化，不仅可以由自己进行设计和施工桥梁深水基础，而且到南京长江大桥（图 1.5）水中九个桥墩建成之后，使我国在桥梁深水基础方面的技术水平已达到当时的世界先进水平。这是因为南京长江大桥桥址不仅水深，且地质条件更复杂，覆盖层更厚，除采用管柱基础外，还采用了气筒浮运沉井、沉井套管柱等一系列新型基础结构和施工新工艺，这就使我国实现了能在大江、大河、近海、海湾及任何地质条件下都能修建桥梁深水基础的宏愿。

图 1.4　钱塘江大桥　　　　　　　　图 1.5　南京长江大桥

我国桥梁深水基础技术从 20 世纪 50 年代开始，发展至今已进入国际先进水平。将其粗略划分经过三个阶段：第一阶段大力发展管柱基础。20 世纪 50 年代因修建武汉长江大桥的需要，首创直径 1.55m 管桩基础后，自此后管柱直径发展到 3.0m、3.5m、5.8m；由普通钢筋混凝土管柱发展到预应力钢筋混凝土管柱和钢管柱。第二阶段大力发展沉井和钻孔桩基础。20 世纪 60 年代后，因修建南京长江大桥的需要，由于施工水位深 30.5m，覆盖层最大厚度达 54.87m，发展了重型沉井、深水浮运沉井和沉井套管柱基础，这时因公路桥梁深水基础的发展和建设的需要，全国开始大规模发展钻孔桩基础，山东北镇黄河桥钻孔灌注桩桩长达 100m，当时世界罕见。第三阶段大力发展复合基础和特殊基础，如 20 世纪 80 年代后在修建肇庆西江大桥时开始采用双承台钢管柱基础，在修建广州江村南北桥时采用了钢筋混凝土沉井加冲孔灌注桩基础。

苏通大桥（图 1.6）跨径为 1088m，是当今世界跨径最大的斜拉桥。世界上已建成最高桥塔为多多罗大桥 224m 的钢塔，苏通大桥采用高 300.4m 的混凝土塔，为世界最高桥塔。该桥主墩基础由 131 根长约 120m、直径 2.5～2.8m 的群桩组成，承台长114m、宽 48m，面积有一个足球场大，是在 40m 水深以下厚达 300m 的软土地基上建起来的，是世界上规模最大、入土最深的群桩基础。该桥创造了最深桥梁桩基础、最高索塔、最大跨径、最长斜拉索等四项斜拉桥世界纪录。武汉天兴洲长江大桥（图1.7）工程量相当于武汉长江大桥和芜湖长江大桥的总和。该桥集众多桥梁新技术、新结构、新工艺、新设备于一体，是继武汉、南京、九江和芜湖长江大桥后，我国公铁两用桥梁建设的第五座里程碑，代表当今国内外桥梁技术最高水平的标志性桥梁工程，是中国铁路建设史上的一次新的跨越。武汉天兴洲长江大桥是世界上第一座按四线铁路修建的双塔三索面三主桁公铁两用斜拉桥，正桥全长4657m，全桥共91个桥墩，混凝土总量约850 000m³，其中公铁合建部分长2842m。上层公路为六车道，宽27m。该大桥在当今世界同类型大桥中拥有"跨度、速度、荷载、宽度"四项第一：斜拉桥主跨504m为世界公铁两用桥梁跨度之首；可以同时承载20 000t的荷载，是目前世界上荷载量最大的桥梁；可满足列车250km的运行时速，居世界第一；主桁宽度30m，为世界同类桥梁第一。京沪高速铁路上的济南黄河大桥（图1.8）全长5143.4m，正桥为（112+3×168+112）m的下承式、等高度、连续、刚性梁柔性拱桥。该桥在世界高速铁路同类型桥梁居世界第一，全桥墩台基础均采用直径2～2.5m直径钻孔灌注桩，正桥滩地采用54m预应力混凝土连续箱梁；南、北引桥采用32.7m预应力混凝土简支箱梁，跨越南临黄大堤、北展宽区大堤处采用主孔80m预应力混凝土连续箱梁。南京大胜关长江大桥（图1.9）位于既有南京长江大桥上游20km处，是京沪高速铁路和沪汉蓉铁路——越江通道，其连拱为世界同类桥梁最大跨度，设计荷载量为世界之最。该桥全长约9.27km，为六跨连续钢桁梁拱桥，主跨2×336m，连拱为世界同类桥梁最大跨度，桥上按六线布置，分别为京沪高速铁路双线、沪汉蓉铁路双线和南京地铁双线，同时搭载双线地铁，为六线铁路桥。大桥全长14.789km，跨水面正桥长1615m，采用双孔通航的六跨连续钢桁拱桥（109+192+2×336+192+109）m，采用三桁承重结构，3个主墩基础采用46根直径3.2m/2.8m的钻孔桩基础，承台平面尺寸为34m×76m，桩长107～112m。

图1.6 苏通大桥

图1.7 武汉田兴洲长江大桥

图1.8 京沪高铁济南黄河大桥

图1.9 京沪高铁南京大胜关长江大桥

地下连续墙技术是近几十年内发展起来的一种地下工程新技术，20世纪20年代初应用于德国，50~60年代先后在意大利、法国、日本等国得到迅速发展，我国于1958年开始，在北京密云水库白河主坝等水利工程中采用地下墙作为防渗墙。该技术在各国均是首先应用在水利水电工程中，之后逐渐推广到建筑、市政、交通、矿山、铁道等部门。地下连续墙发展初期仅作为施工时承受水平荷载的挡土墙或防渗墙来使用，随后建筑、地铁等部门逐渐把地下连续墙用作高层建筑的地下室、地下停车场以及地铁等建筑的外墙结构，承担部分或全部的建筑物竖向荷载。近年来，在公路行业也得到一定的应用，主要用作悬索桥重力式锚碇基坑的施工支护结构，同时也兼作基础的一部分参与使用阶段受力，如广东虎门大桥（图1.10）西锚碇采用圆形地下连续墙，江苏润扬长江大桥北锚碇采用矩形地下连续墙，武汉阳逻长江大桥（图1.11）南锚碇及广州珠江黄浦大桥采用圆形地下连续墙等。地下连续墙完全用作桥梁基础结构，在国外特别是在日本应用广泛，国内尚处于探索研究阶段，但其发展潜力很大。

　　　　图1.10　虎门大桥

　　　图1.11　阳逻长江大桥

近年来，随着国民经济的飞速发展，全国高速公路及地方路网日臻完善。自1978年实行改革开放政策以来，仅20余年，经过我国桥梁工作者呕心沥血、锐意进取，在桥梁深水基础技术方面已进入世界前列并与世界同步发展的新阶段。为提高设计标准以及节约耕地，高架桥梁在工程中使用越来越广泛；随着荷载标准的提高，既有道路改建中对于既有桥梁的评估改造工程也越来越多，为当今时代桥梁的基础工程设计提出了新的思路和要求。随着我国近海和海湾桥梁深水基础的发展，各类组合基础和特殊基础将有更多开发和应用的空间。

随着桥梁向大跨、轻型、高强、整体方向发展，桥梁基础结构形式正在出现日新月异的变化。我国江河纵横，海域面积大，沿海有开发价值的岛屿众多。我国21世纪路网规划表明，在大江大河和沿海修建规模更大的桥梁势在必行。例如，长江口联络工程、珠江口跨线工程、钱塘江口跨线工程、琼州海峡工程、渤海湾的跨海工程、沿海诸多岛屿与大陆之间的联络工程和中国香港、澳门及台湾的大型联络桥工程都需要修建许多桥梁深水基础，其中与香港、澳门、台湾的大型联络桥，水深超过200m。另如同三高速公路跨海工程，北起黑龙江省同江，南讫海南岛三亚，沿线跨海峡或海口的大桥就有渤海海峡大桥、长江口大桥、杭州湾大桥（图1.12）、珠江口伶仃洋大桥、琼州海峡大桥等，水深一般在80m左右，最深达120m。这就是我国桥梁深水基础的发展规划，也是前景展望。在这些工程中会遇到许多新的技术难题，需要桥梁工作者进一步学习各国已有的深水基础的先进成果和技术，并结合各国实际情况和具体桥梁工程进行认真分析、研究，才能保证我国桥梁深水基础的技术水平持续发展，如国外目前发展跨海桥梁深水基础所采用的下列四种特殊基础形式和技术，就值得我们学习和借鉴。

（1）设置基础。为适应海域中恶劣环境，减少基础作业时间，先将海底爆破取平，然后采用浮运沉井下沉的方法或以大型浮吊在深水中设置预置好的桥梁基础成设置基础，如日本北、南备赞濑户桥的海中基础，明石海峡大桥（图1.13）的主塔基础，葡萄牙的萨拉扎桥3号墩基础均采用此法修建，水深达50m，最大潮流速度为9.27km/h。

图1.12 杭州湾大桥

图1.13 明石海峡大桥

（2）钟形基础。钟形基础是一种类似套箱而形状像钟的基础，其1939年首创于美国，先后修建了波托马河桥、圣·玛铁-海瓦尔德桥、理查蒙德·圣·莱弗尔桥、奇萨皮克海湾桥和俄勒冈桥；1973年开始在日本桥梁深水基础中采用，修建国大黑埠头桥、荒川案海湾桥等。

（3）多柱基础。多柱基础随我国管柱基础而发展起来，其技术特点是更加大桩柱的直径，使每一桩柱建成后就像一座独立的基础，能承受海浪急潮的推力。多柱完成后，柱头予以割除，进行承台施工。这种基础很适于海洋深水、潮急及厚覆盖层时采用，如日本大明门桥主墩设计就采用16根直径4m和2根直径7m的柱组成的多柱基础；横滨湾大桥为主跨为460m的斜拉桥，桥位处水深8～12m，覆盖层厚达50～60m，主墩基础采用深达82m的多柱基础。

（4）自控式气压沉箱基础。日本鹤见航道桥为主跨为510m的斜拉桥，水深12m；东京湾大桥为主跨570m的悬索桥，水深10～12m，这两座桥的基础均采用自动控制气压沉箱，水下基础深度分别为36m和41m。施工技术的关键是在沉箱底部设有较大空间，供可自动化操纵的掘进、倒运机具设备作业，使沉箱不断在底部被掘进掏空后，最终沉至设计标高。

另外，随着国际经济区域的建立和全球海洋资源的新开发，要求辅建跨洲、跨国的大通道，也为全世界跨海桥梁的建设提供了更大发展空间。欧美近海国家，尤其是日本岛国都有修建跨海大桥的宏伟规划。例如，土耳其伊兹米特海湾桥，水深约45m；希腊科林斯海湾桥，水深约62m；意大利墨西拿海峡桥，水深约120m；直布罗陀海峡桥，A线方案水深350m、B线方案水深290m；白令海峡桥，水深约54m。再如，日本21世纪跨海规划：津轻海峡桥，基础水深200～250m；东京湾桥，最大水深80m；丰子海峡桥，最大水深80m。在日本横滨港横断大桥一座跨径460m的钢斜拉桥的基础中，将多柱基础嵌岩扩孔至直径10m，是目前世界最大的嵌岩直径。日本跨径240m的滨名大桥每主墩采用49根直径1.6m钢管桩，组成水上承台。在大跨径桥梁的深水基础中，底节多采用浮式钢壳沉井，用双壁空心结构，浮运至墩位，灌水落床，再浇筑混凝土，接高下沉，直至设计标高。日本明石海峡大桥，最大施工水深60m，两主塔分别采用直径80m和78m、高70m和67m的浮式钢壳沉井，壁厚12m，分为16个舱，是目前规模最大的桥梁沉井基础，其特点是设置沉井，用大型抓斗挖泥船开挖至海底支承地基，整平岩基，再用切削机磨平，然后设置沉井，在其周围抛石进行冲刷防护，最后在沉井内进行水下混凝土施工。日本跨径420m的公铁两用斜拉桥——柜石岛桥3号墩岩面倾斜，水深近20m，采用46m×29m×30.5m钢壳设置沉井与16根4m直径的灌注桩组合的复合基础。这些水深近百米，甚至超百米的桥梁深水基础最终会在21世纪修建，无疑这会将桥梁深水基础的科学技术水平大大提高。

目前，我国桥梁深水基础技术总体水平也已达到世界先进水平，但在施工机械、大体积水下混凝土施工技术、精密勘测检测仪器设备和科学管理方面与国外先进水平还有一定差距。例如，国内使用的BDM-4型钻机可在70～100MPa岩层能钻直径2m的孔；洛阳矿山机械厂生产的CZY-300反循环钻机可在30～60MPa岩层内钻径为3m；铁道部大桥局设计制造的BRM-4A型旋转钻井机，在80～10MPa岩盘上钻孔直径1.5～3.0m，深40～80m；铜陵大桥试制成功KPY-400型全液压钻机，可在80MPa的岩层内，钻孔直径4.0m，深120m。而早在1965年，日本就为本四联络桥研制了四种此类型均可在50～100MPa岩层内钻直径3.6m的旋转钻机，具体如石川岛播磨重工同联邦德国威尔斯工厂协作研制的L-36型；三菱重工同美国休斯公司合作研制的MD-90型；新日铁制造的BM-1型；川崎重工研制的液压潜水钻机KSD-4型。此后，石川岛播磨重工和日立公司又先后开发了可钻直径6m，钻深达200～650m的L-105型和S-600型钻机。国外还研制成功可在卵石层和极硬岩层（300MPa）中钻孔的冲击及循环钻机及钻斜孔（最大斜度可达18.5°）的钻机。当然，这也是我国开发海洋深水钻机的发展方向。大型桥梁的深水基础，因上部结构跨度的不断增大，基础尺寸也相应不断扩大，对其灌注的大体积水下混凝土数量就急剧增大，这就对其灌注速度和灌注质量提出了更高要求。例如，日本明石海峡大桥2、3号主塔墩基础混凝土为503 000m³，全部采用加特殊添加剂的水下不离析混凝土，保证了大体积水下混凝土的灌注质量。又如，美国在主跨为396m的德姆波音特斜拉桥北主墩基础施工中，仅用47h就灌注水下混凝土14 500m³，其速度是我国铜陵大桥基础施工中水下混凝土的3倍（50.5h灌注5000m³），说明我国在施工机械、自动化程度和管理上与国外先进水平还有差距。另外，一些工业发达国家在一些特大桥深水基础的勘测设计、施工、检测工作中，采用大量先进的自动化机具设备和精密的勘测仪具，并广泛应用计算机、激光、自动化控制等先进技术，从而提高修建技术和管理水平，确实值得我们学习，尤其是国外在发展海洋桥梁深水基础方面的一些先进经验,如在桥址处建立超高(高度达 200m)的观测塔架,建立水温、气象和水文预报技术数据库;采用先进的潜水舱综合地进行冲击取样和海底原位测试,采用柔性接头套管的深海钻探以及采取不扰动的大直径土样力学试验,掌握海相沉积土的工程特性;开发能在深水中的海底进行聚能爆破的耐压、抗风浪的爆破器材及爆破检测和海域生态环境保护技术;研制能钻直径 6m以上,钻深超 200m 的钻机以及全自动化的海上混凝土生产灌注设备;发展水下不离析的絮凝混凝土、纤维混凝土、抗海水侵蚀的混凝土材料、防海域污染的混凝土材料和技术,以及适应水下长距离流动要求的混凝土添加剂材料,提高水下施工混凝土的质量和桥梁深水基础的耐久性等。

## 1.2 桥梁基础的分类

桥梁基础根据埋置深度分为浅基础和深基础,还可以根据基础与地基土之间相互作用后基础的变形情况将其区分为弹(柔)性基础和刚性基础。桥梁基础的类型划分如图 1.14 所示。

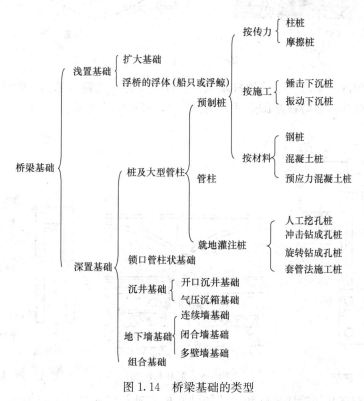

图 1.14 桥梁基础的类型

1. 浅基础与深基础

当持力层埋置比较浅时,在天然地基或人工地基上通过直接开挖(或放坡开挖)的方法而修建的桥墩(或桥台)的基础埋深较浅,一般小于 5m,称之为浅基础。由于

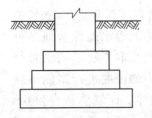

图 1.15　明挖扩大基础

浅层地质不良，采用地基处理方法不能满足承载力或沉降设计要求时，需通过挖孔或施工机具把基础的底面埋置于较深（大于 5m）的良好土层上，这样的基础称为深基础。还有的基础埋置虽埋在土层内深度较浅，但在水下部分较多，将其称为深水基础。

浅基础有明挖扩大（独立、联合和条形）基础以及浮桥上采用的浮船和浮箱（或浮鲸）等基础类型，如图 1.15 为明挖扩大基础、图 1.16 为浮体基础。

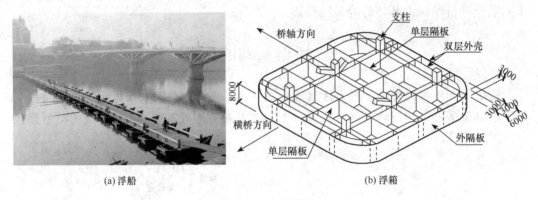

(a) 浮船　　　　　　　　　　　　　　(b) 浮箱

图 1.16　浮体基础

当需要设置深基础时，常采用桩基础、管柱或沉井（沉箱）基础，除此以外也可能采用其他的组合基础或特殊基础形式，如图 1.17～图 1.21 所示。

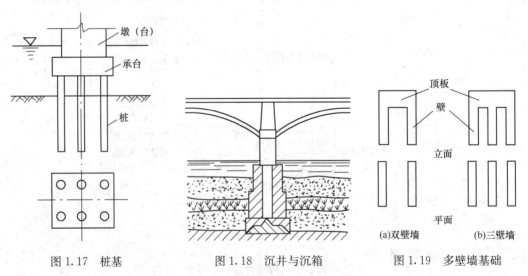

图 1.17　桩基　　　　　　　图 1.18　沉井与沉箱　　　　　　　图 1.19　多壁墙基础

组合基础有沉井加管柱基础和沉井加钻孔桩基础。特殊基础包括双承台管柱基础、锁口管柱基础、多柱式基础、多壁墙及连续墙基础等。

### 2. 弹性基础和刚性基础

基础是位于墩台最下部分的结构，它直接与地基土相接触并承受来自墩台传递过来

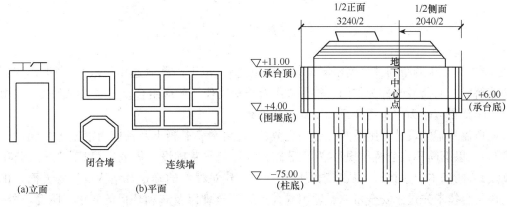

图 1.20 闭合墙及连续墙基础      图 1.21 组合基础

的荷载，通过基础与地基相互作用将基础所承受的荷载再传递给地基。根据基础与地基的相对刚度对比情况，如果在运营荷载作用下基础本身不发生任何变形，基础只表现刚性体的平动和转动，这种基础即为刚性基础。如果两者之间作用结果使基础本身发生挠曲变形，这种基础则称为弹（柔）性基础。桥梁基础的类型、特点及适用范围等如表 1.1 所示。

表 1.1 桥梁基础分类

| 基础类型 | 分类 | 优、缺点 | 施工方法 | 适用范围 |
|---|---|---|---|---|
| 浅基础 | 直接基础、浮桥的浮体（船只或浮鲸） | 稳定性好，施工方便，取材容易，能承受较大荷载。自重大，持力层软弱时需地基处理 | 放坡开挖、板桩支护、就地灌注或砌筑工厂制造 | 上覆土层差，上部结构荷载大。对变形敏感性高的桥梁不宜采用（深小基础） |
| 预制桩基础 | 钢桩、混凝土桩、预应力混凝土管柱 | 施工方便，工期短；钢桩防腐困难，锤击振动下沉者施工噪声大，对环境干扰大。桩径受限制 | 锤击下沉、振动下沉、压入下沉、钻（挖）孔置入 | 桩用于浅层土松软、上覆盖层较厚、旱地或岸边基础。管柱用于深水、有潮汐、岩面起伏的河床上的基础 |
| 灌注（砌筑）桩（井）基础 | 挖孔桩、钻孔桩、挖井 | 施工方便，噪声小；适应面广。但挖孔桩、挖井基础需进行降水干作业成孔，且成孔深度受限制 | 人工挖孔、冲击钻机成孔、旋转钻机成孔、套管法 | 钻孔桩适用于上覆盖土层厚、承载力高的土层埋置较深、河道水深较大、竖向和水平荷载较大的桥梁基础 |
| 沉井基础 | 就地灌注沉井、沉箱基础、浮运沉井 | 埋深大，整体性、稳定性好，能承受较大垂直、水平荷载。工期长，易倾斜，易发生流砂，遇障碍物难施工 | 就地灌注、接高、取土下沉；浮运就位、悬浮接高下沉 | 高承载力土层埋置较深，水深较大，水流流速大，竖向、水平荷载大的桥梁基础 |
| 地下墙基础 | 连续墙、多壁墙、闭合墙 | 对地基土干扰小，原状土与墙体共同工作；成槽较深时，需特殊的开挖机械 | 人工挖槽、冲击钻机成槽、旋转钻机成槽 | 上覆盖土层厚、表层为黄土、竖向和水平荷载大的基础 |
| 组合基础 | 箱基＋桩、沉井＋桩、地下墙＋桩 | 结构受力或地质情况较特殊，仅以箱基、沉井或地下墙为基础，不能满足结构受力或承载要求 | 先成桩，后修箱基；先修沉井，再灌桩；先成桩，再修地下墙 | 上覆盖层厚、表层为黄土、持力层埋置较深或为倾斜岩面、竖向和水平荷载大的桥梁基础 |

# 1.3　作用及作用效应组合

在 2004 年颁布的《公路桥涵设计通用规范》（以下简称《通用规范》）中把作用在公路桥涵上的荷载改称为作用，将荷载组合改称为作用效应组合；将原来的活载加载由汽车车队布载改为按车道荷载和车辆荷载加载。

桥涵基础的设计原则按照《通用规范》《公路钢筋混凝土及预应力混凝土桥涵设计规范》（以下简称《公桥预规》）和《公路桥涵地基与基础设计规范》（以下简称《公桥基规》）的基本要求执行。从基础类型的选择、建筑材料的确定及结构设计等方面，也应该符合技术先进、安全可靠、适用耐久、经济合理以及有利环保的要求。除此以外，还应考虑因地制宜、就地取材、便于施工和养护等因素。

在结构设计上，在满足构造和工艺方面要求的前提下，应按照承载能力极限状态和正常使用极限状态进行。

承载能力极限状态就是对应于桥涵结构或其构件达到最大承载能力或出现不适于继续承载的变形或变位的状态；正常使用极限状态就是指对应于桥涵结构或其构件达到正常使用或耐久性的某项限值时的状态。

公路桥涵应根据不同种类的作用（或荷载）及其对桥涵的影响、桥涵所处的环境条件，考虑持久、短暂和偶然三种状况，并对其进行相应的极限状态设计。

持久是指桥梁建成后承受自重、汽车荷载等持续时间较长的状况，在该状况下的桥涵应进行承载能力极限状态和正常使用极限状态设计。

短暂是指在桥涵施工中所承受的临时性作用的状况，该状况下的桥涵仅作承载能力极限状态设计，必要时才做正常使用极限状态设计。

偶然是指在桥涵使用过程中可能偶然出现的状况，该状况下桥涵仅作承载能力极限状态设计。

## 1.3.1　作用分类及取值

公路桥涵所受的荷载按照作用的性质将其分为永久、可变和偶然三类作用，如表 1.2 所示。

**表 1.2　公路桥涵作用分类**

| 编　号 | 作用分类 | 作用名称 |
|:---:|:---:|:---:|
| 1 | 永久作用 | 结构重力（包括结构附加重力） |
| 2 | | 预加力 |
| 3 | | 土的重力 |
| 4 | | 土侧压力 |
| 5 | | 混凝土收缩及徐变作用 |
| 6 | | 水的浮力 |
| 7 | | 基础变位作用 |

续表

| 编　号 | 作用分类 | 作用名称 |
|---|---|---|
| 8 | 可变作用 | 汽车荷载 |
| 9 | | 汽车冲击力 |
| 10 | | 汽车离心力 |
| 11 | | 汽车引起的土侧压力 |
| 12 | | 人群荷载 |
| 13 | | 汽车制动力 |
| 14 | | 风荷载 |
| 15 | | 流水压力 |
| 16 | | 冰压力 |
| 17 | | 温度（均匀温度和梯度温度）作用 |
| 18 | | 支座摩阻力 |
| 19 | 偶然作用 | 地震作用 |
| 20 | | 船泊或漂流物的撞击作用 |
| 21 | | 汽车撞击作用 |

注：永久作用是指设计使用期内经常作用，且其值不随时间变化或变化微小的作用；可变作用是指数值随时间变化的作用；偶然作用是指作用时间短暂且发生几率很小的作用。

在进行公路桥涵设计时，对不同的作用应采取不同的代表值。作用代表值就是为结构设计而给定的荷载量值。由于设计的要求不同，采用作用的代表值要求也不同。永久作用应采用标准值作为代表值；可变作用应根据不同的极限状态分别采用标准值、频遇值或准永久值作为其代表值；偶然作用取其标准值作为代表值。

《通用规范》规定：承载能力极限状态设计及按弹性阶段计算结构强度时应采用标准值作为可变作用的代表值。正常使用极限状态按短期效应（频遇）组合设计时，应采用频遇值作为可变作用的代表值；按长期效应（准永久）组合设计时，应采用准永久值作为可变作用的代表值。

作用的标准值是结构设计的主要参数，是作用的基本代表值，它的取值关系到结构设计的安全程度，其量值大小应取该作用参与设计基准期内作用组合效应最不利数值，一般取作用在设计基准期内最大值概率分布的某一分位值。

永久作用的标准值，对结构自重（包括结构附加重力），可按结构构件的设计尺寸与材料的重力密度计算确定。

可变作用的频遇值是指在结构上较频繁出现且量值较大的作用取值，但它比可变作用的标准值小，采用可变作用标准值乘以频遇值系数 $\psi_1$（$\psi_1<1$）的计算结果。

可变作用的准永久值是指经常出现的作用值，它比可变作用的频遇值还要小，采用标准值乘以准永久值系数 $\psi_2$（$\psi_2<\psi_1<1$）的计算结果。

偶然作用应根据调查分析、试验资料并结合工程经验确定其标准值。

### 1.3.2 作用效应组合

桥梁结构要受到多种荷载的作用，它们出现的概率、对于结构的作用效应各有不同，有的能够同时作用，有的作用则不可能同时出现，有的作用还具有变化特性（大小、方向和作用点），所以在结构设计中要进行作用效应组合。

所谓作用效应组合，就是在进行结构设计时，按照设计的承载能力及正常使用极限状态，根据结构类型、验算项目和要求，选择在运营和施工中可能出现的、同时作用的各种因素所产生的最不利效应组合，作为结构设计和验算控制与评价的依据。因此在组合时，应按照各种作用的性质，根据其大小、方向及作用点位置进行组合，使其对某项力学验算最不利的原则进行，并对能够同时出现但不可能同时达到最大值的作用还需要进行折减。因此，作用的设计值规定为作用的标准值乘以相应的作用分项系数。

（1）公路桥涵结构按承载能力极限状态设计时，应采用基本组合和偶然组合两种组合。

① 基本组合。基本组合为永久作用的设计值效应与可变作用设计值效应组合，其效应组合表达式为

$$\gamma_0 S_{ud} = \gamma_0 \left( \sum_{i=1}^m \gamma_{Gi} S_{Gik} + \gamma_{Q1} S_{Q1k} + \psi_c \sum_{j=2}^n \gamma_{Qj} S_{Qjk} \right) \tag{1.1}$$

或

$$\gamma_0 S_{ud} = \gamma_0 \left( \sum_{i=1}^m S_{Gid} + S_{Q1d} + \psi_c \sum_{j=2}^n S_{Qjd} \right)$$

式中：$S_{ud}$——承载能力极限状态下作用基本组合的效应组合设计值；

$\gamma_0$——结构重要性系数（按规范表规定的结构设计安全等级采用，对应于设计安全等级一级、二级和三级分别取 1.1、1.0 和 0.9）；

$\gamma_{Gi}$——第 $i$ 个永久作用效应的分项系数（应按表 1.3 的规定采用）；

$S_{Gik}$，$S_{Gid}$——第 $i$ 个永久作用效应的标准值和设计值；

$\gamma_{Q1}$——汽车荷载效应（含汽车冲击力、离心力）的分项系数（取 $\gamma_{Q1}=1.4$，当某个可变作用在效应组合中其值超过汽车荷载效应时，则该作用取代汽车荷载，其分项系数应采用汽车荷载的分项系数，对专为承受某作用而设置的结构或装置，设计时该作用的分项系数取与汽车荷载同值，计算人行道板和人行道栏杆的局部荷载，其分项系数也与汽车荷载取同值）；

$S_{Q1k}$，$S_{Q1d}$——汽车荷载效应（含汽车冲击力、离心力）的标准值和设计值；

$\gamma_{Qj}$——当作用效应组合中除汽车荷载效应（含汽车冲击力、离心力）、风荷载外的其他第 $j$ 个可变作用效应的分项系数（取 $\gamma_{Qj}=1.4$，但风荷载的分项系数取 $\gamma_{Qj}=1.1$）；

$S_{Qjk}$，$S_{Qjd}$——在作用效应组合中除汽车荷载效应（含汽车冲击力、离心力）外的其他第 $j$ 个可变作用效应的标准值和设计值；

$\psi_c$——当作用效应组合中除汽车荷载效应（含汽车冲击力、离心力）外的其他可变作用效应的组合系数［当永久作用与汽车荷载和人群荷载（或其他一种

可变作用）组合时，人群荷载（或其他一种可变作用）的组合系数 $\psi_c=$ 0.80；当除汽车荷载（含汽车冲击力、离心力）外尚有两种其他可变作用参与组合时，其组合系数取 $\psi_c=0.70$；尚有三种可变作用参与组合时，其组合系数取 $\psi_c=0.60$；尚有四种及多于四种的可变作用参与组合时，取 $\psi_c=0.50$]。

**表 1.3　永久作用效应分项系数**

| 编　号 | 作　用　类　别 | | 永久作用效应分项系数 | |
|---|---|---|---|---|
| | | | 对结构不利 | 对结构有利 |
| 1 | 混凝土和圬工结构重（包括结构重力附加重力） | | 1.2 | 1.0 |
| | 钢结构重力（包括结构附加重力） | | 1.1 或 1.2 | |
| 2 | 预加力 | | 1.2 | 1.0 |
| 3 | 土重力 | | 1.2 | 1.0 |
| 4 | 混凝土的收缩及徐变作用 | | 1.0 | 1.0 |
| 5 | 土侧压力 | | 1.4 | 1.0 |
| 6 | 水的浮力 | | 1.0 | 1.0 |
| 7 | 基础变位作用 | 混凝土和圬工结构 | 0.5 | 0.5 |
| | | 钢结构 | 1.0 | 1.0 |

注：本编号1中，当钢桥采用钢桥面板，永久作用效应分项系数取1.1；当采用混凝土桥面板时，取1.2。

弯桥设计中，当离心力与制动力同时组合时，制动力标准值或设计值按70%取用。

② 偶然组合。偶然组合为永久作用标准值效应与可变作用某种代表值效应、一种偶然作用标准值效应组合。偶然作用的效应分项系数取1.0；与偶然作用同时出现的可变作用，可根据观测资料和工程经验取用适当的代表值。地震作用标准值及其表达式按现行《公路工程抗震设计规范》的规定采用。

（2）公路桥涵结构按正常使用极限状态设计时，应根据不同的设计要求，采用短期效应和长期效应两种组合。

① 作用短期效应组合。作用短期效应组合即为永久作用标准值效应与可变作用频遇值效应组合，其表达式为

$$S_{sd} = \sum_{i=1}^{m} S_{Gik} + \sum_{j=1}^{n} \psi_{1j} S_{Qjk} \tag{1.2}$$

式中：$S_{sd}$——作用短期效应组合设计值；

$\psi_{1j}$——第 $j$ 个可变作用效应的频遇值系数 [汽车荷载（不计冲击力）$\psi_1=0.7$，人群荷载 $\psi_1=1.0$，风荷载 $\psi_1=0.75$，温度梯度作用 $\psi_1=0.8$，其他作用 $\psi_1=1.0$]；

$\psi_{1j} S_{Qjk}$——第 $j$ 个可变作用效应的频遇值。

② 作用长期效应组合。作用长期效应组合即为永久作用标准值与可变作用准永久值效应相组合，其表达式为

$$S_{ld} = \sum_{i=1}^{m} S_{Gik} + \sum_{j=1}^{n} \psi_{2j} S_{Qjk} \tag{1.3}$$

式中：$S_{ld}$——作用长期效应组合设计值；

　　$\psi_{2j}$——第 $j$ 个可变作用效应的准永久值系数［汽车荷载（不计冲击力）$\psi_2=0.4$，人群荷载 $\psi_2=0.4$，风荷载 $\psi_2=0.75$，温度梯度作用 $\psi_2=0.8$，其他作用 $\psi_2=1.0$］；

　　$\psi_{2j}S_{Qjk}$——第 $j$ 个可变作用效应的准永久值。

（3）相关分项系数的取值如下：

① 结构构件当需进行弹性阶段截面应力计算时，除特别指明外，各作用效应的分项系数及组合系数应取为 1.0，各项应力限值应按各设计规范规定采用。

② 验算结构的抗倾覆、滑动稳定时，稳定系数、各作用的分项系数及摩擦系数，应根据不同结构按各有关桥涵设计规范的规定确定，支座的摩擦系数可按规范规定采用。

③ 在吊装、运输时，构件重力应乘以动力系数 1.2 或 0.85，并可视构件具体情况作适当折减。

（4）作用效应组合时应注意以下事项。

公路桥涵结构设计应考虑结构上可能同时出现的作用，按承载能力极限状态和正常使用极限状态进行作用效应组合，取其最不利效应组合进行设计。只有在结构上可能同时出现的作用，才进行其效应的组合。当结构或结构构件需做不同受力方向检算时，则应以不同方向的最不利的作用效应进行组合。

第一，当可变作用的出现对结构或结构构件产生有利影响时，该作用不应参与组合。实际不可能同时出现的作用或同时参与组合概率很小的作用，按表 1.4 规定执行。

**表 1.4　不同时组合的可变作用**

| 编　　号 | 作 用 名 称 | 不与该作用同时参与组合的作用编号 |
|---|---|---|
| 13 | 汽车制动力 | 15，16，18 |
| 15 | 流水压力 | 13，16 |
| 16 | 冰压力 | 13，15 |
| 18 | 支座摩阻力 | 13 |

第二，当结构或构件需作不同受力方向验算时，应以不同方向的不利作用效应进行组合。

第三，《通用规范》中只指出作用效应组合的范围，其具体的组合内容需由设计者根据实际情况确定。如作用效应的偶然组合是指永久作用标准值、可变作用代表值和偶然作用标准值的效应组合，视具体情况，也可不考虑可变作用效应参与组合。

第四，作用效用偶然组合用于结构在特殊情况下的设计，不是所有桥涵设计都要采用，一些结构也可采取构造措施或其他预防措施来解决。

第五，作为专为承受某种作用而设置的结构或装置，如桥墩的防船撞装置设计，船舶撞击作用被视为主导作用，在进行该作用效应组合时，其分项系数可取与汽车荷载相同值。

第六，施工阶段作用效应的组合，应按计算需要及结构所处条件而定，结构上的施工人员和施工机具设备均应作为临时荷载加以考虑。

第七，多个偶然作用不同时参与组合。

### 1.3.3 各种作用计算

作用（荷载）是指车辆、行人及环境作用于结构上或结构各构件之间相互作用的各种力，在计算时应该确定其大小、方向和作用点。

1. 永久作用

（1）结构重力。结构自重及桥面铺装、附属设备等附加重力均属结构重力，其大小为体积乘以重力密度，方向垂直向下，作用点在其几何体的重心处。

结构重力计算时，材料的重力密度按表 1.5 选用。

**表 1.5 常用材料的重力密度**

| 材 料 种 类 | 重力密度/(kN/m³) | 材 料 种 类 | 重力密度/(kN/m³) |
|---|---|---|---|
| 钢、铸钢 | 78.5 | 浆砌片石 | 23.0 |
| 铸铁 | 72.5 | 干砌块石或片石 | 21.0 |
| 锌 | 70.5 | 沥青混凝土 | 23.0～24.0 |
| 铅 | 114.0 | 沥青碎石 | 22.0 |
| 黄铜 | 81.1 | 碎（砾）石 | 21.0 |
| 青铜 | 87.4 | 填土 | 17.0～18.0 |
| 钢筋混凝土或预应力混凝土 | 25.0～26.0 | 填石 | 19.0～20.0 |
| 混凝土或片石混凝土 | 24.0 | 石灰三合土、石灰土 | 17.5 |
| 浆砌块石或料石 | 24.0～25.0 | | |

（2）预加力在结构进行正常使用极限状态设计和使用阶段构件应力计算时，应作为永久作用计算其主效应和次效应，并计入相应阶段的预应力损失，但不计由于预加力偏心距增大引起的附加效应。在结构进行承载能力极限状态设计时，预加力不作为作用，而将预应力钢筋作为结构抗力的一部分，但在连续梁等超静定结构中，仍需考虑预加力引起的次效应。

（3）土的重力及土侧压力。

① 土的重力。计算土的重力时，土的重力密度和内摩擦角应根据调查或试验确定，当无实际资料时，可从《公桥基规》的表中查得。对于基础襟边上回填土的重力密度取 17kN/m³ 计算。

水位以下基础襟边上土的重力，当基底考虑浮力时采用浮重；当基底不考虑浮力时，视持力层的透水情况采用天然重力或饱和重力。另外，还应根据验算项目的要求，计入襟边土层以上水柱的重力。浮土重力密度计算公式为

$$\gamma' = \frac{\gamma_0 - 1}{1 + e} \tag{1.4}$$

式中：$e$——土的孔隙比；

　　　$\gamma_0$——土的固体颗粒重力密度（一般采用 $27kN/m^3$）。

② 土压力。作用于桥台台身墙背土压力的类型除与填土性质和土与墙背之间的接触状况有关外，主要还与台身的位移方向和位移量有关。根据台身的位移方向不同，将产生三种不同的土压力，即静止土压力、主动土压力和被动土压力。土压力作用的方向与作用面的夹角为土与材料的内摩擦角，作用点在土压力分布图形的形心位置。

静土压力的标准值可计算为

$$e_j = \xi\gamma h \tag{1.5}$$

$$\xi = 1 - \sin\varphi \tag{1.6}$$

$$E_j = \frac{1}{2}\xi\gamma H^2 \tag{1.7}$$

式中：$e_j$——任一高度 $h$ 处的静土压力强度，$kN/m^2$；

　　　$\xi$——压实土的静土压力系数；

　　　$\gamma$——土的重力密度，$kN/m^3$；

　　　$\varphi$——土的内摩擦角，$(°)$；

　　　$h$——填土顶面至任一点的高度，$m$；

　　　$H$——填土顶面至基底高度，$m$；

　　　$E_j$——高度 $H$ 范围内单位宽度的静土压力标准值，$kN/m$。

在计算倾覆和滑动稳定时，墩、台、挡土墙前侧地面以下不受冲刷部分土的侧压力可按静土压力计算。

主动土压力的标准值可按下列公式计算（图 1.22）。

当土层特性无变化且无汽车荷载时，作用在桥台、挡土墙前后的主动力压力标准值为

$$E = \frac{1}{2}B\mu\gamma H^2 \tag{1.8}$$

$$\mu = \frac{\cos^2(\varphi-\alpha)}{\cos^2\alpha \cdot \cos(\alpha+\delta)\left[1+\sqrt{\dfrac{\sin(\varphi+\delta)\sin(\varphi-\beta)}{\cos(\alpha+\delta)\cos(\alpha-\beta)}}\right]^2} \tag{1.9}$$

式中：$E$——主动土压力标准值，$kN$；

　　　$\gamma$——土的重力密度，$kN/m^3$；

　　　$B$——桥台的计算宽度或挡土墙的计算长度，$m$；

　　　$H$——计算土层高度，$m$；

　　　$\beta$——填土表面与水平面的夹角〔当计算台后或墙后的主动土压力时，图 1.22 (a) 中的 $\beta$ 取正值，当计算台前或墙前主动土压力时，图 1.22 (b) 中的 $\beta$ 取负值〕；

　　　$\alpha$——桥台或挡土墙背与竖直面的夹角〔俯墙背（图 1.22）时为正值，反之为负值〕；

　　　$\delta$——台背或墙背与填土间的摩擦角（可取 $\delta=\varphi/2$）。

主动土压力的着力点自计算土层底面算起，$C=H/3$。

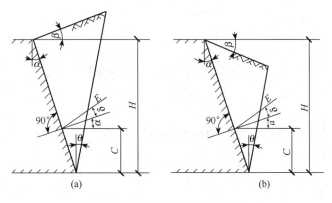

图 1.22 主动土压力计算图示

当土层特性无变化但有汽车荷载作用时，作用在桥台、挡土墙后的主动土压力标准值在 $\beta=0°$ 时可计算为

$$E = \frac{1}{2}B_t\mu\gamma H(H+2h) \tag{1.10}$$

式中：$h$——汽车荷载的等代均布土层厚度，m。

主动土压力的着力点自计算土层底面算起，$C=\dfrac{H}{3}\times\dfrac{H+3h}{H+2H}$。

当 $\beta=0°$ 时，破坏棱体破裂而与竖直线间夹角 $\theta$ 的正切值可计算为

$$\tan\theta = -\tan\omega + \sqrt{(\cot\varphi+\tan\omega)(\tan\omega-\tan\alpha)} \tag{1.11}$$

式中

$$\omega = \alpha + \delta + \varphi$$

当土层特性有变化或受水位影响时，宜分层计算土的侧压力。

土的重力密度和内摩擦角应根据调查或试验确定，当无实际资料时，可按《公桥基规》采用。

承受土侧压力的柱式墩台，作用在柱上的土压力计算宽度，可按下列规定采用（图 1.23）。

当时，作用在每根柱上的土压力计算宽度可计算为

$$b = \frac{nD + \sum\limits_{i=1}^{n-1} l_i}{n} \tag{1.12}$$

式中：$b$——土压力计算宽度，m；

$\qquad D$——柱的直径或宽度，m；

$\qquad l_i$——柱间净距，m；

$\qquad n$——柱数。

当 $l_i > D$ 时，应根据柱的直径或宽度来考虑柱间空隙的折减。

当 $D \leqslant 1.0$ m 时，作用在每一柱上的土压力计算宽度可计算为

$$b = \frac{D(2n-1)}{n} \tag{1.13a}$$

当 $D > 1.0$ m 时，作用在每一柱上的土压力计算宽度可计算为

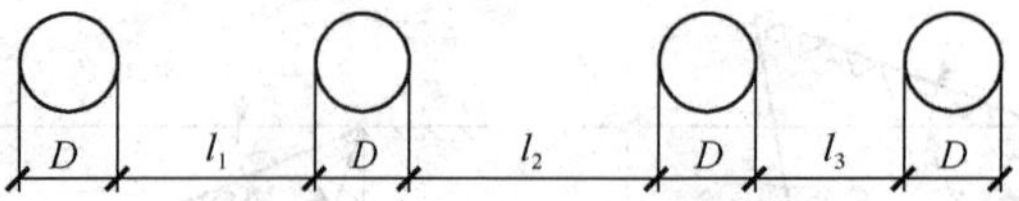

图 1.23 柱的土侧压力计算宽度

$$b = \frac{n(D+1)-1}{n} \qquad (1.13b)$$

压实填土重力的竖向和水平压力强度标准值可计算为

竖向压力强度

$$q_v = \gamma h \qquad (1.14)$$

水平压力强度

$$q_H = \lambda \gamma h \qquad (1.15)$$

$$\lambda = \tan^2\left(45° - \frac{\varphi}{2}\right) \qquad (1.16)$$

式中：$\gamma$——土的重力密度，$kN/m^3$；

$h$——计算截面至路面顶的高度，m；

$\lambda$——侧压系数。

（4）浮力。浮力大小等于桥墩（桥台或基础）排开水的体积重量，作用点在结构底面的形心处，方向竖直向上。对于基础底面位于透水性地基上的桥梁墩台，当验算稳定时，应考虑设计水位的浮力；当验算地基应力时，可仅考虑低水位的浮力，或不考虑水的浮力。基础嵌入不透水性地基的桥梁墩台不考虑水的浮力。作用在桩基承台底面的浮力，应考虑全部底面积。对桩嵌入不透水地基并灌注混凝土封闭者，不应考虑桩的浮力，在计算承台底面浮力时应扣除桩的截面面积。当不能确定地基是否透水时，应以透水或不透水两种情况与其他作用组合，取其最不利者。

（5）混凝土收缩及徐变作用。混凝土收缩及徐变作用对于连续桥面简支梁桥及连续梁或连续刚构桥的下部结构有一定影响，《通用规范》规定：混凝土的收缩应变和徐变系数可按《公路桥涵钢筋混凝土与预应力混凝土设计规范》的规定计算；在进行混凝土徐变时计算，可假定徐变与混凝土应力呈线性关系；在计算圬工拱圈的收缩作用效应时，如需要考虑徐变影响，作用效应可乘以 0.45 折减系数。

2. 可变作用

1）汽车荷载

公路桥涵设计时，汽车荷载的计算图式、荷载等级及其标准值、加载方法和纵横向折减等应按《通用规范》的规定选择使用。汽车荷载分为公路-Ⅰ级和公路-Ⅱ级两个等级。汽车荷载由车道荷载和车辆荷载组成，车道荷载由均布荷载和集中荷载组成。桥梁结构的整体计算采用车道荷载；桥梁结构的局部加载、涵洞、桥台和挡土墙土压力等计算采用车辆荷载。车辆荷载与车道荷载的作用不得叠加。

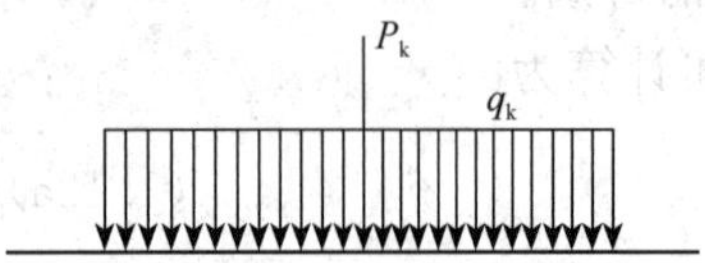

图 1.24 车道荷载

车道荷载的分布如图 1.24 所示。车辆荷载的立面、平面尺寸及其布置如图 1.25 所示，主要技术指标规定见表1.6。公路-Ⅰ级和公路-Ⅱ级汽车荷载采用相同的车辆荷载标准值。

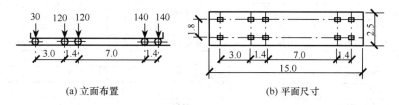

(a) 立面布置　　　　　　　　　　　　(b) 平面尺寸

图 1.25　车辆荷载的立面、平面尺寸（图中尺寸单位为 m，荷载单位为 kN）

**表 1.6　车辆荷载的主要技术指标**

| 项 目 | 技术指标 | 项 目 | 技术指标 |
|---|---|---|---|
| 车辆重力标准值/kN | 550 | 轮距/m | 1.8 |
| 前轴重力标准值/kN | 30 | 中、后轮着地宽度及长度/(m×m) | 0.3×0.2 |
| 中轴重力标准值/kN | 2×120 | 前轮着地宽度及长度/(m×m) | 0.6×0.2 |
| 后轴重力标准值/kN | 2×140 | 车辆外形尺寸（长×宽）/(m×m) | 15×2.5 |
| 轴距/m | 3+1.4+7+1.4 | | |

各级公路桥涵设计的汽车荷载等级应符合规范的规定，高速和一级公路采用公路-Ⅰ级，二、三和四级公路采用公路-Ⅱ级。二级公路为干线公路且重型车辆多时，其桥梁的设计可采用公路-Ⅰ级汽车荷载。四级公路重型车辆少时，其桥涵设计所采用的公路-Ⅱ级车道荷载的效应系数可乘以0.8的折减系数，车辆荷载的效应可乘以0.7的折减系数。

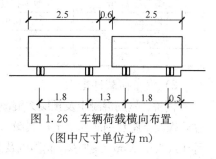

图 1.26　车辆荷载横向布置
（图中尺寸单位为 m）

公路-Ⅰ级车道荷载的均布荷载标准值为 $q_k=10.5\text{kN/m}$；集中荷载标准值按以下规定选取：桥梁计算跨径小于或等于 5m 时，$P_k=180\text{kN}$；桥梁计算跨径等于或大于 50m 时，$P_k=360\text{kN}$；桥梁计算跨径在 $5\sim50\text{m}$ 之间时，$P_k$ 值采用直线内插求得。计算剪力效应时，上述集中荷载标准 $P_k$ 值应乘以 1.2 的系数。公路-Ⅱ级车道荷载的均布荷载标准值 $q_k$ 和集中荷载标准值 $P_k$ 按公路-Ⅰ级车道荷载的 0.75 倍采用。

车道荷载的均布荷载标准值应满布于使结构产生最不利效应的同号影响线上；集中荷载标准值只作用于相应影响线中一个最大影响线峰值处。桥涵设计车道数应符合表1.7的规定，车道荷载横向分布系数应按设计车道数布置的车辆荷载进行计算。多车道桥梁上的汽车荷载应考虑多车道折减。当桥涵设计车道数等于或大于2时，由汽车荷载产生的效应应按表1.8规定的多车道折减系数进行折减，但折减后的效应不得小于两设计车道的荷载效应。

表 1.7　桥涵设计车道数

| 桥面宽度 $W/m$ | | 桥涵设计车道数 |
|---|---|---|
| 车辆单向行驶时 | 车辆双向行驶时 | |
| $W<7.0$ | | 1 |
| $7.0\leqslant W<10.5$ | $6.0\leqslant W<14.0$ | 2 |
| $10.5\leqslant W<14.0$ | | 3 |
| $14.0\leqslant W<17.5$ | $14.0\leqslant W<21.0$ | 4 |
| $17.5\leqslant W<21.0$ | | 5 |
| $21.0\leqslant W<24.5$ | $21.0\leqslant W<28.0$ | 6 |
| $24.5\leqslant W<28.0$ | | 7 |
| $28.0\leqslant W<31.5$ | $28.0\leqslant W<35.0$ | 8 |

表 1.8　横向折减系数

| 横向布置设计车道数/条 | 2 | 3 | 4 | 5 | 6 | 7 | 8 |
|---|---|---|---|---|---|---|---|
| 横向折减系数 | 1.00 | 0.78 | 0.67 | 0.60 | 0.55 | 0.52 | 0.50 |

　　大跨径桥梁上的汽车荷载应考虑纵向折减。当桥梁计算跨径大于150m时，应按表1.9规定的纵向折减系数进行折减。当为多跨连续结构时，整个结构应按最大的计算跨径考虑汽车荷载效应的纵向折减。

表 1.9　纵向折减系数

| 计算跨径 $L_0/m$ | 纵向折减系数 | 计算跨径 $L_0/m$ | 纵向折减系数 |
|---|---|---|---|
| $150<L_0<400$ | 0.97 | $800\leqslant L_0<1000$ | 0.94 |
| $400\leqslant L_0<600$ | 0.96 | $L_0\geqslant 1000$ | 0.93 |
| $600\leqslant L_0<800$ | 0.95 | | |

　　2）汽车荷载冲击力

　　钢桥、钢筋混凝土及预应力混凝土桥、圬工拱桥等上部构造和钢支座、板式橡胶支座、盆式橡胶支座及钢筋混凝土柱式墩台，应计算汽车的冲击作用。填料厚度（包括路面厚度）等于或大于0.5m的拱桥、涵洞以及重力式墩台不计冲击力。支座的冲击力，按相应的桥梁取用。汽车荷载的冲击力标准值为汽车荷载标准值乘以冲击系数 $\mu$。当汽车荷载的局部加载及在 $T$ 梁、箱梁悬臂板上的冲击系数采用1.3，其他情况下的冲击系数为 $\mu$ 时可按下式计算

　　当 $f<1.5\text{Hz}$ 时

$$\mu=0.05 \tag{1.17a}$$

　　当 $1.5\text{Hz}\leqslant f\leqslant 14\text{Hz}$ 时

$$\mu=0.1767\ln f-0.0157 \tag{1.17b}$$

　　当 $f>14\text{Hz}$ 时

$$\mu=0.45 \tag{1.17c}$$

式中：$f$——结构基频，Hz。

　　3）汽车荷载离心力

　　进行小半径的曲线桥设计时需要计入汽车荷载离心力。当弯道桥的曲线半径等于或小于250m时，应计算汽车荷载引起的离心力。其着力点在桥面以上1.2m处（为计算简便也可移至桥面上，但不计由此引起的作用效应）。计算多车道桥梁的汽车荷载离心力时，车辆荷载标准值应乘以规范规定的横向折减系数。汽车荷载离心力标准值为按车

辆荷载（不计冲击力）标准值乘以离心力系数 $C$ 计算。离心力系数计算为

$$C = \frac{V^2}{127R} \qquad (1.18)$$

式中：$V$——设计速度（应按桥梁所在路线设计速度采用），km/h；

　　　$R$——曲线半径，m。

4）汽车荷载引起的土压力

当汽车行驶在路基上时，桥台背后的填土在汽车荷载作用下将引起一个作用于台背的活载土压力。计算该项土压力时采用车辆荷载加载，当计算车辆荷载在桥台或挡土墙后填土的破坏棱体上引起的土侧压力时，可按式（1.19）换算成等代均布土层厚度 $h$（m）计算；当计算涵洞顶上车辆荷载引起的竖向土压力时，车轮按其着地面积的边缘向下作 30° 角分布。当几个车轮的压力扩散线相重叠时，扩散面积以最外边的扩散线为准。换算的当量土层厚度为

$$h = \frac{\sum G}{B l_0 \gamma} \qquad (1.19)$$

式中：$\gamma$——土的重力密度，kN/m³；

　　$\sum G$——布置在 $B \times l_0$ 面积内的车轮的总重力（计算挡土墙的土压力时，车辆荷载应按照规定作横向布置，车辆外侧车轮中线距路面边缘 0.5m，计算中当涉及多车道加载时，车轮总重力应按规范的规定进行折减），kN；

　　　$l_0$——桥台或挡土墙后填土的破坏棱体长度（对于墙顶以上有填土的路堤式挡土墙，$l_0$ 为破坏棱体范围内的路基宽度部分），m；

　　　$B$——桥台横向全宽或挡土墙的计算长度（在计算中，挡土墙的计算长度可采用式（1.20），但不应超过挡土墙分段长度），m。

$$B = 13 + H \tan 30° \qquad (1.20)$$

当挡土墙分段长度小于 13m 时，$B$ 取分段长度，并在该长度内按不利情况布置轮重。式（1.20）中的 $H$ 为挡土墙高度（m），对墙顶以上有填土的挡土墙，为 2 倍墙顶填土厚度加墙高。

5）汽车荷载制动力

汽车荷载制动力大小按同向行驶的汽车静荷载计算，其作用点在桥面以上 1.2m 处，作用在墩台上的方向与车辆的行驶方向相同。计算时可将其移至支座铰中心或支座底座面上；计算刚构及拱桥时，制动力的作用点可移至桥面上，但不计因此而产生的竖向力和力矩。按《通用规范》的规定，以使桥梁墩台产生最不利纵向力的加载长度应进行纵向折减。

由汽车荷载产生的制动力标准值按规定的车道荷载标准值在加载长度上计算的总重力的 10% 计算。一个车道上公路-Ⅰ级汽车荷载的制动力标准值不得小于 165kN；公路-Ⅱ级汽车荷载的制动力标准值不得小于 90kN。同向行驶双车道的汽车荷载制动力标准值为一个设计车道制动力标准值的 2 倍；同向行驶三车道为一个设计车道的 2.34 倍；同向行驶四车道为一个设计车道的 2.68 倍。

设有板式橡胶支座的简支梁、连续桥面简支梁或连续梁排架式柔性墩台，应根据支座

与墩台的抗推刚度的刚度集成情况分配和传递制动力；设有板式橡胶支座的简支梁刚性墩台，按单跨两端的板式橡胶支座的抗推刚度分配制动力；设有固定支座、活动支座（滚动或摆动支座、聚四氟乙烯板支座）的刚性墩台传递的制动力，按表 1.10 的规定采用。每个活动支座传递的制动力，其值不应大于其摩阻力，当大于摩阻力时，按摩阻力计算。

**表 1.10 刚性墩台各种支座传递的制动力**

| 桥梁墩台及支座类型 | | 应计的制动力 | 符号说明 |
|---|---|---|---|
| 简支梁桥台 | 固定支座 | $T_1$ | |
| | 聚四氟乙烯板支座 | $0.30T_1$ | |
| | 滚动（或摆动）支座 | $0.25T_1$ | |
| 简支梁桥墩 | 两个固定支座 | $T_2$ | $T_1$——加载长度为计算跨径时的制动力 |
| | 一个固定支座，一个活动支座 | 注 | $T_2$——加载长度为相邻两跨计算跨径之和时的制动力 |
| | 两个聚四氟乙烯板支座 | $0.30T_2$ | |
| | 两个滚动（或摆动）支座 | $0.25T_2$ | $T_3$——加载长度为一联长度的制动力 |
| 连续梁桥墩 | 固定支座 | $T_3$ | |
| | 聚四氟乙烯板支座 | $0.30T_3$ | |
| | 滚动（或摆动）支座 | $0.25T_3$ | |

注：固定支座按 $T_4$ 计算，活动支座按 $0.30T_5$（聚四氟乙烯板支座）计算或按 $0.25T_5$（滚动或摆动支座）计算，$T_4$ 和 $T_5$ 分别为与固定支座或活动支座相应的单跨跨径的制动力，桥墩承受的制动力为上述固定支座与活动支座传递的制动力之和。

6）人群荷载

（1）当桥梁计算跨径小于或等于 50m 时，人群荷载标准值为 3.0kN/m²；当桥梁计算跨径等于或大于 150m 时，人群荷载标准值为 2.5kN/m²；当桥梁计算跨径在 50～150m 时，可由线性内插得到人群荷载标准值。对跨径不等的连续结构，以最大计算跨径为准。城镇郊区行人密集地区的公路桥梁，人群荷载标准值取上述规定值的 1.15 倍。专用人行桥梁，人群荷载标准值为 3.5kN/m²。

（2）人群荷载在横向应布置在人行道的净宽度内，在纵向施加于使结构产生最不利荷载效应的区段内。人行道板（局部构件）可以一块板为单元，按标准值 4.0kN/m² 的均布荷载计算。计算人行道栏杆时，作用在栏杆立柱顶上的水平推力标准值取 0.75kN/m；作用在栏杆扶手上的竖向力标准值取 1.0kN/m。

7）风荷载

作用在桥梁结构的风荷载为一个水平力，包括梁的横向风力、桥墩的纵向和横向风力，风力的大小为风荷载强度乘以迎风面积，作用点在风荷载分布图的几何形心处。对于水中桥墩仅在水位以上部分桥墩受风力作用，所以在进行墩身的风力计算时，要注意与相应的水位（设计水位、常水位）相对应。关于桥梁上作用的风荷载标准值计算如下。

横桥向风荷载假定水平地垂直作用于桥梁各部分迎风面积的形心上，其标准值可计算为

$$F_{wh} = k_0 k_1 k_3 W_d A_{wh} \tag{1.21}$$

$$W_d = \frac{\gamma V_d^2}{2g} \tag{1.22}$$

$$W_0 = \frac{\gamma V_{10}^2}{2g} \tag{1.23}$$

$$W_d = k_2 k_5 V_{10} \tag{1.24}$$

$$\gamma = 0.012017e^{-0.0001Z} \tag{1.25}$$

式中：$F_{wh}$——横桥向风荷载标准值，kN；

$W_0$——基本风压（全国各主要气象台站 10 年、50 年、100 年一遇的基本风压可按《通用规范》中附表 A 的有关数据经实地核实后采用），$kN/m^2$；

$W_d$——设计基准风压，$kN/m^2$；

$A_{wh}$——横向迎风面积（按桥跨结构各部分的实际尺寸计算），$m^2$；

$V_{10}$——桥梁所在地区的设计基本风速（按平坦空旷地面，离地面 10m 高，重现期为 100 年 10min 平均最大风速计算确定，当桥梁所在地区缺乏风速观测资料时，$V_{10}$ 可按《通用规范》附录 A "全国基本风速图级全国各气象台站基本风速和基本风压值" 的有关数据并经实地调查核实后采用），m/s；

$V_d$——高度 $Z$ 处的设计基准风速，m/s；

$Z$——距地面或水面的高度，m；

$\gamma$——空气重力密度，$kN/m^3$；

$k_0$——设计风速重现期换算系数（对于单孔跨径指标为特大桥和大桥的桥梁，$k_0 = 1.0$，对其他桥梁，$k_0 = 0.90$，对施工架设期桥梁，$k_0 = 0.75$，当桥梁位于台风多发地区时，可根据实际情况适度提高 $k_0$ 值）；

$k_2$——考虑地面粗糙度类别和梯度风的风速高度变化修正系数（可按表 1.11 取用，位于山间盆地、谷地或峡谷、山口等特殊场合的桥梁上、下部结构的风速高度变化修正系数 $k_2$ 按 B 类地表类别取值）；

$k_3$——地形地理条件系数（按表 1.12 取用）；

$k_5$——阵风风速系数（对 A、B 类地表 $k_5 = 1.38$，对 C、D 类地表 $k_5 = 1.70$，A、B、C、D 地表类别对应的地表状况见表 1.13）；

$g$——重力加速度（$g = 9.81m/s^2$）；

$k_1$——风载阻力系数（见表 1.14）。

**表 1.11 风速高度变化修正系数**

| 离地面或水面高度/m | 地表类别 | | | |
|:---:|:---:|:---:|:---:|:---:|
| | A | B | C | D |
| 5 | 1.08 | 1.00 | 0.86 | 0.79 |
| 10 | 1.17 | 1.00 | 0.86 | 0.79 |
| 15 | 1.23 | 1.07 | 0.86 | 0.79 |
| 20 | 1.28 | 1.12 | 0.92 | 0.79 |
| 30 | 1.34 | 1.19 | 1.00 | 0.85 |
| 40 | 1.39 | 1.25 | 1.06 | 0.85 |
| 50 | 1.42 | 1.29 | 1.12 | 0.91 |
| 60 | 1.46 | 1.33 | 1.16 | 0.96 |
| 70 | 1.48 | 1.36 | 1.20 | 1.01 |

续表

| 离地面或水面高度/m | 地 表 类 别 | | | |
| --- | --- | --- | --- | --- |
| | A | B | C | D |
| 80 | 1.51 | 1.40 | 1.24 | 1.05 |
| 90 | 1.53 | 1.42 | 1.27 | 1.09 |
| 100 | 1.55 | 1.45 | 1.30 | 1.13 |
| 150 | 1.62 | 1.54 | 1.42 | 1.27 |
| 200 | 1.73 | 1.62 | 1.52 | 1.39 |
| 250 | 1.75 | 1.67 | 1.59 | 1.48 |
| 300 | 1.77 | 1.72 | 1.66 | 1.57 |
| 350 | 1.77 | 1.77 | 1.71 | 1.64 |
| 400 | 1.77 | 1.77 | 1.77 | 1.71 |
| ≥450 | 1.77 | 1.77 | 1.77 | 1.77 |

**表 1.12  地形、地理条件系数**

| 地形、地理条件 | 地形、地理条件系数 $k_3$ |
| --- | --- |
| 一般地区 | 1.00 |
| 山间盆地、谷地 | 0.75~0.85 |
| 峡谷口、山口 | 1.20~1.40 |

**表 1.13  地表分类**

| 地表粗糙度类别 | 地 表 状 况 |
| --- | --- |
| A | 海面、海岸、开阔水面 |
| B | 田野、乡村、丛林及低层建筑物稀少地区 |
| C | 树木及低层建筑物等密集地区、中高层建筑物稀少地区、平缓的丘陵地 |
| D | 中高层建筑物密集地区、起伏较大的丘陵地 |

**表 1.14  桁架的风载阻力系数**

| 实面积比 | 矩形与 $H$ 形截面构件 | 圆柱形构件（$D$ 为圆柱直径） | |
| --- | --- | --- | --- |
| | | $D\sqrt{W_0}<5.8$ | $D\sqrt{W_0}\geq5.8$ |
| 0.1 | 1.9 | 1.2 | 0.7 |
| 0.2 | 1.8 | 1.2 | 0.8 |
| 0.3 | 1.7 | 1.2 | 0.8 |
| 0.4 | 1.7 | 1.1 | 0.8 |
| 0.5 | 1.6 | 1.1 | 0.8 |

注：1. 实面积比＝桁架净面积/桁架轮廓面积；
2. 表中圆柱直径 $D$ 以 m 计，基本风压以 kN/m² 计。

桁架桥上部结构的风载阻力系数规定见表 1.14。上部结构为两片或两片以上桁架时，所有迎风桁架的风载阻力系数均取为遮挡系数，按表 1.15 采用；桥面系构造的风载阻力系数取 $k_1=1.3$。桥墩或桥塔的风载阻力系数可依据桥墩或桥塔的断面形状、尺寸比及高宽比值的不同由表 1.16 查得表中没有包括的断面，其值宜由风洞试验确定。普通实腹桥梁上部结构的风载阻力系数可计算为

$$k_1=\begin{cases}2.1-0.1\left(\dfrac{B}{H}\right) & 1\leqslant\dfrac{B}{H}<8\\ 1.3 & 8\leqslant\dfrac{B}{H}\end{cases}\tag{1.26}$$

式中：$B$——桥梁宽度，m；
$H$——梁高，m。

表 1.15 桁架遮挡系数

| 间 距 比 | 实 面 积 比 | | | | |
|---|---|---|---|---|---|
| | 0.1 | 0.2 | 0.3 | 0.4 | 0.5 |
| ≤1 | 1 | 0.9 | 0.8 | 0.6 | 0.45 |
| 2 | 1 | 0.9 | 0.8 | 0.65 | 0.5 |
| 3 | 1 | 0.95 | 0.8 | 0.7 | 0.55 |
| 4 | 1 | 0.95 | 0.8 | 0.7 | 0.6 |
| 5 | 1 | 0.95 | 0.85 | 0.75 | 0.65 |
| 6 | 1 | 0.95 | 0.9 | 0.8 | 0.7 |

注：间距比＝两桁架中心距/迎风桁架高度。

表 1.16 桥墩或桥塔的阻力系数

| 断 面 形 状 | $\dfrac{t}{b}$ | 桥墩或桥塔的高宽比 | | | | | | |
|---|---|---|---|---|---|---|---|---|
| | | 1 | 2 | 4 | 6 | 10 | 20 | 40 |
| 风向→ $\square$ (t, b) | ≤1/4 | 1.3 | 1.4 | 1.5 | 1.6 | 1.7 | 1.9 | 2.1 |
| → $\square$ | 1/3 1/2 | 1.3 | 1.4 | 1.5 | 1.6 | 1.6 | 2.0 | 2.2 |
| → $\square$ | 2/3 | 1.3 | 1.4 | 1.5 | 1.6 | 1.6 | 2.0 | 2.2 |
| → $\square$ | 1 | 1.2 | 1.3 | 1.4 | 1.5 | 1.6 | 1.8 | 2.0 |
| → $\square$ | 3/2 | 1.0 | 1.1 | 1.2 | 1.3 | 1.4 | 1.5 | 1.7 |
| → $\square$ | 2 | 0.8 | 0.9 | 1.0 | 1.1 | 1.2 | 1.3 | 1.4 |
| → $\square$ | 3 | 0.8 | 0.8 | 0.8 | 0.9 | 0.9 | 1.0 | 1.2 |
| → $\square$ | ≥4 | 0.8 | 0.8 | 0.8 | 0.8 | 0.8 | 0.9 | 1.1 |
| → ◇ → ⬡ | | 1.0 | 1.1 | 1.1 | 1.2 | 1.2 | 1.3 | 1.4 |
| 12边形 → ⬡ | | 0.7 | 0.8 | 0.8 | 0.9 | 1.0 | 1.1 | 1.3 |
| 光滑表面圆形且 $D\sqrt{W_0} \geqslant 5.8$ → ⊙(D) | | 0.5 | 0.5 | 0.5 | 0.5 | 0.5 | 0.6 | 0.6 |
| 1. 光滑表面圆形且 $D\sqrt{W_0} < 5.8$ → ⊙(D) 2. 粗糙表面或有凸起的圆形 | | 0.7 | 0.7 | 0.8 | 0.8 | 0.9 | 1.0 | 1.2 |

注：1. 上部结构架设后，应按高度比为 40 计算 $k_1$ 值；

2. 对于带有圆弧角的矩形桥墩，其风载阻力系数应从表中查得 $k_1$ 值后，再乘以折减系数 $\left(1-1.5\dfrac{r}{b}\right)$ 或 0.5，取其二者之较大值，在此 $r$ 为圆弧角的半径；

3. 对于沿桥墩高度有锥度变化的情形，$k_1$ 值应按桥墩高度分段计算，每段的 $t$ 及 $b$ 取各该段的平均值，高度比则应以桥墩总高度对每段的平均宽度之比计之；

4. 对于带三角尖端的桥墩，其 $k_1$ 值应按包括该桥墩处边缘的矩形截面计算。

桥梁顺桥向可不计桥面系及上承式梁所受的风荷载，下承式桁架顺桥向风荷载标准值按其横桥向风压的 40% 乘以桁架迎风面积计算；桥墩上的顺桥向风荷载标准值可按横桥向风压的 70%乘以桥墩迎风面积计算；悬索桥、斜拉桥桥塔上的顺桥向风荷载标准值可按横桥向风压乘以迎风面积计算；桥台可不计算纵、横向风荷载；上部构造传至墩台的顺桥向风荷载，其在支座的着力点及墩台上的分配，可根据上部构造的支座条件，按制动力的规定处理。对风敏感且可能以风荷载控制设计的桥梁，应考虑桥梁在风荷载作用下的静力和动力失稳，必要时应通过风洞试验验证，同时可采取适当的风致振动控制措施。

　　8）流水压力和流冰压力

　　（1）流水压力。作用在桥墩上的流水压力的大小根据河流中的水流速度按桥墩的迎水面积进行计算，其作用点在相应的水位以下 1/3 水深位置。

　　作用在桥墩上的流水压力标准值为

$$F_w = KA \frac{\gamma V^2}{2g} \tag{1.27}$$

式中：$F_w$——流水压力标准值，kN；

$\gamma$——水的重力密度，kN/m³；

$V$——设计流速，m/s；

$A$——桥墩阻水面积（计算至一般冲刷线），m²；

$g$——重力加速度（$g=9.81$m/s²）；

$K$——桥墩形状系数（表 1.17）。

**表 1.17　桥墩形状系数**

| 桥墩形状 | $K$ |
| --- | --- |
| 方形桥墩 | 1.5 |
| 矩形桥墩（长边与水流平行） | 1.3 |
| 圆形桥墩 | 0.8 |
| 尖端形桥墩 | 0.7 |
| 圆端形桥墩 | 0.6 |

**表 1.18　桩或墩迎冰面形状系数 $m$**

| 迎冰面形状　系数 | 平面 | 圆弧形 | 尖角形的迎冰面角度 | | | | |
| --- | --- | --- | --- | --- | --- | --- | --- |
| | | | 45° | 60° | 75° | 90° | 120° |
| $m$ | 1.00 | 0.90 | 0.54 | 0.59 | 0.64 | 0.69 | 0.77 |

　　（2）流冰压力。流冰压力的大小与桥墩形状、水温和冰层厚度有关，对具有竖向前棱的桥墩还与其流冰方向不同（当流冰范围内桥墩有倾斜表面）而异，流冰压力标准值可按各自对应的公式进行计算。

　　① 对具有竖向前棱的桥墩，冰压力可按下述规定取用为

$$F_i = mC_t bt R_{ik} \tag{1.28}$$

式中：$F_i$——冰压力标准值，kN；

$m$——桩或墩迎冰面形状系数（可按表 1.18 取用）；

$C_t$——冰温系数（可按表 1.19 取用）；

$b$——桩或墩迎冰面投影宽度，m；

$t$——计算冰厚（可取实际调查的最大冰厚）；

$R_{ik}$——冰的抗压强度标准（可取当地冰温 0℃时的冰抗压强度；当缺乏实测资料时，对海冰可取

**表 1.19　冰温系数**

| 冰温/℃ | 0 | −10 及以下 |
| --- | --- | --- |
| $C_t$ | 1.0 | 2.0 |

注：1. 表列冰温系数可直接内插。
　　2. 对海冰，冰温取结冰期最低冰温；对河冰，取解冻期最低冰温。

$R_{ik}=750$kN/m²，对河冰，流冰开始时 $R_{ik}=750$kN/m²，最高流冰水位时可取 $R_{ik}=450$kN/m²），kN/m²。

当冰块流向桥轴线的角度 $\varphi\leqslant 80°$时，桥墩竖向边缘的冰荷载应乘以 $\sin\varphi$ 予以折减。

冰压力合力作用在计算结冰水位以下 0.3 倍冰厚处。

② 当流冰范围内桥墩有倾斜表面时，冰压力应分解为水平分力和竖向分力。

水平分力

$$F_{xi} = m_0 C_t R_{bk} t^2 \tan\beta \qquad (1.29)$$

竖向分力

$$F_{zi} = \frac{F_{xi}}{\tan\beta} \qquad (1.30)$$

式中：$F_{xi}$——冰压力的水平分力，kN；

　　　$F_{zi}$——冰压力的竖向分力，kN；

　　　$\beta$——桥墩倾斜的棱边与水平线的夹角，(°)；

　　　$R_{bk}$——冰的抗弯强度标准值（取 $R_{bk} = 0.7R_{ik}$），kN/m²；

　　　$m_0$——系数（$m_0 = 0.2b/t$，但不小于 1.0）。

结构受冰作用的部位宜采用实体。对于具有强烈流冰的河流中的桥墩、柱，其迎冰面适宜做成圆弧形、多边形或尖角，并做成 3：1～10：1（竖：横）的斜度，在受冰作用的部位宜缩小其迎冰面投影宽度。对流冰期的设计高水位以上 0.5m 到设计低水位以下 1.0m 的部位宜采取抗冻性混凝土或花岗岩镶面或包钢板等防护措施。同时，对建筑物附近的冰体采取适宜的使冰体减小对结构物作用力的措施。

9）温度影响力

对于空心墩、薄壁墩和柱式墩，温度对桥墩和基础的影响很大，因此需要计算温度影响力。计算温度作用时的材料线膨胀系数及作用标准值可按表 1.20 取用。

表 1.20　线膨胀系数

| 结 构 种 类 | 线膨胀系数（以摄氏度计） |
|---|---|
| 钢结构 | 0.000 012 |
| 混凝土和钢筋混凝土及预应力混凝土结构 | 0.000 010 |
| 混凝土预制块砌体 | 0.000 009 |
| 石砌体 | 0.000 008 |

桥梁结构当要考虑温度作用时，应根据当地具体情况、结构物使用的材料和施工条件等因素计算由温度作用引起的结构效应。当计算桥梁结构因均匀温度作用引起外加变形或约束变形时，应从受到约束时的结构温度开始，考虑最高和最低有效温度的作用效应，如缺乏实际调查资料，公路混凝土结构和钢结构的最低和最高有效温度标准值可按表 1.21 取用。

表 1.21　公路桥梁结构的有效温度标准值（单位：℃）

| 气 温 分 区 | 钢桥面板钢桥 | | 混凝土桥面钢桥 | | 混凝土、石桥 | |
|---|---|---|---|---|---|---|
| | 最高 | 最低 | 最高 | 最低 | 最高 | 最低 |
| 严冬地区 | 46 | −43 | 39 | −32 | 34 | −23 |
| 寒冷地区 | 46 | −21 | 39 | −15 | 34 | −10 |
| 温热地区 | 46 | −9（−3） | 39 | −6（−1） | 34 | −3（0） |

注：1. 全国气温分区见通用规范中的附录 B；
　　2. 表中括弧内数值适用于昆明、南宁、广州、福州地区。

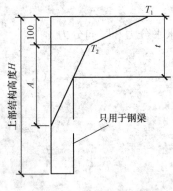

图 1.27　竖直梯度温度
（尺寸单位：mm）

计算桥梁结构由于温度引起的效应时，可采用图 1.27 所示的竖向温度梯度曲线，其桥面板表示的最高温度 $T_1$ 规定见表 1.22。对混凝土结构，当梁高 $H$ 小于 400mm 时，图中 $A=H-100$（mm）；梁高等于或大于 400mm 时，$A=300$mm，$t$ 为混凝土桥面板的厚度（mm）。

表 1.22　竖向日照正温差计算的温度基数

| 结构类型 | $T_1/℃$ | $T_2/℃$ |
|---|---|---|
| 混凝土铺装 | 25 | 6.7 |
| 50mm 沥青混凝土铺装层 | 20 | 6.7 |
| 100mm 沥青混凝土铺装层 | 14 | 5.5 |

混凝土上部结构和带混凝土桥面板的钢结构的竖向日照反温差为正温差乘以 $-0.5$。

10）支座摩阻力

$$F = \mu W \tag{1.31}$$

式中：$W$——作用域活动支座上由上部结构重力产生的效应；

　　　$\mu$——支座的摩擦系数（无实测数据时可按表 1.23 取用）。

表 1.23　支座摩擦系数

| 支座种类 | | 支座摩擦系数 $\mu$ |
|---|---|---|
| 活动支座或摆动支座 | | 0.05 |
| 板式橡胶支座 | 支座与混凝土面接触 | 0.03 |
| | 支座与钢板接触 | 0.02 |
| 聚四氟乙烯板与不锈钢板接触 | | 0.06（加硅脂；温度低于 $-25℃$ 时为 0.078） |
| | | 0.12（不加硅脂；温度低于 $-25℃$ 时为 0.156） |

3. 偶然作用

1）地震作用

地震动峰值加速度等于 $0.10g$、$0.15g$、$0.20g$、$0.30g$ 时，应进行抗震设计。地震动峰值加速度大于或等于 $0.40g$ 地区的公路桥涵，应进行专门的抗震研究和设计。地震动峰值加速度小于或等于 $0.05g$ 地区的公路桥涵，除特殊要求者外，可采用简易设防。做过地震小区划的地区，应按主管部门审批后的地震动参数进行抗震设计。公路桥梁地震作用的计算及结构的设计，应符合《公路工程抗震设计规范》以下简称《公桥抗规》。

2）船只及漂流物的撞击力

位于通航河流或有漂流物的河流中的桥梁墩台，设计时应考虑船舶或漂流物的撞击作用。内河船舶的撞击作用点，假定为计算通航水位线以上 2m 的桥墩宽度或长度的中点。海轮船舶撞击作用点需视实际情况而定。当缺乏实际调查资料时，内河上船舶撞击作用的标准值可按表 1.24 采用；四～七级航道中的钢筋混凝土桩柱式墩，顺桥向撞击作用可按表 1.24 所列系数的 50% 考虑；海轮撞击作用标准值可按表 1.25 采用。

**表 1.24 内河船泊撞击作用标准值**

| 内河航道等级 | 船舶吨级（DWT）/t | 横桥向撞击作用/kN | 顺桥向撞击作用/kN |
|---|---|---|---|
| 一 | 3000 | 1400 | 1100 |
| 二 | 2000 | 1100 | 900 |
| 三 | 1000 | 800 | 650 |
| 四 | 500 | 550 | 450 |
| 五 | 300 | 400 | 350 |
| 六 | 100 | 250 | 200 |
| 七 | 50 | 150 | 125 |

**表 1.25 海轮撞击作用标准值**

| 船舶吨级（DWT）/t | 3 000 | 5 000 | 7 500 | 10 000 | 20 000 | 30 000 | 40 000 | 50 000 |
|---|---|---|---|---|---|---|---|---|
| 横桥向撞击作用/kN | 19 600 | 25 400 | 31 000 | 35 800 | 50 700 | 62 100 | 71 700 | 80 200 |
| 顺桥向撞击作用/kN | 9 800 | 12 700 | 15 500 | 17 900 | 25 350 | 31 050 | 35 850 | 40 100 |

可能遭受大型船舶撞击作用的桥墩，应根据桥墩的自身抗撞击能力、桥墩的位置和外形、水流流速、水位变化、通航船舶类型和碰撞速度等因素作桥墩防撞击设施的设计。当设有与桥墩分开的防护结构时，桥墩可不计船舶的撞击作用。

对于河道中有漂流物河流上的桥梁，应考虑漂流物的撞击作用，其作用点一般假定在计算通航水位线上桥墩宽度的中点，横向撞击作用的大小可计算为

$$F = \frac{WV}{gT} \tag{1.32}$$

式中：$W$——漂流物重力（应根据河流中漂流物情况，按实际调查确定），kN；

$V$——水流速度，m/s；

$T$——撞击时间（应根据实际资料估计，在无实际资料时，用 1s），s；

$g$——重力加速度（$g=9.81\text{m/s}^2$）。

3）汽车撞击力

桥梁结构必要时还要考虑汽车的撞击作用。汽车撞击力标准值在车辆行驶方向取 1000kN，在车辆行驶方垂直向取 500kN，两个方向的撞击力不同时考虑，撞击力作用于行车道以上 1.2m 处，直接分布于撞击涉及的构件上。对于没有防撞设施的结构构件，可视防撞设施的防撞能力，对汽车撞击力标准值予以折减，但折减后的汽车撞击力标准值不应低于上述规定值的 1/6。

# 1.4 荷载计算算例

## 1.4.1 基本资料

某预应力混凝土简支梁桥，跨径为 25m，梁长 24.94m，计算跨径 24.3m。上部采用五孔、五片梁式的桥面连续结构，一孔梁上部构造自重 1898.12kN。其中边梁 30.42kN/m，

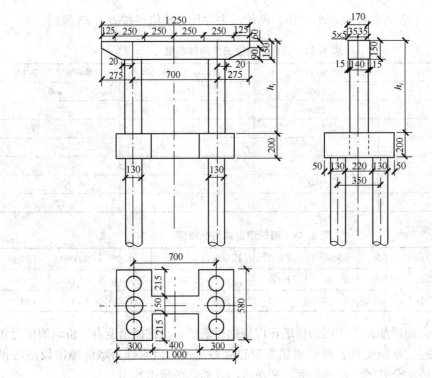

图 1.28　桥墩一般构造

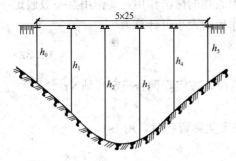

图 1.29　桥面连续布置

支座反力 379.34kN；中梁 31.82kN/m，支座反力 396.80kN/m；下部结构为双柱式桥墩、桥台和钻孔桩基础，如图 1.28 所示，其中柱径为 1.4m，桩径为 1.3m；各墩台的高度为 $h_0 = h_5 = 4m$，$h_1 = h_4 = 6m$，$h_2 = h_3 = 8m$，如图 1.29 所示。

一联中间各墩的墩顶设平板橡胶支座，其钢板总厚度为 10mm，剪切模量 $G = 1.2MPa$，摩阻系数为 $f = 0.05$；两端桥台顶部设滑板橡胶支座，其最小摩阻系数 $f = 0.03$，一般情况为 0.05；台背填土的容重 $\gamma = 19.5kN/m^3$；地基系数 $k = 500MPa/m$。

该桥的桥面宽度为净 7m+1.0m+0.5m，行车道为单向三车道，设计荷载采用公路 I 级。

主梁材料采用 C40 混凝土 $E_c = 3.25 \times 10^4 MPa$，盖梁和墩身采用 C25 混凝土 $E_c = 2.80 \times 10^4 MPa$，承台和桩基采用 C20 混凝土 $E_c = 2.55 \times 10^4 MPa$；主筋采用 HRB335 级钢筋 $E_s = 2.1 \times 10^5 MPa$，箍筋采用 R235 级钢筋 $E_s = 2.0 \times 10^5 MPa$。

### 1.4.2　垂直荷载计算

1. 车道荷载

按照公路-I 级荷载，当跨径 $L < 5m$ 时，$q_k = 10.5kN/m$，$P_k = 180kN$；当跨径 $L >$

50m 时，$q_k = 10.5\text{kN/m}$，$P_k = 360\text{kN}$；对于 $L = 25\text{m}$，内插计算得到 $q_k = 10.5\text{kN/m}$，$P_k = 260\text{kN}$。

**2. 盖梁自重**

为方便计算盖梁内力，按照盖梁的控制截面进行分块计算自重（图 1.30 和表 1.26）。

**3. 活载计算**

**1）横向分布系数**

墩台设计时，采用车道荷载加载。活载沿桥面的横向分为单车道、双车道和三车道情况；具体有对称布载和非对称布载两种形式。当荷载对称布置时用杠杆法，而非对称布置时则采用偏心受压法。

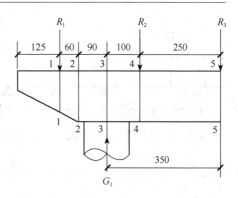

图 1.30 盖梁的控制截面

表 1.26 盖梁自重及内力

| 截面编号 | 自重/kN | 弯矩/(kN·m) | 剪力/kN | |
| --- | --- | --- | --- | --- |
| | | | $Q_左$ | $Q_右$ |
| 1—1 | 48.08 | −26.44 | −48.08 | −48.08 |
| 2—2 | 34.55 | −65.31 | −82.63 | −82.63 |
| 3—3 | 57.38 | −165.50 | −140.01 | 223.12 |
| 4—4 | 63.75 | 25.74 | 159.38 | 159.38 |
| 5—5 | 159.38 | 224.98 | 0 | 0 |

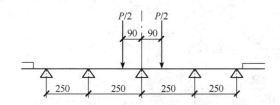

图 1.31 单车道对称布载（单位：cm）

（2）双车道对称布置（图 1.32）

$$K_1 = K_5 = 0$$

$$K_2 = K_4 = \frac{1}{2} \times \frac{65 + 65 + 180}{250} = 0.620$$

$$K_3 = \frac{1}{2} \times \frac{2 \times (5 + 185)}{250} = 0.760$$

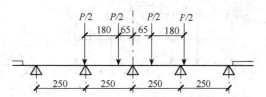

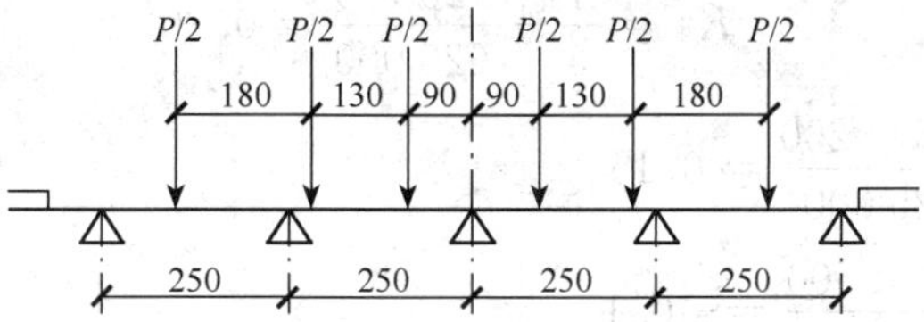

图 1.33 三车道对称布载（单位：cm）

（1）单车道对称布置（图 1.31）

$$K_1 = K_5 = 0$$

$$K_2 = K_4 = \frac{1}{2} \times \frac{90}{250} = 0.180$$

$$K_3 = \frac{1}{2} \times \frac{160 + 160}{250} = 0.640$$

图 1.32 双车道对称布载（单位：cm）

（3）三车道对称布置（图 1.33）

$$K_1 = K_5 = 0.3$$

$$K_2 = K_4 = \frac{1}{2} \times \frac{100 + 220 + 90}{250} = 0.820$$

$$K_3 = \frac{1}{2} \times \frac{30 + 160 + 160 + 30}{250} = 0.760$$

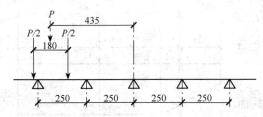

图 1.34　单车道非对称布载（单位：cm）

（4）单车道非对称布置（图 1.34）

$$K_i = \frac{1}{n} \pm \frac{ea_i}{2\sum a^2}$$

$$n = 5, e = 435, 2\sum a^2 = 625\,000$$

$$K_1 = \frac{1}{5} + \frac{435 \times 500}{625\,000} = 0.548$$

$$K_2 = \frac{1}{5} + \frac{435 \times 250}{625\,000} = 0.374$$

$$K_3 = \frac{1}{5} + \frac{435 \times 0}{625\,000} = 0.20$$

$$K_4 = \frac{1}{5} - \frac{435 \times 250}{625\,000} = 0.026$$

$$K_5 = \frac{1}{5} - \frac{435 \times 500}{625\,000} = -0.148$$

（5）双车道非对称布置（图 1.35）

$$n = 5, \quad e = 280, \quad 2\sum a^2 = 625\,000$$

$$K_1 = \frac{1}{5} + \frac{280 \times 500}{625\,000} = 0.424$$

$$K_2 = \frac{1}{5} + \frac{280 \times 250}{625\,000} = 0.312$$

$$K_3 = \frac{1}{5} + \frac{280 \times 0}{625\,000} = 0.20$$

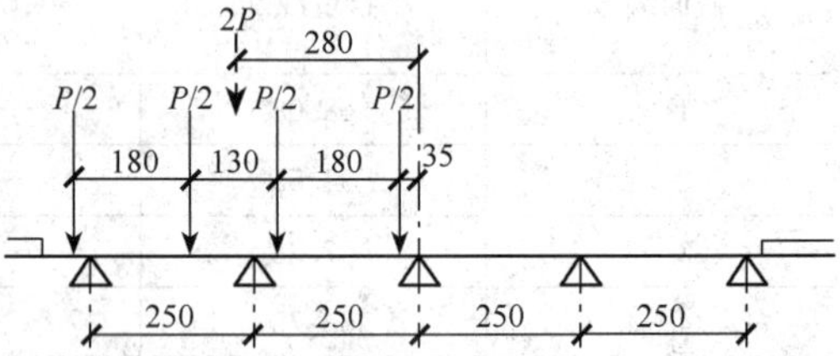

图 1.35　双车道非对称布载（单位：cm）

$$K_4 = \frac{1}{5} - \frac{280 \times 250}{625\,000} = 0.088$$

$$K_5 = \frac{1}{5} - \frac{280 \times 250}{625\,000} = -0.024$$

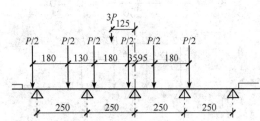

图 1.36　三车道非对称布载（单位：cm）

（6）三车道非对称布置（图 1.36）

$$n = 5, \quad e = 125, \quad 2\sum a^2 = 625\,000$$

$$K_1 = \frac{1}{5} + \frac{125 \times 500}{625\,000} = 0.3$$

$$K_2 = \frac{1}{5} + \frac{125 \times 250}{625\,000} = 0.25$$

$$K_3 = \frac{1}{5} + \frac{125 \times 0}{625\,000} = 0.20$$

$$K_4 = \frac{1}{5} - \frac{125 \times 250}{625\,000} = 0.15$$

$$K_5 = \frac{1}{5} - \frac{125 \times 500}{625\,000} = -0.1$$

2）汽车顺桥行驶

沿桥跨方向，活载布置可分为单孔加载和双孔加载两种情况，下面以单车道加载的情况求出对应的活载布置时各桥墩的支座反力 $B$。

（1）单孔单车道布载（图 1.37）。

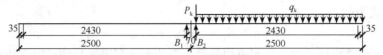

图 1.37 顺桥向单孔车道布载（单位：cm）

计算弯矩时，按照车道荷载加载，此时单孔单车道加载的支座反力为

$$B_1 = 0, \quad B_2 = \frac{10.5 \times 24.3}{2 + 260} = 387.6(\text{kN})$$

墩顶的支座反力之和

$$B = B_1 + B_2 = 387.6\text{kN}$$

车道荷载产生的纵向偏心弯矩

$$M_B = 0.35 \times 387.6 = 135.65(\text{kN} \cdot \text{m})$$

计算剪力时集中荷载×1.2，此时单孔单车道加载的支反力为

$$B'_1 = 0, B'_2 = \frac{10.5 \times 24.3}{2 + 260 \times 1.2} = 439.6(\text{kN})$$

墩顶的支座反力之和

$$B' = B'_1 + B'_2 = 439.6(\text{kN})$$

车道荷载产生的纵向偏心弯矩

$$M'_B = 0.35 \times 439.6 = 153.86(\text{kN} \cdot \text{m})$$

活载支反力的作用效果：对于竖向支反力，在桥的横向平面内使盖梁发生面内弯曲，使墩柱发生轴心受压，而在桥的纵向，偏心弯矩又将使桥墩的盖梁受扭、使墩柱纵向受弯。

（2）双孔单车道（图 1.38）。

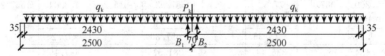

图 1.38 顺桥向双孔车道布载（单位：cm）

计算弯矩时，按照车道荷载加载，此时双孔单车道加载的支座反力为

$$B_1 = \frac{10.5 \times 24.3}{2} = 127.6(\text{kN})$$

$$B_2 = \frac{10.5 \times 24.3}{2 + 260} = 387.6(\text{kN})$$

$$B = B_1 + B_2 = 515.2(\text{kN})$$

计算剪力时集中荷载×1.2，此时双孔单车道加载的支反力为

$$B'_1 = \frac{10.5 \times 24.3}{2} = 127.6(\text{kN})$$

$$B'_2 = \frac{10.5 \times 24.3}{2 + 260 \times 1.2} = 439.6(\text{kN})$$

$$B' = B'_1 + B'_2 = 567.2(\text{kN})$$

对于双车道和三车道布置荷载时的支座反力计算，可以单车道的支反力直接乘以车道数目，并且需要考虑车道数目的折减。

3）活载横向分配后各梁支点反力

计算公式为

$$R_i = mB \times K_i$$

式中：$m$——车道数目（对于三车道加载时，应计入其车道数目的折减系数 0.78）。

将各种工况下的支座反力计算结果见表 1.27。

**表 1.27 各片梁活载支座反力汇总**

| 荷载及横向分配情况 | | | 车道荷载的反力 | | | | | | | |
|---|---|---|---|---|---|---|---|---|---|---|
| 方法 | 布载 | 横向分布系数 | 单孔荷载 | | | | 双孔荷载 | | | |
| | | | $B$/kN | $R_i$/kN | $B'$/kN | $R'_i$/kN | $B$/kN | $R_i$/kN | $B'$/kN | $R'_i$/kN |
| 杠杆法 | 单车道对称 | $K_1=0.000$ | 387.6 | 0 | 439.6 | 0 | 515.2 | 0 | 567.2 | 0 |
| | | $K_2=0.180$ | | 69.77 | | 79.13 | | 92.74 | | 102.10 |
| | | $K_3=0.640$ | | 248.06 | | 281.34 | | 329.73 | | 363.01 |
| | | $K_4=0.180$ | | 69.77 | | 79.13 | | 92.74 | | 102.10 |
| | | $K_5=0.000$ | | 0 | | 0 | | 0 | | 0 |
| | 双车道对称 | $K_1=0.000$ | $2\times387.6$ $=775.2$ | 0 | $2\times439.6$ $=879.2$ | 0 | 1030.4 | 0 | 1134.4 | 0 |
| | | $K_2=0.620$ | | 480.62 | | 545.10 | | 638.85 | | 703.33 |
| | | $K_3=0.760$ | | 589.15 | | 668.19 | | 783.1 | | 862.14 |
| | | $K_4=0.620$ | | 480.62 | | 545.10 | | 638.85 | | 703.33 |
| | | $K_5=0.000$ | | 0 | | 0 | | 0 | | 0 |
| | 三车道对称 | $K_1=0.300$ | $3\times387.6\times$ $0.78=907$ | 272.1 | $3\times439.6\times$ $0.78=$ $1028.66$ | 308.6 | 1205.57 | 361.57 | 1327.25 | 398.17 |
| | | $K_2=0.820$ | | 743.7 | | 887.78 | | 988.57 | | 1088.34 |
| | | $K_3=0.760$ | | 689.32 | | 781.78 | | 916.23 | | 1008.71 |
| | | $K_4=0.820$ | | 743.7 | | 887.78 | | 988.57 | | 1088.34 |
| | | $K_5=0.300$ | | 272.1 | | 308.6 | | 361.57 | | 398.17 |
| 偏心受压法 | 单车道非对称 | $K_1=0.548$ | 387.6 | 212.40 | 439.6 | 240.9 | 515.2 | 282.33 | 567.2 | 310.82 |
| | | $K_2=0.374$ | | 144.96 | | 164.41 | | 192.68 | | 212.13 |
| | | $K_3=0.200$ | | 77.52 | | 87.92 | | 103.04 | | 113.44 |
| | | $K_4=0.026$ | | 10.08 | | 11.42 | | 13.4 | | 14.75 |
| | | $K_5=-0.148$ | | -15.36 | | -57.36 | | -76.25 | | -83.94 |
| | 双车道非对称 | $K_1=0.434$ | 775.2 | 336.44 | 879.2 | 381.57 | 1030.4 | 447.19 | 1134.4 | 492.33 |
| | | $K_2=0.312$ | | 241.86 | | 274.31 | | 321.48 | | 353.93 |
| | | $K_3=0.200$ | | 155.04 | | 175.84 | | 206.08 | | 226.88 |
| | | $K_4=0.088$ | | 68.21 | | 77.37 | | 90.68 | | 99.83 |
| | | $K_5=-0.024$ | | -18.6 | | -21.1 | | -24.73 | | -27.22 |
| | 三车道非对称 | $K_1=0.300$ | 907 | 272.1 | 1028.66 | 308.6 | 1205.57 | 361.67 | 1327.25 | 398.18 |
| | | $K_2=0.250$ | | 226.75 | | 257.16 | | 301.39 | | 331.81 |
| | | $K_3=0.200$ | | 181.4 | | 205.73 | | 241.17 | | 265.45 |
| | | $K_4=0.150$ | | 136.05 | | 154.3 | | 180.84 | | 199.09 |
| | | $K_5=0.100$ | | 90.7 | | 102.87 | | 120.56 | | 132.72 |

4）恒载与活载反力汇总

恒载与活载反力汇总见表 1.28。

（1）结构基频

$$f = \frac{\pi}{2l^2}\sqrt{\frac{E_c I_c}{m_c}} = \frac{3.14159}{2 \times 24.30^2}\sqrt{\frac{3.25 \times 10^{10} \times 0.1058 \times 9.81}{26\ 750}} = 2.99(\text{Hz})$$

式中：$l$——结构的计算跨径（$l = 24.30\text{m}$）；

　　　$E_c$——结构材料的弹性模量（$E_c = 3.25 \times 10^{10}\ \text{N/m}^2$），$\text{N/m}^2$；

　　　$I_c$——结构跨中截面的截面惯性矩（$I_c = 0.1058\text{m}^4$），$\text{m}^4$；

　　　$m_c$——结构跨中处的单位长度质量 [$m_c = G/g$，$G$ 为结构跨中处延米结构重力（N/m），$G = 26750\text{N/m}$，$g$ 为重力加速度，$g = 9.81\text{m/s}^2$]，$\text{kg/m}$。

**表 1.28　各梁反力汇总**（单位：kN）

| 荷载情况 | 1 号梁 | | 2 号梁 | | 3 号梁 | | 4 号梁 | | 5 号梁 | |
|---|---|---|---|---|---|---|---|---|---|---|
| | $R_1$ | $R_1'$ | $R_2$ | $R_2'$ | $R_3$ | $R_3'$ | $R_4$ | $R_4'$ | $R_5$ | $R_5'$ |
| 上部恒载 | 758.68 | | 793.60 | | 793.60 | | 793.60 | | 758.68 | |
| 双孔双车道对称×（$1+\mu$） | 0 | 0 | 751.93 | 827.82 | 921.71 | 1014.74 | 751.93 | 827.82 | 0 | 0 |
| 双孔双车道非对称×（$1+\mu$） | 499.51 | 579.47 | 378.38 | 416.58 | 242.56 | 267.04 | 160.50 | 117.50 | −29.11 | −32.04 |
| 双孔三车道对称×（$1+\mu$） | 425.57 | 468.64 | 1163.55 | 1280.98 | 1078.40 | 1187.25 | 1163.55 | 1280.98 | 425.57 | 468.64 |
| 双孔三车道非对称×（$1+\mu$） | 425.69 | 468.66 | 354.74 | 390.54 | 283.86 | 312.43 | 212.85 | 234.33 | 141.90 | 156.21 |

注：荷载在进行内力计算时，荷载组合系数恒载取 1.2、活载取 1.4。

（2）冲击系数。

由《通用规范》规定：

当自振频率 $f = 1.5 \sim 14\text{Hz}$ 时，应由式 $\mu = 0.1767\ln f - 0.0157$ 计算冲击系数，即 $\mu = 0.177$。

### 1.4.3　水平力计算

采用集成刚度法进行水平力分配。

上部构造每片边梁支点反力为 379.34kN，每片中梁支点反力为 396.80kN。

1）支座刚度

中间桥墩的橡胶支座中钢板总厚度为 10mm，剪切模量 $G = 1.2\text{MPa}$，每跨梁一端设有 5 个支座，每排支座抗推刚度为

$$K_r = \frac{FG}{h}n = \frac{0.30 \times 0.45 \times 1200}{0.047} \times 5 = 17\ 234.04(\text{kN/m})$$

式中：$F$——橡胶板支座平面面积，$\text{m}^2$；

　　　$G$——橡胶板支座剪切模量，MPa；

　　　$h$——支座橡胶板厚度，m；

　　　$n$——墩上支座设置数量。

每个墩上设有两排橡胶支座，则支座刚度为

$$K_r' = 2 \times 17\ 234.04 = 34\ 468.08(\text{kN/m})$$

取桥台及两联间桥墩的滑板支座摩阻系数 $f = 0.05$，其最小摩阻系数 $f = 0.03$。

2）桥墩（台）的刚度

桥墩（台）采用 C25 混凝土，其弹性模量 $E_c = 2.80 \times 10^4 \text{MPa}$。

（1）各墩（台）悬臂刚度 $K_0 \sim K_5$ 计算

$$h_0 = h_5 = 4\text{m}; \quad h_1 = h_4 = 6\text{m}; \quad h_2 = h_3 = 8\text{m}$$

一墩两柱：$\overline{K}_i = \dfrac{6EI}{h_i^3}$，$I = \dfrac{\pi d^4}{64}$，则

$$\overline{K}_1 = \overline{K}_4 = 149\,287.83(\text{kN/m})$$

$$\overline{K}_2 = \overline{K}_3 = 62\,980.80(\text{kN/m})$$

对桥台

$$\overline{K}_0 = \overline{K}_5$$

向河方向

$$\overline{K}_0 = \overline{K}_5 = 503\,846.42(\text{kN/m})$$

向岸方向：台背填硬塑黏性土的地基系数 $K$ 及重度分别为 $K = 0.50 \times 10^6 \text{kN/m}^3$，$\gamma = 19.5 \text{kN/m}^3$。单柱的计算宽度

$$b = \frac{2(1.4+1)-1}{2} = 1.9(\text{m})$$

当台顶向岸方向发生单位变位时，按照地基系数可计算得到台后土体的刚度

$$K_t = \frac{1}{2} K h^2 (2 \times 1.9) = 15.2 \times 10^6 (\text{kN/m})$$

土体与桥台并联后的总刚度（忽略盖梁部分的土体）

$$\overline{K}_0' = \overline{K}_5' = 15\,703\,846.42(\text{kN/m})$$

（2）墩（台）与支座串联，串联后各刚度 $K_i$ 为

对桥墩

$$K_1 = K_4 = \frac{\overline{K}_1 K_r'}{\overline{K}_1 + K_r'} = \frac{149\,287.83 \times 34\,468.08}{149\,287.83 + 34\,468.08} = 28\,002.72(\text{kN/m})$$

$$K_2 = K_3 = \frac{\overline{K}_2 K_r'}{\overline{K}_2 + K_r'} = \frac{62\,980.80 \times 34\,468.08}{62\,980.80 + 34\,468.08} = 22\,276.57(\text{kN/m})$$

对桥台分为向河和向岸两种情况：

① 向河方向

$$K_0 = K_5 = \frac{\overline{K}_0 K_r'}{\overline{K}_{01} + K_r'} = \frac{503\,846.42 \times 34\,468.08}{503\,846.42 + 34\,468.08} = 32\,261.1(\text{kN/m})$$

② 向岸方向

$$K_0' = K_5' = \frac{\overline{K}_0' K_r'}{\overline{K}_{01}' + K_r'} = \frac{15\,703\,846.42 \times 34\,468.08}{15\,703\,846.42 + 34\,468.08} = 34\,392.59(\text{kN/m})$$

3）制动力分配

（1）制动力计算。先计算一个设计车道上的制动力。车道荷载 $q_k = 10.5 \text{kN/m}$，$P_k = 260 \text{kN}$，加载长度为 125m，作用在其上的车道荷载标准值产生的总重力为 $125 \times 10.5 + 260 = 1572.5$（kN），则制动力为 $1572.5 \times 10\% = 157.25$（kN）$< 165 \text{kN}$。

当一个车道上的制动力取为 165kN，同向行驶三车道的制动力为一个设计车道的 2.34 倍，其值为 $165 \times 2.34 = 386.1$（kN）。

（2）制动力分配

$$\Delta r = \frac{T}{\sum K_i} = \frac{386.1}{167\,212.27} = 0.002\,309\,041$$

各墩台分配到的制动力

$$H_0 = \Delta_r K_0 = 0.002\,309\,041 \times 32\,261.1 = 74.49\,(\text{kN})\,(\text{向河方向})$$
$$H_1 = H_4 = \Delta_r K_1 = 0.002\,309\,041 \times 28\,002.72 = 64.65\,(\text{kN})$$
$$H_2 = H_3 = \Delta_r K_2 = 0.002\,309\,041 \times 22\,276.57 = 51.43\,(\text{kN})$$
$$H_5 = \Delta_r K_5' = 0.002\,309\,041 \times 34\,392.59 = 79.41\,(\text{kN})$$

（3）0 号及 5 号台支座的最小摩阻力

$$F_{\min} = 0.03 \sum N$$

其中

$$\sum N = 397.34 \times 2 + 396.80 \times 3 = 1949.08\,(\text{kN})$$

则

$$F_{\min} = 0.03 \times 1949.08 = 58.47\,(\text{kN})$$

由于 $F_{\min} < H_0$，$F_{\min} < H_5$，支座有滑移的可能性，制动力要进行重分配。取 $H_0 = H_5 = 58.47\text{kN}$，则

$$\sum K_i' = 100\,558.58\text{kN/m}, \quad T' = T - (H_0 + H_5) = 269.16\,(\text{kN})$$

$$H_1 = H_4 = \frac{K_1}{\sum K_i'} \cdot T' = \frac{28\,002.72}{100\,558.58} \times 269.16 = 74.95\,(\text{kN})$$

$$H_2 = H_3 = \frac{K_2}{\sum K_i'} \cdot T' = \frac{22\,276.57}{100\,558.58} \times 269.16 = 59.63\,(\text{kN})$$

（4）桥台滑板支座的水平力。取摩阻力 $f = 0.05$，则滑板支座产生的摩阻力 $F = 0.05 \times 1949.08 = 97.45$（kN）。$F$ 大于 0 号台 $H_0$（58.47kN）及 5 号台 $H_5$（58.47kN），故取 $H_0 = 58.47\text{kN}$，5 号台 $H_5 = 58.47\text{kN}$。

4）温度影响力的分配（设温度上升 20℃）

对一联中间各墩设橡胶支座的情况。

① 求温度变化临界点距 0 号台的距离 $x$ 为

$$x = \frac{\sum\limits_{i=1}^{n} L_i K_i}{\sum\limits_{i=1}^{n} K_i}, \quad L_i = \sum\limits_{j=1}^{i} L_j$$

则

$$x = \frac{25 \times 28\,002.72 + 2 \times 25 \times 22\,276.57 + 3 \times 25 \times 22\,276.57 + 4 \times 25 \times 28\,002.72 + 5 \times 25 \times 34\,392.59}{168\,268.44}$$

$$= 63.30\,(\text{m})$$

② 计算各墩台温度影响力

$$\Delta_i = x_i \alpha t$$

其中 $\alpha = 0.000\,01$，$t = 20℃$，故

$$\Delta_i = 0.000\,01 \times 20 x_i = 0.0002 x_i$$

临界点以左：

$$H_0 = K_0 \Delta_0 = 32\,261.1 \times 0.0002 \times 63.30 = 408.42 (\text{kN})$$
$$H_1 = K_1 \Delta_1 = 28\,002.72 \times 0.0002 \times (63.30 - 25) = 214.50 (\text{kN})$$
$$H_2 = K_2 \Delta_2 = 22\,276.57 \times 0.0002 \times (63.30 - 50) = 59.26 (\text{kN})$$

临界点以右：

$$H_3 = -K_3 \Delta_3 = -22\,276.57 \times 0.0002 \times (75 - 63.30) = -52.13 (\text{kN})$$
$$H_4 = -K_4 \Delta_4 = -28\,002.72 \times 0.0002 \times (100 - 63.30) = -205.54 (\text{kN})$$
$$H_5 = -K_5 \Delta_5 = -34\,392.59 \times 0.0002 \times (125 - 63.30) = -424.40 (\text{kN})$$

③ 对桥台及两台间桥墩设滑板支座的情况。0 号台及 5 号台最小摩阻力 $F_{\min} = 58.47\text{kN}$，小于温度影响力，故温度影响力为 0 号台为 58.47kN，5 号台为 58.47kN。

5）各墩台水平力汇总

相应于双孔布载时的水平力汇总见表 1.29。单孔布载时，三车道最大制动力仍为 386.1kN，其水平力计算汇总同双孔布载的情况。

**表 1.29　双孔布载水平力汇总**

| 荷载名称 | | 墩（台）号 | | | | | |
|---|---|---|---|---|---|---|---|
| | | 0 | 1 | 2 | 3 | 4 | 5 |
| 1 | 制动力 | 58.47 | 74.95 | 59.63 | 59.63 | 74.95 | 58.47 |
| 2 | 温度影响力 | 58.47 | 198.82 | 46.78 | 64.60 | 221.12 | 58.47 |
| 3 | 制动力+温度影响力 | 116.94 | 273.77 | 106.41 | 124.23 | 296.07 | 116.94 |

注：以上荷载在进行内力计算时，荷载组合系数取 0.7。

注意：在进行盖梁和墩柱剪力计算时，对于活载布置中的 $P_k$ 应乘以 1.2 来计算相应的作用效应。在进行作用效应组合时，不同作用应按照组合原则采用相应的分项系数。

# 1.5　本课程的特点和学习要求

桥梁基础属桥梁结构的隐蔽工程，桥梁基础的方案选择、结构设计（它包括公路桥涵基础的尺寸拟定、所受的荷载计算、内力及变位的计算和基础的验算）、工程施工以及维修养护等内容，其工程质量的好坏直接影响到桥梁的正常使用和安全运营。

## 1.5.1　课程特点

"桥梁基础工程"课程是为土木工程专业交通土建方向开设的一门专业必修课。通

过本门课程的学习，使学生了解桥梁基础的基本类型、构造和施工要点，掌握各种类型基础及地基加固设计的基本原理、方法和技术要求。为将来从事桥梁基础的设计、施工、检测和维修加固等工作打下坚实的理论和技术基础。本课程具有如下特点。

1）内容系统、知识面广、综合性强

本课程涉及土木工程专业诸多的基础课、技术基础课和专业课，其前续课程有高等数学、理论力学、材料力学、结构力学、土力学、工程地质、建筑材料、水力学、工程水文与桥渡设计、荷载与设计方法、结构设计原理、桥梁工程及计算机基础与程序设计等方面的课程，因此需要在前续的课程学习中打好扎实的专业理论基础。

2）应用性强

本课程内容除叙述桥梁基础工程的基本概念、设计原理及方法等基本理论内容外，还与桥涵工程勘察设计规范、施工规范以及相关规程等紧密结合，其内容涉及的规范有《通用规范》、《公桥基规》、《公桥预规》、《公路桥涵混凝土与砌体结构设计规范》（以下简称《公桥混规》）、《公路工程水文勘察规范》（以下简称《公水勘规》）、《公路桥梁加固设计规范》（以下简称《公桥加规》）、《公路工程抗震设计规范》（以下简称《公桥抗规》）、《公路桥梁加固施工技术规范》（以下简称《公桥加施规》）等。书中主要对公路桥梁基础工程设计、施工的基本原理和方法进行了介绍，并在各个部分都有相应的例题供学生学习时参考，以便更好地巩固和消化理论内容。

3）实践性强

本课程属于土木工程专业的专业课，教学过程是由理论教学、实践教学环节构成。理论教学的内容包括基础工程设计理论、设计基本方法以及桥梁基础程设计的规范要求和不同类型桥梁基础的设计计算算例等内容；实践教学环节包括课后作业的练习和巩固、认识及生产实习的现场实践过程以及课程设计等实训和实习内容。通过理论教学与工程实践的紧密结合，使学生能够将所学到的基础工程基本理论、专业知识和计算机应用等环节联系起来，完成桥梁各种基础的选型、尺寸拟定、结构的设计计算与验算工作。

## 1.5.2 学习目的及要求

对于桥梁基础工程这门课程，要求学生在掌握前序课程基本知识的基础上，结合本课程特点进行学习，实现以下几点教学目标：

（1）了解桥梁基础的基本概念、类型划分及设计原则，掌握桥梁基础的构造、各种作用的计算及其效应组合的要求。

（2）掌握桥梁基础工程设计的基本内容、设计方法、计算原理和验算要求。

（3）了解各种基础施工的基本程序、施工要点和技术要求。

（4）结合计算机的应用完成各种类型基础的结构设计计算、检算及绘制设计图纸。

通过本门课程的学习，对于土木工程专业交通土建工程方向的学生来说，能够针对各种桥梁结构根据桥址的水文及地质情况进行基础选型；合理地选用基础设计方法和原理，结合计算机的应用完成基础结构的设计计算、验算以及配筋设计，结合桥址所在地区的实际情况，完成地基的加固设计、特殊土地基的处理、冻土地区及地震多发区的基础工程设计与验算。

# 小　　结

本章重点介绍桥梁基础的基本概念、公路桥梁上的作用类型、大小计算及作用效应组合等内容。

（1）桥梁基础按照埋深可分为浅基础和深基础，按照在荷载作用下的变形情况又可分为弹性基础和刚性基础。

（2）规范中将公路桥梁上的 21 种作用分为三大类，即永久作用、可变作用和偶然作用；各种作用的计算就是明确其大小、方向和作用点位置。

（3）按照承载能力极限状态将作用效应组合分为基本组合和偶然组合两种，按照正常使用极限状态又将组合分为作用长期效应组合和短期效应组合。

（4）基础构件设计采用以概率论为基础的极限状态法，而基础与地基的验算则采用容许应力法。

# 思考题与习题

1.1　桥梁由哪些部分组成？各部分的作用如何？桥梁基础分为哪些类型？它们各有什么特点？

1.2　桥梁上的作用有哪些？如何分类和计算？其效应组合的类型有哪些？组合时应注意什么？

1.3　桥梁的发展分哪几个阶段？各阶段其基础方面在材料、设计及施工上有什么特点？

1.4　本课程的特点有哪些？学习的目的和要求是什么？

1.5　在算例中，如果道路等级为公路-II 级，桥梁的跨径为 16m，在荷载计算中应该注意什么？

# 第二章　天然地基上的浅基础

**本章提示：**

本章讲述浅基础的概念、特点及适用范围，浅基础设计的基本原则和要求，浅基础的形式和构造要求。具体叙述天然地基上的浅基础设计计算，主要内容包括浅基础的类型的选择，基础埋置深度及其基础底面尺寸的确定，地基承载力的验算、基底合力偏心距验算、基础稳定性和地基稳定性验算以及基础的沉降验算等。最后介绍浅基础的施工以及板桩墙的支护计算。通过本章的学习，学生应能独立完成刚性扩大基础的设计与验算，了解浅基础施工的关键技术和基本方法。

## 2.1　概　　述

### 2.1.1　浅基础的适用范围

天然地基上的浅基础是指修建在天然土层上，基础底面的埋置深度小于其窄边尺寸或埋入地层深度较浅（在 5m 以内），一般采用敞开挖基坑和敞坑排水修筑的基础，所以也将其称为明挖基础或扩大基础。

浅基础由于基础埋置深度较浅，在设计时可以忽略基础侧面土体对基础的影响而使计算简化。因此，浅基础受力明确，通过基础底面把荷载扩散后分布于浅层地基中。

浅基础的特点是稳定性好、施工简便，通常用明挖法从地面开挖基坑后，直接在基坑底面砌筑、浇筑基础，施工质量易于保证，经济效益较好，造价也较低，能承受较大荷载，所以只要地基承载力能满足要求，浅基础是桥梁及涵洞等结构物优先考虑的基础形式。

浅基础适合修建于在岸上或水流冲刷影响不大的浅水处，且浅层地基承载力合适的土层。但在有地表水或地下水位较高时，荷载大或上部结构对变形敏感时，持力层的土质较差且又较厚时，或基坑开挖有涌砂现象时，则不宜使用。

### 2.1.2　设计原则和设计要求

我国《公桥基规》（JTG D63—2007）引入公路桥涵设计的极限状态原则。根据地基的变形性质，明确将地基设计定位于正常使用极限状态，相应的作用采用短期效应组合或长期效应组合。基础结构与结构构件相同，即应按两类极限状态设计：基础结构承载力和稳定性按承载能力极限状态设计，而裂缝宽度等按正常使用极限状态设计。

1. 设计原则

（1）为防止地基土体剪切破坏和丧失稳定性，应具有足够的安全度，防止土体出现极限破坏。

（2）在荷载作用下，应控制地基及基础的变形值小于桥梁结构物要求的容许沉降值。

（3）基础的形式、构造尺寸除应能适应上部结构、符合使用需要、满足地基承载力、稳定性和变形要求外，还应满足对基础结构的强度、刚度和耐久性的要求。

2. 设计要求

（1）地基设计采用正常使用极限状态法，地基承载力计算时，取其作用的短期效应标准组合（令频遇值系数等于1），地基承载力为地基承载力容许值。要求基础底面作用在地基土的最大压应力不超过地基承载力的容许值，且应以修正后的地基承载力容许值控制。

（2）基础沉降计算时，传至基础底面的作用效应应按正常使用极限状态下作用长期效应组合采用。修建在一般土质条件下的中、小型桥梁的基础，只要满足地基的强度要求，地基（基础）的沉降也就满足要求。但对规范规定的某些特殊情况，则必须验算基础的沉降，使其不大于规定的容许值。

（3）基础结构应具有足够的强度、刚度和稳定性，基础结构承载力和稳定性验算按承载能力极限状态设计。基础结构应与桥涵主体结构一样进行自身承载力验算，保证其最不利效应组合下具有足够的安全度。在外荷载作用下应满足抗弯、抗剪、抗冲切、抗压等承载力要求。基础结构的稳定性验算，考虑作用效应的最不利组合，所得倾覆和滑动稳定性系数应满足规范的规定值。基础结构的耐久性设计则应按不同环境并参照现行有关规范进行。

# 2.2　浅基础类型及构造

## 2.2.1　类型划分

1. 按受力条件分类

天然地基上的浅基础，根据受力条件可分为刚性基础和柔性基础两大类。

1）刚性基础

基础在外力（包括基础自重）作用下，对地基表面产生压应力；反之，基底受到同样大小的地基反力 $p$，此时基础 $a—a$ 截面左端的悬出部分 ［图 2.1（a）］相当于承受着

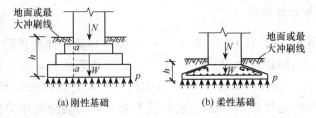

(a) 刚性基础　　　　　　　　(b) 柔性基础

图 2.1　基础类型

强度为 $p$ 的均布荷载的悬臂梁，最不利截面 $a-a$ 处将产生弯曲拉应力和剪应力，其值随着基础悬出部分长度的增加而增大，随基础截面面积的增加而减小。当截面厚度一定时，其悬出部分长度应控制在一定范围内，使 $a-a$ 截面不会出现裂缝，这时基础内不需配筋，这种基础称为刚性基础。它是桥梁墩台、涵洞等建筑物常用的基础类型。其形式有刚性扩大基础（图 2.2 和图 2.3）、挡土墙下条形基础（图 2.4）、柱下条形基础（图 2.5）等。

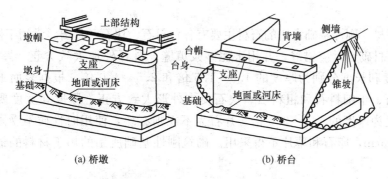

(a) 桥墩　　　　　　　　　　(b) 桥台

图 2.2　刚性扩大基础（一）

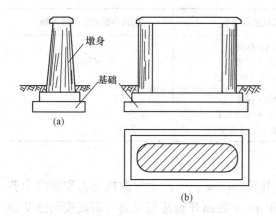

图 2.3　刚性扩大基础（二）

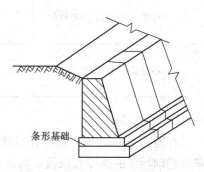

图 2.4　挡土墙下条形基础

刚性基础的特点是稳定性好、施工简便、能承受较大荷载。它的主要缺点是自重大，在实际应用中也受到一定的限制，当持力层为软弱土时，由于扩大基础面积有一定限制，需要对地基进行加固处理，否则会因所受的荷载压力超过地基强度而影响建筑物的正常使用。

基础应具有承受荷载、抵抗变形和适应环境影响（如地下水侵蚀和低温冻胀等）的能力，即要求基础具有足够的强度、刚度和耐久性，因而要求砌筑基础的材料必须满足这些技术要求，并与上部结构相适应。

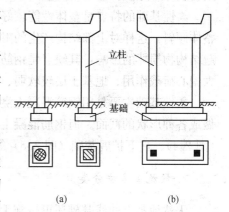

(a)　　　　　　　　(b)

图 2.5　单独和联合柱下条形基础

　　刚性基础一般采用混凝土浇筑或石砌，砌筑材料主要有混凝土、各种石材及砂浆。

　　（1）混凝土。混凝土是修筑基础最常用的材料，它的优点是抗压强度高、耐久性和抗冻性好，可浇筑成任意形状，混凝土强度等级一般不宜小于C20。对于大体积混凝土基础，为了节约水泥用量，可掺入不多于砌体体积20%的片石（称片石混凝土），但片石的强度标号不应低于混凝土强度等级和有关规范规定的石材最低强度等级。

　　（2）石材。刚性基础常用的石材主要有各种料石、块石和片石，常用于做小桥涵基础。采用石材砌筑时应错缝，并用水泥砂浆填缝。料石外形大致方正，厚度为20～30cm，宽度和长度分别为厚度的1.0～1.5倍和2.5～4.0倍，根据表面平整情况可分为细料石、半细料石和粗料石。块石要求外形大致方正，厚度和宽度要求与料石相同，长度为厚度的1.5～3.0倍。片石为不规则石块，使用时性质不受限制，厚度不得小于15cm，卵石和薄片不得采用。砌筑刚性基础所用的圬工材料的最低强度等级见表2.1。

表 2.1　圬工材料的最低强度等级

| 结构物种类 | 材料最低强度等级 | 砌筑砂浆最低强度等级 |
|---|---|---|
| 大、中桥墩台及基础，轻型桥台 | MU40 石材<br>C25 混凝土（现浇）<br>C30 混凝土（预制块） | M7.5 |
| 小桥涵墩台及基础 | MU30 石材<br>C20 混凝土（现浇）<br>C25 混凝土（预制块） | M5 |

　　2）柔性基础

　　在图2.1（b）中，基础在基底反力作用下，$a-a$ 截面产生弯曲拉应力和剪应力若超过基础圬工的强度极限值，为防止基础在 $a-a$ 截面开裂甚至断裂，需要按刚性基础重新设计尺寸或在基础中配置足够数量的受力钢筋使其成为柔性基础。

　　柔性基础的特点是整体性能较好，抗弯刚度较大，在外力作用下只产生均匀沉降或整体倾斜，这样对上部结构产生的附加应力比较小，基本可消除由于地基沉降不均匀引起结构物损坏的影响，其缺点是钢筋和水泥的用量较大，施工技术的要求也较高。有较大偏心荷载作用、地基土层较软弱、基础埋深又受到一定限制时可采用这种基础形式。

　　柔性基础主要是用钢筋混凝土浇筑，其抗拉、抗压和抗剪性能均较好，可根据需要做成各种形状的截面。但钢筋混凝土基础本身的变形一般较大，常见的有墙下条形基础（图2.4）、柱下扩展基础（图2.5）等形式。

　　2. 按施工方法分类

　　天然地基上的浅基础还可按施工方法分为就地砌筑和装配式两类。公路和铁路桥涵工程的浅基础多为就地砌筑；装配式浅基础在中小型桥梁中也有应用。

### 2.2.2　刚性浅基础的构造要求

#### 1. 刚性扩大基础

由于地基土的强度比墩台或墙柱圬工的强度低，基底平面尺寸都需要比墩台平面尺寸稍大，即将基础平面尺寸扩大以满足地基强度要求，将这种刚性基础又称刚性扩大基础（图 2.3），其平面形状常为矩形，每边扩大的尺寸最小为 0.20～0.50m，视基础厚度、埋置深度和施工方法而定。刚性基础襟边的最大尺寸受材料刚性角限制，当基础较厚（超过 1m 以上）时，可在纵、横两个剖面上以 0.5m 或 1m 分级递增做成台阶形，既减少基础自重，又节省材料。因此，这种形式在桥涵的基础中较为常用。

#### 2. 条形基础

条形基础分为墙下和柱下条形基础。

##### 1）墙下条形基础

墙下条形基础是挡土墙或涵洞常用的基础形式，一般多采用刚性基础，其横剖面可以是矩形或将一侧筑成台阶形（图 2.4）。如挡土墙很长，为了避免在沿墙长方向因不均匀沉降而开裂，可根据土质和地形予以分段并设置沉降缝。

##### 2）柱下条形基础

当桥较宽，桥下墩柱较多时，有时为了增强桥墩柱下基础的整体性和承载能力，可将同一排上的若干墩柱的基础联合成整体，形成柱下条形基础（图 2.5）。公路桥涵多采用圬工刚性基础。

# 2.3　刚性扩大基础的设计与验算

刚性扩大基础的设计与验算的主要内容有基础埋置深度的确定及其尺寸的拟定，地基承载力验算、基底合力偏心距验算、基础和地基稳定性验算及基础沉降验算。

### 2.3.1　基础埋置深度及其确定

基础底面埋入地基的深度即基础埋置深度，即从地面或一般冲刷线到基底的距离。确定基础埋置深度，就是选择何种土作为与基础底面接触的地基土，凡直接支撑基础的土层称为持力层，要求该层土强度高，压缩变形小。基础埋置深度确定的是否合适，直接影响整个结构物的安全和稳定性，以及施工工期和造价，对结构物的牢固、稳定与正常使用有重要意义。

在确定基础埋置深度时，要根据桥跨结构的类型、上部结构传下来的荷载大小和综合考虑桥位处的地质情况、地形条件，并考虑地基冻胀和河流的冲刷程度，以及施工技术条件、投资造价等因素，以保证基础安全稳定，把上部荷载传递到良好的地基上去；同时还必须考虑把基础设置在压缩变形较小而强度又比较大的持力层上，以保证地基强度满足要求，而且不致产生过大的沉降或沉降差。此外，还要使基础有足够的埋置深度来保证基础的稳定性，进而确保基础的安全和耐久。对于某一具体工程，往往是其中的一两种因素起决定作用，必须从实际出发，充分加以考虑，抓住主要因素进行分析研究，而其他因素则作为校验条件，合理确定基础埋深。

确定基础埋置深度的原则是"能浅则不深"。设计中一般首先确定基础的可能最小埋深，按构造要求初步拟定基础尺寸，然后进行各项验算，当不能满足要求时再加深基础埋深或增大基底尺寸进行验算，直至满足为止。

### 1. 桥位处的地基地质条件

桥位处地质条件是影响基础埋置深度的主要因素。要依据桥位处地质剖面图及各层土质的物理力学性质来选择基础类型和确定其埋置深度。

对图 2.6 所示各种情况可做如下分析。图 2.6（a）：可在满足其他条件下选取最小基础埋置深度；图 2.6（b）：若难找到良好的持力层，可采用人工地基或深基础方案；图 2.6（c）：基础持力层的选择取决于上部软弱土层的厚度，软弱土层厚度较小，可选下部好土层做持力层，软弱土层厚度较大时，可采用人工地基或深基础方案；图 2.6（d）：当上层土的承载力大，且土层较厚时可选为持力层，采用宽基浅埋方案，并验算软弱土层的强度和沉降量，当好土层较薄不足以选作持力层时，应按图 2.6（b）处理；图 2.6（e）：则要根据各土层具体厚度参照前几种情况处理。

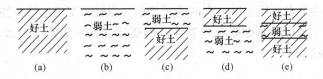

图 2.6　根据地质条件确定基础埋深

岩石地基一般应在清除覆盖土和风化层后，将基础直接修建在新鲜岩面上。当岩层倾斜时，不得将基础部分置于岩层上，部分则置于土层上，以防基础因不均匀沉降而发生倾斜甚至断裂。在陡峭山坡上修建桥台时，还应注意岩体的稳定性。

### 2. 河流的冲刷深度

在有冲刷的河流中修筑墩台基础，为防止基底以下土层被水流冲刷掏空而使墩台倒塌，基础底面必须埋置在设计洪水时的最大（局部）冲刷线以下的一定深度，以保证基础稳定。

小桥涵的基础在无冲刷处（岩石地基除外）应设在地面或河床底以下埋深不小于 1m；如有冲刷，基底埋深应在局部冲刷线（或设计铺砌面）以下不小于 1m。

基础在设计洪水冲刷总深度以下的最小埋置深度不应是一个定值，它与河床地层的抗冲刷能力、计算设计流量的可靠性、选用计算冲刷深度的方法、桥梁的重要性和破坏后修复的难易程度等因素有关。对于大、中桥基础的基底在设计洪水冲刷总深度以下的最小埋置深度，建议根据桥梁大小、技术的复杂性和重要性参照表 2.2 采用。

表 2.2　非岩石河床桥梁墩台基底埋深安全值（单位：m）

| 总冲刷深度<br>桥梁类型 | 0 | 5 | 10 | 15 | 20 |
|---|---|---|---|---|---|
| 大桥、中桥、小桥（不铺砌） | 1.5 | 2.0 | 2.5 | 3.0 | 3.5 |
| 特大桥 | 2.0 | 2.5 | 3.0 | 3.5 | 4.0 |

注：1. 总冲刷深度为自河床面算起的河床天然演变冲刷，一般冲刷与局部冲刷深度之和；
　　2. 表列数值为墩台基底埋入总冲刷深度以下的最小值，若对于设计流量、水位和原始断面资料无把握或不能获得河床演变准确资料时，其值适当增大；
　　3. 若桥位上下游有已建桥梁，应调查特大洪水冲刷情况，新建桥梁墩台基础埋置深度不宜小于已建桥梁的冲刷深度且酌加必要的安全值；
　　4. 若河床上有铺砌层时，基础底面宜设置在铺砌层顶面以下不小于 1m 处。

位于河槽及河槽摆动不稳定河流河滩上的桥台，当其最大冲刷深度小于桥墩总冲刷深度时，桥台基底的埋深应与桥墩基底相同；在稳定河流河滩上桥台的基底高程可按桥台冲刷结果确定。

修筑在覆盖土层较薄的岩石地基上，且河床冲刷又较严重的大桥桥墩基础，基础应置于新鲜岩面或弱风化层中并有足够埋深，以保证其稳定性；也可用其他锚固等的措施，使基础与岩层连成整体，以保证整个基础的稳定性。如风化层后，在满足冲刷深度要求下，一般桥梁的基础可设置在风化层内，此时，地基各项条件均按非岩石考虑。

3. 当地的冻结深度

在寒冷地区，应该考虑由于季节性的冰冻和融化对地基土引起的冻胀影响。冬季时地面表层一定厚度的土层中的水分将冻结成冰，从而将土颗粒胶结成一体，形成冻土，细颗粒层在冻结过程中由于水变为冰时体积膨胀而产生冻胀力，对于冻胀性土，如土温在较长时间内保持在冻结温度以下，水分能从未冻结土层不断地向冻结区迁移，引起地基的冻胀和隆起，这些都将对基础强度和稳定性产生不利的影响。为保证建筑物不受地基土季节性冻胀的影响，除地基为非冻胀性土外，基础底面应埋置在天然最大冻结线以下一定深度。

《公桥基规》（JTG D63—2007）规定：当墩台基底设置在不冻胀土层中，基底埋深可不受冻深限制；上部结构为外超静定结构的桥涵基础，其地基为冻胀土层时，应将基底埋入冻结线以下不小于 0.25m；当墩台基础设置在季节冻土中时，基底最小埋深为

$$d_{min} = z_d - h_{max} \tag{2.1}$$

式中：$d_{min}$——基底最小埋置深度，m；

$z_d$——设计冻深，m；

$h_{max}$——基础底面下容许最大冻层厚度（具体确定可见第 7 章相关内容），m。

4. 上部结构形式

上部结构的形式不同，对基础产生的变位要求也不同。对中、小跨度简支梁桥来说，这项因素对确定基础的埋置深度影响不大。但对超静定结构即使基础发生较小的不均匀沉降也会使内力产生一定变化。例如对拱桥桥台，为了减少可能产生的水平位移和

沉降差值，有时需要将基础设置在埋藏较深的坚实土层上。

### 5. 当地的地形条件

当墩台、挡土墙等结构位于较陡的土坡上，若埋置深度较浅时，由于过大的外荷载产生的土侧压力作用，可能使基础连同侧坡土体产生滑动而丧失稳定性。在确定地基容许承载力时，一般是按地面为水平的情况下确定的，因而当地基为倾斜土坡时，应结合实际情况，对地基承载力应予以适当折减并采取一定的措施，通常在确定基础埋深时要保证基底外缘至坡面要有一定的距离。

若墩台基础位于较陡的岩体上，可将基础做成台阶形，但要注意岩体的稳定性。基础埋深与基础侧缘坡面的距离的关系见表2.3。因桥梁基础承受荷载比较大，而且受力复杂，具体应用时宜将表2.3中 $l$ 值适当增大，必要时应降低容许承载力，以防止邻近边缘部分地基下沉过大。

**表 2.3　斜坡上基础埋深与持力层土类关系**

| 持力层土类 | $h/\mathrm{m}$ | $l/\mathrm{m}$ | 示意图 |
|---|---|---|---|
| 较完整的坚硬岩石 | 0.25 | 0.25～0.50 | |
| 一般岩石（如砂页岩互层等） | 0.60 | 0.60～1.50 | |
| 松软岩石（如千枚岩等） | 1.00 | 1.00～2.00 | |
| 砂类砾石及土层 | ≥1.00 | 1.50～2.50 | |

### 6. 保证持力层稳定所需的最小埋置深度

地表土在温度和湿度的影响下，会产生一定的风化作用，其性质是不稳定的。加上人类和动物的活动以及植物的生长作用，也会破坏地表土层的结构，影响其强度和稳定，所以一般地表土不宜作为持力层。为了保证地基和基础的稳定性，基础的埋置深度（除岩石地基外）应在天然地面或无冲刷河底以下不小于1m。

除此之外，还要考虑相邻建筑物基础埋深的影响。当两个建筑物的基础相距很近时（如城市立体交叉建筑），较浅的基础上的荷载所产生的侧向土压力对较深的基础会产生影响；当新建基础比原基础深时，新建基础的施工又会影响原有基础的稳定性；新基础施工采用的技术措施（支挡、排水、开挖设备等）也影响其经济性，甚至影响基础结构形式，这些都是地基基础设计需要考虑的因素。

地下水的渗流情况对基础埋深也有很大影响，特别是当土质为粉、细砂时，要注意可能发生流砂现象。另外，施工机具设备、工期等也直接影响基础类型的选择和基础埋深的确定。

## 2.3.2　基础尺寸的拟定

基础尺寸的拟定是基础设计中的关键环节，基础尺寸一般应在满足最基本的构造要求的情况下，参考已有的设计经验，拟定出初步的较小尺寸（尺寸拟定适当，可以减少重复的设计计算工作），然后通过验算进行调整。一个经济合理的结构尺寸是需要通过反复验算，综合分析才能确定。

　　根据上部结构形式、荷载大小、桥跨的计算跨度、桥墩的高度、墩台底面的形状和尺寸及施工情况等因素，参考地基容许承载力及初步确定的基础埋置深度初拟尺寸。对于所拟定的基础尺寸，应在可能的最不利作用效应组合的条件下，保证基础本身有足够的结构强度，并使地基与基础的承载力和稳定性均能满足规定要求，并且是经济合理的。

　　基础尺寸的拟定包括基础高度及分层厚度、基础立面尺寸和平面尺寸。

### 1. 基础高度及分层厚度

　　基础高度按基础底面和顶面标高求得。需要做成台阶式时，其分层的厚度可根据墩台身结构形式、荷载大小以及基础材料等因素来确定。基底标高应按基础埋深的要求确定。墩台基础顶面高程宜根据桥位情况、环境相配合，施工难易，使其各部的线型相协调，并考虑美观的整体协调进行确定。在一般情况下，大、中桥墩台混凝土基础厚度在 $1.0 \sim 2.0\mathrm{m}$。

### 2. 基础立面尺寸

　　刚性基础的立面形式力求简单、节省材料和便于施工，一般做成矩形或台阶型。当基础较薄时，可做成矩形，如图 2.7（a）所示；当基础较厚（超过 $1.0\mathrm{m}$ 以上）时，在满足刚性角和构造要求的前提下可做成台阶型，如图 2.7（b）所示。基础的立面尺寸包括宽度、高度和各台阶大小及其高度。

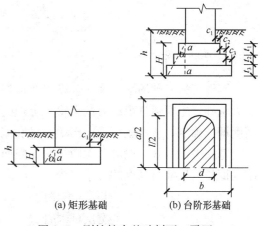

　　自墩台身底边缘至基顶边缘距离 $c_1$ 称为襟边，其作用一方面是扩大基底面积增加基础承载力，同时为了支立墩台身模板的需要，以便于调整基础施工时在平面尺寸上可能发生的误差。襟边宽度应视基础底面积的要求、基础厚度及施工方法而定。墩台基础襟边最小值为 $20 \sim 30\mathrm{cm}$。

(a) 矩形基础　　　　(b) 台阶形基础

图 2.7　刚性扩大基础剖面、平面

　　各台阶尽可能采用相同的宽度与高度，以便于设计和施工。各台阶宽度宜与襟边相同，基础每层台阶高度 $t_i$，通常为 $0.50 \sim 1.00\mathrm{m}$。常用层数一般不大于 3 层，如再扩大，则不一定能继续降低基底应力。

　　基础悬出总长度（包括襟边与台阶宽度之和）应使在基底反力作用下 $a-a$ 截面［图 2.7（b）］所产生的弯曲拉力和剪应力不超过基础圬工的强度限值。所以，满足上述要求时，就可得到自墩台身边缘处的垂线与基底边缘的连线间的最大夹角 $\alpha_{\max}$，称为刚性角。在设计时，应使每个台阶宽度 $c_i$ 与厚度 $t_i$ 保持在一定比例内，使其夹角 $\alpha_i \leqslant \alpha_{\max}$，这时认为该刚性基础可不必对其进行弯曲拉应力和剪应力的验算，基础自身的强度则自然满足。刚性角 $\alpha_{\max}$ 的数值与基础所用圬工材料有关。

《公路圬工桥涵设计规范》（JTG D61—2005）规定实体墩台常用材料基础的扩散角（刚性角）如下：

砖、片石、块石、料石砌体，当用强度为 M5 的砂浆砌筑时，$\alpha_{max} \leqslant 30°$；

砖、片石、块石、料石砌体，当用强度为 M5 以上的砂浆砌筑时，$\alpha_{max} \leqslant 35°$；

当采用混凝土浇筑时，$\alpha_{max} \leqslant 40°$。

一般扩大基础立面都设计为对称形式，但有时为了改善受力状态，减小合力偏心距，也可设立不对称襟边。如不等跨拱桥，为了使基底应力分布均匀，有时做成 [图 2.8 (a)] 立面不对称基础；还可根据地形和受力情况，做成基底不为平面而呈台阶状的基础 [图 2.8 (b)]。

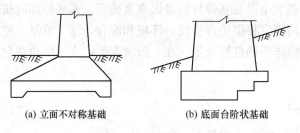

(a) 立面不对称基础　　　　　　(b) 底面台阶状基础

图 2.8　不对称基础形式

### 3. 平面尺寸

刚性扩大基础的平面尺寸，则主要依据墩台身底截面和刚性角控制确定；对于柔性扩大基础，主要通过承载力试算得到合理的平面尺寸。当基础顶面标高确定后，墩台身高度即可确定，从而就可确定出墩台身底截面尺寸。

基础平面形式一般应考虑墩、台身底面的形状而确定，基础平面形状常用矩形。基础底面长宽尺寸与高度的关系式为

$$\left.\begin{aligned}\text{长度（横桥向）}\quad & a = l + 2H\tan\alpha \\ \text{宽度（顺桥向）}\quad & b = d + 2H\tan\alpha\end{aligned}\right\} \tag{2.2}$$

式中：$l$——墩、台身底截面长度，m；

$d$——墩、台身底截面宽度，m；

$H$——基础高度，m；

$\alpha$——墩、台身底截面边缘至基础边缘线与垂线间的夹角，(°)。

对于以上初拟的尺寸，需进行各项验算。其中基础本身的强度只要满足刚性角的要求即可得到保证，其他验算项目则以应在各自对应的最不利荷载组合作用下进行验算，以保证结构物的安全和正常使用，并使设计经济合理。

### 2.3.3　地基承载力验算

地基承载力验算包括地基容许承载力的确定，持力层和软弱下卧层强度验算。验算要求基础底面作用在地基土的最大压应力和软弱下卧层顶面的应力不超过相应土层的地基容许承载力。这样才能保证地基土不致发生强度破坏或产生超过结构物所能容许的沉

降。其基本表达式为

$$p_{max} \leqslant \gamma_R [f_a] \tag{2.3}$$

式中：$p_{max}$——基础底面作用地基土上的最大压应力，kPa；

　　　$[f_a]$——修正后的地基承载力容许值，kPa；

　　　$\gamma_R$——地基承载力抗力系数。

1. 地基容许承载力的确定

地基土的容许承载力是指在结构物的作用下，在保证地基土稳定的条件下，结构的沉降量（即地基土的压缩变形）不超过其正常使用所允许沉降量时的地基承载力（最大地基压应力）。天然地基设计中最关键的一个步骤是确定地基容许承载力，且以此便可确定基础的底面尺寸。

地基容许承载力的确定一般有以下四种方法：

（1）在土质基本相同的条件下，参照邻近建筑物地基容许承载力（调查法）。采用调查邻近建筑结构物或其他桥梁地基基础设计和使用情况，来比较分析拟建桥梁地基承载力确定是否合适。该方法只能作为对其他方法确定的地基土容许承载力验证参考。

（2）根据现场荷载试验的 $p\text{-}s$ 曲线（试验法）。确定地基承载力最直接的方法是现场载荷试验的方法。在现场或室内通过土工试验或触探试验来确定地基土的压缩性和承载力，一般用于特殊结构桥梁、大桥和特大桥。试验法能比较实际地反映地基土的强度和变形性质，但需要的人力、物力及时间较多。应注意在应用试验结果时，一定要结合地基土构成、基础形式和上部结构性质综合分析确定承载力值。

（3）按地基承载力理论公式（理论公式法）。在各种作用力作用下，建筑结构基础由于承载力不足而引起的破坏，主要是基底边角持力层剪切破坏造成的。土的剪切破坏形式有整体剪切破坏、冲剪破坏和局部剪切破坏，其产生与多种因素有关。对地基土承受的最大荷载——极限荷载的计算，在塑性理论的基础上做不同程度的修正和假设，可得到不同的理论计算公式，其具体计算公式参考土力学中的有关内容。

（4）按现行规范提供的经验公式。根据规范 JTG D63—2007 的规定，地基承载力的验算应以修正后的地基承载力容许值 $[f_a]$ 控制。该值是在地基原位测试或规范给出各类岩土承载力基本容许值 $[f_{a0}]$ 的基础上，经过修正而得。不同地基土的基本承载力 $[f_{a0}]$ 可查表 2.4～表 2.10。

表 2.4　岩石地基承载力容许值 $[f_{a0}]$（单位：kPa）

| 节理发育程度　$[f_{a0}]$/kPa　土　名 | 节理不发育 | 节理发育 | 节理很发育 |
|---|---|---|---|
| 坚硬岩、较硬岩 | >3000 | 3000～2000 | 2000～1500 |
| 较硬岩 | 3000～1500 | 1500～1000 | 1000～800 |
| 软岩 | 1200～1000 | 1000～800 | 800～500 |
| 极软岩 | 500～400 | 400～300 | 300～200 |

**表 2.5　碎石土地基基本承载力容许值 $[f_{a0}]$（单位：kPa）**

| 密实程度<br>土　名 | 密实 | 中密 | 稍密 | 松散 |
|---|---|---|---|---|
| 卵石 | 1200～1000 | 1000～650 | 650～500 | 500～300 |
| 碎石 | 1000～800 | 800～550 | 550～400 | 400～200 |
| 圆砾 | 800～600 | 600～400 | 400～300 | 300～200 |
| 角砾 | 700～500 | 500～400 | 400～300 | 300～200 |

注：1. 由硬质岩组成，填充砂土者取高值；由软质岩组成，填充黏性土者取低值；
　　2. 半胶结的碎石土，可按密实的同类土的 $[f_{a0}]$ 值提高 10%～30%；
　　3. 松散的碎石土在天然河床中很少遇见，需特别注意鉴定；
　　4. 漂石、块石的 $[f_{a0}]$ 值，可参照卵石、碎石适当提高。

**表 2.6　砂土地基承载力基本容许值 $[f_{a0}]$（单位：kPa）**

| 土名及水位情况 | 密实程度 | 密实 | 中密 | 稍密 | 松散 |
|---|---|---|---|---|---|
| 砾砂、粗砂 | 与湿度无关 | 550 | 430 | 370 | 200 |
| 中砂 | 与湿度无关 | 450 | 370 | 330 | 150 |
| 细砂 | 水上 | 350 | 270 | 230 | 100 |
| 细砂 | 水下 | 300 | 210 | 190 | — |
| 粉砂 | 水上 | 300 | 210 | 190 | — |
| 粉砂 | 水下 | 200 | 110 | 90 | — |

**表 2.7　粉土地基基本承载力容许值 $[f_{a0}]$**

| $e$ ＼ $w\%$ | 10 | 15 | 20 | 25 | 30 | 35 |
|---|---|---|---|---|---|---|
| 0.5 | 400 | 380 | 355 | — | — | — |
| 0.6 | 300 | 290 | 280 | 270 | — | — |
| 0.7 | 250 | 235 | 225 | 215 | 205 | — |
| 0.8 | 200 | 190 | 180 | 170 | 165 | — |
| 0.9 | 160 | 150 | 145 | 140 | 130 | 125 |

**表 2.8　老黏土地基基本承载力容许值 $[f_{a0}]$**

| $E_s$/MPa | 10 | 15 | 20 | 25 | 30 | 35 | 40 |
|---|---|---|---|---|---|---|---|
| $[f_{a0}]$/kPa | 380 | 430 | 470 | 510 | 550 | 580 | 620 |

注：当老黏土地基可根据压缩模量 $E_s<10$MPa 时，承载力基本容许值 $[f_{a0}]$ 按一般黏性土表 2.9 确定。

表 2.9　一般黏性土地基基本承载力容许值 $[f_{a0}]$

| $[f_{a0}]$/kPa　$I_L$ <br> $e$ | 0 | 0.1 | 0.2 | 0.3 | 0.4 | 0.5 | 0.6 | 0.7 | 0.8 | 0.9 | 1.0 | 1.1 | 1.2 |
|---|---|---|---|---|---|---|---|---|---|---|---|---|---|
| 0.5 | 450 | 440 | 430 | 420 | 400 | 380 | 350 | 310 | 270 | 240 | 220 | — | — |
| 0.6 | 420 | 410 | 400 | 380 | 360 | 340 | 310 | 280 | 250 | 220 | 200 | 180 | — |
| 0.7 | 400 | 370 | 350 | 330 | 310 | 290 | 270 | 240 | 220 | 190 | 170 | 160 | 150 |
| 0.8 | 380 | 330 | 300 | 280 | 260 | 240 | 230 | 210 | 180 | 160 | 150 | 140 | 130 |
| 0.9 | 320 | 280 | 260 | 240 | 220 | 210 | 190 | 180 | 160 | 140 | 130 | 120 | 100 |
| 1.0 | 250 | 230 | 220 | 210 | 190 | 170 | 160 | 150 | 140 | 120 | 110 | — | — |
| 1.1 | — | — | 160 | 150 | 140 | 130 | 120 | 110 | 100 | 90 | — | — | — |

注：1. 当土中含有粒径大于 2mm 的颗粒质量超过全部质量 30% 以上的，$[f_{a0}]$ 可酌量提高；

　　2. 当 $e<0.5$ 时，取 $e=0.5$，$I_L<0$ 时，取 $I_L=0$。此外，超过表列范围的一般黏性土，$[f_{a0}]$ 可取 $[f_{a0}]=57.22E_s^{0.57}$。

表 2.10　新近沉积黏性土地基基本承载力容许值 $[f_{a0}]$

| $[f_{a0}]$/kPa　$I_L$ <br> $e$ | $\leqslant 0.25$ | 0.75 | 1.25 |
|---|---|---|---|
| $\leqslant 0.8$ | 140 | 120 | 100 |
| 0.9 | 130 | 110 | 90 |
| 1.0 | 120 | 100 | 80 |
| 1.1 | 110 | 90 | — |

地基承载力容许值 $[f_a]$ 的确定原则：

——地基承载力基本容许值应首先考虑荷载试验或其他原位测试取得，其值不应大于地基极限承载力的 1/2。对于中小桥、涵洞，当受现场条件限制，或载荷试验和原位测试确有困难时，可按规范 JTG D63—2007 提供的经验公式和数据来确定。

——地基承载力基本容许值尚应根据基底埋深、基础宽度及地基土的类别按 JTG D63—2007 规定进行修正。软土地基承载力容许值按 JTG D63—2007 确定，其他特殊性岩石地基承载力基本容许值可参照各地区或经验的标准确定。

根据以上确定原则，应尽可能采用荷载试验或其他原位测试取得地基承载力，如经地质勘测、原位测试、野外荷载试验、邻近旧桥涵调查对比，以及既有的建筑经验的调查，可不受规范列表数据限制。对地质和结构复杂的桥涵地基承载力容许值，应经现场荷载试验确定。

使用《公桥基规》确定地基容许承载力的步骤和方法如下：

① 确定岩土的类型和状态，确定土层的地基承载力基本容许值 $[f_{a0}]$。对于持力层或软弱下卧层的土层明确其类型，根据土层的状态（黏性土的软硬状态、砂类土和粉土的密实状态和湿度、碎石土的密实及其松散程度以及岩石的坚硬程度、完整程度、节理发育程度、软化程度和特殊性岩石划分，特殊性岩土是具有一些特殊成分、结构和性质的区域性地基土等）可按表 2.4～表 2.10 查得土层的地基承载力基本容许值 $[f_{a0}]$。

② 对基本承载力进行宽度、深度和持力层透水性修正确定地基的容许承载力。当基础最小边宽超过 2m 或基础埋深 $h$ 超过 3m，且 $h/b \leqslant 4$ 时，上述一般地基土（除冻土和岩石外）的容许承载力 $[f_a]$ 为

$$[f_a] = [f_{a0}] + k_1 \gamma_1 (b-2) + k_2 \gamma_2 (h-3) \tag{2.4}$$

式中：$[f_a]$——修正后的地基承载力容许值，kPa；

$[f_{a0}]$——地基承载力基本容许值，kPa；

$b$——基础底面最小边宽（当 $b < 2m$ 时，取 $b = 2m$；当 $b > 10m$ 时，取 $b = 10m$），m；

$h$——基础底面的埋置深度（不受水流冲刷的基础，自天然地面起算，位于挖方内的基础，由开挖后地面算起；对于受水流冲刷的基础，自一般冲刷线起算；当 $h < 3m$ 时，取 $h = 3m$；当 $h/b > 4$ 时，取 $h = 4b$），m。

$\gamma_1$——基底下持力层土的天然重度（若持力层在水面以下且为透水者，应取用浮重度；反之，取饱和重度。持力层难以确定是否透水时，偏安全考虑，取浮重度），$kN/m^3$；

$\gamma_2$——基底以上土层的加权平均重度（如为多层土时用换算重度）（$\gamma_2 = \dfrac{\sum \gamma_i h_i}{\sum h_i}$，其中 $\gamma_i$、$h_i$ 分别为基底以上各层土的重度和厚度；换算时若持力层在水面以下，且为不透水时，不论基底以上土的透水性质如何，应一律采用饱和重度；当透水时，水中部分土层应取浮重度），$kN/m^3$；

$k_1$，$k_2$——按持力层土类确定的地基宽度和深度方面的修正系数（无量纲系数，见表 2.11）。

表 2.11　地基承载力宽度、深度修正系数 $k_1$、$k_2$

| 土类 系数 | 黏性土 | | | | 粉土 | 砂土 | | | | | | 碎石土 | | | | | |
|---|---|---|---|---|---|---|---|---|---|---|---|---|---|---|---|---|---|
| | 老黏性土 | 一般黏性土 | | 新近沉积黏性土 | — | 粉砂 | | 细砂 | | 中砂 | | 砾砂、粗砂 | | 碎石、圆砾、角砾 | | 卵石 | |
| | | $I_L \leqslant 0.5$ | $I_L < 0.5$ | | — | 中密 | 密实 | 中密 | 密实 | 中密 | 密实 | 中密 | 密实 | 中密 | 密实 | 中密 | 密实 |
| $k_1$ | 0 | 0 | 0 | 0 | 0 | 1.0 | 1.2 | 1.5 | 2.0 | 2.0 | 3.0 | 3.0 | 4.0 | 3.0 | 4.0 | 3.0 | 4.0 |
| $k_2$ | 2.5 | 1.5 | 2.5 | 1.0 | 1.5 | 2.0 | 3.0 | 3.0 | 4.0 | 4.0 | 5.5 | 5.0 | 6.0 | 5.0 | 6.0 | 6.0 | 10.0 |

注：1. 对于稍密和松散状态的砂、碎石土，$k_1$、$k_2$ 值可采用表列中密值的 50%；
　　2. 强风化和全风化的岩石，可参照所风化成的相应土类取值；其他状态下的岩石不修正。

式（2.4）中第二项是基础在验算剖面底面宽度大于 2m 时地基容许承载力的修正提高值。但是若地基土为黏性土（包括黄土）时，受压后其后期沉降量较大，基础越宽，沉降也越大，这对结构物的正常使用是不利的，加上在制定容许承载力 $[f_{a0}]$ 值时，已适当考虑了基础宽度的影响，故对黏性土和黄土的地基容许承载力不再考虑宽度修正，这样可以保证基础不致产生过大的沉降。对于砂土和碎石土地基，沉降在施工期间已大部分完成，所以受压后的后期沉降比较小，在基础宽度加大后，地基承载力有显著提高，故必须予以修正。

式（2.4）中第三项是基础埋深超过 3m 时地基容许承载力的提高值。这主要考虑到随着基础埋深的增加，基础底面以上土的自重也随着增大，这对阻止基底土在荷载作用下的挤出是有利的。根据国内外试验资料的分析，当 $h/b \leqslant 4$ 时，地基承载力随深度成直线比例增长；当 $4 < h/b < 10$ 时，地基承载力虽然随着埋深的增加而有所增长，但比较缓慢；当 $h/b > 10$ 时，地基载力几乎为一常数，因此为了安全起见，只有当 $h/b \leqslant 4$ 时地基容许承载力才予以提高。

当基础位于水中不透水地层上时，$[f_a]$ 按平均常水位至一般冲刷线的水深每米可增加 10kPa。

③ 地基土承载力抗力系数 $\gamma_R$ 的确定。

地基承载力容许值 $[f_a]$ 应根据地基受荷阶段及受荷情况，乘以下列规定的抗力系数 $\gamma_R$ 予以提高。抗力系数 $\gamma_R$ 按表 2.12 取用。

表 2.12　地基土承载力抗力系数

| 序号 | 受荷阶段 | 受荷情况 | 抗力系数 $\gamma_R$ |
|---|---|---|---|
| 1 | 使用阶段 | 地基承受作用短期效应组合或作用效应偶然组合时 | 1.25 |
| | | 但对于承载力容许值 $[f_a]$ 小于 150kPa 的地基 | 1.0 |
| 2 | | 地基承受的作用短期效应组合仅包括结构自重、预应力、土重、土侧压力、汽车和人群效应时 | 1.0 |
| 3 | | 基础建于经多年压实未遭破坏的旧桥基（岩石旧桥基外）上时，不论地基承受的作用情况如何 | 1.5 |
| | | 但对于 $[f_a]$ 小于 150kPa 的地基 | 1.25 |
| 4 | | 基础建于岩石旧桥基上 | 1.0 |
| 1 | 施工阶段 | 地基在施工荷载作用下 | 1.25 |
| 2 | | 当墩台施工期间承受单向推力时 | 1.25 |

④ 软弱地基顶面处的承载力容许值 $[f_a]$ 为

$$[f_a] = [f_{a0}] + k_1 \gamma_1 (b - 2) + k_2 \gamma_2 (h + z - 3) \tag{2.5}$$

式中：$\gamma_2$——深度 $(h+z)$ 范围内土层的换算重度，$kN/m^3$；

　　　$h$——基底埋深，m；

　　　$z$——从基底到软弱土层顶面的距离（图 2.12），m；

　　　$[f_a]$——软弱下卧层顶面处的容许承载力，kPa。

**2. 持力层强度验算**

持力层是直接与基底相接触的土层。持力层承载力验算要求荷载在基底产生的地基应力不超过持力层的容许承载力。基底应力的分布在理论上可采用弹性理论求得较精确解，在实践中采用材料力学偏心受压公式进行计算。由于浅基础的埋置深度浅，计算中可不计基础四周土的摩阻力和弹性抗力的作用。

1）当基底只承受轴心荷载作用

$$p = \frac{N}{A} \leqslant [f_a] \tag{2.6}$$

式中：$p$——基底平均压应力，kPa；

    $N$——作用短期效应组合在基底产生的竖向力，kN；

    $A$——基础底面面积，$m^2$。

这种情况很少出现，只有验算等跨中间桥墩且仅为结构重力作用时才会产生。

2）当基底承受偏心荷载作用

（1）单向偏心受压。当基础底面上作用单向偏心荷载时，基底应力分布图形视偏心距 $e_0$ 的大小而定（图 2.9），其计算公式为

$$p_{\max}^{\min} = \frac{N}{A} \pm \frac{M}{W} \leqslant \gamma_R [f_a] \tag{2.7}$$

式中：$p_{\max}^{\min}$——基底压应力，kPa；

    $M$——作用短期效应组合产生于墩台的水平力和竖向力对基底形心轴的弯矩（$M = \sum H_i h_i + \sum p_i e_i = Ne_0$，其中 $H_i$ 为作用于墩台或基础的分项水平力，$h_i$ 为水平作用点至基底的距离，$P_i$ 为作用于墩台或基础的分项竖向力，$e_i$ 为竖向力 $P_i$ 作用点至基底形心的偏心距，$e_0$ 为合力偏心距），kN·m；

    $W$——基底偏心方向面积抵抗矩[对矩形基础，$W = \dfrac{1}{6} ab^2 = \rho A$，$\rho$ 为基底核心半径；其计算见式（2.14）]，$m^3$。

式（2.7）也可改写为

$$p_{\max}^{\min} = \frac{N}{A} \pm \frac{Ne_0}{\rho A} = \frac{N}{A} \left( 1 + \frac{e_0}{\rho} \right) \leqslant \gamma_R [f_a] \tag{2.8}$$

从式（2.8）分析可知：

当 $e_0 < \rho$ 时，$1 + \dfrac{e_0}{\rho} > 0$，基底压应力分布为梯形 [图 2.9（a）]；当 $e_0 = 0$，此时基础底面为中心受压，基底压应力为均匀分布，压应力分布图为矩形等值分布；

当 $e_0 = \rho$ 时，$1 - \dfrac{e_0}{\rho} = 0$，这时 $p_{\min} = 0$，基底压应力分布图为三角形 [图 2.9（b）]；

当 $e_0 > \rho$ 时，$1 - \dfrac{e_0}{\rho} < 0$，这时 $p_{\min} < 0$，说明基底一侧出现了拉应力，整个基底部分受压部分受拉 [图 2.9（c）]。

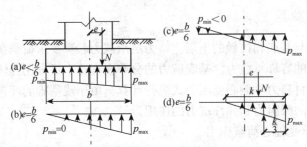

图 2.9 基底压应力分布

此时若持力层为非岩石地基，则基底与土之间不能承受拉应力；若持力层为岩石地基，除非基础混凝土浇筑在岩石地基上，有些基底也不能承受拉应力，因此需要考虑基底应力重分布，并假定全部荷载由受压部分承担及基底压应力仍按三角形分布［图2.9（d）］。对矩形基础，其受压分布宽度为 $b'$，则从三角形分布压力合力作用点及静力平衡条件可得

$$K = \frac{1}{3}b', \qquad K = \frac{b}{2} - e_0$$

所以

$$b' = 3 \times \left(\frac{b}{2} - e_0\right) \tag{2.9}$$

$$N = \frac{1}{2}ab'p_{max} = \frac{1}{2}a \times 3 \times \left(\frac{b}{2} - e_0\right)p_{max}$$

所以

$$p_{max} = \frac{2N}{3a\left(\frac{b}{2} - e_0\right)} \tag{2.10}$$

式中：$b$——偏心方向基础底面的边长，m；

　　　$a$——另一方向边长，m；

　　　$e_0$——竖向力 $N$ 作用点与基底形心的距离及基底合力偏心距，$e_0 = \frac{M}{N}$，m。

（2）双向偏心受压。竖向力在两个方向均有偏心，计算基底应力时，应计算为

$$p_{max \atop min} = \frac{N}{A} \pm \frac{M_x}{W_x} \pm \frac{M_y}{W_y} \leqslant \gamma_R[f_a] \tag{2.11}$$

式中：$M_x$，$M_y$——外力对基底顺桥向中心轴（$x$ 轴）和横桥向中心轴（$y$ 轴）的力矩；

　　　$W_x$，$W_y$——基底对偏心方向绕 $x$ 轴、$y$ 轴的面积抵抗矩。

对公路桥梁，通常基础横向长度比顺桥向宽度大得多，同时上部结构在横桥向布置常是对称的，故一般由顺桥向控制基底应力计算。但对通航河流或河流中有漂流物时，应计算船舶撞击力或漂流物撞击力在横桥向产生的基底应力，并与顺桥向基底应力比较，取其大者控制设计。

如在曲线上的桥梁，除顺桥向引起的力矩 $M_x$ 外，尚有离心力（横桥向水平力）在横桥向产生的力矩 $M_y$；若桥面上活载考虑横向分布的偏心作用时，则偏心竖向力对基底两个方向中心轴均有偏心距（图2.10），并产生偏心距 $M_x = Ne_x$，$M_y = Ne_y$，故对于曲线桥，对式（2.7）和式（2.11）中的 $N$ 值及 $M$（或 $M_x$、$M_y$）值，应按能产生最大竖向 $N_{max}$ 的最不利荷载组合与此相对应的 $M$ 值，和能产生最大力矩 $M_{max}$ 时的最不利荷载组合与此相对应的 $N$ 值，分别进行基底应力计算，取其大者控制设计。

【例 2.1】　某桥梁基础的地质情况如图2.11所示。考虑永久荷载和汽车荷载组合时基底形心处受力 $N = 8000\text{kN}$，$H = 1200\text{kN}$，$M = 2800\text{kN·m}$，基础埋深为5m，矩形基础底面尺寸 $a = 9.0\text{m}$，$b = 4\text{m}$，台前后填土为 $A$、$B$ 两点引起的附加应力 $p_a = 25\text{kPa}$，$p_b = 65\text{kPa}$。试验算地基承载力。

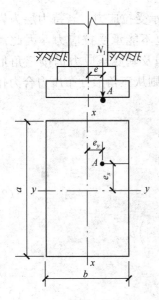

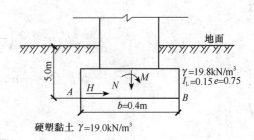

图 2.10　偏心竖直力作用　　　　　　图 2.11　基础算例（尺寸单位：m）

**解**　（1）确定地基容许承载力。持力层为单层硬塑黏土，$I_L = 0.15$，$e = 0.75$，查表 2.9，得 $[f_{a0}] = 337.5$kPa。

基础埋深 $h = 5$m，基础宽度 $b = 4$m，需对地基承载力容许值进行深度、宽度的修正，查表 2.11，$k_1 = 0$，$k_2 = 2.5$，则修正后的地基承载力容许值为

$$[f_a] = [f_{a0}] + k_1 \gamma_1 (b - 2) + k_2 \gamma_2 (h - 3)$$
$$= 337.5 + 0 + 2.5 \times 19.8 \times (5 - 3) = 436.5 (\text{kPa})$$

（2）基底压应力计算。采用正常使用极限状态的作用短期效应组合计算，则由外荷载引起的基底压应力为

$$p_{\substack{max \\ min}} = \frac{N}{A} \pm \frac{M}{W} = \frac{8000}{4 \times 9} \pm \frac{2800}{\frac{1}{6} \times 9 \times 4^2}$$

$$= 338.89 (\text{kPa})$$
$$105.55 (\text{kPa})$$
$$p_a = 25\text{kPa}, p_b = 65\text{kPa}$$

台前
$$p_A = 25 + 338.89 = 363.89 \ (\text{kPa})$$

台后
$$p_B = 65 + 105.55 = 107.55 \ (\text{kPa})$$

（3）持力层承载力验算：

取地基土抗力系数 $\gamma_R = 1$，持力层承载力的容许值为

$$\gamma_R [f_a] = 1 \times 436.5 = 436.5 (\text{kPa})$$

基底最大压应力为

$$p_{Amax} = 363.89\text{kPa} < \gamma_R [f_a] = 436.5 (\text{kPa})$$

故地基承载力满足要求。

### 3. 软弱下卧层承载力验算

当受压层范围内地基为多层土（主要是指地基承载力有差异而言）组成，且持力层以下有软弱下卧层（指容许承载力小于持力层容许承载力的土层），这时还应验算软弱下卧层的承载力，验算时先计算软弱下卧层顶面 $A$（在基底形心轴下）的应力（包括自重应力及附加力）不得大于该处地基土的容许承载力（图 2.12）。

$$p_z = \gamma_1(h+z) + \alpha(p - \gamma_2 h) \leqslant \gamma_R[f_a] \qquad (2.12)$$

式中：$p_z$——软弱土层的压应力，kPa；

$\gamma_1$——相应于深度（$h+z$）以内土的换算重度，kN/m³；

$\gamma_2$——深度 $h$ 范围内土层的换算重度，kN/m³；

$h$——基底埋深，m；

$z$——从基底到软弱土层顶面的距离，m；

$\alpha$——基底中心下土中附加应力系数（可按土力学教材或规范提供系数表查用）；

$p$——由计算荷载产生的基底压应力（当基底压应力为不均匀分布且 $z/b$（或 $z/d$）$>1$ 时，$p$ 为基底平均压应力，当 $z/b$（或 $z/d$）$\leqslant 1$ 时，$p$ 按基底应力图形采用距最大应力边 $b/3 \sim b/4$ 处的压应力（其中 $b$ 为矩形基础的短边宽度，$d$ 为圆形基础直径）），kPa；

$[f_a]$——软弱下卧层顶面处的容许承载力 [可按式（2.5）计算]，kPa。

当软弱下卧层为压缩性高且较厚的软黏土，或当上部结构对基础沉降有一定要求时，除承载力应满足上述要求外，还应验算包括软弱下卧层的基础沉降量。

【例 2.2】 某桥台基础地质情况如图 2.13 所示。$a = 9.3$m，$b = 4.4$m，持力层 $e_0 = 0.6$，$I_L = 0.05$，$p_{min} = 74.59$kPa，$p_{max} = 448.74$kPa，下卧层 $e_0 = 0.8$，$I_L = 0.6$，$\gamma_R = 1$，硬塑黏土的容重为 19kN/m³，试验算下卧层强度。

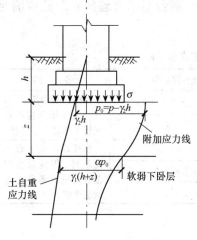

图 2.12　软弱下卧层承载力验算

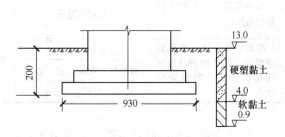

图 2.13　桥台基础算例

（尺寸单位：cm；标高单位：m）

**解**　(1) 判断是否需要验算软弱下卧层。持力层为为硬塑黏土，$e_0=0.6$，$I_L=0.05$，查表得 $[f_{a0}]=415\text{kPa}$，$k_1=0$，又因基础埋置深度 $h=2.0\text{m}<3\text{m}$，取 $h=3\text{m}$，持力层承载力容许值为 $[f_a]=[f_{a0}]=415\text{kPa}$；下卧层为软黏土，$e_0=0.8$，$I_L=0.6$ 查附表 2.9 得 $[f_{a0}]=230\text{kPa}$，小于持力层的承载力 415kPa，所以为软弱下卧层，必须进行验算。

(2) 下卧层承载力验算。基底至软黏土顶面处的距离为

$$z=13.0-2-4=7.0(\text{m})$$

当 $l/b=9.3/4.4=2.11$，$z/b=7.0/4.4=1.59$ 时，查得附加应力系数 $\alpha=0.277$。

因 $z/b=1.59>1$，所以基底压应力平均值，即

$$p=(p_{min}+p_{max})/2=(74.59+448.74)/2=261.67(\text{kPa})$$

则下卧层顶面处的总应力为

$$p_z=\gamma_1(h+z)+\alpha(p-\gamma_2 h)$$
$$p_z=19\times(2+7.0)+0.277\times(261.67-19\times2)=232.96(\text{kPa})$$

下卧层顶面处的容许承载力为

$$[f_a]=[f_{a0}]+k_1\gamma_1(b-2)+k_2\gamma_2(h+z-3)$$

查表得 $k_1=0$，$k_2=1.5$，则

$$[f_a]=230+0+1.5\times19\times(2+7.0-3)=403(\text{kPa})$$

因此 $p_z=232.96\text{kPa}<\gamma_R[f_a]=1\times403=403\text{kPa}$，所以软弱下卧层承载力满足要求。

### 2.3.4　基底合力偏心距验算

墩、台基础的设计计算，必须控制基底合力偏心距，目的是尽可能使基底应力分布比较均匀，以免基底两侧应力相差过大，使基础产生较大的不均匀沉降，使墩、台发生倾斜，影响正常使用。若使合力通过基底中心，虽然可得均匀的应力，但这样做非但不经济，往往也是不可能的，所以在设计时，应根据有关设计规范的规定，按以下原则掌握。

为使基础不产生较大的不均匀沉降而发生倾斜，墩台基础合理偏心距值应满足表 2.13 要求。

表 2.13　墩台基底的合力偏心距容许值 $[e_0]$

| 作用情况 | 地基条件 | 合力偏心距 | 备　注 |
|---|---|---|---|
| 墩台仅承受永久作用标准值效应组合 | 非岩石地基 | 桥墩 $[e_0]\leqslant0.1\rho$ | 拱桥、刚构桥墩台，其合力作用点应尽量保持在基底重心附近 |
| | | 桥台 $[e_0]\leqslant0.75\rho$ | |
| 墩台承受作用标准值效应组合或偶然作用（地震作用除外）标准值效应组合 | 非岩石地基 | $[e_0]\leqslant\rho$ | 拱桥单向推力墩不受限制，但应符合规范有关抗倾覆稳定系数的规定 |
| | 较破碎~极破碎岩石地基 | $[e_0]\leqslant1.2\rho$ | |
| | 完整、较完整岩石地基 | $[e_0]\leqslant1.5\rho$ | |

1. 单向偏心受压时偏心距 $e_0$ 和核心半径 $\rho$ 的计算

基底以上外力作用点对基底重心轴的偏心距 $e_0$ 为

$$e_0 = \frac{M}{N} \leqslant [e_0] \tag{2.13}$$

式中：$M$——作用于墩台的竖向力和水平力对基底截面重心的弯矩，kN・m；

$N$——作用于基底的竖向力，kN。

在验算基底偏心距时，应采用计算基底应力的最不利荷载组合。

墩、台基础截面核心半径 $\rho$ 为

$$\rho = \frac{W}{A} \tag{2.14}$$

式中：$W$——相应于应力较小基底边缘面积抵抗矩，m³；

$A$——基底截面积，m²。

对矩形基础

$$\rho = \frac{W}{A} = \frac{\dfrac{ab^2}{6}}{ab} = \frac{b}{6}$$

### 2. 双向偏心受压时的计算

当外力合力作用点不在基底两个对称轴中任一对称轴上，或当基底截面为不对称时，可直接按式（2.15）求 $e_0$ 与 $\rho$ 的比值，使其满足表 2.13 所规定的要求

$$\frac{e_0}{\rho} = 1 - \frac{p_{\min}}{\dfrac{N}{A}} \tag{2.15}$$

式（2.15）中符号意义同前，但要注意 $N$ 和 $p_{\min}$ 应在同一种荷载组合情况下求得。

$$p_{\min} = \frac{N}{A} - \frac{M_x}{W_x} - \frac{M_y}{W_y} \tag{2.16}$$

式中：$p_{\min}$——基底最小压应力，当为负值时表示拉应力，kPa；

$e_0$——$N$ 作用点距离截面重心的距离，m。

在验算基底偏心距时，应采用计算基底应力相同的最不利荷载组合。

当设置在基岩上的墩台基底承受双向偏心压应力且按式（2.13）计算的 $e_0/\rho > 1.0$（$\rho$ 为核心半径）时，可仅按受压区计算基底压应力（不考虑基底承受拉应力），墩台基底最大压应力可按规范有关规定确定。

**【例 2.3】** 其他已知条件同例 2.1，永久荷载作用时 $N = 7800\mathrm{kN}$，$M = 1800\mathrm{kN \cdot m}$，试验算基底合力偏心距。

**解** （1）桥台仅当承受永久作用标准效应组合时

$$N = 7800\mathrm{kN}, M = 1800\mathrm{kN \cdot m}$$

桥台合力偏心距为

$$e_0 = \frac{M}{N} = \frac{1800}{7800} = 0.23(\mathrm{m})$$

矩形桥台基础核心半径为

$$\rho = \frac{b}{6} = \frac{4}{6} = 0.67(\text{m})$$

$$[e_0] = 0.75\rho = 0.75 \times 0.67 = 0.50(\text{m}), e_0 = 0.23 < [e_0] = 0.50$$

所以基底偏心距满足要求。

（2）桥台承受作用标准值效应组合

$$N = 8000\text{kN}, M = 2800\text{kN} \cdot \text{m}$$

桥台合力偏心距为

$$e_0 = \frac{M}{N} = \frac{2800}{8000} = 0.35(\text{m})$$

矩形桥台基础核心半径为

$$\rho = \frac{b}{6} = \frac{4}{6} = 0.67(\text{m})$$

$$[e_0] = \rho = 0.67\text{m}, \qquad e_0 = 0.35 < [e_0] = 0.67$$

所以基底偏心距满足要求。

### 2.3.5  基础稳定性验算

在基础设计计算时，必须保证基础本身具有足够的稳定性。基础稳定性验算包括基础倾覆稳定性验算和基础滑动稳定性验算。此外，对某些土质条件下的桥台、挡土墙还要验算地基的稳定性，以防桥台、挡土墙下地基的滑动。

1）基础倾覆稳定性验算

基础倾覆或倾斜除了地基的强度和变形原因外，往往发生在承受较大的单向水平推力而其合力作用点又离基础底面的距离较高的结构物上，如挡土墙或高桥台受侧向土压力作用，大跨度拱桥在施工中墩、台受到不平衡的推力，以及在多孔拱桥中一孔被毁等，此时在单向恒载推力作用下，均可能引起墩、台连同基础的倾覆和倾斜，且合力偏心距越大，基础越易倾斜，基础抗倾覆的安全储备越小。

基础的抗倾覆稳定性可以用抗倾覆稳定系数 $k_0$ 的大小来表示。如图 2.14 所示，当基础绕基底最大受压边转动时，弯矩 $M$ 是倾覆因素，竖向力 $N$ 是抗倾覆的稳定因素，则桥涵墩台基础的抗倾覆稳定按下式计算为

$$k_0 = \frac{\text{稳定力矩}}{\text{倾覆力矩}} = \frac{Ns}{Ne_0} = \frac{s}{e_0} \tag{2.17}$$

$$e_0 = \frac{\sum P_i e_i + \sum H_i h_i}{\sum P_i} \tag{2.18}$$

式中：$k_0$——墩台基础抗倾覆稳定性系数（注意计算时弯矩应视其绕验算截面重心轴的不同方向取正负号，当基底截面形状为凹缺的多边形基础时，其倾覆轴应取基底截面的外包线）；

$s$——在截面重心至合力作用点的延长线上，自截面重心至验算倾覆轴的距离［对合力作用在重心轴上的矩形基础，$s=b/2$，见图 2.14（b），对合力不作

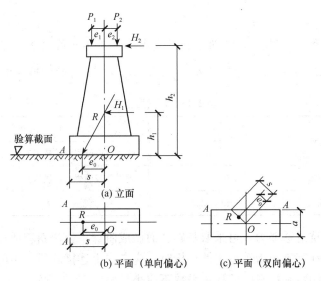

图 2.14　基础倾覆稳定性计算

$O$ 表示截面重心；$R$ 表示合力作用点；$A$—$A$ 表示验算倾覆轴

　　　　用在重心轴上的矩形基础，验算倾覆轴应是外包线，如图 2.14（c）中的
　　　　$A$—$A$ 线]，m；

　　$e_0$——所有外力的合力 $R$ 在验算截面的作用点对基底重心轴的偏心距；

　　$P_i$——不考虑其分项系数和组合系数的作用标准值组合或偶然作用（地震除外）
　　　　标准值组合引起的竖向力，kN；

　　$e_0$——竖向力 $P_i$ 对验算截面重心的力臂，m；

　　$H_i$——不考虑其分项系数和组合系数的作用标准值组合或偶然作用（地震除外）
　　　　标准值组合引起的水平力，kN；

　　$h_i$——水平力对验算截面重的力臂，m。

可见 $e_0$ 越大，$k_0$ 越小，抗倾覆稳定性越差。

　　2）基础滑动稳定性验算

　　基础抗滑动稳定性可用抗滑稳定性系数 $k_c$ 的大小来表示。基础的水平推力为滑动
力，基底与土之间的摩擦阻力及与水平推力方向相反的水平力为抗滑力，则 $k_c$ 抗滑动
稳定系数可按下式计算为

$$k_c = \frac{\mu \sum P_i + \sum H_{ip}}{\sum H_{ia}} \qquad (2.19)$$

式中：$k_c$——桥涵墩台基础的抗滑动稳定性系数；

　　$\sum p_i$——竖向力总和，kN；

　　$\sum H_{ip}$——抗滑稳定水平力总和，kN；

　　$\sum H_{ia}$——滑动水平力总和，kN；

　　$\mu$——基底与地基土之间的摩擦系数（通过试验确定；当缺少资料时，可参照

表 2.14 采用)。

注：$\sum H_{ip}$ 和 $\sum H_{ia}$ 分别为两个相对方向的各自水平力总和，绝对值较大者为滑动水平力 $\sum H_{ia}$，另一为抗滑稳定力 $\sum H_{ip}$；$\mu \sum p_i$ 为抗滑动稳定力。

表 2.14　基底摩擦系数

| 地基土分类 | $\mu$ | 地基土分类 | $\mu$ |
|---|---|---|---|
| 黏土（流塑～坚硬）、粉土 | 0.25 | 软岩（极软岩～较软岩） | 0.40～0.60 |
| 砂土（粉砂～砾砂） | 0.30～0.40 | 硬岩（较硬岩、坚硬岩） | 0.60、0.70 |
| 碎石土（松散～密实） | 0.40～0.50 | | |

为提高基础抗滑移能力，可采取基础底面做成阶梯，齿块斜坡或设置防滑锚栓，对土体加同等措施在基础抗滑动稳定性分析时，应考虑上述措施所产生的阻力。

墩台基础抗倾覆和抗滑动的稳定系数不应小于表 2.15 的规定。

表 2.15　抗倾覆和抗滑动的稳定系数

| 作用组合 | | 验算项目 | 稳定性系数 |
|---|---|---|---|
| 使用阶段 | 永久作用（不计混凝土收缩及徐变、浮力）和汽车、人群的标准值效应组合 | 抗倾覆 | 1.5 |
| | | 抗滑动 | 1.3 |
| | 各种作用（不包括地震作用）的标准值效应组合 | 抗倾覆 | 1.3 |
| | | 抗滑动 | 1.2 |
| 施工阶段作用的标准效应组合 | | 抗倾覆 | 1.2 |
| | | 抗滑动 | |

验算桥台基础的滑动稳定性时，如台前填土保证不受冲刷，可同时考虑计入与台后土压力方向相反的台前土压力，其数值可按主动或静止土压力进行计算。

修建在非岩石地基上的拱桥桥台基础，在拱的水平推力和力矩作用下，基础可能向路堤方向滑移或转动，此项水平位移和转动还与台后土抗力的大小有关。

### 2.3.6　地基稳定性验算

位于软土地基上较高的桥台需验算桥台沿滑裂曲面滑动的稳定性，基底下地基如在不深处有软弱夹层时，在台后土推力作用下，基础也有可能沿软弱夹层土Ⅱ的层面滑动［图 2.15 (a)］；在较陡的土质斜坡上的桥台、挡土墙也有滑动的可能［图 2.15 (b)］。

这种地基稳定性验算方法可按土坡稳定分析方法，即用圆弧滑动面法来进行验算。在验算时一般假定滑动面通过填土一侧基础剖面角点 $A$（图 2.15），但在计算滑动力矩时，应计入桥台上作用的外荷载

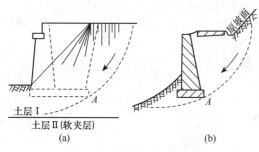

图 2.15　地基稳定性验算

（包括上部结构自重和活载等）以及桥台和基础的自重的影响，然后求出稳定系数满足规定的要求值。

### 2.3.7　基础沉降验算

基础的沉降主要由竖向荷载作用下土层的压缩变形引起。沉降量过大将影响结构物的正常使用和安全，应加以限制。在确定一般土质的地基容许承载力时，已考虑这一变形的因素，所以修建在一般土质条件下的中、小型桥梁的基础，只要满足了地基的强度要求，地基（基础）的沉降也就满足要求。但对于下列情况，则必须验算基础的沉降，使其不大于规定的容许值。

（1）当墩台修建在地质情况复杂、土质分布不均或承载力较小的软黏土地基及湿陷性黄土上基础。

（2）修建在非岩石地基上的拱桥、连续梁桥等超静定结构的基础。

（3）当相邻基础地基土承载力有显著不同或相邻跨度相差悬殊而必须考虑其沉降差时。

（4）对于跨线桥、跨线渡槽要保证桥（或槽）下净空高度时。

计算基础沉降时，传至基础底面的作用效应应按正常使用极限状态下作用长期效应组合采用。

该组合仅为直接施加于结构上的永久作用标准值（不包括混凝土收缩及徐变作用、基础变位作用）和可变作用准永久值（仅为汽车荷载和人群荷载）引起的效应。

基础的沉降验算包括沉降量，相邻基础沉降差，基础由于地基不均匀沉降而发生倾斜等。

墩台基础的总沉降量，可按结构重力及土重采用分层总和法计算如图 2.16 所示。

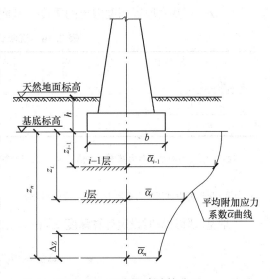

图 2.16　基底沉降计算分层

在设计时，为了防止由于偏心荷载使同一基础两侧产生较大的不均匀沉降，而导致结构物倾斜和造成墩、台顶面发生过大的水平位移等后果，对于较低的墩、台可用限制基础上合力偏心距的方法来解决；对于结构物较高，土质又较差或上部为超静定结构物时，则须验算基础的倾斜，从而保证建筑物顶面的水平位移控制在容许范围以内。

$$s = \psi_s s_0 = \psi_s \sum_{i=1}^{n} \frac{p_0}{E_{si}} (z_i \bar{\alpha}_i - z_{i-1} \bar{\alpha}_{i-1}) \tag{2.20}$$

$$p_0 = p - \gamma h \tag{2.21}$$

式中：$s$——地基最终沉降量，mm；

$s_0$——按分层总和法计算的地基沉降量，mm；

$\psi_s$——沉降计算经验系数（根据地区沉降观测资料及经验确定，缺少沉降观测资料及经验数据时，按表 2.16 确定）；

$p_0$——对应于荷载长期效应组合时的基础底面处附件压应力，kPa；

$E_{si}$——基础底面下第 $i$ 层土的压缩模量（应取土的"自重压应力"至土的自重压应力与附加压应力之和的压应力段计算），MPa；

$z_i$、$z_{i-1}$——基础底面至第 $i$ 层土、第 $i-1$ 层土底面的距离，m；

$\bar{\alpha}_i$、$\bar{\alpha}_{i-1}$——基础底面计算点至第 $i$、$i-1$ 层土底面范围内平均附加压应力系数（可按规范取用）；

$p$——基底压应力 [（当 $z/b>1$ 时，$p$ 采用基底平均压应力，$z/b\leqslant 1$ 时，$p$ 按压应力图形采用距最大压应力点 $b/3\sim b/4$ 处的压应力（对梯形图形，前后端压应力差值较大时，可采用上述）$b/4$ 处的压应力值，反之，则采用上述 $b/3$ 处压应力值），以上 $b$ 可为矩形基底宽度]，kPa；

$h$——基底埋置深度（当基础受水流冲刷时，从一般冲刷线算起，当不受水流冲刷时，从天然地面算起，如位于挖方内，则由开挖后地面算起），m；

$\gamma$——基底埋置深度内土的重度（基底为透水地基时水位以下取浮重度），kN/m³。

**表 2.16　沉降计算经验系数 $\psi_s$**

| $\bar{E}_s/MPa$<br>基底附加应力 | 2.5 | 4.0 | 7.0 | 15.0 | 20.0 |
|---|---|---|---|---|---|
| $p_0 \geqslant [f_{a0}]$ | 1.4 | 1.3 | 1.0 | 0.4 | 0.2 |
| $p_0 \leqslant 0.75 [f_{a0}]$ | 1.1 | 1.0 | 0.7 | 0.4 | 0.2 |

注：$[f_{a0}]$ 为地基承载力基本容许值；$\bar{E}_s$ 为沉降计算范围内压缩模量的当量值，按 $\bar{E}_s = \dfrac{\sum A_i}{\sum \dfrac{A_i}{E_s}}$ 计算，式中：$A_i$ 为第 $i$ 层土的附加压应力系数沿土层厚度的积分值。

地基沉降计算时设定计算深度 $z_n$，在 $z_n$ 以上取 $\Delta z$ 的土层厚度，其沉降量符合

$$\Delta s_n \leqslant 0.025 \sum_{i=1}^{n} \Delta s_i \qquad (2.22)$$

式中：$\Delta s_n$——计算深度底面向上取厚度为 $\Delta z$ 的土层的计算沉降量（$\Delta z$ 按表 2.17 选用），mm；

$\Delta s_i$——在计算深度范围内，第 $i$ 层土的计算沉降量，mm。

如在已确定的计算深度以下有软土层时，应继续计算。

当无相邻荷载影响，且基底宽度在 $1\sim 30$m 内时，基底中心的地基沉降计算深度 $z_n$ 为

$$z_n = b(2.5 - 0.4\ln b) \qquad (2.23)$$

式中：$b$——基础宽度，m。

在计算深度范围内存在基岩时，$z_n$ 可取至基岩表面；当存在较厚的坚硬黏土层，其空隙比小于 0.5，压缩模量大于 50MPa，或存在较厚的密实砂卵石层，其压缩模量大于 80MPa 时，$z_n$ 可取至该土层表面。

**表 2.17 Δz 值的确定**

| 基底宽度 $b$/m | $b \leqslant 2$ | $2 < b \leqslant 4$ | $4 < b \leqslant 2$ | $b > 8$ |
|---|---|---|---|---|
| $\Delta z$/m | 0.3 | 0.6 | 0.8 | 1.0 |

# 2.4 刚性扩大基础计算算例

## 1. 设计资料及基本数据

某桥梁上部结构采用装配式钢筋混凝土简支 T 形梁，标准跨径 20.00m，计算跨径 19.50m，摆动支座，桥面宽度为净 7m＋2×1.0m，该工程为二级公路桥涵，设计安全等级为二级，汽车荷载等级为公路-Ⅱ级，人群荷载为 3.0kN/m²，双车道，下部为埋置式桥台，按照《公桥基规》进行设计及验算。

材料：台帽、耳墙及截面 $a-a$ 以上混凝土强度等级为 C25，$\gamma_1 = 25.00\text{kN/m}^3$，截面 $a-a$ 以下台身为浆砌石（面墙用块石、其他用片石，石料强度不小于 MU40，采用水泥砂浆的强度等级为 M7.5），$\gamma_2 = 23.00\text{kN/m}^3$，基础用 C25 素混凝土浇注，$\gamma_3 = 24.00\text{kN/m}^3$。台后和溜坡填土 $\gamma_4 = 17.00\text{kN/m}^3$，填土内摩擦角 $\varphi = 35°$，黏聚力 $C = 0$。

水文、地质资料：设计洪水水位标高离基底的距离为 6.5m（即在 $a-a$ 截面处），地基土的物理、力学性质指标见表 2.18。

**表 2.18 土工试验成果**

| 取土深度（自地面算起）/m | 天然状态下土的物理性质指标 | | | 塑性界限 | | | | 直剪试验 | | 压缩系数 |
|---|---|---|---|---|---|---|---|---|---|---|
| | 含水率 $w$/% | 天然重度 $\gamma$/(kN/m³) | 孔隙比 $e$ | 液限 $w_L$/% | 塑限 $w_p$/% | 塑性指数 $I_P$ | 液性指数 $I_L$ | 内摩擦角 $\varphi$/(°) | 黏聚力 $C$/(kN/m²) | $\alpha_{1-2}$/(mm²/N) |
| 3.2～3.6 | 26 | 19.70 | 0.50 | 44 | 24 | 20 | 0.1 | 20 | 55 | 0.11 |
| 6.4～6.8 | 28 | 19.10 | 0.75 | 34 | 19 | 15 | 0.6 | 16 | 20 | 0.18 |

## 2. 桥台与基础构造及拟定尺寸

浅基础分为两层，每层厚度为 0.5m，襟边和台阶等宽为 0.4m。根据襟边和台阶构造要求初拟平面尺寸（图 2.17）。基础用 C25 混凝土浇注，混凝土的刚性角 $\alpha_{\max} = 40°$。

基础的扩散角为 $\alpha = \arctan \dfrac{0.8}{1.0} = 38.66° < \alpha_{\max} = 40°$，所以基础的尺寸满足强度要求。

## 3. 作用效应标准值计算

### 1）结构重力及基础上土重

根据基础结构和襟边上土的体积与重度，可得到结构重力及基础上土重标准值如表 2.19 所示。

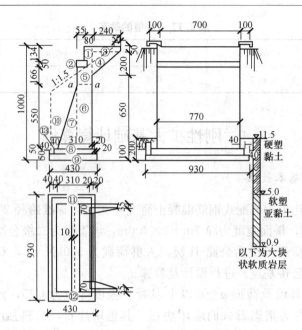

图 2.17　埋置式桥台及刚性扩大基础的构造尺寸

(尺寸单位：cm；高程单位：m)

表 2.19　结构重力及基础上土重标准值

| 序号 | 计算式 | 竖直力 $P$/kN | 对基底中心轴偏心距 $e$/m | 对基底中心的弯矩 $M$/(kN·m) |
|---|---|---|---|---|
| 1 | $0.8 \times 1.34 \times 7.7 \times 25.00$ | 206.36 | 1.35 | 278.59 |
| 2 | $0.5 \times 1.35 \times 7.7 \times 25.00$ | 129.94 | 1.075 | 139.69 |
| 3 | $0.5 \times 2.4 \times 0.35 \times 25.00$ | 21.00 | 2.95 | 61.95 |
| 4 | $\frac{1}{2} \times 2.0 \times 2.4 \times \frac{1}{2}(0.35+0.7) \times 2 \times 25.00$ | 63.00 | 2.55 | 160.65 |
| 5 | $1.66 \times 1.25 \times 7.7 \times 25.00$ | 399.43 | 1.125 | 449.36 |
| 6 | $1.25 \times 5.5 \times 7.7 \times 23.00$ | 1217.56 | 1.125 | 1369.76 |
| 7 | $\frac{1}{2} \times 1.85 \times 5.5 \times 7.7 \times 23.00$ | 901.00 | $-0.12$ | $-108.12$ |
| 8 | $0.5 \times 3.7 \times 8.5 \times 24.00$ | 377.40 | 0.1 | 37.74 |
| 9 | $0.5 \times 4.3 \times 9.3 \times 24.00$ | 479.88 | 0 | 0 |
| 10 | $\left[\frac{1}{2}(5.13+6.9) \times 2.65 - \frac{1}{2} \times 1.85 \times 5.5\right] \times 7.7 \times 17.00$ | 1420.56 | $-1.055$ | $-1498.70$ |
| 11 | $\frac{1}{2}(5.13+7.73) \times 0.8 \times 3.9 \times 2 \times 17.00$ | 682.09 | $-0.07$ | $-47.74$ |
| 12 | $0.5 \times 0.4 \times 4.3 \times 2 \times 17.00$ | 29.24 | 0 | 0 |
| 13 | $0.5 \times 0.4 \times 8.5 \times 17.00$ | 28.90 | $-1.95$ | $-56.36$ |
| 14 | 上部构造恒载 | 848.05 | 0.65 | 551.23 |
| $\Sigma$ | | 6804.41 | | 1338.05 |

注：偏心距：位于基底中心右侧为"＋"号，左侧为"－"号；弯矩：位于逆时针方向取"－"号；顺时针方向取"＋"号。

2）土压力计算

土压力按台背竖直 $\alpha=0$ 计算，填土内摩擦角 $\varphi=35°$，台背（圬工）与填土间的摩擦角按 $\delta=\dfrac{1}{2}\varphi=17.5°$，$d=j/2=17.5$，台后填土为水平，$\beta=0°$。

（1）台后填土表面无车辆荷载时主动土压力。

台后填土自重引起的主动土压力计算式为

$$E_a = \frac{1}{2}\gamma_4 H^2 B K_a$$

已知 $B$ 为桥台宽度取 7.7m，$\gamma_4=17.00\text{kN/m}^3$，$H$ 为自基底至填土表面的距离等于 10.0m，$K_a$ 为主动土压力系数，即

$$K_a = \frac{\cos^2(\varphi-\alpha)}{\cos^2\alpha\cos(\alpha+\delta)\left[1+\sqrt{\dfrac{\sin(\varphi+\delta)\sin(\varphi-\beta)}{\cos(\alpha+\delta)\cos(\alpha-\beta)}}\,\right]^2}$$

$$= \frac{\cos^2 35°}{\cos 17.5°\left[1+\dfrac{\sin 52.5°\sin 35°}{\cos 17.5°}\right]^2} = 0.247$$

所以主动土压力为

$$E_a = \frac{1}{2}\times 17.00\times 10^2\times 7.7\times 0.247 = 1616.62(\text{kN})$$

$E_a$ 的水平方向的分力为

$$E_{ax} = -E_a\cos(\delta+\alpha) = -1616.62\times\cos 17.5° = -1541.80(\text{kN})$$

$E_{ax}$ 作用点距基础底面的距离为

$$e_y = \frac{1}{3}\times 10 = 3.33(\text{m})$$

$E_{ax}$ 对基底形心轴的弯矩为

$$M_{ex} = -1541.80\times 3.33 = -5134.19(\text{kN}\cdot\text{m})$$

$E_a$ 在竖直方向的分力为

$$E_{ay} = E_a\sin(\delta+\alpha) = 1616.62\times\sin 17.5° = 486.13(\text{kN})$$

$E_{ay}$ 作用点距基底形心轴的水平距离为

$$e_x = 2.15 - 0.4 = 1.75(\text{m})$$

$E_{ay}$ 对基底形心轴的弯矩为

$$M_{ey} = 486.13\times 1.75 = 850.72(\text{kN}\cdot\text{m})$$

（2）台后填土表面有车辆荷载时主动土压力。

由车辆荷载换算的等代均布土层厚度为

$$h = \frac{\sum G}{B l_0 \gamma}$$

式中：$l_0$——破坏棱体长度（当台背竖直时，$l_0=H\tan\theta$，本例中取 $H=10.00$m），即

$$l_0 = H(\tan\theta + \cot x)$$

其中：$H$——桥台高度；

    $\alpha$——台背与竖直线夹角（对于台背为竖直时，$\alpha=0$）；

    $\theta$——破坏棱体滑动面与水平面夹角。

$$\tan\theta = \tan\overline{\omega} + \sqrt{(\cot\varphi + \tan\overline{\omega})(\tan\overline{\omega} - \tan\alpha)}$$

其中

$$\overline{\omega} = \varphi + \delta + \alpha = 52.5°$$

则

$$\tan\theta = 0.583$$

所以，破坏棱体长度 $l_0$ 为

$$l_0 = 10 \times 0.583 = 5.83(\text{m})$$

在破坏棱体长度范围内只能布置车辆的两个轴（140kN），因为是双车道，有

$$\sum G = 2 \times (140 + 140) = 560(\text{kN})$$

所以，等待均布土层厚度为

$$h = \frac{560}{7.7 \times 5.83 \times 17} = 0.734(\text{m})$$

则台背在填土连同破坏棱体上车辆荷载作用下引起的土压力为

$$E_a = \frac{1}{2}\gamma H(2h + H)BK_a$$

$$= \frac{1}{2} \times 17.00 \times 10 \times (2 \times 0.734 + 10) \times 7.7 \times 0.247$$

$$= 1853.93(\text{kN})$$

$E_a$ 水平方向的分力为

$$E_{ax} = -E_a\cos(\delta + \alpha) = -1853.93 \times \cos17.5° = -1768.12(\text{kN})$$

$E_{ax}$ 作用点离基础底面的距离为

$$e_y = \frac{H}{3} \cdot \frac{(H + 3h)}{(H + 2h)} = \frac{10}{3} \times \frac{10 + 3 \times 0.734}{10 + 2 \times 0.734} = \frac{10}{3} \times \frac{12.202}{11.468} = 3.55(\text{m})$$

$E_{ax}$ 对基底形心轴的力矩为

$$M_{ex} = -1768.12 \times 3.55 = -6276.83(\text{kN} \cdot \text{m})$$

$E_a$ 竖直方向分力为

$$E_{ay} = E_a\sin(\delta + \alpha) = 1853.93 \times \sin17.5° = 557.49(\text{kN})$$

$E_{ay}$ 作用点离基底形心轴的距离为

$$e_x = 2.15 - 0.4 = 1.75(\text{m})$$

$E_{ay}$ 对基底形心轴的力矩为

$$M_{ey} = 557.49 \times 1.75 = 975.61(\text{kN} \cdot \text{m})$$

（3）台前溜坡填土自重对桥台前侧面上的主动土压力计算。

在计算时，以基础前侧边缘垂线作为假想台背，土表面的斜坡以溜坡坡度 1 : 1.5 算出 $\beta = -33.69°$，则基础边缘至坡面的垂直距离 $H' = 10 - \dfrac{3.9 + 1.9}{1.5} = 6.13\text{m}$，

取 $\delta = \dfrac{1}{2}\varphi = 17.5°$，则主动土压力系数 $K_a$ 为

$$K_a = \frac{\cos^2(\varphi - \alpha)}{\cos^2\alpha\cos(\alpha + \delta)\left[1 + \sqrt{\dfrac{\sin(\varphi + \delta) \times \sin(\varphi - \beta)}{\cos(\alpha + \delta)\cos(\alpha - \beta)}}\right]^2}$$

$$= \frac{\cos^2 35°}{\cos 17.5°\left[1 + \sqrt{\dfrac{\sin 52.5° \times \sin 68.69°}{\cos 17.5° \times \cos 33.69°}}\right]^2} = 0.182$$

即主动土压力为

$$E'_a = \frac{1}{2}\gamma_4 H'^2 B K_a = \frac{1}{2} \times 17.00 \times 6.13 \times 7.7 \times 0.182 = 447.61(\text{kN})$$

$E'_a$ 在水平方向的分力为

$$E'_{ax} = E'_a\cos(\delta + \alpha) = 447.61 \times \cos 17.5° = 426.89(\text{kN})$$

$E'_{ax}$ 作用点离基础底面的距离为

$$e'_y = \frac{1}{3} \times 6.13 = 2.04(\text{m})$$

$E'_{ax}$ 对基底形心轴的弯矩为

$$M'_{ex} = 426.89 \times 2.04 = 870.86(\text{kN} \cdot \text{m})$$

$E'_a$ 在竖直方向的分力为

$$E'_{ay} = E'_a\sin(\delta + \alpha) = 447.61\sin 17.5° = 134.60(\text{kN})$$

$E'_{ay}$ 作用点离基底形心轴的距离

$$e'_x = -2.15\text{m}$$

$E'_{ay}$ 对基底形心轴的弯矩为

$$M'_e = -134.60 \times 2.15 = -289.39(\text{kN} \cdot \text{m})$$

3）汽车荷载支座活载反力计算

车道荷载的桥面布置如图 2.18 所示。根据《公桥通规》（JTG D60—2004）规定，计算支座对桥上作用的汽车荷载产生反力时，应采用车道荷载，公路-Ⅱ车道荷载的均布荷载标准值 $q_k = 0.75 \times 10.5 = 7.875$（kN/m），本例计算跨径为 19.5m，集中荷载标准值 $P_k$ 采用直线内插求得

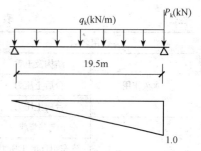

图 2.18　车道荷载的桥面布置

$$P_k = 238 \times 0.75 = 178.5(\text{kN})$$

由于重力式墩台不计由汽车荷载引起的冲击力，由汽车荷载引起的支座反力为

$$R_1 = (178.5 + 7.875 \times 19.5/2) \times 2 = 510.56(\text{kN}) \qquad （以两车道计算，不予折减）$$

支座反力作用点离基底形心轴的距离为

$$e_{R1} = 2.15 - 1.5 = 0.65(\text{m})$$

对基底形心轴的力矩为

$$M_{R1} = 510.56 \times 0.65 = 331.86(\text{kN} \cdot \text{m})$$

4）人群荷载反力

人群荷载标准值为 3.0kN/m²，支座反力为

$$R_2 = \frac{1}{2} \times 19.5 \times 1 \times 3.0 \times 2 = 58.5 (\text{kN})$$

对基底形心轴的力矩为

$$M_{R2} = 58.5 \times 0.65 = 38.03 (\text{kN} \cdot \text{m})$$

5）汽车荷载制动力计算

一个设计车道上车道荷载标准值在加载长度上计算的总重力的 10% 为

$$T_1 = (178.5 + 7.875 \times 19.5) \times 0.1 = 33.20 (\text{kN}) < 90\text{kN}$$

因此取 90kN 计算，简支梁摆动支座应计算的制动力为

$$T = 0.25 \times T_1 = 0.25 \times 90 = 22.5 (\text{kN})$$

制动力对基底形心的弯矩为

$$M_T = 22.5 \times (10 - 1.34) = 194.85 (\text{kN} \cdot \text{m})$$

6）支座摩阻力计算

取摆动支座摩擦系数 $\mu = 0.05$，作用于支座上由上部结构产生的效应为 $W = 848.05\text{kN}$，则支座摩阻力为

$$F = \mu W = 0.05 \times 848.05 = 42.40 (\text{kN})$$

$F$ 对基底形心轴的力矩为

$$M_F = 42.40 \times (10 - 1.34) = 367.18 (\text{kN} \cdot \text{m}) \qquad （方向按组合需要确定）$$

对于实体埋置式桥台，不计汽车荷载的冲击力，同时从以上对制动力和支座摩阻力的计算结果表明，支座摩阻力大于汽车制动力。因此，在荷载组合中，应以支座摩阻力作为控制设计。

对于桥台，不计纵、横向风荷载。将以上作用效应标准值计算结果列于表 2.20 中。

表 2.20　作用效应标准值汇总

| 作用名称 | | 水平力/kN | 竖向力/kN | 弯矩/(kN·m) |
|---|---|---|---|---|
| 永久作用 | 结构及土重 | 0 | 6804.41 | 1338.05 |
| | 台后土压力 | −1541.80 | 486.13 | −4283.47 |
| | 台前土压力 | 426.89 | 134.60 | 581.47 |
| 可变作用 | 汽车荷载 | 0 | 510.56 | 331.86 |
| | 汽车引起的土压力 | −226.32 | 71.36 | −1017.75 |
| | 人群荷载 | 0 | 58.50 | 38.03 |
| | 支座摩阻力 | ±42.40 | 0 | ±367.18 |

注：1. 水平力的符号规定：向右为"＋"，向左"−"；
　　2. 支座摩阻力的符号按不利情况选取。

**4. 作用效应组合**

根据实际可能，可按以下五种情况进行作用效应组合。

1）桥上无车道荷载和人群荷载，台后也无车辆荷载的情况

组合中应包括结构重力及基础上土重、台后填土表面有车辆荷载时的土压力、台前土压力以及支座摩阻力。

2）桥上有车道荷载和人群荷载，台后无车辆荷载的情况

组合中应包括结构重力及基础上土重、台后填土表面无车辆荷载时的土压力、台前土压力、汽车及人群荷载支座反力、支座摩阻力。

3）桥上有车道荷载和人群荷载，台后有车辆荷载的情况

组合中应包括结构重力及基础上土重、台后填土表面有车辆荷载时的土压力、台前土压力、汽车及人群荷载支座反力、支座摩阻力。

4）桥上无车道荷载和人群荷载，台后有车辆荷载的情况

组合中应包括结构重力及基础上土重、台后填土表面有车辆荷载时的土压力、台前土压力、支座摩阻力。

5）施工阶段（无上部构造时）

组合中应包括结构（上部结构除外）重力及基础上土重、台后填土表面无车辆荷载时的土压力、台前土压力。

为了验算的需要，将以上五种情况的作用标准值效应组合结果列于表 2.21 中。

**表 2.21 作用效应标准值组合**

| 组合情况 \ 作用效应 | 水平力/kN | 竖向力/kN | 弯矩/(kN·m) |
|---|---|---|---|
| 1 | −1157.31 | 7425.14 | −2731.13 |
| 2 | −1157.31 | 7994.2 | −2361.24 |
| 3 | −1383.63 | 8065.56 | −3378.99 |
| 4 | −1383.63 | 7496.5 | −3748.88 |
| 5 | −114.91 | 6577.09 | −2915.18 |

**5. 地基承载力验算**

**1）台前、台后填土对基底产生的附加应力计算**

台前、台后填土对基底产生的附加应力为

$$p_i = \alpha_i \gamma_i H_i$$

式中：$\alpha_i$——竖向附加压应力系数（按基础埋置深度和填土高度查表得到）；

$\gamma_i$——台后填土或锥坡填土重度；

$H_i$——原地面至路堤表面（或锥坡表面）的距离。

台后填土引起的附加应力为

后边缘处　　$p_1' = \alpha_1 \gamma_1 H_1 = 0.46 \times 17 \times 8 = 62.56$（kPa）

前边缘处　　$p_1'' = \alpha_1 \gamma_1 H_1 = 0.069 \times 17 \times 8 = 9.38$（kPa）

台前溜坡引起的附加应力为

后边缘处　　　　$p'_2 = 0$

前边缘处　　　　$p''_2 = \alpha_2 \gamma_2 H_2 = 0.25 \times 17 \times 4.13 = 17.55$ (kPa)

其中 $H_2$ 近似取过基础前边缘的垂线与溜坡面交点的距离。

基础后缘总的附加应力为

$$p' = p'_1 + p'_2 = 62.56 (\text{kPa})$$

基础前缘总的附加应力为

$$p'' = p''_1 + p''_2 = 26.93 (\text{kPa})$$

2）基底压应力计算

按规范 JTG D63—2007 规定，应采用正常使用极限状态的作用短期效应组合计算，且可变作用的频遇值系数均取 1.0。

经比较可知，按情况 3 计算最不利，则

$N = 6804.41 + 486.13 + 71.36 + 134.6 + 510.56 + 58.5 = 8065.66 (\text{kN})$

$M = 1338.05 - 4283.47 - 1017.75 + 581.47 + 331.86 + 38.03 - 367.18$
　　$= -3378.99 (\text{kN} \cdot \text{m})$

由外荷载引起的基底压应力为

$$p_{\substack{\max \\ \min}} = \frac{N}{A} \pm \frac{M}{W} = \frac{8065.66}{9.3 \times 4.3} \pm \frac{3378.99}{\frac{1}{6} \times 9.3 \times 4.3^2} = \frac{319.60}{83.79} (\text{kPa})$$

综上所述，基底总的压应力为

台前　　　　$p_{\max} = 319.60 + 26.93 = 346.53 (\text{kPa})$

台后　　　　$p_{\min} = 83.79 + 62.56 = 146.35 (\text{kPa})$

3）地基承载力验算

（1）持力层承载力。根据土工试验资料，持力层为一般黏性土，$e=0.5$，$I_L = 0.1$，查表得 $[f_{a0}] = 440$kPa，$k_1 = 0$，又基础埋置深度 $h = 2.0$m$< 3$m，取 $h = 3$m。

持力层承载力容许值为

$$[f_a] = [f_{a0}] = 440\text{kPa} > 346.53\text{kPa}$$

基底最大压应力 $p_{\max} = 346.53$kPa，承载力容许值的抗力系数 $\gamma_R = 1.0$。

可见：$p_{\max} < \gamma_R [f_a]$。所以，持力层承载力满足要求。

（2）下卧层承载力。下卧层为一般黏性土，$e = 0.75$，$I_L = 0.6$，查表得 $[f_a] = 250$kPa，小于持力层的承载力 440kPa，所以为软弱下卧层，必须进行验算。

基底至土层 II 顶面处的距离为

$$z = 11.5 - 2.0 - 5.0 = 4.5 (\text{m})$$

当 $l/b = 9.3/4.3 = 2.16$，$z/b = 4.5/4.3 = 1.05$ 时，查得附加应力系数 $\alpha = 0.469$。

因 $z/b > 1$，所以基底压应力取平均值，即

$$p = (p_{\max} + p_{\min})/2 = (346.53 + 146.35)/2 = 246.44 (\text{kPa})$$

则下卧层顶面处的总应力为

$$p_z = 19.7 \times 6.5 + 0.469 \times (246.44 - 19.7 \times 2) = 225.15 (\text{kPa})$$

下卧层顶面处的容许承载力为
$$[f_a] = [f_{a0}] + K_1\gamma_1(b-2) + K_2\gamma_2(h+z-3)$$

查表得 $k_1=0$，$k_2=1.5$，所以
$$[f_a] = 250 + 0 + 1.5 \times 19.7 \times (2+4.5-3) = 353.43(\text{kPa})$$

承载力容许值的抗力系数 $\gamma_R = 1.0$。可见 $p_z < \gamma_R[f_a]$，所以下卧层承载力满足要求。

6. 基底合力偏心距验算

1) 桥台仅承受永久作用标准值效应组合（即情况 1）
$$N = 6804.41 + 486.13 + 134.60 = 7425.14(\text{kN})$$
$$M = 1338.05 - 4283.47 + 581.47 = -2731.13(\text{kN} \cdot \text{m})$$

$$e_0 = \frac{M}{N} = \frac{2731.13}{7425.14} = 0.37(\text{m})$$

$$\rho = \frac{b}{6} = \frac{4.3}{6} = 0.72(\text{m})$$

$$[e_0] = 0.75\rho = 0.75 \times 0.72 = 0.54(\text{m})$$

可见 $e_0 < [e_0]$。所以，基底合力偏心距满足要求。

2) 桥台承受作用标准值效应组合

经比较，按情况 4 计算最不利，则
$$N = 6804.41 + 486.13 + 134.60 + 71.36 = 7496.5(\text{kN})$$
$$M = 1338.05 - 4283.47 + 581.47 - 1017.75 - 367.18 = -3748.88(\text{kN} \cdot \text{m})$$

$$e_0 = \frac{M}{N} = \frac{3748.88}{7496.5} = 0.5(\text{m})$$

$$[e_0] = \rho = \frac{4.3}{6} = 0.72(\text{m})$$

可见 $e_0 < [e_0]$。所以，基底合力偏心距满足要求。

7. 基础稳定性验算

根据《公桥基规》（JTG D63—2007）的规定，应采用承载能力极限状态的基本组合验算，按稳定性验算要求，其中结构重要性系数 $\gamma_0$、分项系数和组合系数均取 1.0，即按标准值作用效应组合。

按稳定性验算要求，应分别对使用阶段和施工阶段进行验算。

1) 使用阶段验算

(1) 抗倾覆稳定性验算。

经比较可知，按情况 4 计算最不利，即
$$N = 7496.5\text{kN}, M = -3748.88\text{kN} \cdot \text{m}$$

则

$$e_0 = \frac{M}{N} = \frac{3748.88}{7496.5} = 0.5(\text{m})$$

又

$$s = \frac{b}{2} = \frac{4.3}{2} = 2.15(\text{m})$$

则抗倾覆稳定系数为

$$k_0 = \frac{s}{e_0} = \frac{2.15}{0.5} = 4.3 > 1.5$$

所以，抗倾覆稳定性满足要求。

（2）抗滑动稳定性验算。

经比较可知，按情况 4 计算最不利，则

$$N = 6804.41 + 486.13 + 134.60 + 71.36 = 7496.5(\text{kN})$$
$$H = -1541.8 + 426.89 - 226.32 - 42.4 = -1383.63(\text{kN})$$

根据基底土为黏性土且 $I_L = 0.1$ 的条件查表，可得基底摩擦系数 $\mu = 0.25$，则抗滑动稳定系数计算为

$$k_c = \frac{\mu N}{H} = \frac{0.25 \times 7496.5}{1383.63} = 1.35 > 1.3$$

所以，抗滑动稳定性满足要求。

2）施工阶段验算

按情况 5 验算，则组合的荷载为

$$N = 6804.41 - 848.05 + 486.13 + 134.6 = 6577.09(\text{kN})$$
$$M = 1338.05 - 551.23 - 4283.47 + 581.47 = -2915.18(\text{kN} \cdot \text{m})$$
$$H = -1541.8 + 426.89 = -1114.91(\text{kN})$$

（1）抗倾覆稳定性验算。

$$e_0 = \frac{M}{N} = \frac{2915.18}{6577.09} = 0.44(\text{m})$$

则抗倾覆稳定系数为

$$k_0 = \frac{s}{e_0} = \frac{2.15}{0.44} = 4.85 > 1.2$$

所以，抗倾覆稳定性满足要求。

（2）抗滑动稳定性验算。

抗滑动稳定系数为

$$k_c = \frac{\mu N}{H} = \frac{0.25 \times 6577.09}{1114.91} = 1.47 > 1.2$$

所以，抗滑动稳定性满足要求。

8. 沉降验算

由于持力层以下的土层 II 为软弱下卧层，按其压缩系数为中压缩性土，对基础沉降影响较大，故应验算沉降。根据规定，计算地基变形时，按正常使用极限状态设计，传至基础底面上的作用效应采用荷载长期效应组合，按分层总和法计算沉降。

计算过程（略）。

# 2.5　浅基础施工

## 2.5.1　施工前准备

刚性浅基础的施工通常采用明挖的方法进行。其施工工序和主要内容包括基础定位放样、基坑开挖与支护、基坑排水、基坑检验和基底处理、基础砌筑及基坑的回填等。

基坑的开挖工作应尽量选择在枯水和少雨季节进行，开工前应做好计划和准备工作，开挖后应快速连续施工，且不宜间断。基坑开挖前应准确测定基础轴线、边线位置及标高，并应按地质水文资料，结合现场情况，决定开挖坡度、支护方案以及地面的防水、排水措施。如果地基土质较为坚实，开挖后能保持坑壁稳定，可不必设置支撑，采取放坡开挖。但实际上，由于土质条件、开挖深度、放坡受到用地或施工条件限制等因素影响，需要进行各种坑壁支撑。在基坑开挖过程中有渗水时，则需要在基坑四周挖边沟和集水井以便排除积水。在水中开挖基坑时，通常要在基坑周围，预先修筑临时性的挡水结构物（称为围堰），然后将堰内水排干，再开挖基坑。基坑开挖至设计标高后，应及时地进行坑底土质鉴定、清理及整平工作，然后砌筑基础结构物。

## 2.5.2　基础的定位放样

在基坑开挖前，先进行基础的定位放样工作，以便正确地将设计图纸上的基础位置、形状和尺寸在实地上标定出来，准确地设置到桥址上。放样工作是根据桥梁中心线与墩台的纵横轴线，推出基础边线的定位点，再放线画出基坑开挖范围。

当墩、台中心测放后，基础的尺寸由设计图纸得出，再根据土质确定放坡率，得到基坑顶的尺寸，如图 2.19 所示，当基础尺寸为 $A$、$B$ 时，则基坑顶的尺寸为

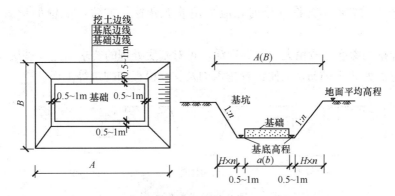

图 2.19　基坑放坡示意图（尺寸单位：m）

$$\left.\begin{array}{l} A = a + 2 \times (0.5 \sim 1\text{m}) + 2 \times H \times n \\ B = b + 2 \times (0.5 \sim 1\text{m}) + 2 \times H \times n \end{array}\right\} \tag{2.24}$$

式中：$A$——基坑顶的长，m；

　　　$B$——基坑顶的宽，m；

$H$——基础底高程与地面平均高程之差，m；

$n$——边坡的坡度比。

明挖基坑放样程序为：施工前，根据式（2.22）放出基坑顶挖土线的位置和尺寸，当挖土高程达到设计基础底高层时（当采用机械挖土时，最后 0.1～0.2m 的土由人工挖除），再精确测放出基础平面尺寸和砌筑高度。

### 2.5.3　旱地上浅基础施工

#### 1. 基坑开挖

基坑开挖主要以施工机械为主，局部采用人工配合。常用的机械多为位于坑顶的吊机操纵的挖土斗、抓土斗等；遇开挖工作量特别大的基坑，还常用铲式挖土机、铲运机、倾卸车等。例如，桥梁墩台基坑用机械挖土，距基底设计标面约 0.3m 厚的最后一层土，要用人工来挖除修整，以保证地基土结构不受破坏。

基坑应避免超挖，已经超挖或松动部分，应将松动部分清除。挖至标高的土质基坑不得长期暴露、扰动或浸泡，并应及时检查基坑尺寸、高层、基底承载力，符合要求后，应立即砌筑基础。

如基坑开挖后，坑壁能保持稳定不塌，可不加支护。但实际上，因坑深土松，甚至还有地下水或坑顶荷载，需要进行支护。基坑围护的形式，与土质及地下水的高低有密切的关系。基坑开挖过程中，根据土质条件和水位情况对基坑壁可采用无支护或支护的开挖方法。

##### 1）无支护基坑

随土质状况和基坑深度不同，当基坑较浅，地下水位较低或渗水量较少，不影响坑壁稳定时，坑壁可不加支护，采用垂直开挖和放坡开挖两种施工方法，将坑壁挖成竖直或斜坡形。竖直坑壁只适宜在岩石地基或基坑较浅又无地下水的硬黏土中采用。在一般土质条件下开挖基坑时，应采用放坡开挖的方法，坑壁的形式如图 2.20 所示。

基坑开挖的深度一般稍大于基础埋深，视对基底处理的要求而定。基坑尺寸要比基底尺寸每边扩大 0.5～1m，以便设置排水沟及支立模板和砌筑等工作。

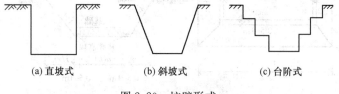

(a) 直坡式　　　　　(b) 斜坡式　　　　　(c) 台阶式

图 2.20　坑壁形式

基坑坑壁坡度应按地质条件、基坑深度、施工方法等情况确定。一般基坑深度在 5m 以内，施工期较短，当为无水基坑、土的湿度正常（接近最佳含水量），且土层构造均匀时，基坑坑壁坡度可按表 2.22 确定。如土的湿度较大可能引起坑壁坍塌时，坑壁坡度应适当放缓。

表 2.22　基坑坑壁坡度

| 坑壁土类 | 坑壁坡度 | | |
|---|---|---|---|
| | 坡顶无荷载 | 坡顶有静荷载 | 坡顶有动荷载 |
| 砂类土 | 1∶1 | 1∶1.25 | 1∶1.5 |
| 卵石、砾类土 | 1∶0.75 | 1∶1 | 1∶1.25 |
| 粉质土、黏质土 | 1∶0.33 | 1∶0.5 | 1∶0.75 |
| 极软岩 | 1∶0.25 | 1∶0.33 | 1∶0.67 |
| 软质岩 | 1∶1.0 | 1∶0.1 | 1∶0.25 |
| 硬质岩 | 1∶1.0 | 1∶1.0 | 1∶1.0 |

基坑开挖时，基坑顶面应设置防止地面水流入基坑的设施，基坑顶有动载时，坑顶边与动载间应留有大于1.0m宽的护道。如工程地质和水文条件不良，应加宽护道或采取加固措施，以增加边坡的稳定性。基坑深度大于5m时，可将坑壁坡度适当放缓或加设平台。

2）有支护基坑

当地下水位高于基底且渗透量大，影响坑壁稳定；坡度不宜保持，放坡开挖工作量过大，不符合多快好省的要求；基坑较深，土方量大，施工期较长；受施工场地限制或邻近有建筑物，不能采用放坡开挖时，可采用坑壁支护进行加固施工。

加固坑壁常用的支护形式有挡板支撑、混凝土护壁（喷射或支模现浇）支撑、板桩支撑和地下连续壁等。

（1）挡板支撑。

挡板支撑适于开挖面积不大，地下水位较低，挖基深度较浅的基坑，适用于中、小桥和涵洞基坑开挖。

挡板支撑形式可分为竖挡板式坑壁支撑、横挡板式坑壁支撑、框架式支撑、其他形式的支撑（如锚桩式、斜撑式或锚杆式支撑）。

竖挡板式坑壁支撑，一般适用于基坑尺寸较小，如基坑宽度相当于一根撑木长度、深度相当于一块木挡板的长度，如图2.21（a）所示；横挡板式坑壁支撑，一般适用于基坑深度较大，基坑深度相当于一根撑木长度，如图2.21（b）所示；框架式支撑，如图2.22所示。对于大面积基坑无法安装横撑时，可采用锚桩式、斜撑式或锚杆式支撑，如图2.23所示。挡板支撑结构可采用木料或钢木组合形式，各部尺寸应考虑土压力的作用，通过计算确定。

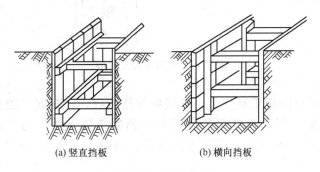

(a) 竖直挡板　　　　　　　　(b) 横向挡板

图 2.21　板式支撑

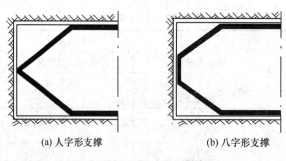

(a) 人字形支撑　　　　　　(b) 八字形支撑

图 2.22　框架式支撑

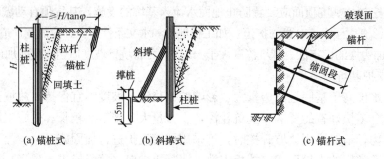

(a) 锚桩式　　　　　　(b) 斜撑式　　　　　　(c) 锚杆式

图 2.23　大面积基坑支撑

（2）喷射混凝土护壁支撑。

喷射混凝土护壁，宜用于土质较稳定，渗水量不大，深度小于 10m，直径为 6～12m 的圆形基坑。对于有流砂或淤泥夹层的土质，也有使用成功的实例。

喷射混凝土护壁的基本原理是以高压空气为动力，将搅拌均匀的砂、石、水泥和速凝剂干料，由喷射机经输料管吹送到喷枪，在通过喷枪的瞬间，加入高压水进行混合，自喷嘴射出，喷射在坑壁上形成环形混凝土护壁结构，以承受土压力。其喷射作业示意如图 2.24 所示。

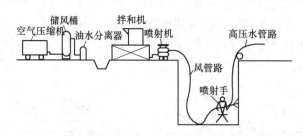

图 2.24　喷射混凝土护壁

喷射混凝土护壁的施工特点是：在基坑开挖限界内，先向下挖土一段，随即用混凝土喷射机喷射一层含速凝剂的混凝土（速凝剂掺入量可为水泥用量的 3%～4%），以保护坑壁。然后向下逐段挖深喷护。每段一般为 0.5～1.0m，视土质情况而定。

喷护基坑的直径在 10m 左右，挖深一般不超过 10m。砂土类、黏土类、粉土及碎石土的地质均可使用。喷射混凝土的厚度，随地质情况和有无渗水而不同，可取 3～8cm（碎石类土、无渗水）至 10～15cm（砂类土、无渗水）。对于有少量渗水的基坑，混凝土应适当加厚 3cm 左右。喷层厚度可按静水压力计算内力，设坑壁为圆形，截面均匀受力计算强度。

采用喷射混凝土护壁的基坑，无论基础外形如何，均应采用圆形，以改善坑壁受力状态。不过如地质稳定，挖深在 5m 以内时，也可按基础的矩形开挖。

（3）现浇混凝土围圈护壁。

采用混凝土围圈护壁时，基坑自上而下分层垂直开挖，开挖一层后随即灌注一层混凝土壁。为防止已浇筑的围圈混凝土施工时因失去支承而下坠，顶层混凝土应一次整体浇筑，以下各层均间隔开挖和浇筑，并将上下层混凝土纵向接缝错开。开挖面应均匀分布对称施工，及时浇筑混凝土壁支护，每层坑壁无混凝土壁支护总长度应不大于周长的一半。分层高度以垂直开挖面不坍塌为原则，一般顶层高 2m 左右，以下每层高 1～1.5m。围圈混凝土应紧贴坑壁土灌注，不用外膜。内膜可制为圆形或内接多边形。施工中注意使层、段间各接缝密贴，防止其间夹有泥土、浮浆等而影响围圈的整体性。与喷射混凝土护壁一样，要防止地面水流入基坑，避免在坑顶周围土的破坏棱体范围内有不均匀附加荷载。

目前也有采用混凝土预制块分层砌筑来代替就地灌筑的混凝土围圈，它的好处是省去现场混凝土灌注和养护时间，使开挖和支护砌筑连续不间断地进行，且围圈混凝土质量容易得到保证。

（4）板桩墙支撑。

当基础平面尺寸较大、深度较深、基坑底面标高低于地下水位且渗水量较大时，可用防渗性能较好的板桩作支撑，维护坑壁的稳定性。它的特点是在基坑开挖前先将板桩垂直打入土中，至坑底以下一定深度，然后边挖边设支撑，开挖基坑过程中始终是在板桩支护下进行。

板桩墙分无支撑式 [图 2.25（a）]、支撑式和锚撑式 [图 2.25（b）]。支撑式板桩墙按设置支撑的层数可分为单支撑板桩墙 [图 2.25（c）]和多支撑板桩墙 [图 2.25（d）]。由于板桩墙多应用于较深基坑的开挖，多支撑板桩墙应用较多。

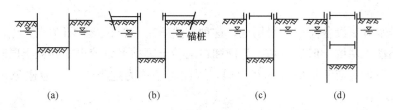

图 2.25　板桩墙支撑

板桩有木板桩和钢板桩，其断面形式如图 2.26 所示。木板桩在打入砂砾土层时，桩尖应安装铁桩靴。钢板桩由于强度大，能穿过较坚硬的土层，锁口紧密不易漏水，还可焊接加长重复使用，所以应用较广。

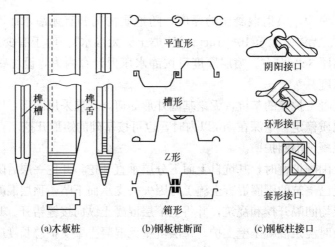

图 2.26　板桩截面及接口形式

(a)木板桩　　　　(b)钢板桩断面　　　　(c)钢板柱接口

**2. 基坑排水**

基坑如在地下水位以下，随着基坑的下挖，渗水将不断涌集基坑，因此施工过程中必须不断地排水，为了保持基坑的干燥，制造一个旱地施工条件，便于基坑挖土和基础的砌筑与养护。目前，常用的基坑排水方法有表面排水和井点法降低地下水位两种。

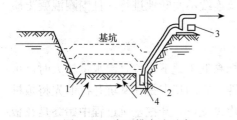

图 2.27　表面排水法示意

1. 集水沟；2. 集水坑；3. 水泵；4. 吸水笼头

**1）表面排水**

它是最简单，也是应用最普遍的方法。在基坑整个开挖过程及基础砌筑和养护期间，在基坑四周开挖集水沟汇集坑壁及基底的渗水，并引向一个或数个比集水沟挖得更深一些的集水坑如图 2.27 所示。集水沟和集水坑应设在基础范围以外，在基坑每次下挖以前，必须先挖沟和坑，集水坑的深度应大于抽水机吸水龙头的高度，在吸水龙头上套竹筐围护，以防土石堵塞龙头。

集水沟和集水坑应设置在基础范围以外，集水坑的深度要保证吸水龙头的正常工作。

这种排水方法设备简单、费用低，这种方法适用于岩石及碎石类土，也适用于渗水量不大的黏性土基坑。但当地基土为饱和粉细砂土等黏聚力较小的细粒土层时，抽水会引起流砂现象，造成基坑的破坏和坍塌，因此当基坑为这类土时，应避免采用表面排水法。

**2）井点法降低地下水位**

井点排水法适用于对粉质土、粉砂类土、细纱类土、地下水位较高、有承压水、挖基较深、坑壁不稳定的土质基坑。根据使用设备的不同，主要有轻型井点、喷射井点、电渗井点和深井泵井点等多种类型，可根据土的渗透系数，要求降低水位的深度及工程特点选用。

轻型井点降水布置如图 2.28 所示。即在基坑开挖前预先在基坑四周打入（或沉入）若干根井管，井管下端 1.5m 左右为滤管，上面钻有若干直径约 2mm 的滤孔，外面用过滤层包扎起来。各个井管用集水管连接并抽水。由于使井管两侧一定范围内的水位逐渐下降，各井管相互影响形成了一个连续的疏干区。在整个施工过程中保持不断抽水，以保证在基坑开挖和基础砌筑的整个过程中基坑始终保持无水状态。

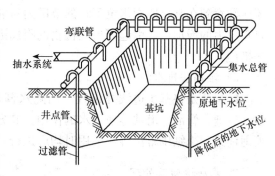

图 2.28　轻型井点降水布置示意图

该法可以避免发生流砂和边坡坍塌现象，且由于流水压力对土层还有一定的压密作用。

轻型井点降水的特点是井管范围内的地下水不从基坑的四周边缘和底面流出，而是以相反的方向流向井管，因而可以避免发生流砂和边坡坍塌现象，且流水压力对土层还有一定的压密作用。在滤管部分包有铜丝过滤网，以免带走过多的土粒而引起土层潜蚀现象。

井点法降低地下水位适用于渗透系数为 0.1～80m/d 的砂土。对于渗透系数小于 0.1m/d 的淤泥、软黏土等则效果较差，需要采用电渗井点排水或其他方法。

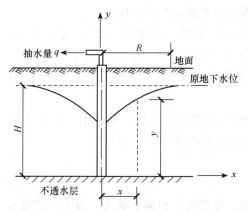

图 2.29　轻型井点降水计算示意图

根据经验，四周井管间距为 0.6～1.2m，集水管总长不超过 120m，井管的位置在基坑边缘外 0.2m 左右，在基坑中央地下水位可以下降 4～4.5m。用井点降低地下水位的理论计算方法较多，若井管竖直打到不透水层，根据水力学原理，当抽水量大于渗水量时，水位下降，在土内形成漏斗状（图 2.29），若在一定时间后抽水量不变，水面下降坡度也保持不变，则离井管任意距离 $x$ 处的水头 $y$ 可表示为

$$y^2 = H^2 - \frac{q}{\pi K} \ln \frac{R}{x} \tag{2.25}$$

式中：$K$——土层的渗透系数（由室内试验或野外抽水试验求得），m/s；

　　　　$H$——原地下水位至不透水层的距离，m；

　　　　$q$——单位时间内的抽水量，m³/s；

　　　　$R$——井的影响半径（通过观察孔测得），m。

应用式（2.25）时，要考虑其他井管的相互影响，近似地认为在井点系统多井抽水情况，其水头下降可以叠加，即

$$y^2 = H^2 - \sum \left( \frac{q_i}{\pi K} \ln \frac{R_i}{x_i} \right) \tag{2.26}$$

在采用井点法降低地下水位时，应将滤管尽可能设置在透水性较好的土层中。同时

还应注意到在基坑四周水位下降的范围内对邻近建筑物的影响，因为由于水位下降，土自重应力的增加可能引起邻近结构物的附加沉降，并应做好沉降观测，必要时应采取防护措施。

3）帷幕法排水

帷幕法是在基坑边线外设置一圈隔水幕，用以隔断水源，减少渗流水量，防止流砂、突涌、管涌、潜蚀等地下水的作用。其方法有深层搅拌桩隔水墙、压力注浆、高压喷射注浆、冻结围幕法等，采用时均应进行具体设计并符合有关规定。

3. 基底检验及处理

1）基底检验

基础是隐蔽工程，基坑开挖至设计标高后，在基础浇筑前应按规定对基底进行检验，以确定是否符合设计要求。

基底检验的主要内容应包括：检查基底的平面位置、尺寸大小、基底标高是否与原设计相符；基底地质情况和承载力是否与设计相符；基底处理及排水情况是否与施工设计规范相符。

2）基底处理

天然地基上的浅基础是直接靠基底土来承担荷载的，故基底土质状态的好坏对基础和墩台结构的影响极大。所以，基底检验合格后，即要进行基底处理工作。

地基处理应根据地基土的种类、强度和密度，按照设计要求，结合现场情况，采取相应的处理方法。地基处理的范围至少应宽出基础之外 0.5m。符合设计要求的细粒土、特殊土基底，修整妥善后，应尽快修建基础，不得使基底浸水和长期暴露。

基底处理方法视基底土质而异，一般对细粒土及特殊土地基、粗粒土和巨粒土地基、岩层基底、多年冻土地基、溶洞地基、泉眼地基进行相应的地基处理。

4. 基础砌筑与基坑回填

基础可在以下三种情况下砌筑，即无水砌筑、排水砌筑和水下灌筑。为了方便施工和保证质量，基础的砌筑应尽可能在干燥无水的状况下进行。当基坑渗漏很小时，可采用排水砌筑。只有当渗水量很大、排水困难时，才采用水下灌注混凝土的方法。基础圬工用料应在挖基完成前准备好，以保证能及时砌筑基础，避免基底土质变差。

排水砌筑的施工时，确保在无水状态下砌筑圬工；禁止带水作业及用混凝土将水赶出模板外的灌注方法；基础边缘部分应严密隔水；水下部分圬工必须待水泥砂浆或混凝土终凝后才允许浸水。

基础圬工的水下灌注分为水下封底和水下直接灌筑基础两种。前者封底后仍要排水再砌筑基础，封底只是起封闭渗水的作用，其混凝土只作为地基而不作为基础本身，适用于板桩围堰开挖的基坑。

1）水下混凝土封底再排水砌筑圬工

当坑壁有较好防水设施（如钢板桩护壁等）但基坑渗漏严重时，可采用水下灌注混凝土封底方法。待封底混凝土达到强度要求后排水，清除封底混凝土面浮浆，冲洗干净后再砌筑基础圬工。

水下封底混凝土应在基础底面以下。封底只能起封闭渗水的作用，封底混凝土只作为地基，而不能作为基础。因此，不得侵占基础厚度。水下封底混凝土层的最小厚度由以下条件控制：当围堰作业已封底并抽干水后，板桩同封底混凝土组成一个浮筒，该浮筒的自重应能保证不被浮起；同时，封底混凝土作为周边简支的板，在基底面上水压力作用下，不致因向上挠曲而折裂。封底混凝土的最小厚度一般为 2.0m 左右。

2）水下直接灌注混凝土

当今桥梁基础水下混凝土灌注施工中，广泛采用的是直升导管法，如图 2.30 所示。混凝土经导管输送至坑底，并迅速将导管下端埋设。随后混凝土不断地输送到被埋设的导管下端，从而迫使先前输送到但尚未凝结的混凝土，向上和向四周推移。随着基底混凝土的上升，导管也缓慢地向上提升，直至达到要求的封底厚度时，停止灌入混凝土，并拔出导管。当封底面积较大时，宜用多根导管同时或逐根灌注，按先低处后高处，先周围后中部次序并保持大致相同的标高进行，以保证使混凝土充满基底全部范围。导管的有效作用半径，因混凝土的坍落度大小和导管下口超压力大小而异，其注意事项和要求可参阅桩基施工部分。

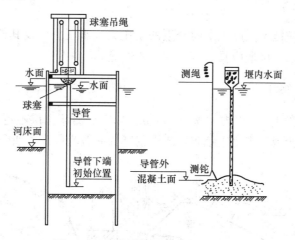

图 2.30　直升导管法灌注水下混凝土

在正常情况下，所灌注的水下混凝土，仅其表面与水接触，其他部分的灌注状态与空气中灌注无异，从而保证了水下混凝土的质量。至于与水接触的表层混凝土，可在排干水而外露时予以凿除。

3）墩台身与基础的接缝联结

浇筑基础时，应做好与台身、墩身的接缝联结，一般要求：

（1）混凝土基础与混凝土墩台身的接缝，周边应预埋直径不小于 16mm 的钢筋或其他铁件，埋入与露出的长度不应小于钢筋直径的 20 倍。

（2）混凝土或浆砌片石墩台身的接缝，应预埋片石作，片石厚度不应小于 15cm，片石的强度要求不低于基础或墩台身混凝土或砌体的强度。

当墩台基础砌筑完毕后，应检验其质量和各部位尺寸是否符合设计要求，如无问题，即可进行基坑回填。基坑宜用原土或好土及时回填，每层回填厚度不大于 30cm，并应分层夯实。

### 2.5.4　水中浅基础施工

桥梁墩台基础，大多数位于水中，修建水中基础，在开挖前，必须首先在基坑外围修筑一道临时挡水结构物即围堰，把围堰内的水排干后，再开挖基坑修筑基础。如排水困难，也可在围堰内进行水下挖土，挖至预定高程后先灌注水下封底混凝土，然后再抽干水继续修筑基础。

围堰有土围堰、草（麻）袋围堰、钢板桩围堰、钢套箱围堰、双壁钢围堰等。围堰的结构形式和材料要根据水深、流速、地质情况以及通航要求等条件确定。不论哪种围堰，均需满足以下要求：

（1）围堰顶面标高应高出施工期间中可能出现的最高水位（包括浪高）0.5m 以上。

（2）修筑围堰将压缩河道断面，使流速增大引起冲刷，或堵塞河道影响通航，因此要求河道断面压缩一般不超过流水断面积的 30%。对两边河岸河堤或下游建筑物有可能造成危害时，必须征得有关单位同意并采取有效防护措施。

（3）围堰内尺寸应满足基础施工要求，留有适当工作面，由基坑边缘至堰脚距离一般不少于 1m。

（4）围堰结构应能承受施工期间产生的土压力、水压力以及其他可能发生的荷载，满足强度和稳定要求。围堰应具有良好的防渗性能。

#### 1. 土围堰和草袋围堰

土围堰用在水深 1.5m 以内、流速 0.5m/s 以下、河床土层不透水或渗水较小的情况。土堰宜用黏性土或砂夹黏土填筑，土堰的断面一般为梯形，如图 2.31 所示。

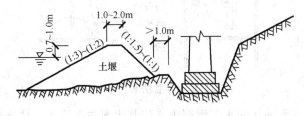

图 2.31　土围堰

在填筑土堰之前，应先清理河床上的块石、树枝等杂物，否则可能造成局部渗漏而使堰堤穿孔。

若围堰外流速较大时，为保证堰堤不被冲刷，可用草（麻）袋盛土码砌堰堤边坡，即为草袋围堰，如图 2.32 所示。

此外，还可以用竹笼片石围堰和木笼片石围堰做水中围堰，其结构由内、外两层装片石的竹（木）笼中间填黏土心墙组成。黏土心墙厚度不应小于 2m。为避免片石笼对基坑顶部压力过大，并为必要时变更基坑边坡留有余地，片石笼围堰内侧一般应距基坑顶缘 3m 以上。

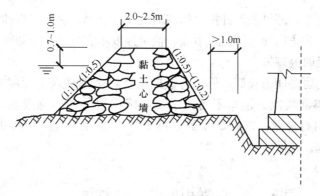

图 2.32　草袋围堰

## 2. 钢板桩围堰

钢板桩本身强度大、防水性能好，打入土中穿透力强，不但能穿过砾石、卵石层，也能切入软岩层和风化层，一般河床水深在 4～8m，且为较软岩层时最为适用。堰深一般为 20m 以内。若有超出，板桩可适当接长。

钢板桩围堰的平面形状有圆形、矩形和圆端形，施工中结合具体情况选用。在桥梁深基础施工中，多用圆形。其受力理想，支撑结构最简单，但占河道面积大。浅基坑多用矩形围堰，其占河道面积小，但受水流冲击力大。

钢板桩围堰施工的基本程序是：施工准备、导框安装、插打与合拢、抽水堵漏及拔桩整理等。

在施工准备过程中，应进行钢板桩的检查、分类、编号；钢板桩接长和锁口涂油等工作。钢板桩两侧锁口，应用一块同型号长度 2～3m 的短桩做通过试验。若锁口通不过或存在桩身弯曲、扭转、死弯等缺陷，均必须加以修整。钢板桩接长应以等强度焊接。当起吊设备条件许可时，可将 2～3 块钢板桩拼成一组组合桩。组拼时应用油灰和棉絮捻塞拼接缝，以加强防渗。

钢板桩可逐块（组）插打到底，或全围堰先插合拢，再逐块（组）打入。插打顺序宜由上游分两侧插向下游合拢，如图 2.33（a）～（c）所示。钢板桩可用锤击、振动或辅以射水等方法下沉。但在黏土中，不宜使用射水。锤击时应使用桩帽。采用单动汽锤和坠锤打桩时，一般锤重宜大于桩重，过轻的锤效率不高。振动打桩机是目前打钢板桩较好的机具，既能打桩又能拔桩，操作简便。

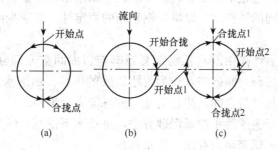

图 2.33　圆形围堰插打次序

钢板桩插打完毕，即可抽水开挖。如围堰设计有支撑，应先撑再抽水，并应检查各节点是否顶紧等，防止因抽水而出现事故。抽水速度不宜过快，应随时观察围堰的变化情况，如有变化及时处理。

钢板桩围堰的防渗能力较好，但仍有锁口不密，个别桩入土深度不够或桩尖打裂打卷，以致发生渗漏情况。锁口不密漏水，可用棉絮等在内侧嵌塞，同时在外侧撒大量木屑或谷糠自行堵塞。桩脚漏水处，可由图 2.34 所示各种方法堵塞或采用水下混凝土封底等措施。

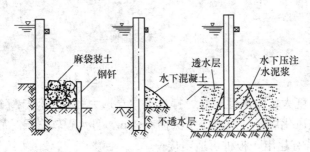

图 2.34　桩脚漏水处理

钢板桩拔除前，应先将围堰内的支撑从上而下陆续拆除，并灌水使内外水压平衡，解除板桩间的挤压力，并与水下混凝土脱离。拔桩可用拔桩机、千斤顶等设备；也可用墩身作扒杆拔桩。当拔桩确有困难时，可以水下切割。

3. 钢套箱围堰

钢套箱围堰适用于流速较小、覆盖层较薄、透水性较强的砂砾或岩石深水河床，埋置不深的水中基础，也可用作修建桩基承台。

1）基本构造

钢套箱是利用角钢、工字钢或槽钢等刚性杆件与钢板联结而成的整体无底钢围堰，可制成整体式或装配式，并采取相应措施，防止套箱接缝渗漏。

2）就位下沉

钢套箱可在墩台位置处以脚手架或浮船搭设的平台上起吊下沉就位。下沉钢套箱前，应清除河床表面障碍物。随着钢套箱下沉，逐步清除河床土层，直至设计标高。当钢套箱位于岩层上时，应整平基层。若岩面倾斜，则应根据潜水员探测的资料，将钢套箱底部做成与岩面相同的倾斜度，以增加钢套箱的稳定性，并减少渗漏。

3）清基封底

钢套箱下沉就位后，先由潜水工将钢套箱脚与岩面间空隙部分的泥砂软层清除干净，然后在钢套箱脚堆码一圈砂袋，作为封堵砂浆的内膜。由潜水工将 1∶1 水泥砂浆轻轻倒入套箱壁脚底与砂袋之间，防止清基时砂砾涌入套箱内。

清基可采用吹砂吸泥或静水挖抓泥砂方法，进行水下挖基。经过检验即可灌注水下混凝土封底，最后抽干钢套箱内存水，浇筑墩台。

### 4. 双壁钢围堰

双壁钢围堰适用于大型河流中的深基础，能承受较大的水压，保证基础全年施工安全渡洪。特别是河床覆盖层较薄（0～2m），下卧层为密实的大漂石或基岩，不能采用钢板桩围堰，或因工程需要堰内不宜设立支撑，而单壁钢套箱又难以保证结构刚度时，双壁钢围堰的优越性更显突出。

#### 1）基本构造

双壁钢围堰是由竖直角钢加劲的内外钢壳及数层环形水平桁架焊成的密不漏水的圆形或矩形整体围堰，如图 2.35 所示，底部设刃脚。空壁厚 1.2～1.4m，空壁内设有若干个竖向隔板舱，彼此互不连通，以便在其下沉或落底时，按序向各舱内灌水或灌混凝土。

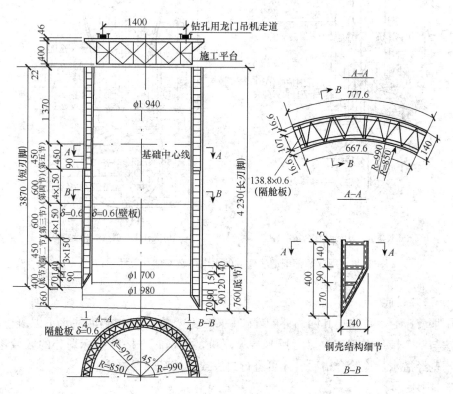

图 2.35　双臂钢围堰的结构与构造

#### 2）制作拼装

围堰的大小和总高度应根据工程需要而定。例如，武汉长江公路大桥主塔的双壁钢围堰直径 28.4m，总高 48.5m，总重 800t。围堰的分节高度、分块大小，应结合工地运输，起吊等设备能力综合考虑。对一般大中型围堰，若墩位处水流条件容许，可在墩位处拼装船上组拼，整体吊装上下对接，每节高度一般不超过 5m，总重不大于 100t。对特大型围堰，一般分节分块组拼接高下沉，如图 2.36（a）所示。围堰底节一般是在夹于两艘大型铁驳组成的导向船间的拼装船上拼装。

3) 浮运就位

底节下水浮运宜选择气候和水位的有利时机进行。事先应探明有足够的吃水深度,并无水下障碍,且底节顶面应露出水面不小于 1.0m。底节拖运至墩位后,起吊并抽掉拼装船。就位后向围堰壁各隔舱对称均匀加水,使底节平稳下沉。此后,随接高加水下沉,直至各节全部拼接完毕,如图 2.36 (b) 所示。

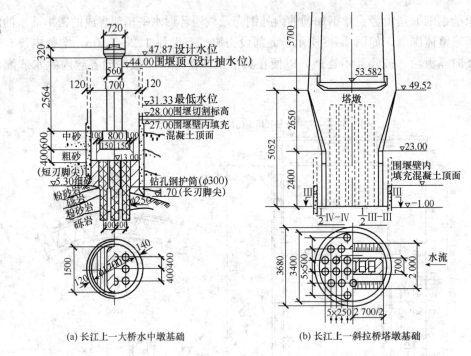

(a) 长江上一大桥水中墩基础          (b) 长江上一斜拉桥塔墩基础

图 2.36  用双壁钢围堰法建成的水中桥墩基础 (尺寸单位:cm)

4) 清基封底

围堰着床后,首先在其四周外侧堆砌一圈土袋,在刃脚内侧灌注水下混凝土堵漏,其方法与钢套箱基本相似。然后用多台吸泥机,按基底方格网坐标划分的区域逐块清挖。清基经潜水员检验合格后,才可进行封底或浇筑基础混凝土。

5) 围堰拆除

河床覆盖层较薄 (0~2m),围堰嵌入河床较浅者,仅依靠各仓注水及深水抓斗、吸泥机等工程措施即可保证围堰下沉着床。这时,可将各隔舱内的水抽干,围堰便可依靠自身浮力,克服入土部分周壁所受摩阻力自行浮起。为了减小混凝土与围堰内壁的摩阻力,在浇筑刃脚堵漏混凝土,或利用围堰内壁作模板浇筑封底或基础混凝土时,可在围堰内壁挂置一层高度大于混凝土厚度的帆布类织物。必要时可用水下烧割将钢壳上部拆掉。切割位置应在最低水位以下一定深度。残留部分应不致影响最低水位的通航要求。

# 小　结

本章重点介绍了浅基础的类型、构造、设计及其验算的方法和原理。

（1）浅基础分为刚性基础和柔性基础，刚性浅基础可分为刚性扩大基础、条形基础等。

（2）浅基础的设计原则：地基土应具有足够的安全度，防止土体出现极限破坏；在荷载作用下，应控制地基及基础的变形值小于桥梁结构物要求的容许沉降值；基础除应满足对基础结构的强度、刚度和耐久性的要求外，其地基还应满足承载能力力、稳定性和沉降变形要求。

（3）在确定基础埋置深度时，要考虑桥跨结构的类型、上部结构传下来的荷载大小和综合考虑桥位处的地质情况、地形条件，并考虑地基冻胀和河流的冲刷程度，以及施工技术条件、投资造价等因素。

（4）刚性扩大基础的设计与计算的主要内容：基础埋置深度的确定；刚性扩大基础尺寸的拟定；地基承载力验算；基底合力偏心距验算；基础稳定性和地基稳定性验算；基础沉降验算。

（5）浅基础的施工分为旱地挖基和水中挖基，其工艺包括降水、支护、开挖、清基和浇注混凝土。降水有井点法降水、集水坑和集水沟排水；支护分为混凝土支护、围堰防护和板桩护壁支护；开挖方法分为放坡开挖和支护开挖；混凝土浇筑分为直接浇注和水下浇注等。

# 思考题与习题

**【思考题】**

2.1　天然地基上刚性浅基础的设计内容包括哪些？

2.2　什么是刚性基础？刚性基础的特点和常见的形式有哪些？

2.3　确定基础埋深应考虑哪些因素？基础埋置深度对地基承载力、沉降有什么影响？

2.4　什么是刚性角？它与什么因素有关？

2.5　刚性扩大基础为什么要验算基底合力偏心距？

2.6　地基（基础）沉降计算包括哪些步骤？在什么情况下应验算桥梁基础的沉降？

2.7　刚性浅基础的施工内容包括哪些？

2.8　明挖基础施工时，什么情况下应采用基坑开挖后护壁加固？

2.9　水中基坑开挖的围堰形式有哪几种？它们各自的适用条件和特点是什么？

2.10　水中浅基础如何进行施工？

**【习题】**

2.1　某桥墩为混凝土实体墩刚性扩大基础，一个支座承受的作用效应标准值为：梁跨结构重 $P_1 = 1020\text{kN}$；两跨布载时：汽车荷载支座反力 $P_2 = 595.5\text{kN}$；人群荷载支座反力 $P_3 = 90\text{kN}$；一跨布载时：汽车荷载支座反力 $P_4 = 386.6\text{kN}$，人群荷载支座反力 $P_5 = 42.0\text{kN}$；汽车制动力 $T_1 = 32\text{kN}$。

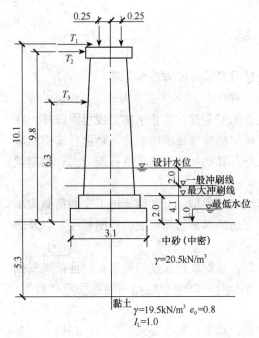

图 2.37　结构尺寸及地质、水文资料
（尺寸单位：m）

桥墩及基础自重 $P_6 = 5480\text{kN}$，设计水位以下墩身及基础浮力 $F = 1200\text{kN}$，墩帽与墩身风荷载分别为：$T_2 = 2.1\text{kN}$，$T_3 = 16.8\text{kN}$。结构尺寸（基底宽 3.1m，长 9.9m）及地质、水文资料如图 2.37 所示。地基第一层为中密粉砂，重度 $\gamma = 20.5\text{kN/m}^3$；下层为黏土，重度 $\gamma = 19.5\text{kN/m}^3$，孔隙比 $e = 0.8$，液性指数 $I_L = 1.0$。要求验算：地基承载力；基底合力偏心距；基础稳定性。

2.2　有一桥墩墩底为矩形 1.4m × 3.9m，刚性扩大基础（20 号混凝土）顶面设在河床下 1.85m，河床标高为 37.85m，作用于基础顶面荷载（作用标准值效应组合）：轴心垂直力 $N = 3504\text{kN}$，弯矩 $M = 1090\text{kN·m}$，水平力 $H = 340\text{kN}$。地基土第一层为一般黏性土厚 6.35m（自河床算起），$\gamma = 19.3\text{kN/m}^3$，$e = 0.732$，$I_L = 0.5$；第二层为亚黏土厚 5m，$\gamma = 18.2\text{kN/m}^3$，$I_L = 0.56$，

$e = 1.023$，第二层下为泥质页岩，设计水位标高 45.00m，常水位标高 38.50m，低水位 36.85m，一般冲刷线标高 37.00m，局部冲刷线标高 36.5m，该地区最大冻结深度为 1.00m，拟在枯水季节施工。请确定基础埋置深度及尺寸，并经过验算说明其合理性。

# 第三章 桩 基 础

**本章提示:**

本章主要介绍桩基础的类型、构造及设计基本原则,重点讲述单桩承载力确定,单桩、单排桩和各种群桩基础的内力、变位计算及群桩基础的验算等,并附有高承台、低承台桩基的设计算例。除此以外,本章还介绍了桩基础的施工工艺。通过本章学习,学生能独立地完成桥梁桩基础的选型、设计计算与验算,了解桩基施工的关键技术和工艺过程。

## 3.1 概 述

桩基础是由埋于地基土中的若干根桩通过承台(或盖梁)将其连成一个整体而形成的一种基础形式,是目前常用的桥梁基础类型。如图 3.1 (a)所示,桩身可以全部或部分埋入地基土中,当桩身外露在地面上较高时,在桩之间还应加横系梁,以加强各桩之间的横向联系。若干根桩在平面排列上可成为一排或几排,所有桩的顶部有承台连成一整体。在承台上再修筑桥墩、桥台及上部结构。桩可以先预制好,再将其运至现场沉入土中;也可以就地钻孔(或人工挖孔),然后在孔中浇筑水泥混凝土或置入钢筋骨架后再浇筑混凝土而成桩。各桩所承受的荷载由桩通过桩侧土的摩阻力及桩端土的抵抗力将荷载传递到地基土中,如图 3.1 (b) 所示。

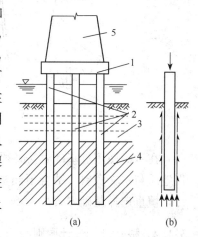

图 3.1 桩基础

1. 承台;2. 基桩;3. 松软土层;
4. 持力层;5. 墩身

### 3.1.1 桩基础的适用范围

桩基础主要用于以下七个方面。

(1) 上部荷载很大,只有在较深处才有能满足承载力要求的持力层的情况。

(2) 为了减少基础的沉降或不均匀沉降,利用较少的桩将部分荷载传递到地基深处,从而减少基础沉降,按沉降控制设计,这种桩基础称为减沉桩基础或疏桩基础。

(3) 当设计基础底面比天然地面高或者基础底部的土可能被冲蚀,形成承台与地基土不接触时,可采用高承台桩基。

(4) 有很大的水平方向荷载情况,如风、浪、水平土压力、地震荷载和冲击力等荷载,可采用垂直桩、斜桩或交叉桩承受水平荷载。

（5）地下水位较高，加深基础埋深需要进行深基坑开挖和人工降水，这可能不经济或者对环境有不利影响，这时可考虑采用桩基础。

（6）用桩穿过湿陷性土、膨胀性土、人工填土、垃圾土和可液化土层，可保证建筑物的稳定。

（7）地震区，在可液化地基中，采用桩基穿越可液化土层并伸入下部密实稳定土层，这样可消除或减轻地震对结构物的危害，因此桩基础可增加结构物的抗震能力。

除以上情况使用桩基础以外，目前桩还广泛用于基坑的支挡结构，用桩作为锚固结构，用于滑坡治理的抗滑桩等。图 3.2（a）～（j）为使用桩的几种情况。

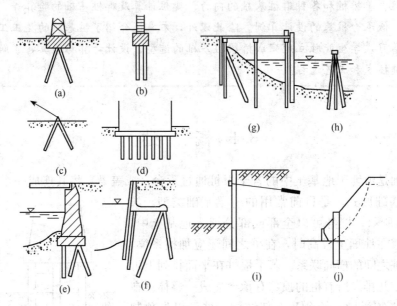

图 3.2　桩的工程应用

在考虑使用桩基础时，必须根据上部结构特征与要求，认真分析研究建桥地点的工程地质与水文资料，结合不同桩基类型的特点和施工环境条件，经多方比较，精心设计，慎重选择基础方案。

### 3.1.2　桩基础的设计原则

桩基是由桩、土和承台共同组成的基础，设计时应结合地区经验考虑桩、土、承台的共同作用。相应地基破坏时的桩基极限承载力很高，同时桩基承载力的取值在一定范围内取决于桩基变形量控制值的大小，即首要问题是在于控制其沉降量，因此桩基应按变形控制来进行设计。设计中其上部结构传至承台上的荷载效应组合与浅基础相同，且应满足下列基本条件：

（1）单桩承受的竖向荷载不宜超过单桩竖向承载力特征值。

（2）桩基础的沉降不得超过建筑物的沉降允许值。

（3）对位于坡地岸边的桩基应进行桩基稳定性验算。

桩基设计时都应满足其长期能安全适用、经济且合理以及施工上的方便快速这三个方面要求。此外，对于软土、湿陷性黄土、膨胀土、季节性冻土和岩溶等地区的桩基，应按有关规范的规定考虑特殊性土对桩基的影响，并在桩基设计中采取相应的有效措施。

# 3.2 桩基础的类型及构造

## 3.2.1 桩基础类型划分

### 1. 使用功能

按桩的使用功能可将桩分为竖向承压桩、抗拔桩（或锚桩）、水平受荷桩及复合受荷桩等。

竖向抗压桩主要是承受竖向下压荷载（简称竖向荷载）的桩，应进行竖向承载力计算，必要时还需计算桩基沉降，验算软弱下卧层的承载力以及负摩阻力产生的下拉荷载。

竖向抗拔桩主要是承受竖向上拔荷载的桩，应进行桩身强度和抗裂计算以及抗拔承载力验算。

水平受荷桩主要是承受水平荷载的桩，应进行桩身强度和抗裂验算以及水平承载力和位移验算。

复合受荷桩承受竖向、水平荷载均较大的桩，应按竖向抗压（或抗拔）桩及水平受荷桩的要求进行验算。

### 2. 成桩方法

按成桩方法分为预制桩和灌注桩两种。根据成桩过程的挤土效应将桩分为下列三类：非挤土桩、挤土桩和部分挤土桩。

在成桩过程中对桩周围的土无挤压作用的桩称为非挤土桩，成桩方法有干作业法、泥浆护壁法和套管护法。这类非挤土桩施工方法是：首先清除桩位的土，然后在桩孔中灌注混凝土成桩，如人工挖孔扩底桩即为这种桩。

成桩过程对周围土产生部分挤压作用的桩称为部分挤土桩，包括下列部分挤土灌注桩、预钻孔打入式预制桩和打入式敞口桩三种。

如钻孔灌注桩局部复打桩为部分挤土灌注桩；预钻孔打入式预制桩通常预钻孔直径小于预制桩的边长，预钻孔时孔中的土被取走，打预制桩时为部分挤土桩；打入式敞口桩如钢管桩打入时，桩孔部分土进入钢管内部，对钢管桩周围的土而言，为部分挤土桩。

成桩过程中，桩孔中的土未取出，全部挤压到桩的四周，这类桩称为挤土桩，分为挤土灌注桩和挤土预制桩。

如沉管灌注桩在沉管过程中，把桩孔部位的土挤压至桩管周围，浇注混凝土振捣成桩，即为挤土灌注桩。通常在预制桩定位后，将预制桩打入或压入地基土中，原在桩位处的土均被挤压至桩的四周，这类桩即为挤土预制桩。

### 3. 桩径

按桩径大小可将桩分为小桩、中等直径桩和大直径桩三类。

（1）小桩桩径 $d \leqslant 250\mathrm{mm}$。由于桩径小，施工机械、施工场地及施工方法一般较为简单。小桩多用于基础加固（树根桩或静压锚杆桩）及复合桩基础。

（2）中等直径桩的桩径大小范围为 $250\mathrm{mm} < d < 800\mathrm{mm}$。这类桩长期以来在工业与民用建筑物中大量使用，成桩方法和工艺繁多。

（3）大直径桩桩径 $d \geqslant 800\mathrm{mm}$。近年来其发展得较快，范围逐渐增大，因为桩径大且桩端还可以扩大，因此单桩承载力较高。此类桩除大直径钢管桩外，多数为钻、冲、挖孔灌注桩，通常用于高重型建（构）筑物基础，并可实现桩下一单桩的结构形式，正因为如此，也决定了大直径桩施工质量的重要性。

### 4. 施工方法

按桩的施工方法可把桩分为沉入桩和灌注桩，其中沉入桩根据沉桩方法又分为打入、振入和置入等多种类型。

#### 1）沉入桩

沉入桩的施工方法是将各种预制好的桩以不同的沉桩方式沉入地基内部需达到的深度。预制桩是按设计要求在地面良好的条件下制作，桩体质量高，大量工厂化生产，加快施工进度。它适用于一般土地基，但较难沉入坚实地层。沉桩有明显的排挤土体作用，必须考虑对邻近结构（包括邻近基桩）的影响。

沉入桩按不同的沉桩方式分为打入桩、振动下沉桩和静力压桩三种。

打入桩是通过锤击（或以高压射水辅助）将预制桩沉入地基。这种施工方法适于桩径较小（一般 $d < 0.6\mathrm{m}$，$d_{\max} = 1.0\mathrm{m}$）且地基土为可塑态黏性土、砂性土、粉土、细砂以及不含大卵石或漂石的碎卵石类土的情况。

振动下沉桩是将大功率的振动打桩机安装在桩顶，一方面利用振动减小土对桩的阻力，另一方面用向下的振动力使桩沉入土中。这种方法适于可塑黏性土、砂性土，用于土的抗剪强度受振动时有较大降低的砂土等地基和自重不大的钢桩，其效果更为明显。

静力压桩是借助桩架自重及桩架上的压重，通过液压或滑轮组提供的静反力将预制桩压入土中的桩。它适于均质可塑态的黏性土，对于砂性土以及其他较坚硬土层，由于压桩阻力大不宜采用。其优点是无振动、无噪声，避免锤击、振动对桩头和桩身的损伤，但其受压桩架高度限制，接头多影响压桩效率。

#### 2）灌注桩

灌注桩是指在工程现场通过机械钻孔、钢管挤土或人力挖掘等手段在地基上形成桩孔，并在其内放置钢筋笼、灌注混凝土而做成的桩。灌注桩可选用适当的钻具设备和施工方法而适用于各种类型的地基土，并可做成较大直径以提高桩的承载力，可避免预制桩打桩时对周围土体的挤压影响和振动及噪声对周围环境的影响。它主要是利用现场钻、挖桩孔，灌注混凝土或钢筋混凝土而成。在成孔过程中应采取相应的措施和方法，关键是保证孔壁的稳定和桩身的质量。

（1）钻孔灌注桩。这种桩是利用钻（冲）孔机具在土中钻进，边破碎土体边出土渣而成孔，然后在孔内放入钢筋骨架，灌注混凝土而形成的桩。为了顺利成孔成桩，必须采取包括制备具有一定要求的泥浆护壁、提高孔内泥浆水的水位、灌注水下混凝土等相应的施工工艺和方法。这种方法主要适用于各种黏性土、砂性土，也适用于碎卵石类土和岩层。对于易坍孔土质及可能产生流砂或有承压水的地基，施工难度较大，应做试桩取的经验。城市施工时，排放泥浆受到限制。

（2）挖孔灌注桩。依靠人工（或用部分机械配合）或机械在地基中挖出桩孔，然后浇筑钢筋混凝土或混凝土所形成的桩称为挖孔灌注桩。其主要优点是不受设备限制，施工简单，桩径大（一般 $d > 1.4m$）直接检验孔壁和孔底土质，易于保证成桩质量。适用于无水或渗水量小的较为密实的土层，对于可能流砂或含较厚软黏土层的地基，此种方法较为困难（需加强孔壁支撑）。

（3）沉管灌注桩。沉管灌注桩是指采用锤击或振动的方法把带有钢筋混凝土的桩尖或带有活瓣式桩尖（沉管时桩尖闭合，拔管时活瓣张开）的钢套管沉入土层中成孔，然后在套管内放置钢筋笼并边灌注混凝土边拔套管而形成的灌注桩，也可将钢套管打入土中挤土成孔后向套管中灌注混凝土并拔出套管成桩。它主要适用于黏性土、砂性土和砂土地基。由于采用了套管，可以避免钻孔灌注桩施工中可避免钻孔桩施工中可能产生流砂、坍孔和泥浆排放的弊端。但桩径较小（$d < 0.6m$），桩长一般在 20m 以内，桥梁工程中少用。

（4）爆扩桩。爆扩桩是指就地成孔后，用炸药爆炸或扩孔器扩大孔底，浇灌混凝土而成的桩，这种桩由于桩底面积加大，可提高桩的承载能力。

3）管柱

管柱是将预制好的大直径（$d = 1 \sim 5m$）钢筋混凝土或预应力混凝土或钢管，用大型振动桩锤沿导向结构振动到基岩，然后在管内钻岩成孔，下放钢筋笼，灌注混凝土，将管柱嵌固于岩层而形成的基础。其可在深水和多种覆盖层条件下进行，没有水下作业，不受季节影响，但需振动沉桩锤、凿岩机、起重设备等大型机具，动力要求高，所以在一般公路桥梁中较少采用。

5. 承载性状

按承载性状把桩分为摩擦型、端承型及中间型三种。以下介绍前两者。

（1）摩擦型桩。摩擦型桩在极限承载力状态下，桩顶荷载全部由桩侧阻力承受，即纯摩擦桩，桩端阻力可忽略不计，如图 3.3（a）所示；端承摩擦桩在极限承载力状态下，桩顶荷载主要由桩侧阻力承受，桩端阻力占少量比例，"端承"为形容摩擦桩的，但不能忽略不计。例如，置于软塑状态黏性土中的长桩，桩端土为可动态的黏性，就属于端承摩擦桩，如图 3.3（b）所示。

（2）端承型桩。端承型桩在极限承载力状态下，桩顶荷载由桩端阻力承受。较短的桩，桩端进入微风化中等风化岩石时，为典型的端承桩，此时桩侧阻力忽略不计，如图 3.3（d）所示。摩擦端承型桩在极限承载力状态下，桩顶荷载主要由桩端阻力承受。"摩擦"是形容端承的，桩侧摩擦力占的比例较小，但并非忽略不计。例如，预制桩截面 400mm×400mm，桩长 5m，桩周土为流塑状态黏性土，桩端土为密实状态粗砂，则此桩为摩擦端承型桩，桩侧摩擦力约占主承载力的 20%，如图 3.3（c）所示。

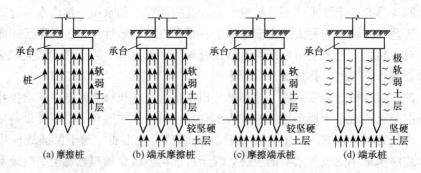

图 3.3　摩擦型桩和端承型桩

#### 6. 高桩承台和低桩承台

桩基础按承台位置可以分为高桩承台基础和低桩承台基础（简称高桩承台和低桩承台），如图 3.4 所示。

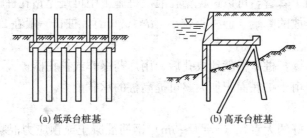

图 3.4　桩基础承台类型

高桩承台的承台底面位于地面（或局部冲刷线）以上，低桩承台的承台地面位于地面（或局部冲刷线）以下。高桩承台的结构特点是基础部分桩身沉入土中、部分桩身外露在地面以上（称为桩的自由长度），而低桩承台则基桩全部沉入土中（桩的自由长度为零）。

高桩承台由于承台位置较高或设在施工水位以上，可减少墩台的圬工数量，可避免或减少水下作业，施工较为方便，而且经济。然而，高桩承台基础刚度较小，在水平力作用下，由于承台及基桩露出地面的一段自由长度周围无土来共同承受水平外力，基桩的受力情况较为不利，桩身内力和位移都将大于在同样水平外力作用下的低桩承台。在稳定性方面，低桩承台也较高桩承台好。

近年来，由于大直径钻孔灌注桩的采用，桩的刚度、强度都较大，高桩承台在桥梁基础工程中已得到广泛采用。

### 3.2.2　桩基的构造

不同材料修筑的不同类型的桩基础具有不同的构造特点，为了保证桩的质量和桩基础正常工作能力，在设计桩基础时首先应满足其构造的基本要求，下面简要介绍各种桩基础的构造。

1. 灌注桩

灌注桩桩身混凝土强度等级一般采用不低于 C25，水下灌注混凝土不应小于 C20。

桥梁桩基主筋宜采用光钢筋（挖孔灌注桩不考虑此项要求），必要时也可用带肋钢筋。主筋直径不宜小于 16mm，且每桩主筋数量不应少于 8 根，主筋的净距任何情况下不应小于 80mm，且不应大于 350mm，主筋净保护层不应小于 60mm。在满足最小间距的情况下，尽可能采用单筋、小直径钢筋，以提高桩的抗裂性。桩身主筋尽量不用束筋，若必须采用束筋，每束不宜多于两根；箍筋直径可采用 8mm，其间距为 200mm，摩擦桩下部可增大至 400mm。为增大钢筋笼的刚度，顺钢筋笼长度每隔 2.0～2.5m 加一道直径为 16～32mm 的骨架钢筋。桩身主筋可按桩身内力分段配筋。通常对于桩长大于 $4.0/\alpha$ 的受压摩擦桩，其主筋应配到 $4.0/\alpha$ 处以下 2m 处。如果要考虑施工中预防钢筋笼被混凝土顶起，此时即使在按计算不必沿桩全长配筋的情况下，也要将一部分主筋伸至桩底，且其下端做成弯勾状。

2. 混凝土预制桩

预制桩的截面边长不应小于 200mm。预应力混凝土预制桩的截面边长不宜小于 350mm，预应力混凝土离心管桩外径不宜小于 300mm。

桩身配筋应按吊运、打桩及桩在建筑物中的受力情况经计算确定。预制桩的最小配筋率不宜小于 0.8%，一般为 0.8%～1.5%；主筋一般采用 $\phi12～28$，箍筋一般为 $\phi6～\phi8@150～200$，并在桩顶及桩端一定长度（2～3d）范围内适当加密。为使桩顶能均匀传递锤击应力，提高抗冲击强度，在桩顶需配置 3～4 层钢筋网片。对于静压预制桩，其最小配筋率不宜小于 0.6%，主筋直径不宜小于 $\phi4$。预制桩吊点（堆放支点）钢筋埋设位置应根据跨中正弯矩与支点负弯矩绝对值相等的条件确定。

预制桩混凝土强度等级不宜低于 C30，静压桩不宜低于 C20，预应力桩不宜低于 C40；预制桩纵向筋混凝土保护层厚度不宜小于 30mm。

桩分节长度按施工条件及运输条件确定，每节长 4～12m，用钢制法兰盘和螺栓连接；但预制桩接头数不宜超过 2 个，预应力管桩接头数不宜超过 4 个。预制桩的桩尖单独预制可将主筋合拢焊在桩尖辅助钢筋上，当桩尖需打入较硬土层（如密实砂土、碎石类土）时，可加强桩尖，如在桩尖处包以钢靴。

3. 桩的布置

群桩的布置可采用的行列式［图 3.5（a）］、梅花式［图 3.5（b）］或环形。边桩（或

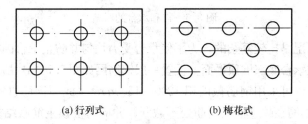

(a) 行列式          (b) 梅花式

图 3.5 桩的平面布置

角桩）外侧与承台边缘的距离，对于直径（或边长）小于或等于 1.0m 的桩，不应小于 0.5 倍桩径（或边长），并不应小于 250mm；对于直径大于 1.0m 的桩，不应小于 0.3 倍桩径（或边长），并不应小于 500mm。桩的中距应符合以下要求：

锤击、静压沉桩的摩擦桩，在桩端处的中距不应小于桩径（或边长）的 3 倍，对于软土地基宜适当增大；振动沉入砂土内的桩，在桩端处的中距不应小于桩径（或边长）的 4 倍。桩在承台底面处的中距不应小于桩径（或边长）的 1.5 倍；钻孔桩中距不应小于桩径的 2.5 倍；挖孔桩中距可参照钻孔桩采用。

支承或嵌固在基岩中的钻（挖）孔端承桩的桩中距，不应小于桩径的两倍。挖孔扩底灌注桩中距不应小于 1.5 倍扩底直径或扩底直径加 1.0m，取较大者。

### 4. 承台（盖梁）的构造及桩与承台的联结

#### 1）承台（盖梁）的构造

承台平面尺寸和形状根据上部结构（墩、台身）底的尺寸和形状，以及基桩的平面布置而定，多采用矩形、圆端形和圆形。承台多采用钢筋混凝土，厚度宜为桩直径的 1～2 倍，且不宜小于 1.5m，混凝土强度等级不应低于 C25，对于盖梁和柱式墩台的承台应验算其强度，并设置钢筋，承台盖梁也可不受此限制。

#### 2）桩和承台的联结

钻、挖孔灌注桩现都采取桩顶主筋伸入承台，此时桩身伸入承台长度一般只为 150～200mm（当为盖梁时，桩身可不伸入），如图 3.6（a）、（b）所示。伸入承台的桩顶主筋可做成喇叭形（约与竖直线倾斜 15°；若受构造限制，主筋也可不做成喇叭形），伸入承台的钢筋应有符合钢筋混凝土结构规范的锚固长度，一般应不小于 600mm，并设箍筋。对于不受轴向拉力的沉桩可不破桩头，将桩直接埋入承台内，如图 3.6（c）所示。桩顶直接埋入承台的长度，对于普通钢筋混凝土及预应力混凝土桩，当桩径（或边长）小于 0.6m 时不应小于 2 倍桩径或边长；当桩径为 0.6～1.2m 时不应小于 1.2m；当桩径（或边长）大于 1.2m 时，埋入长度不应小于桩径（或边长）。

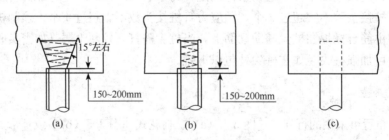

图 3.6　桩和承台的联结

承台的受力情况是比较复杂的，为了使承台受力均匀并防止承台因桩顶荷载作用发生破碎和断裂，应在承台底部桩顶平面上设置一层钢筋网如图 3.7（a）所示。钢筋在纵桥向和横桥向每米宽度内可采用钢筋截面积 1200～1500mm$^2$（此项钢筋直径常为 12～16mm，应弯起锚固），钢筋网在越过桩顶钢筋处不截断，并应与桩顶主筋联结。钢筋网也可根据基桩和墩台的布置，按带状布设如图 3.7（b）所示。低桩承台有时也可不设钢筋网。

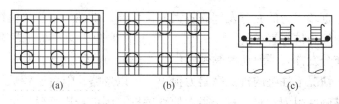

图 3.7 承台底钢筋网

在桩之间如为了加强横向联系设有横系梁时，横系梁的高度可取为 0.8～1 倍桩的直径，宽度可取为 0.6～1 倍桩的直径。混凝土等级不应低于 C25。横系梁一般认为不直接承接外力，可不作内力计算，按横截面的 0.15％配置构造钢筋。箍筋直径不应小于 8mm，其间距不应大于 400mm。横系梁的主钢筋应深入桩内，且其长度不小于 35 倍的主筋直径。

## 3.3 单桩轴向承载力

桩基础应按两种极限状态的设计，既要满足不得出现因桩周土破坏而丧失整体稳定性的承载能力极限状态，也要满足其不影响公路桥梁正常使用的沉降或不均匀沉降等的正常使用极限状态。

由于桩的承载条件不同，桩的承载力可以分为竖向承载力（包括竖向抗压承载力和抗拔承载力）和横向（水平）承载力。

单桩承载力通常应通过现场静载荷试验确定作为桩基础的设计依据，在做承载力估算时，可采用经验公式等多种其他方法确定。当桩端持力层为密实砂卵石或其他承载力类似的土层时，对单桩承载力很高的大直径端承型桩，可采用深层平板载荷试验确定桩端土的承载力特征值。对于桩的入土深度远超过常用桩、地质情况复杂，难以确定桩的承载力和有其他特殊要求的桥梁用桩，应通过静载荷试验确定单桩承载力。

根据《公桥基规》中单桩容许承载力的定义，单桩在外荷载作用下，由于桩土共同作用，地基土和桩本身的强度和稳定性均得到保证，且变形在容许范围之内桩所能容许承受的最大荷载。一般情况下，桩受到轴向力、横向力及弯矩作用，但通常桩主要受轴向力。

单桩极限承载力通常是指桩周土对桩的最大支承力，即在桩周土整体达到剪切强度极限状态时桩的承载力。当采用总安全系数法，取安全系数 $K=2$ 时，将单桩极限承载力除以 2 后可得单桩容许承载力。

### 3.3.1 单桩轴向荷载传递机理

1. 荷载传递过程与土对桩的支承力

桩顶荷载是通过桩侧摩阻力和桩端阻力传递给土体。桩的极限荷载（也称桩的极限承载力）就等于桩侧极限摩阻力和桩端极限阻力之和，桩侧摩阻力和桩端阻力的发挥程度与桩之间的变形性态有关，各自达到极限值时所需要产生的位移大小是不同的。

　　试验表明，桩端阻力的充分发挥需较大的位移值。黏性土中位移值约为桩底直径的25%，砂性土中约为桩底直径的8%～10%；而桩侧摩阻力只要桩土间有不太大的相对位移就能得到充分发挥，一般认为黏性土中为4～6mm，砂性土中为6～10mm。

　　据此，一般情况下柱桩的桩侧摩阻力很小，可以忽略；但对于较长的柱桩已有建议可以予以计算桩侧摩阻力。对于桩长很大的摩擦桩，因桩身压缩变形大，桩端阻力尚未达到极限值，桩顶位移已经超过容许值，且传到桩端的荷载也很小，此时确定桩的承载能力时桩端阻力不宜取值过大。

　　**2. 桩侧摩阻力的影响因素及其分布**

　　桩土间的相对位移越大，桩侧摩阻力大；桩侧极限摩阻力随土的抗剪强度的增大而增大。桩的刚度较小，桩顶截面位移较大而桩底截面位移较小，桩顶处桩侧摩阻力较大；桩的刚度较大时，桩身各截面位移接近，由于桩下部侧面初始法向应力较大，土的抗剪强度也很大，以致桩下部桩侧摩阻力大于桩上部。桩侧土性状随荷载作用的时间而变化，自然桩侧摩阻力也有时间效应。采用的施工方法不同，桩侧摩阻力也不同；可近似认为打入桩桩侧摩阻力分布在地面处为零，沿桩入土深度成线性分布；对钻孔灌注桩则近似假定桩侧摩阻力沿桩身均匀分布。

　　**3. 桩端阻力的影响因素及其深度效应**

　　**1）桩端阻力的影响因素**

　　桩底阻力与土的性质、持力层上覆荷载（覆盖层土层厚度）、桩径、桩底作用力、时间及桩底端进入持力层深度等因素有关。

　　桩端地基土的受压刚度和抗剪强度大则桩端阻力大；持力层上覆盖层土厚度大，则桩端阻力大；桩径大则桩端阻力大；随着时间的增长，桩底阻力大。

　　**2）深度效应**

　　桩的承载力（主要是桩底阻力）随着桩的入土深度，特别是进入持力层的深度而变化，这种特性称为深度效应。

　　桩底端进入持力砂土层或硬黏土层时，桩的极限阻力随着进入持力层的深度线性增加。达到一定深度后，桩端阻力的极限值保持一稳定值。这一深度称为临界深度（$h_c$）。上覆荷载越小、持力层土密度越大，则 $h_c$ 越大。

　　当持力层下为软弱土层，土层也存在一个临界厚度 $t_c$，当桩底下卧软弱层顶面的距离 $t < t_c$ 时，桩端阻力将随 $t$ 的减小而下降。持力层密度越高，桩径越大，则 $t_c$ 越大。

　　必须指出的是，群桩的深度效应概念与上述单桩不同。在均匀砂或有覆盖的砂层中，群桩承载力始终随着进入持力层的深度而增大，不存在临界深度；当有下卧软土层时，软土层对群桩承载力的影响比对单桩的影响大。

　　**4. 单桩轴向受压荷载作用下的破坏模式**

　　当桩底支承在很坚硬的地层，桩侧为软土层其抗剪强度很低，P-S 曲线呈现出明确的破坏荷载，即为桩身的纵向弯曲破坏，如图 3.8（a）所示。

当桩侧土抗剪强度较低，不能阻止滑动土楔形成，桩端土在桩轴线荷载作用下，发生整体剪切，$P$-$S$ 曲线可以明确确定破坏荷载，此时桩端土出现整体剪切破坏，如图 3.8（b）所示。

桩入土深度较大，或桩周土抗剪强度较均匀，不形成滑动面，发生刺入现象，大多数情况下 $P$-$S$ 曲线没有明显的转折点，有时也有明显转折点（破坏荷载），这种情况称为刺入破坏，如图 3.8（c）所示。

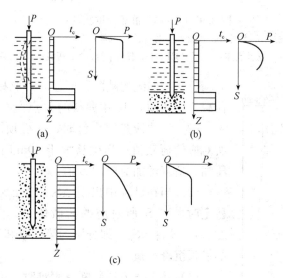

图 3.8 土的强度对桩的破坏模式的影响

从以上分析可见，桩轴向承载力取决于桩周土的性质和本身材料强度。一般情况下，桩轴向承载力由土的支承能力控制，而对于柱桩和长摩擦桩，则两种因素均有可能是决定因素。

### 3.3.2 现场试验法

单桩竖向静载荷试验既可在施工前进行，用以测定单桩的承载力；也可用于对施工后的工程桩进行检测。这种试验是在施工现场，按照设计施工条件就地成桩，试验桩的材料、长度、断面以及施工方法均与实际工程桩一致。它适用各种情况下对单桩承载力的确定，尤其是重要建筑物或地质条件复杂、桩的施工质量可靠性低及不易准确地用其他方法确定单桩竖向承载力的情况。规范要求，在同一条件下的试桩数量不宜少于总桩数的 1%，且不应少于 3 根。图 3.9 为工程中常用的两种单桩竖向静载荷试验的装置示意图。

如图 3.9（a）所示，试验中千斤顶加载时向下产生的反力可由锚桩来提供。当桩的侧阻力所占比例较小，其锚桩不能承受足够的反力时，也可在千斤顶上架设平台进行堆载提供。试验时桩顶用千斤顶进行逐级加载，记录变形稳定时每级荷载下的桩顶沉降量 $S$，直到桩失稳为止。由试验结果绘制出的荷载 $Q$ 与桩顶的沉降 $S$ 曲线（图 3.10）。根据测得的曲线可按下列方法确定单桩的竖向极限承载力，即破坏荷载的前一级荷载。

沉降变形稳定的标准是：在砂性土中，桩在每级荷载作用下，最后 30min 的沉降量不超过 0.1mm；在黏性土中，最后 60min 的沉降量不超过 0.1mm。

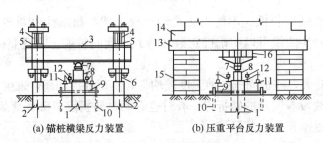

(a) 锚桩横梁反力装置    (b) 压重平台反力装置

图 3.9 两种单桩静载荷试验装置

1. 试桩；2. 锚桩；3. 主梁；4. 次梁；5. 拉杆；6. 锚筋；7. 球座；8. 千斤顶；9. 基准梁；

10. 基准桩；11. 磁性表座；12. 位移计；13. 载荷平台；14. 压载；15. 支墩；16. 托梁

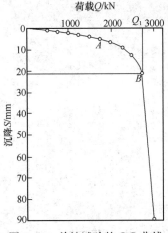

图 3.10 单桩试验的 $Q$-$S$ 曲线

（1）当曲线的陡降段明显时，取相应陡降段的起点的荷载值，如图 3.10 中曲线的 $B$ 点。

（2）当曲线是缓变型时，取桩顶总沉降量 $S=40\text{mm}$ 所对应的荷载值；当桩长大于 40m 时，可考虑桩身弹性压缩，适当增加对应的 $S$ 值。

（3）当在试验中出现 $\Delta S_n+1/\Delta S_n\geqslant 2$ 且 24h 未达到稳定时，取 $S_n$ 所对应的荷载值。其中 $\Delta S_n=S_n-S_{n-1}$，$\Delta S_{n+1}=S_{n+1}-S_n$，即分别为第 $n$ 级和第 $n+1$ 级荷载产生的桩顶沉降增量。

（4）按上述方法判断有困难时，可结合其他辅助方法综合判定，对地基沉降有特殊要求者，可根据具体情况选取。

当各试验桩的单桩竖向极限承载力级差不超过平均值的 30% 时，可取其平均值作为单桩的竖向极限承载力的标准值。若级差超过平均值的 30% 时，应分析其原因并增加试桩数量，结合工程具体情况确定极限承载力。对于桩基的承台只有 3 根桩或少于 3 根桩的情况，则取最小值。

将确定的单桩极限承载力标准值除以安全系数 2，则为单桩竖向承载力的特征值 $R_a$。

### 3.3.3 容许承载力经验公式法（规范）

1. 钻（挖）孔灌注桩的承载力容许值

$$[R_a]=\frac{1}{2}u\sum_{i=1}^n q_{ik}l_i+A_p q_r \tag{3.1}$$

$$q_r=m_0\lambda\{[f_{a0}]+k_2\gamma_2(h-3)\} \tag{3.2}$$

式中：$[R_a]$——单桩轴向受压承载力容许值（桩身自重与置换土重的差值作为荷载考虑，当自重计入浮力时，置换土重也计入浮力），kN；

  $u$——桩身周长，m；

  $A_p$——桩端截面面积（对于扩底桩，取扩底截面面积），$\text{m}^2$；

$l_i$——承台底面或局部冲刷线以下各土层的厚度（扩孔部分不计），m；

$q_{ik}$——与 $l_i$ 对应的各土层与桩侧的摩阻力标准值（宜采用单桩摩阻力试验确定，当无试验条件）按表 3.1 选用，kPa；

表 3.1　钻孔桩桩侧土的摩阻力标准值 $q_{ik}$

| 土　类 | | $q_{ik}$/kPa |
|---|---|---|
| 中密炉渣、粉煤灰 | | 40~60 |
| 黏性土 | 流塑 $I_L>1$ | 20~30 |
| | 软塑 $0.75<I_L≤1$ | 30~50 |
| | 可塑、硬塑 $0<I_L≤0.75$ | 50~80 |
| | 坚硬 $I_L≤0$ | 80~120 |
| 粉土 | 中密 | 30~55 |
| | 密实 | 55~80 |
| 粉砂、细砂 | 中密 | 35~55 |
| | 密实 | 55~70 |
| 中砂 | 中密 | 45~60 |
| | 密实 | 60~80 |
| 粗砂、砾砂 | 中密 | 60~90 |
| | 密实 | 90~140 |
| 圆砾、角砾 | 中密 | 120~150 |
| | 密实 | 150~180 |
| 碎石、卵石 | 中密 | 160~220 |
| | 密实 | 220~400 |
| 漂石、块石 | | 400~600 |

注：挖孔桩的摩阻力标准值可参照本表采用。

$q_r$——桩端处土的承载力容许值（当持力层为砂土、碎石土时，若计算值超过下列值，宜按下列值采用：粉砂 1000kPa，细砂 11 150kPa，中砂、粗砂、砾砂 1450kPa，碎石土 2750kPa），kPa；

$m_0$——清底系数（按表 3.2 选用）；

$\lambda$——修正系数（按表 3.3 选用）；

$[f_{a0}]$——桩端处土的承载力基本容许值（按《公桥基规》确定），kPa；

$h$——桩端的埋置深度（对于有冲刷的桩基，埋深由一般冲刷线起算；对无冲刷的桩基，埋深由天然地面线或实际开挖后的地面线起算；$h$ 的计算值不大于 40m，当其大于 40m 时，按 40m 计算），m；

$k_2$——容许承载力随深度的修正系数；

$\gamma_2$——桩端以上各土层的加权平均重度（若持力层在水位以下且不透水时，不论桩端以上层的透水性如何，一律取饱和重度；当持力层透水时则水中部分土层取浮重度），kN/m³。

表 3.2　清底系数 $m_0$

| $l/d$ | 0.3~0.1 |
|---|---|
| $m_0$ | 0.7~1.0 |

注：1. $t$、$d$ 为桩端沉渣厚度和桩的直径；
　　2. $d≤1.5$m 时，$t≤300$mm；$d>1.5$m 时，$t≤500$mm，且 $0.1<l/d<0.3$。

表 3.3　修正系数 λ 值

| 桩端土情况　　　　　　$l/d$ | 4～20 | 20～25 | ＞25 |
|---|---|---|---|
| 透水性土 | 0.70 | 0.70～0.85 | 0.85 |
| 不透水性土 | 0.65 | 0.65～0.72 | 0.72 |

### 2. 沉桩承载力的容许值

$$[R_a] = \frac{1}{2}\left(u\sum_{i=1}^{n}\alpha_i l_i q_{ik} + \alpha_r A_p q_{rk}\right) \tag{3.3}$$

式中：$[R_a]$——单桩轴向受压承载力容许值（桩身自重与置换土重的差值作为荷载考
　　　　　　虑，当自重计入浮力时，置换土重也计入浮力），kN；

　　　　$u$——桩身周长，m；

　　　　$n$——土的层数；

　　　　$l_i$——承台底面或局部冲刷线以下各土层的厚度，m；

　　　　$q_{ik}$——与 $l_i$ 对应的各土层与桩侧摩阻力标准值（宜采用单桩摩阻力试验确定或
　　　　　　通过静力触探试验测定，当无试验条件时按表 3.4 选用），kPa；

　　　　$q_{rk}$——桩端处上的承载力标准值（宜采用单桩试验确定或通过静力触探试验测
　　　　　　定，当无试验条件时按表 3.5 选用），kPa；

　　　　$\alpha_i$、$\alpha_r$——振动沉桩对各土层桩侧摩阻力和桩端承载力的影响系数（按表 3.6 采
　　　　　　用；对于锤击、静压沉桩其值均取为 1.0）。

表 3.4　沉桩桩侧土的摩阻力标准值 $q_{ik}$

| 土　类 | 状　态 | 摩阻力标准值 $q_{ik}$/kPa |
|---|---|---|
| 黏性土 | $1.5 \geqslant I_L \geqslant 1$ | 15～30 |
|  | $1 > I_L \geqslant 0.75$ | 30～45 |
|  | $0.75 > I_L \geqslant 0.5$ | 45～60 |
|  | $0.5 > I_L \geqslant 0.25$ | 60～75 |
|  | $0.25 > I_L \geqslant 0$ | 75～85 |
|  | $0 > I_L$ | 85～95 |
| 粉土 | 稍密 | 20～35 |
|  | 中密 | 35～65 |
|  | 密实 | 65～80 |
| 粉、细砂 | 稍密 | 20～35 |
|  | 中密 | 35～65 |
|  | 密实 | 65～80 |
| 中砂 | 中密 | 55～75 |
|  | 密实 | 75～90 |
| 粗砂 | 中密 | 70～90 |
|  | 密实 | 90～105 |

注：表中土的液性指数 $I_L$ 系按 76g 平衡锥测定的数值。

**表 3.5 沉桩桩端处土的承载力标准值 $q_{ik}$**

| 土类 | 状态 | 桩端承载力标准值 $q_{ik}$/kPa | | |
|---|---|---|---|---|
| 黏性土 | $I_L \geqslant 1$ | 1000 | | |
| | $1 > I_L \geqslant 0.65$ | 1600 | | |
| | $0.65 > I_L \geqslant 0.35$ | 2200 | | |
| | $0.35 > I_L$ | 3000 | | |
| | | 桩尖进入持力层的相对深度 | | |
| | | $1 > \dfrac{h_c}{d}$ | $4 > \dfrac{h_c}{d} \geqslant 1$ | $\dfrac{h_c}{d} \geqslant 4$ |
| 粉土 | 中密 | 1700 | 2000 | 2300 |
| | 密实 | 2500 | 3000 | 3500 |
| 粉砂 | 中密 | 2500 | 3000 | 3500 |
| | 密实 | 5000 | 6000 | 7000 |
| 细砂 | 中密 | 3000 | 3500 | 4000 |
| | 密实 | 5500 | 6500 | 7500 |
| 中、粗砂 | 中密 | 3500 | 4000 | 4500 |
| | 密实 | 6000 | 7000 | 8000 |
| 圆砾石 | 中密 | 4000 | 4500 | 5000 |
| | 密实 | 7000 | 8000 | 9000 |

注：表中 $h_c$ 为桩端进入持力层的深度（不包括桩靴）；$d$ 为桩的直径或边长。

**表 3.6 系数 $\alpha_i$、$\alpha_r$ 值**

| 系数 $\alpha_i$、$\alpha_r$ <br> 桩径或边长 $d$/m | 黏 土 | 粉 质 黏 土 | 粉 土 | 砂 土 |
|---|---|---|---|---|
| $0.8 \geqslant d$ | 0.6 | 0.7 | 0.9 | 1.1 |
| $2.0 \geqslant d > 0.8$ | 0.6 | 0.7 | 0.9 | 1.0 |
| $d > 2.0$ | 0.5 | 0.6 | 0.7 | 0.9 |

当采用静力触探试验测定时，沉桩承载力容许值计算中的 $q_{ik}$ 和 $q_{rk}$ 取

$$q_{ik} = \beta_i \bar{q}_i, \qquad q_{rk} = \beta_r \bar{q}_r$$

式中：$\bar{q}_i$——桩侧第 $i$ 层土由静力触探测得的局部侧摩阻力的平均值（当小于 5kPa 时，采用 5kPa），kPa；

$\bar{q}_r$——桩端（不包括桩靴）标高以上和以下各 $4d$（$d$ 为桩的直径或边长）范围内静力触探端阻的平均值（若桩端标高以 $4d$ 范围内端阻的平均值大于桩端标高以下 $4d$ 的端阻平均值时，则取桩端以下 $4d$ 范围内端阻的平均值），kPa；

$\beta_i$，$\beta_r$——侧摩阻和端阻的综合修正系数。

$\beta_i$ 和 $\beta_r$ 值按下面判别标准选用相应的计算公式：

当土层的 $\bar{q}_r$ 小于 2000kPa，且 $\bar{q}_i/\bar{q}_r$ 小于或等于 0.014 时

$$\beta_i = 5.067\,(\bar{q}_i)^{-0.45}, \qquad \beta_r = 3.975\,(\bar{q}_r)^{-0.25}$$

如不满足上述 $\bar{q}_r$ $\bar{q}_i$ / $\bar{q}_r$ 和条件时.

$$\beta_i = 10.045(\bar{q}_i)^{-0.55}, \quad \beta_r = 12.064(\bar{q}_r)^{-0.35}$$

上列综合修正系数计算公式不适合城市杂填土条件下的短桩；综合修正系数用于黄土地区时，应做试桩校核。

3. 支承在基岩上或嵌入基岩内的钻（挖）孔桩、沉桩轴向承载力容许值

支承在岩面或嵌入基岩内的钻（挖）孔桩、沉桩的单桩轴向受压承载力容许值 $[R_a]$ 为

$$[R_a] = c_1 A_p f_{rk} + u \sum_{i=1}^{m} c_{2i} h_i f_{rki} + \frac{1}{2} \zeta_s u \sum_{i=1}^{n} l_i q_{ik} \tag{3.4}$$

式中：$[R_a]$——单桩轴向受压承载力容许值，以桩身自重与置换土重的差值作为荷载考虑，当自重计入浮力时，置换土重也计入浮力，kN；

$c_1$——根据清孔情况、岩石破碎程度等因素而定的端阻发挥系数（按表3.7采用）；

$A_p$——桩端截面面积（对于扩底桩，取扩底截面面积），$m^2$；

$f_{rk}$——桩端岩石饱和单轴抗压强度标准值（黏土质岩取天然湿度单轴抗压强度标准值，当 $f_{rk}$ 小于2MPa时按摩擦桩计算（$f_{rki}$ 为第 $i$ 层的 $f_{rk}$ 值）），kPa；

$c_{2i}$——根据清孔情况、岩石破碎程度等因素而定的第 $i$ 层岩层的侧阻发挥系数（按表3.7采用）；

$u$——各土层或各岩层部分的桩身周长，m；

$h_i$——桩嵌入各岩层部分的厚度（不包括强风化层和全风化层），m；

$m$——岩层的层数（不包括强风化层和全风化层）；

$\zeta_s$——覆盖层土的侧阻力发挥系数（根据桩端 $f_{rk}$ 确定：当 2MPa $\leqslant f_{rk} <$ 15MPa 时，$\zeta_s = 0.8$；当 15MPa $\leqslant f_{rk} <$ 30MPa 时，$\zeta_s = 0.5$；当 $f_{rk} \geqslant$ 30MPa 时，$\zeta_s = 0.2$）；

$l_i$——各土层的厚度，m；

$q_{ik}$——桩侧第 $i$ 层土侧阻力标准值（宜采用单桩摩阻力试验值，当无试验条件时，钻（挖）孔桩按表3.2选用，沉桩按表3.7选用），kPa；

**表 3.7　系数 $c_1$、$c_2$**

| 岩石层情况 | $c_1$ | $c_2$ |
|---|---|---|
| 完整、较完整 | 0.6 | 0.05 |
| 较破碎 | 0.5 | 0.04 |
| 破碎、极破碎 | 0.4 | 0.03 |

注：1. 当入岩深度小于或等于0.5时，$c_1$ 乘以0.75的折减系数，$c_2 = 0$。

2. 对于钻孔桩，系数 $c_1$、$c_2$ 值应降低20%采用；桩端沉渣厚度 $t$ 应满足以下要求：$d \leqslant$ 1.5m 时，$t \leqslant$ 50mm；$d >$ 1.5m时，$t \leqslant$ 100m。

3. 对于中风化层作为持力层的情况 $c_1$、$c_2$ 应分别乘以0.75的折减系数。

$n$——土层数（强风化和全风化岩层按土层考虑）。

当河床岩层有冲刷时，桩基必须嵌入基岩，按桩底嵌固设计，其嵌入基岩中的深度可按计算如下：

圆形桩

$$h = \sqrt{\frac{M_H}{0.0655 \beta f_{rk} d}} \tag{3.5}$$

矩形桩

$$h = \sqrt{\frac{M_H}{0.0833\beta f_{rk}b}} \tag{3.6}$$

式中：$h$——桩嵌入基岩中（不计强风化层和全风化层）的有效深度（不应小于 0.5m），m；

$M_H$——在基岩顶面处的弯矩，kN·m；

$f_{rk}$——岩石饱和单轴抗压强度标准值（黏土质岩取天然湿度单轴抗压强度标准值），kPa；

$\beta$——系数（$\beta=0.5\sim1.0$，根据岩层侧面结构而定，节理发育取小值，节理不发育取大值）；

$d$——桩身直径，m；

$b$——垂直于弯矩作用平面桩的边长，m。

4. 桩端后压浆灌注桩的承载力容许值

桩端后压浆灌注桩单桩轴向受压承载力容许值，应通过静载试验确定。在符合后压浆技术的条件下，后压浆单桩轴向受压承载力容许值为

$$[R_a] = \frac{1}{2}u\sum_{i=1}^{n}\beta_{si}q_{ik}l_i + \beta_p A_p q_r \tag{3.7}$$

式中：$[R_a]$——桩端后压浆灌注桩单桩轴向受压承载力容许值（桩身自重于置换土重的差值作为荷载考虑），当自重计入浮力时，置换土重也计入浮力，kN；

$\beta_{si}$——第 $i$ 层土的侧阻力增强系数（可按表 3.8 取值，当在饱和土层中压浆时，仅对桩端以上 8.0~12.0m 的桩端阻力进行增强修正；当在非饱和土层中压浆时，仅对桩端以上 4.0~5.0m 的桩侧阻力进行增强影响范围，$\beta_{si}=1$）；

$\beta_p$——桩端力增强系数（可按表 3.8 取值）。

表 3.8 桩端后压浆侧阻力增强系数 $\beta_s$、端阻力增强系数 $\beta_p$

| 土层名称 | 黏性土、粉土 | 粉砂 | 细砂 | 中砂 | 粗砂 | 砾砂 | 碎石土 |
|---|---|---|---|---|---|---|---|
| $\beta_s$ | 1.3~1.4 | 1.5~1.6 | 1.5~1.7 | 1.6~1.8 | 1.5~1.8 | 1.6~2.0 | 1.5~1.6 |
| $\beta_p$ | 1.5~1.8 | 1.8~2.0 | 1.8~2.1 | 2.0~2.3 | 2.2~2.4 | 2.2~2.4 | 2.2~2.5 |

5. 摩擦桩轴向受拉容许承载力

摩擦桩应根据桩承受作用的情况决定是否允许出现拉力。当桩的轴向力由结构自重、预加力、土重、土侧压力、汽车荷载和人群荷载短期效应组合引起时，桩不允许受拉；当桩的轴向力由上述荷载并与其他作用组成的短期效应组合或荷载效应的偶然组合（地震作用除外）引起时，则桩允许受拉。其受拉承载力容许值为

$$[R_t] = 0.3u\sum_{i=1}^{n}\alpha_i l_i q_{ik} \tag{3.8}$$

式中：$[R_t]$——单桩轴向受拉承载力容许值，kN；

$u$——桩身周长〔对于等直径桩，$u=\pi d$，对于扩底桩，自桩端起算的长度 $\sum l_i \leqslant 5d$ 时，取 $u=\pi D$，其余长度均取 $u=\pi D$（其中 $D$ 为桩的扩底直径，$d$ 为桩身直径）〕，m；

$\alpha_i$——振动沉桩对各土层桩侧摩阻力的影响系数（按表 3.6 采用，对于锤击、静压沉桩和钻孔桩取 1）。

在进行单桩轴向承载力检算时，作用于承台底面的由外荷载引起轴向力应扣除桩身自重；对于非嵌岩的柱桩不允许受拉。

### 6. 考虑负摩阻力的单桩轴向承载力

一般情况下，桩受竖向荷载作用后，相对于桩侧土体作用下位移，土对桩产生向上作用的摩阻力，称为正摩阻力。但当桩周土体因某种原因发生下沉，其沉降变形大于桩身的沉降变形时，在桩侧表面的全部或一部分面积上将出现向下作用的摩阻力，称其为负摩阻力，如图 3.11 所示。

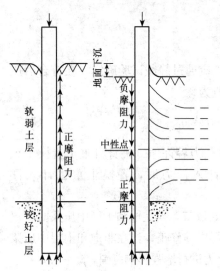

图 3.11　桩的正、负摩阻力

负摩阻力的产生将使桩侧土的部分重力传递给桩，因此，负摩阻力不但不能成为桩承载力的一部分，反而变成施加在桩上的外荷载。对入土深度相同的桩来说，若有负摩阻力的发生，则桩的外荷载增加，桩的承载能力相对降低，桩基沉降加大，在桩的承载力确定和桩基设计中应予以注意。对桥梁工程，特别要注意桥头路堤高填土的桥台桩基础的负摩阻力问题。因路堤高填土是一个很大的地面荷载且位于桥台的一侧，路基下地基土的压缩变形对桩产生负摩阻力，有可能使桥台桩基础产生不均匀沉降。

桩的负摩阻力能否产生，主要是看桩与桩周的相对位移发展情况。桩的负摩阻力产生的条件有以下五个方面：

（1）在桩的附近地面上大量堆载，引起地面沉降。

（2）土层中抽取地下水或其他原因，地下水位下降，使土层产生自重固结下沉。

（3）桩穿过欠压密土层（如填土）进入水位下降，使土层产生自重固结下沉。

（4）桩数很多的密集群桩打桩时，使桩周土中产生很大的超孔隙水压力，打桩停止后桩周土的再固结作用引起下沉。

（5）在黄土、冻土中的桩，因黄土湿陷、冻土融化产生地面下沉。

从上述可见，当冻土中的桩穿过软弱高压缩性土层而支撑在坚硬持力层上时最易发生桩的负摩阻力问题。判断桩基是否产生负摩阻力的主要标准要看桩周上的位移是否大于桩的位移。

对于桥梁工程特别要注意桥头路堤高填土的桥台桩基础的负摩阻力问题，因路堤高填土是一个很大的地面荷载且位于桥台的一侧，路堤下地基土的压缩变形对桩产生的负摩阻力很可能使桥台桩基产生不均匀沉降。《公桥基规》规定，在软土和软弱地基土层较厚、持力层较好的地基中，桩基计算应考虑路基填土荷载或地下水位下降等因素引起的负摩阻力影响。

1）中性点位置的确定

负摩阻力的大小与土的性质有关。桩身产生负摩阻力的深度，是桩侧土层对桩产生相对下沉的范围，它与桩侧土层的压缩、固结、桩身弹性压缩和桩端下沉等直接有关。负摩阻力的确定是一个比较复杂的问题，一般来说，负摩阻力并不是发生于整个软弱土层中。摩擦力为 0 的点称为中性点，此点为桩在该处的位移量与周围土的下沉量相等之点，如图 3.12 所示。简单地说，它是土与桩不产生相对位移之点，按经验估计产生负摩阻力的深度

$$h_1 = (0.77 \sim 1.0)h_3 \tag{3.9}$$

式中：$h_3$——软弱土层的厚度，m。

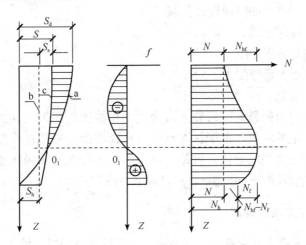

(a) 位移曲线　　(b) 桩侧摩阻力分布曲线　　(c) 桩身轴力分布曲线

图 3.12　中性点位置及荷载传递

$S_d$ 为地面沉降；$S$ 为桩的沉降；$S_s$ 为桩身压缩；$S_h$ 为桩底下沉；

$N_{hf}$ 为由负摩阻力引起的桩身最大轴力；$N_f$ 为总的正摩阻力；

a. 桩侧土沉降随深度变化曲线；b. 桩底下沉量；c. 桩身各点沉降随深度变化曲线

2）负摩阻力强度的确定

桩的负摩阻力强度与基桩沉降及桩侧土压缩沉降、沉降速率、稳定历时等因素有关，且随时间的变化和分布也比较复杂。为简便起见，假定桩周负摩阻力是均匀分布的，对于分层地基，也假定在同一土层内的负摩阻力是均匀分布的。建议对于软弱黏土层负摩阻力强度的最大值为

$$f_n = \frac{1}{2}q_u \tag{3.10a}$$

式中：$q_u$——软弱黏土层的无侧限抗压强度，kPa。

位于软弱土层上或软弱土层内的土层，由于软弱黏土层的下沉，也将对桩产生向下

的负摩阻力，其强度的最大值建议为

$$f = \gamma h K \tan\varphi \tag{3.10b}$$

式中：$\gamma$——土的容重，$kN/m^3$；

　　　$h$——计算处的深度，m；

　　　$K$——静止土压力系数（一般取 $K=0.5$）；

　　　$\varphi$——计算深度处的内摩擦角，（°）。

3）考虑负摩阻力的单桩承载力

考虑到桩身负摩阻力的产生使桩侧土的支承力减少，必将影响桩的承载能力，在计算中，一般认为桩的重量可以与桩排去土的重量相抵消，故可不考虑。考虑负摩阻力作用时，单桩竖向受压容许承载力为

$$P_1 + \frac{P_4}{K_2} \leqslant \frac{1}{K_1}(P_2 + P_3) \tag{3.11}$$

式中：$P_1$——作用于桩顶的竖向设计荷载；

　　　$P_2$——桩底极限承载力，kN；

　　　$P_3$——桩侧极限正摩阻力，kN；

　　　$P_4$——桩侧最大负摩阻力，kN；

　　　$K_1$——安全系数；

　　　$K_2$——负摩阻力的最大值系数（认为发生在桩侧正摩阻力和桩底支承力均达到极限值的时候，由于桩在承受设计荷载时，桩侧正摩阻力和桩底的承载力均为达到极限值，桩侧负摩阻力也不可能达到最大值，而认为大致等于最大值的 $K_2$ 分之一，故可取 $K_2=1$）。

### 3.3.4　根据桩身结构强度确定

桩身混凝土强度应满足承载力设计要求。通常桩总是同时受轴力、弯矩和剪力的作用。桩必须满足桩身结构强度条件的验算。低桩台桩基。当作用在单桩上的弯矩、剪力不大时，桩身结构强度满足轴压验算即可。对于全埋入土中的桩，除穿过超软土层的端承桩外一般可不考虑桩的纵向弯曲。由于灌注桩在成孔和混凝土水下浇筑的质量较难保证，预制桩在运输及沉桩过程中受振动和锤击的影响，因此，根据上述桩的施工工作条件因素，计算中应按桩的类型和成桩工艺的不同将混凝土的轴心抗压强度设计值乘以工作条件系数 $\Psi_c$，桩身强度应符合下述公式要求：

轴心受压时

$$\gamma_0 N_d \leqslant 0.9\varphi(A + mA'_s)f_{cd} \tag{3.12a}$$

或　　　　　　　　$$\gamma_0 N_d \leqslant 0.9\varphi(f_{cd}A + f'_{sd}A'_s) \tag{3.12b}$$

式中：$N_d$——轴向力组合设计值，kN；

　　　$\gamma_0$——结构的重要系数；

　　　$\varphi$——轴压构件稳定系数（或纵向弯曲系数。可由 $l_p/b$、$l_p/d$ 或 $l_p/r$ 查表 3.10）；

　　　$f_{cd}$——混凝土轴心抗压强度设计值，kPa；

　　　$A$——构件毛截面面积（当 $\rho > 3\%$ 时，$A$ 应改作 $A_n$，$A_n = A - A'_s$），$m^2$；

$f'_{sd}$——纵向钢筋抗压强度设计值，kPa；

$m$——钢筋与混凝土强度比，由表 3.9 查取；

$A'_s$——全部纵向钢筋截面面积，$m^2$；

表 3.9 钢筋强度与混凝土强度比 $m$ 值

| 钢筋种类 | 混凝土强度等级 | | | | | | | | |
|---|---|---|---|---|---|---|---|---|---|
| | C60 | C55 | C50 | C45 | C40 | C35 | C30 | C25 | C20 |
| Q235 | 5.9 | 6.4 | 7.0 | 7.8 | 8.7 | 10.0 | 11.8 | 13.8 | 17.4 |
| HRB335 | 8.4 | 9.1 | 10.0 | 11.2 | 12.4 | 14.3 | 16.8 | 19.7 | 24.8 |

表 3.10 纵向弯曲系数 $\varphi$

| $l_p/b$ | ≤8 | 10 | 12 | 14 | 16 | 18 | 20 | 22 | 24 | 26 | 28 | 30 |
|---|---|---|---|---|---|---|---|---|---|---|---|---|
| $l_p/d$ | ≤7 | 8.5 | 10.5 | 12 | 14 | 15.5 | 17 | 19 | 21 | 22.5 | 24 | 26 |
| $l_p/r$ | ≤28 | 35 | 42 | 48 | 55 | 62 | 69 | 76 | 83 | 90 | 97 | 104 |
| $\varphi$ | 1.0 | 0.98 | 0.95 | 0.92 | 0.87 | 0.81 | 0.75 | 0.70 | 0.65 | 0.60 | 0.56 | 0.52 |

注：$l_p$ 为构件计算长度，m；$b$ 为矩形截面构件的短边尺寸，m；$d$ 为圆形截面构件的直径，m；$r$ 为任意形状截面构件的回转半径，m。

表 3.11 用"$m$"法计算时桩的 $l_p$ 值

| | 桩尖在非岩石土中 | | 桩尖嵌入岩层内 | |
|---|---|---|---|---|
| | $h < \frac{4}{\alpha}$ | $h \geq \frac{4}{\alpha}$ | $h < \frac{4}{\alpha}$ | $h \geq \frac{4}{\alpha}$ |
| 单桩或位于垂直外力作用面内的单排桩 | $l_p = 1.0 \times (l_0 + h)$ | $l_p = 0.7 \times \left(l_0 + \frac{4}{\alpha}\right)$ | $l_p = 0.7 \times (l_0 + h)$ | $l_p = 0.7 \times \left(l_0 + \frac{4}{\alpha}\right)$ |
| | 桩尖在非岩石土中 | | 桩尖嵌入岩层内 | |
| | $h < \frac{4}{\alpha}$ | $h \geq \frac{4}{\alpha}$ | $h < \frac{4}{\alpha}$ | $h \geq \frac{4}{\alpha}$ |
| 多排桩 | $l_p = 0.7 \times (l_0 + h)$ | $l_p = 0.5 \times \left(l_0 + \frac{4}{\alpha}\right)$ | $l_p = 0.5 \times (l_0 + h)$ | $l_p = 0.5 \times \left(l_0 + \frac{4}{\alpha}\right)$ |

注：$\alpha = \sqrt[5]{\dfrac{mb_1}{EI}}$，当低桩承台时，$l_0 = 0$。

单桩轴向受压承载力容许值 $[R_a]$，根据桩的受荷阶段及受荷情况乘以表 3.12 规定的抗力系数。

表 3.12　单桩轴向受压承载力的抗力系数

| 受荷阶段 | 作用效应组合 | | 抗力系数 |
| --- | --- | --- | --- |
| 使用阶段 | 短期效应组合 | 永久作用与可变作用组合 | 1.25 |
| | | 结构自重、预加力、土重、土侧压力和汽车、人群组合 | 1.00 |
| | 作用效应偶然组合（不含地震作用） | | 1.25 |
| 施工阶段 | 施工荷载效应组合 | | 1.25 |

当桩同时承受轴力、弯矩和剪力时，应该根据桩身结构强度确定桩的承载能力，需按偏心受压构件进行验算，并且按计算要求配置截面的纵向钢筋，具体可参考《公桥预规》受压构件设计内容。

# 3.4　单桩的水平承载力

公路桥梁桩基一般以承受竖向荷载为主，但在风荷载及地震等水平荷载较大时，就必须对其横向承载力进行计算。桩的横向承载力是指桩在与桩轴线垂直方向受力时的承载能力。桩在横向力（包括弯矩）作用下的工作情况较轴向受力时要复杂，可从保证桩身材料、地基强度和稳定性入手，结合桩顶横向位移满足使用要求方面来分析和确定其水平承载力。

## 3.4.1　水平荷载作用机理

作用在桩基础上的横向荷载包括长期作用的水平荷载（如地下室外墙上的土和水压力、拱推力及台后土压力等）和反复作用的水平荷载（如波浪力、风力、地震力、撞击力及车辆制动力等）。以承受横向荷载为主的桩基，可以考虑采用斜桩。实际工程中尽管采用斜桩有利承载，却常给施工带来很大的困难，所以斜桩在工程中较少采用，这里仅讨论竖直桩的情况。

在横向荷载和弯矩作用下，桩身产生横向位移或挠曲，并挤压侧向土体；同时，土体也对桩侧产生水平抗力，它们之间相互影响、共同作用。为了确定桩的横向承载力，对在水平力作用下桩的工作性状及破坏形态作以了解，通常可依据桩相对刚度的大小归纳为下列两种情况。

1. 刚性桩

当桩径较大，入土深度较小或周围土层较松软时，桩的相对刚度很大，水平荷载作用下，桩身挠曲变形不够明显，如同刚体一样围绕桩轴上某一点转动 [图 3.13 (a)]。随着水平荷载的不断增大，桩侧土压力可能超过地基屈服强度，使结构产生大变位，甚至倾倒，因此丧失承载能力。这种情况下的基桩横向承载力由桩侧土的强度决定。

2. 弹性桩

当桩径较小，入土深度较大或周围土层较坚硬时，桩的相对刚度较小，在水平荷载

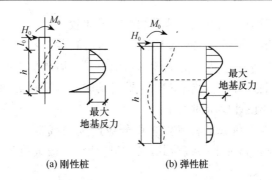

(a) 刚性桩　　　　　　(b) 弹性桩

图 3.13　承受水平力的单桩变形

作用下，桩身产生弹性挠曲变形。其侧向位移随着入土深度的增大而逐渐减小，以至达到一定深度后，几乎不受荷载影响如图 3.13（b）所示。随着水平位移的不断增大，可能在桩身较大弯矩处发生断裂，也可能使桩的侧向位移超过桩或结构物的容许变形值而破坏，在这种情况下，桩的横向承载力由桩身材料的抗弯强度或侧向变形条件决定。

　　无论桩顶自由还是桩顶受约束而嵌固的条件下，桩的内力、位移及横向承载力都可分为上述两种情况来分析，其单桩横向承载力一般通过水平静载试验和理论计算方法得到。

### 3.4.2　单桩横向容许承载力确定

　　桩的水平静载试验是在现场条件下进行的，因而它反映了影响横向承载力的各种因素，是确定桩横向承载力最可靠的方法。

1. 试验装置

试验装置包括加荷系统和位移观测系统。加荷系统采用可水平施加荷载的旋式千斤顶同时对两根桩对顶进行加荷；位移观测系统采用基准支架上安装百分表或电感位移计，如图 3.14 所示。欲观测桩身应力变化，还应预先在桩身埋设测试元件。

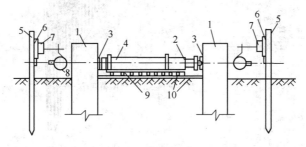

图 3.14　单桩水平静载试验装置

1. 试桩；2. 千斤顶；3. 球面支座；4. 传力杆；5. 基准桩；
6. 基准梁；7. 磁性表座；8. 千分表；9. 滚管支座；10. 垫板

2. 加荷方法

对承受反复作用的水平荷载（风力、波浪冲击力、汽车制动力、地震力等）的桩基，试验时采用多循环加卸载方式，这种加载方式比较常用。测试做法为：试桩加某一级荷载后，保持 10min，记录其水平位移读数，然后卸载至零，再经过 10min，测读剩余变形。然后再加上原级荷载，如此测读剩余变形。然后再加上原级荷载，如此为一循环。每级荷载均按以上过程反复 3～5 次，即完成这级水平荷载试验，按此逐级加载，直到桩达到极限荷载或设计要求时为止。

承受长期作用的水平荷载的桩基，采用分级连续加载方式，即在每级加荷后保持 10min，测读水平位移，再加上一级荷载，这样连续加至极限荷载。

3. 终止加荷的条件

当出现桩身已断裂、桩侧地表出现明显裂缝或隆起、桩顶水平位移超过 30～40mm（软土取 40mm）。出现这几种情况之一时，认为桩已破坏，可终止试验。

4. 资料整理及试验结果的确定

1）试验曲线绘制

试验取得的成果资料，根据不同的实验方法包括可用不同的曲线来描述和处理。循环加荷法，一般绘制"水平力-时间-位移"（$H_0$-$T$-$x_0$）曲线（图 3.15）；连续加荷法，常绘制"水平力-位移"（$H_0$-$x_0$）曲线 [图 3.16（a）]，"水平力-位移梯度"（$H_0$-$\Delta x_0/\Delta H_0$）曲线 [图 3.16（b）]；特殊试验可绘制"水平力-最大弯矩截面钢筋应力"（$H_0$-$\sigma_g$）曲线 [图 3.16（c）] 等。

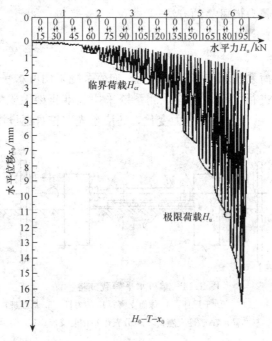

图 3.15　水平静载试验 $H_0$-$T$-$x_0$ 曲线

2）单桩水平临界荷载 $H_{cr}$ 的确定

（1）取 $H_0$-$T$-$x_0$ 曲线突变点的前一级荷载为 $H_{cr}$。

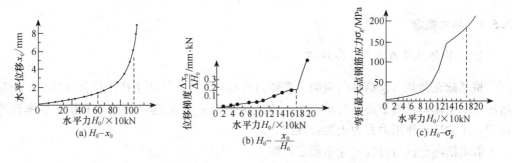

图 3.16 单桩水平静载试验成果曲线

(2) 取 $H_0$-$x_0$ 曲线第一直线段的终点对应的荷载为 $H_{cr}$。

(3) 取 $H_0$-$\dfrac{\Delta x_0}{\Delta H_0}$ 曲线第一直线段终点所对应的荷载为 $H_{cr}$。

(4) 取 $H_0$-$\sigma_g$ 曲线第一突变点对应的荷载为 $H_{cr}$。

3) 单桩横向极限荷载 $H_u$ 的确定

(1) 取 $H_0$-$T$-$x_0$ 曲线明显陡降的第一级荷载为 $H_u$。

(2) 按 $H_0$-$T$-$x_0$ 曲线各级荷载下水平位移包络线的凹凸确定。若包络线向上方凸曲，则表明在该级荷载下，桩的位移趋于稳定；若包络线朝下方凹曲，则表明在该级荷载下水平位移不稳定且在增加，因此认为桩已达破坏状态，其前一级荷载为 $H_u$。

(3) 取 $H_0$-$\dfrac{\Delta x_0}{\Delta H_0}$ 曲线第二直线段终点所对应的荷载为 $H_u$。

(4) 取 $H_0$-$x_0$ 曲线陡升的起点所对应的荷载为 $H_u$。

(5) 取桩身断裂或钢筋应力达到流限的前一级荷载为 $H_u$。

4) 单桩容许承载力的确定

$$[H] = \frac{H_u}{K} \tag{3.13}$$

**5. 横向承载力的确定**

将横向极限荷载除以安全系数，即得桩的横向容许承载力。安全系数一般取 2。还应注意的是，在实际设计中，桩达到极限荷载时的位移往往超过结构物的容许水平位移，因此，有时要按变形条件确定单桩容许承载力，即以桩的水平位移达到容许值时所承受的荷载作为桩的容许承载力。对公路桥梁墩台基础黏性土和砂土可取 6mm，砾石土可取 10mm。

# 3.5 基桩内力和位移计算

按照文克尔假定，将桩作为弹性地基上的梁，梁上任意一点的土抗力和该点的位移成正比。在文克尔假定基础上，求解桩在横向荷载作用下的内力和位移的方法简称弹性地基梁法。

### 3.5.1 基本概念

**1. 土的弹性抗力及其分布规律**

桩基础在荷载（包括轴向荷载、横轴向荷载和力矩）作用下产生位移及转角，使桩挤压桩侧土体，桩侧土必然对桩产生一横向土抗力 $\sigma_{zx}$，它起抵抗外力和稳定桩基础的作用，土的这种作用力称为土的弹性抗力。

假定横向土抗力符合文克尔假定，即

$$\sigma_{zx} = Cx_z \tag{3.14}$$

式中：$\sigma_{zx}$——横向土抗力，$kN/m^2$；

$\quad\quad C$——地基系数，$kN/m^3$；

$\quad\quad x_z$——深度 $Z$ 处桩的横向位移，m。

$\sigma_{zx}$ 也即深度 $Z$ 处的横向（$X$ 轴向）土抗力，其大小取决于土体性质、桩身刚度、截面形状、入土深度、桩距及荷载等因素。

地基系数 $C$ 表示单位面积土在弹性限度内产生单位变形时所需施加的力，单位为 $kN/m^3$ 或 $MN/m^3$。其大小与地基土的类别、物理力学性质有关。

地基系数 $C$ 值是通过对试桩在不同类别土质及不同深度进行实测 $x_z$ 及 $\sigma_{zx}$ 后反算得到的。大量的试验表明，地基系数 $C$ 值不仅与土的类别及性质有关，而且也随着深度而变化。由于实测的客观条件和分析方法不尽相同等原因，所采用的 $C$ 值随深度的分布规律也各有不同。常采用的地基系数分布规律有图 3.17 中的几种形式，因此也就产生了与之相应的基桩内力和位移的"$m$ 法"、"$K$ 法"、"$C$ 值法"和"张有龄法"。现将这几种有代表性的弹性地基梁计算方法列于表 3.13 中。

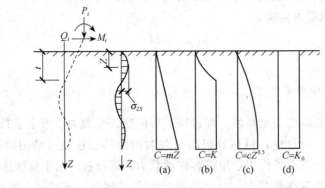

图 3.17 地基系数变化规律

**表 3.13 桩的几种典型的弹性地基梁法**

| 计算方法 | 图号 | 地基系数随深度分布 | 地基系数 $C$ 表达式 | 说明 |
|---|---|---|---|---|
| $m$ 法 | 3.17（a） | 与深度成正比 | $C = mZ$ | $m$ 为地基土比例系数 |
| $K$ 法 | 3.17（b） | 桩身第一挠曲零点以上抛物线变化，以下不随深度变化 | $C = K$ | $K$ 为常数 |
| $C$ 值法 | 3.17（c） | 沿深度呈抛物线变化 | $C = cZ^{0.5}$ | $c$ 为地基土比例系数 |
| 张有龄法 | 3.17（d） | 沿深度均匀分布 | $C = K_0$ | $K_0$ 为常数 |

这四种方法各自假定了地基系数随深度分布规律不同，其计算结果是有差异的。试验资料分析表明，宜根据土质特性来选择恰当的计算方法进行桩基的内力和变位计算。

### 2. 单桩和单排桩

单桩和单排桩是指与水平外力 $H$ 作用面相垂直的平面上，仅有一根或一排桩的桩基础。对于纵向为单排桩（图 3.18）时，若作用于承台底面中心的荷载为 $N$、$H$、$M_y$，当 $N$ 在单排桩方向无偏心时如图 3.19（a）所示，验算时可认为荷载平均分布于各桩，即

$$P_i = \frac{N}{n}, \quad Q_i = \frac{H}{n}, \quad M_i = \frac{M_y}{n} \tag{3.15a}$$

式中：$n$——桩的根数。

当竖向力 $N$ 在单排桩方向有偏心距 $e$ 时，如图 3.19（b）所示，即 $M_x = Ne$，因此每根桩上的竖向作用力可按偏心受压计算，即

$$P_i = \frac{N}{n} \pm \frac{M_x y_i}{\sum y_i^2} \tag{3.15b}$$

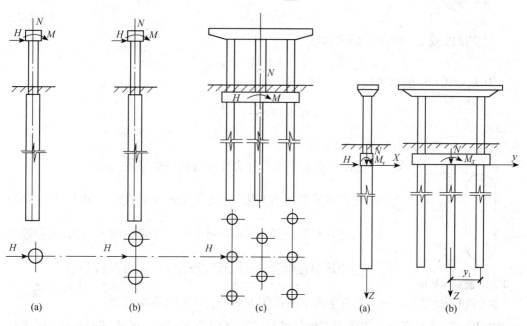

图 3.18　单桩、单排桩及多排桩　　　　　　图 3.19　单排桩的计算

### 3. 桩的计算宽度

在水平力作用下，除桩身宽度范围内侧面土受挤压外，桩身以外一定范围内的土体也受到一定影响。由于桩的截面形式各异，其影响范围也不同。为了将空间受力简化为平面受力，并综合考虑桩的截面形状及多排桩桩间的相互遮蔽作用，计算桩的内力与位移时不直接采用桩的设计宽度（直径），而是换算成实际工作条件下相当于矩形截面桩的宽度 $b_1$，称其为桩的计算宽度。

根据已有的试验资料分析，《公桥基规》认为计算宽度的换算方法表示为

$$b_1 = kk_0k_fd \tag{3.16}$$

其中 $k_0$ 为受力换算系数，如图 3.20 所示。

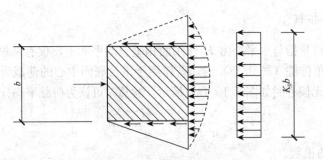

图 3.20　桩侧土受力影响范围示意图

当 $d \geqslant 1.0$ m 时

$$k_0 = 1 + 1/d \tag{3.16a}$$

当 $d < 1.0$ m 时

$$k_0 = 1.5 + 0.5/d \tag{3.16b}$$

对单排桩或 $L_1 \geqslant 0.6h_1$ 的多排桩

$$k = 1$$

对 $L_1 < 0.6h_1$ 的多排桩

$$k = b_2 + \frac{1-b_2}{0.6}\frac{L_1}{h_1}$$

式中：$b_1$——桩的计算宽度（$b_1 \leqslant 2d$），m；

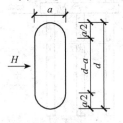

3.21　圆端与矩形
组合截面 $k_f$

　　　　$a$——桩径或垂直于水平外力作用方向桩的宽度，m；

　　　　$k_f$——桩形状换算系数 $\Big[$ 视水平力作用面（垂直于水平力作用方向）

　　　　而定，圆形或圆端截面 $k_f = 0.9$，矩形截面 $k_f = 1.0$，对圆端形

　　　　与矩形组合截面 $k_f = \left(1 - 0.1\dfrac{a}{d}\right)\Big]$，如图 3.21 所示；

　　　　$k$——平行于水平力作用方向的桩间相互影响系数；

　　　　$L_1$——平行于水平力作用方向的桩间净距（梅花布桩时，若相邻两排桩中心距 $c$

　　　　小于（$d+1$）（m），可按水平作用面各桩间的投影距离计算），m；

　　　　$h_1$——地面或局部冲刷线以下桩的计算埋入深度，可取 $h_1 = 3(d+1)$，但不得

　　　　大于桩的入土深度 $h$；

　　　　$b_2$——与平行于水平力作用方向的一排桩的桩数 $n$ 有关的系数（当 $n=1$ 时，$b_2=1$；

　　　　当 $n=2$ 时，$b_2=0.6$；当 $n=3$ 时，$b_2=0.5$；当 $n \geqslant 4$ 时，$b_2=0.45$）。

　　在桩平面布置中，若平行于水平力作用方向的各排桩数量不等，且相邻（任何方向）桩间中心距等于或大于（$d+1$）（m），则所验算各桩可取同一个桩间影响系数 $k$，其值按桩数量最多的一排选取。此外，若垂直于水平力作用方向上有 $n$ 根桩时，计算宽度取 $nb_1$，

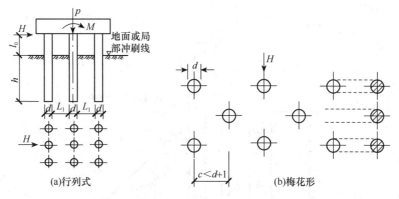

图 3.22　计算 $k$ 时示意图

但必须满足 $nb_1 \leqslant B+1$（$B$ 为 $n$ 根桩垂直于水平力作用方向的外边缘距离，如图 3.23 所示）。

**4. 地基系数的比例系数 $m$**

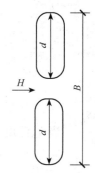

图 3.23　群桩计算宽度

"$m$" 法的基本假定是认为桩侧土为文克尔离散性弹簧，不考虑桩土间的黏着力和摩阻力，桩作为弹性构件考虑。当桩受到水平外力作用后，桩土协调变形，任一深度 $Z$ 处所产生的桩侧土水平抗力与该点水平位移 $x_z$ 成正比，即 $\sigma_{zx}=Cx_z$，且地基系数 $C$ 随深度成正比增长，即 $C=mz$。

地基土水平抗力系数的比例系数 $m$ 值通过桩的水平静载试验确定。但由于试验费用、时间等原因，不一定所有建筑物都能进行桩的水平静载试验，可按规范提供的经验值采用，见表 3.14。

表 3.14　非岩石类土的比例系数 $m$ 值

| 土 的 分 类 | $m$ 或 $m_0$ / $(MN/m^4)$ |
|---|---|
| 流塑黏性土 $I_L>1$，软塑黏性土 $1.0 \geqslant I_L>0.75$，淤泥 | 3～5 |
| 可塑黏性土 $0.75 \geqslant I_L>0.25$，粉砂，稍密粉土 | 5～10 |
| 硬塑黏性土 $0.25 \geqslant I_L \geqslant 0$，细砂，中砂，中密粉土 | 10～20 |
| 坚硬，半坚硬黏性土 $I_L \leqslant 0$，粗砂，密实粉土 | 20～30 |
| 砾砂，角砾，圆砾，碎石，卵石 | 30～80 |
| 密实粗砂夹卵石，密实漂、卵石 | 80～120 |

在应用表 3.14 时应注意以下事项：

（1）由于桩的水平荷载与位移关系是非线性的，即 $m$ 值随荷载与位移的增大而有所减小，因此，$m$ 值的确定要与桩的实际荷载相适应。一般结构在地面处最大位移不超过 10mm，对位移敏感的结构、桥梁工程为 6mm。位移较大时，应适当降低表 3.14 中 $m$ 值。

（2）当基础侧面设有斜坡或台阶且其坡度（横：竖）或台阶总宽度与深度之比大于 1：20 时，表中 $m$ 值应减小 50% 取用。

（3）当基桩侧面由几种土层组成时，可用等面积法计算其平均 $m$ 值。即从地面或局部冲刷线起，应求得主要影响深度 $h_m=2(d+1)$ (m) 范围内的平均 $m$ 值作为整个深度内的 $m$ 值（图 3.24）；对于刚性桩，$h_m$ 应采用整个入土深度 $h$。

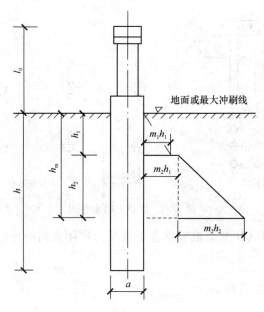

图 3.24　比例系数 $m$ 的换算

当 $h_m$ 深度内存在两层土时

$$m = \frac{m_1 h_1^2 + m_2(2h_1 + h_2)h_2}{h_m^2} \tag{3.17a}$$

当 $h_m$ 深度内存在三层不同土时

$$m = \frac{m_1 h_1^2 + m_2(2h_1 + h_2)h_2 + m_3(2h_1 + 2h_2 + h_3)h_3}{h_m^2} \tag{3.17b}$$

　　按照上述换算方法将存在两个问题：一是根据"$m$"法假定，土的弹性抗力与位移成正比，而此忽略了桩身位移这一重要因素；二是换算土层厚度仅与桩径有关，而与地基土类、桩身材料等因素无关，显然过于简单。为了克服按地基系数面积换算所存在的不足，可采用按桩身挠曲线的形状并考虑深度影响建立综合权函数进行换算（可参见相关资料）。

　　(4) $m_0$ 为"$m$"法相应于深度 $h$ 处基础底面土的竖向地基系数 $C_0$（$=m_0 \cdot h$）随深度变化的比例系数，可按照表 3.11 选用。当 $h \leqslant 10\mathrm{m}$ 时，$C_0 = 10m_0$，因为根据研究分析认为自地面至 10m 深度处土的竖向抗力几乎没有变化，所以 $C_0 = 10m_0$；当 $h > 10\mathrm{m}$ 时土的竖向抗力几乎与水平抗力相等，所以 10m 以下取 $C_0 = m_0 h = mh$。

　　(5) 对岩石地基，地基抗力系数 $C_0$ 可根据岩石的单轴饱和抗压强度标准值 $f_{rk}$ 确定。无法进行饱和的试样测试时，可采用天然含水量的单轴抗压强度标准值。

　　① 当 $f_{rk} = 1000\mathrm{kPa}$ 时，$C_0 = 300\,000\mathrm{kN/m^2}$；

　　② 当 $f_{rk} \geqslant 25\,000\mathrm{kPa}$ 时，$C_0 = 15\,000\,000\mathrm{kN/m^3}$；

　　③ 当 $1000\mathrm{kPa} < f_{rk} < 25\,000\mathrm{kPa}$ 时，可用直线内插法确定 $C_0$。

**5. 变形系数及基础类型**

　　当桩的入土深度较大时，这时桩的相对刚度小，必须考虑桩的实际刚度引入变形系数 $\alpha$。

$$\alpha = \sqrt[5]{\frac{mb_1}{EI}} \qquad\qquad (3.18)$$

式中：$\alpha$——桩的变形系数，1/m；

$\quad\quad m$——非岩石地基水平向抗力系数的比例系数，$kN/m^4$；

$\quad\quad b_1$——桩的计算宽度，m；

$\quad\quad EI$——桩的抗弯刚度（$EI = 0.8E_c I$，其中 $E_c$ 为桩的混凝土抗压弹性模量；$I$ 为桩的毛面积惯性矩），$kPa \cdot m^4$。

当 $h > \dfrac{2.5}{\alpha}$ 时，基础为弹性构件，反之则为刚性构件。

### 3.5.2 弹性桩的内力和位移计算

1. 桩的挠曲微分方程的建立

在公式推导和计算中，按如图 3.25 所示的坐标系统，对力和位移的符号作如下规定：横向位移顺 $x$ 轴正方向为正值；转角逆时针方向为正值；当左侧纤维受拉时弯矩为正值；横向力顺 $x$ 轴方向为正值。

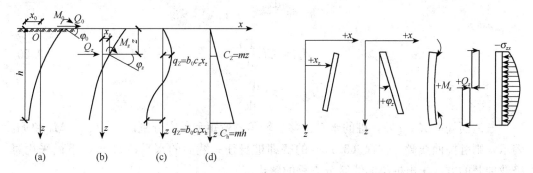

图 3.25　土中桩的受力、变位及 $x_z$、$\varphi_z$、$M_z$、$Q_z$ 的符号规定

桩顶若与地面平齐（$z = 0$），且已知桩顶作用水平荷载 $H_0$ 及弯矩 $M_0$（图 3.25），此时桩将发生弹性挠曲，桩侧土将产生横向抗力 $\sigma_{zx}$。从材料力学中知道，桩的变形与桩上分布的抗力荷载 $q$ 之间的关系式，即桩的挠曲微分方程为

$$EI \frac{\mathrm{d}^4 x}{\mathrm{d}Z^4} = -q$$

式中：$E$，$I$——桩的弹性模量及截面惯矩。

由桩侧土抗力 $\sigma_{zx} = Cx_z = mZx_z$（$C$ 为地基系数），代入上式则可以得到桩的挠曲微分方程为

$$EI \frac{\mathrm{d}^4 x}{\mathrm{d}z^4} = -q = -\sigma_{zx}b_1 = -mzx_z b_1$$

进行整理，可得

$$\frac{\mathrm{d}^4 x_z}{\mathrm{d}z^4} + \frac{mb_1}{EI}zx_z = 0$$

式中：$E$——桩的弹性模量，kPa；

　　　$I$——截面惯矩，$m^4$；

　　　$b_1$——桩的计算宽度，m；

　　　$m$——地基系数的比例系数，$kN/m^4$；

　　　$x_z$——桩在深度 $z$ 处的横向位移（即桩的挠度），m。

$$\frac{d^4 x_z}{dz^4} + \alpha^5 z x_z = 0 \tag{3.19}$$

式中：$\alpha$——桩的变形系数或称桩的特征值，$\alpha = \sqrt[5]{\dfrac{mb_1}{EI}}$，$1/m$。

### 2. 微分方程的求解

从桩的挠曲微分方程（3.19）中不难看出，桩的横向位移与截面所在深度、桩的刚度（包括桩身材料和截面尺寸）以及桩周土的性质等有关，$\alpha$ 是与桩土变形相关的系数。

式（3.16）为四阶变系数齐次线性常微分方程，运用材料力学中有关梁的挠度 $x_z$ 与转角 $\varphi_z$、弯矩 $M_z$ 和剪力 $Q_z$ 之间的关系，即

$$\left. \begin{array}{l} \varphi_z = \dfrac{dx_z}{dz} \\[2mm] M_z = EI\,\dfrac{d^2 x_z}{dz^2} \\[2mm] Q_z = EI\,\dfrac{d^3 x_z}{dz^3} \end{array} \right\} \tag{3.20}$$

若地面处即 $Z=0$ 处，桩的水平位移、转角、弯矩和剪力分别以 $x_0$、$\varphi_0$、$M_0$ 和 $H_0$ 表示，则桩挠曲线微分方程（3.17）的解即桩身任一截面的水平位移 $x_z$，下面采用幂级数展开的方法求出桩挠曲线微分方程的解析解。

1）桩挠曲线微分方程的通解

为解该微分方程，进一步得出土中桩在 $M_0$ 和 $H_0$ 作用下水平位移 $x$ 随桩的入土深度 $z$ 的变化规律，进而得到桩身任意截面的变位和内力。可设 $x_z = f(z)$，将方程的解表示为幂级数 $x = \sum_{i=0}^{\infty} a_i z_i$，则将其展开后即可表达为 $x = a_0 + a_1 z + a_2 z^2 + a_3 z^3 + \cdots + a_n z^n + \cdots$（$a_i$ 为待定系数）。

（1）将幂级数代入方程。将 $x = \sum_{i=0}^{\infty} a_i z_i$ 代入式（3.17）等号的两边，则可得代数形式表达的方程式

$$\frac{d^4 x}{dz^4} = \sum_{i=4}^{\infty} i(i-1)(i-2)(i-3) a_i z^{i-4} = -\frac{mb_0}{EI} \sum_{i=0}^{\infty} a_i z^{i+1} \tag{3.21}$$

（2）级数展开。将以上恒等式两边的级数进一步展开，可得

$1 \times 2 \times 3 \times 4 a_4 + 2 \times 3 \times 4 \times 5 a_5 z + 3 \times 4 \times 5 \times 6 a_6 z^2 + 4 \times 5 \times 6 \times 7 a_7 z^3$

$+ 5 \times 6 \times 7 \times 8 a_8 z^4 + 6 \times 7 \times 8 \times 9 a_9 z^5 + \cdots + (n+1)(n+2)(n+3)(n+4)$

$$\cdots \cdot a_{n+4}z^n + \cdots = -\frac{mb_0}{EI}(a_0z + a_1z^2 + a_2z^3 + a_3z^4 + a_4z^5 + \cdots + a_{n+1}z^n + \cdots)$$

（3）确定待定系数的通式及表达式。令等式两边各同幂次的系数相等，可得

$a_4 = 0$（常数项的系数相等）

$$a_5 = -\frac{mb_0}{EI} \times \frac{1}{5!}a_0 \ （z \text{ 的一次项的系数相等}）$$

$$a_6 = -\frac{mb_0}{EI} \times \frac{1}{3 \times 4 \times 5 \times 6}a_1 = -\frac{mb_0}{EI} \times \frac{2!}{6!}a_1$$

$$a_7 = -\frac{mb_0}{EI} \times \frac{3!}{7!}a_2$$

$$a_8 = -\frac{mb_0}{EI} \times \frac{4!}{8!}a_3$$

$$a_9 = -\frac{mb_0}{EI} \times \frac{5!}{9!}a_4 = 0$$

$$a_{10} = -\frac{mb_0}{EI} \times \frac{6!}{10!}a_5 = (-1)^2 \left(\frac{mb_0}{EI}\right)^2 \times \frac{6!}{10!} \times \frac{1}{5!}a_0$$

$$= (-1)^2 \left(\frac{mb_0}{EI}\right)^2 \times \frac{6 \times 1}{10!}a_0$$

$$a_{11} = (-1)^2 \left(\frac{mb_0}{EI}\right)^2 \times \frac{7!}{11!} \times \frac{2!}{6!}a_1 = (-1)^2 \left(\frac{mb_0}{EI}\right)^2 \times \frac{7 \times 2}{11!}a_1$$

$$\vdots$$

$$a_{n+4} = -\frac{mb_0}{EI} \times \frac{n!}{(n+4)!}a_{n-1}$$

从上面诸系数间关系的通式和 $a_{10}$ 与 $a_0$、$a_{11}$ 与 $a_1$ 的关系中可以看出存在以下规律性：

① 只有 $a_0$、$a_1$、$a_2$、$a_3$ 四个是独立的系数。

② 两个相关系数的序号相差 5 的倍数，如 $a_9$ 与 $a_4$，$a_{11}$ 与 $a_1$。

③ 右边数字分数项的分子和分母的阶乘序号相差 4，如 $\frac{5!}{9!}$。

④ 数字分数项的分母的阶乘序号与左边的系数序号相同，如 $a_0$ 和 9!。

根据这些规律性，可以归纳出 $a_0$、$a_1$、$a_2$、$a_3$ 表达的其他诸系数的通式：

$$a_{5K-1} = 0$$

$$a_{5K} = (-1)^K \alpha^{5K} \frac{(5K-4)!!}{5K!} \times a_0$$

$$a_{5K+1} = (-1)^K \alpha^{5K} \frac{(5K-3)!!}{(5K+1)!} \times a_1$$

$$a_{5K+2} = (-1)^K \alpha^{5K} \frac{2 \times (5K-2)!!}{(5K+2)!} \times a_2$$

$$a_{5K+3} = (-1)^K \alpha^{5K} \frac{6 \times (5K-1)!!}{(5K+3)!} \times a_3$$

其中 $K=1$，2，3，$\cdots$，如 $K=2$，$a_{5K+1}=a_{11}$。

分数项分子通式的意义为

$$(5K-3)!! = (5K-3) \times [5(K-1)-3] \times [5(K-2)-3] \times \cdots \times (5 \times 1-3)$$

分数项分母通式的意义为

$$(5K+1)! = [5K+1] \times [(5K+1)-1] \times [(5K+1)-2] \cdots 3 \times 2 \times 1$$

$$\alpha^5 = \frac{mb_0}{EI}, \qquad \alpha = \sqrt[5]{\frac{mb_0}{EI}}$$

令 $K=2$，求 $a_{5K+1}$：

$$a_{5K+1} = a_{11} = (-1)^2 \left(\frac{mb_0}{EI}\right) \frac{(5 \times 2-3)[5 \times (2-1)-3]}{(5 \times 2+1)!} \times a_1$$

$$= (-1)^2 \left(\frac{mb_0}{EI}\right)^2 \frac{7 \times 2}{11!} \times a_1$$

将以上通式代入 $x = \sum\limits_{i=0}^{\infty} a_i z^i$ 中，得

$$x = a_0 + a_1 z + a_2 z^2 + a_3 z^3 + \sum_{K=0}^{\infty} a_{5K-1} z^{5K-1} + \sum_{K=1}^{\infty} a_{5K} z^{5K} + \sum_{K=1}^{\infty} a_{5K+1} z^{5K+1}$$

$$+ \sum_{K=1}^{\infty} a_{5K+2} z^{5K+2} + \sum_{K=1}^{\infty} a_{5K+3} z^{5K+3}$$

$$x = a_0 + a_1 z + a_2 z^2 + a_3 z^3 + 0 + \sum_{K=1}^{\infty} (-1)^K \alpha^{5K} \frac{(5K-4)!!}{5K!} \times a_0 z^{5K}$$

$$+ \sum_{K=1}^{\infty} (-1)^K \alpha^{5K} \frac{(5K-3)!!}{(5K+1)!} \times a_1 z^{5K+1} + \sum_{K=1}^{\infty} (-1)^K \alpha^{5K} \frac{2 \times (5K-2)!!}{(5K+2)!}$$

$$\times a_2 z^{5K+2} + \sum_{K=1}^{\infty} (-1)^K \alpha^{5K} \frac{6 \times (5K-1)!!}{(5K+3)!} \times a_3 z^{5K+1}$$

$$= a_0 \left[1 + \sum_{K=1}^{\infty} (-1)^K \alpha^{5K} \frac{(5K-4)!!}{5K!} \times (\alpha z)^{5K}\right]$$

$$+ a_1 \left[z + \sum_{K=1}^{\infty} (-1)^K \frac{1}{\alpha} \times \frac{(5K-3)!!}{(5K+1)!} \times (\alpha z)^{5K+1}\right]$$

$$+ a_2 \left[z^2 + \sum_{K=1}^{\infty} (-1)^K \frac{1}{\alpha^2} \times \frac{(5K-2)!!}{(5K+2)!} \times (\alpha z)^{5K+2}\right]$$

$$+ a_3 \left[z^3 + \sum_{K=1}^{\infty} (-1)^K \frac{6}{\alpha^3} \times \frac{(5K-1)!!}{(5K+3)!} \times (\alpha z)^{5K+3}\right]$$

其中未知的系数 $a_0$、$a_1$、$a_2$、$a_3$ 要从桩的四个边界条件求出。

2）利用桩顶边界条件求特解

在 $z=0$ 土面处桩的变位为 $x_0$、$\varphi_0$，内力为 $M_0$、$Q_0$，则在 $y=0$ 处的边界条件为：

① $z=0$，$x=x_0$。

② $\dfrac{\mathrm{d}x}{\mathrm{d}z} = \varphi_0$。

③ $\dfrac{\mathrm{d}^2 x}{\mathrm{d}z^2} = \dfrac{M_0}{EI}$。

④ $\dfrac{\mathrm{d}^3 x}{\mathrm{d}z^3} = \dfrac{Q_0}{EI}$

根据以上四个边界条件可求得四个待定的系数

$$a_0 = x_0, \quad a_1 = \varphi_0, \quad a_2 = \frac{1}{2} \times \frac{M_0}{EI}, \quad a_3 = \frac{1}{6} \times \frac{Q_0}{EI}$$

求得以上各待定系数后，代回原式 $x(z)$，即得

$$x(z) = x_0 \left[ 1 + \sum_{K=1}^{\infty} (-1)^K \frac{(5K-4)!!}{5K!} \times (\alpha z)^{5K} \right]$$

$$+ \varphi_0 \left[ z + \sum_{K=1}^{\infty} (-1)^K \frac{1}{\alpha} \times \frac{(5K-3)!!}{(5K+1)!} \times (\alpha z)^{5K+1} \right]$$

$$+ \frac{M_0}{2EI} \left[ z^2 + \sum_{K=1}^{\infty} (-1)^K \frac{1}{\alpha^2} \times \frac{(5K-2)!!}{(5K+2)!} \times (\alpha z)^{5K+2} \right]$$

$$+ \frac{Q_0}{6EI} \left[ z^3 + \sum_{K=1}^{\infty} (-1)^K \frac{6}{\alpha^3} \times \frac{(5K-1)!!}{(5K+3)!} \times (\alpha z)^{5K+3} \right]$$

令

$$A_1 = 1 + \sum_{K=1}^{\infty} (-1)^K \frac{(5K-4)!!}{5K!} \times (\alpha z)^{5K} = 1 - \frac{1}{5!}(\alpha z)^5$$
$$+ \frac{1 \times 6}{10!}(\alpha z)^{10} - \frac{1 \times 6 \times 11}{15!}(\alpha z)^{15} + \cdots$$

$$B_1 = \alpha \left[ z + \sum_{K=1}^{\infty} (-1)^K \frac{1}{\alpha} \frac{(5K-3)!!}{(5K+1)!} \times (\alpha z)^{5K+1} \right]$$
$$= (\alpha z) - \frac{2}{6!}(\alpha z)^6 + \frac{2 \times 7}{11!}(\alpha z)^{11} - \frac{2 \times 7 \times 12}{16!}(\alpha z)^{16} + \cdots$$

$$C_1 = \frac{\alpha^2}{2!} \left[ z^2 + \sum_{K=1}^{\infty} (-1)^K \frac{2}{\alpha^2} \frac{(5K-2)!!}{(5K+2)!} \times (\alpha z)^{5K+2} \right]$$
$$= \frac{1}{2}(\alpha z)^2 - \frac{3}{7!}(\alpha z)^7 + \frac{3 \times 8}{12!}(\alpha z)^{12} - \frac{3 \times 8 \times 13}{17!}(\alpha z)^{17} + \cdots$$

$$D_1 = \frac{\alpha^3}{6} \left[ z^3 + \sum_{K=1}^{\infty} (-1)^K \frac{6}{\alpha^3} \times \frac{(5K-1)!!}{(5K+3)!} \times (\alpha z)^{5K+3} \right]$$
$$= \frac{1}{3!}(\alpha z)^3 - \frac{4}{8!}(\alpha z)^8 + \frac{4 \times 9}{13!}(\alpha z)^{13} - \frac{4 \times 9 \times 14}{18!}(\alpha z)^{18} + \cdots$$

则有

$$x_z = x_0 A_1 + \frac{\varphi_0}{\alpha} B_1 + \frac{M_0}{EI\alpha^2} C_1 + \frac{H_0}{\alpha^3 EI} D_1 \tag{3.22a}$$

对 $x(z)$ 式取一阶导数，并除以 $\alpha$；对 $x(z)$ 式取二阶导数，并除以 $\alpha^2$；对 $x(z)$ 式取三阶导数，并除以 $\alpha^3$，可得以下三个表达式

$$\frac{\varphi_z}{\alpha} = x_0 A_2 + \frac{\varphi_0}{\alpha} B_2 + \frac{M_0}{\alpha^2 EI} C_2 + \frac{H_0}{\alpha^3 EI} D_2 \tag{3.22b}$$

$$\frac{M_Z}{\alpha^2 EI} = x_0 A_3 + \frac{\varphi_0}{\alpha} B_3 + \frac{M_0}{\alpha^2 EI} C_3 + \frac{H_0}{\alpha^3 EI} D_3 \tag{3.22c}$$

$$\frac{Q_Z}{\alpha^3 EI} = x_0 A_4 + \frac{\varphi_0}{\alpha} B_4 + \frac{M_0}{\alpha^2 EI} C_4 + \frac{H_0}{\alpha^3 EI} D_4 \tag{3.22d}$$

式（3.22a～d）即为桩变位和内力的初参数方程。

（3）桩侧土的弹性抗力。根据土抗力的基本假定 $\sigma_{zx} = C x_z = m z x_z$，可求得桩侧土抗力的计算公式：

$$\sigma_{zx} = m z x_z = m z \left( x_0 A_1 + \frac{\varphi_0}{a} B_1 + \frac{M_0}{\alpha^2 EI} C_1 + \frac{H_0}{\alpha^3 EI} D_1 \right) \tag{3.22e}$$

式（3.22）中，$A_i$、$B_i$、$C_i$、$D_i$（$i=1,2,3,4$）为 16 个无量纲系数，为换算深度 $\bar{z}=\alpha z$ 的函数，规范中已将其制成表格，可在计算中查用（见附录）。

以上求算桩的内力、位移和土抗力的五个基本公式中均含有 $x_0$、$\varphi_0$、$M_0$、$H_0$ 这四个初参数。其中初参数 $M_0$、$H_0$ 可由已知的桩顶受力情况确定，而另外两个初参数 $x_0$、$\varphi_0$ 则需根据桩底边界条件确定。由于不同类型桩的桩底边界条件不同，应根据不同的边界条件求解 $x_0$、$\varphi_0$。

3. 根据桩底的边界条件求出参数 $x_0$、$\varphi_0$

1）桩底支撑在非岩石类土或基岩面上

桩顶自由，桩底支撑在非岩石类土或基岩面上的桩在外荷作用下（图3.26），桩底将产生转角位移 $\varphi_h$ 时桩底的抗力情况 [图3.26（b）]，与之相应的桩底弯矩值 $M_h$ 为

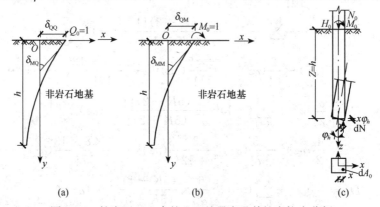

图3.26  桩底置于土中的土面处柔度及其桩底抗力分析

$$M_h = \int_{A_0} x \mathrm{d} N_x = -\int_{A_0} x \cdot x \cdot \varphi_h \cdot C_0 \mathrm{d} A_0$$

$$= -\varphi_h C_0 \int_{A_0} x^2 \mathrm{d} A_0 = -\varphi_h C_0 I_0$$

式中：$A_0$——桩底面积，$\mathrm{m}^2$；

$I_0$——桩底面积对其重心轴的惯性矩，$\mathrm{m}^4$；

$C_0$——基底土的竖向地基系数，$C_0 = m_0 h$，$\mathrm{kN/m}^3$。

由于忽略桩与桩底土之间的摩阻力，认为 $Q_h=0$，即得另一个条件。

将 $M_h=-\varphi_h C_0 L_0$ 及 $Q_h=0$ 分别代入式（3.22c）和式（3.22d）中，得

$$M_h = \alpha^2 EI \left( x_0 A_3 + \frac{\varphi_0}{\alpha} B_3 + \frac{M_0}{\alpha^2 EI} C_3 + \frac{H_0}{\alpha^3 EI} D_4 \right) = -C_0 \varphi_h I_0$$

$$Q_h = \alpha^3 EI \left( x_0 A_4 + \frac{\varphi_0}{\alpha} B_4 + \frac{M_0}{\alpha^2 EI} C_4 + \frac{H_0}{\alpha^3 EI} D_4 \right) = 0$$

又

$$\varphi_h = \alpha \left( x_0 A_2 + \frac{\varphi_0}{\alpha} B_2 + \frac{M_0}{\alpha^2 EI} C_2 + \frac{H_0}{\alpha^3 EI} D_2 \right)$$

解以上联立方程，并令 $\dfrac{C_0 I_0}{\alpha EI} = K_h$，则得到

$$\left. \begin{array}{l} x_0 = H_0 \delta_{HH}^{(0)} + M_0 \delta_{HM}^{(0)} \\ \varphi_0 = -(H_0 \delta_{MH}^{(0)} + M_0 \delta_{MM}^{(0)}) \end{array} \right\} \tag{3.23}$$

式中

$$\left. \begin{array}{l} \delta_{HH}^{(0)} = \dfrac{1}{\alpha^3 EI} \times \dfrac{(B_3 D_4 - B_4 D_3) + k_h (B_2 D_4 - B_4 D_2)}{(A_3 B_4 - A_4 B_3) + k_h (A_2 B_4 - A_4 B_2)} \\[3mm] \delta_{MH}^{(0)} = \dfrac{1}{\alpha^2 EI} \times \dfrac{(A_3 D_4 - A_4 D_3) + k_h (A_2 D_4 - A_4 D_2)}{(A_3 B_4 - A_4 B_3) + k_h (A_2 B_4 - A_4 B_2)} \\[3mm] \delta_{HM}^{(0)} = \delta_{MH}^{(0)} = \dfrac{1}{\alpha^2 EI} \times \dfrac{(B_3 C_4 - B_4 C_3) + k_h (B_2 C_4 - B_4 C_2)}{(A_3 B_4 - A_4 B_3) + k_h (A_2 B_4 - A_4 B_2)} \\[3mm] \delta_{MM}^{(0)} = \dfrac{1}{\alpha EI} \times \dfrac{(A_3 C_4 - A_4 C_3) + k_h (A_2 C_4 - A_4 C_2)}{(A_3 B_4 - A_4 B_3) + k_h (A_2 B_4 - A_4 B_2)} \end{array} \right\} \tag{3.24a}$$

式中：$\delta_{HH}^{(0)}$，$\delta_{MH}^{(0)}$，$\delta_{HM}^{(0)}$，$\delta_{MM}^{(0)}$——桩在土面处的柔度；

　　　　$A_i$，$B_i$，$C_i$，$D_i$（$i = 3$，$4$）——$\alpha h$ 的函数，其数值与桩底置入土中时的入土深
度有关，由换算埋深 $\alpha h$ 直接查表计算。

2）桩底嵌固在基岩中

对于桩底嵌固于未风化岩层内有足够的深度时（图 3.27），可将桩底水平位移和转
角等于零的边界条件代入式（3.22a）和式（3.22b）后联立求解仍可得到式（3.23），
其中的柔度系数与原来不同。

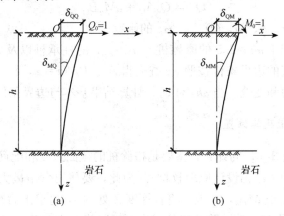

图 3.27　基底嵌入岩层时土面处的柔度

式中

$$\delta_{HH}^{(0)} = \frac{1}{\alpha^3 EI} \times \frac{(B_2 D_1 - B_1 D_2)}{(A_2 B_1 - A_1 B_2)}$$

$$\delta_{MH}^{(0)} = \frac{1}{\alpha^2 EI} \times \frac{(A_2 D_1 - A_1 D_2)}{(A_2 B_1 - A_1 B_2)}$$

$$\delta_{HM}^{(0)} = \delta_{MH}^{(0)} = \frac{1}{\alpha^2 EI} \times \frac{(B_2 C_1 - B_1 C_2)}{(A_2 B_1 - A_1 B_2)}$$

$$\delta_{MM}^{(0)} = \frac{1}{\alpha EI} \times \frac{(A_2 C_1 - A_1 C_2)}{(A_2 B_1 - A_1 B_2)}$$

(3.24b)

式中：$\delta_{HH}^{(0)}$，$\delta_{MH}^{(0)}$，$\delta_{HM}^{(0)}$，$\delta_{MM}^{(0)}$——桩在土面处的柔度；

　　　　$A_i$，$B_i$，$C_i$，$D_i$（$i=1$，$2$）——$\alpha h$ 的函数，其数值与桩底嵌岩时的入土深度有关，也可由桩的换算埋深 $\alpha h$ 查对应的表格计算。

以上的柔度系数计算，可利用桩及地基土的基本参数编程完成。除此之外，为方便手工计算，人们已将公式中的结果编制成表格，可根据 $\alpha h$ 查表求得桩底在不同边界条件下的系数以及相应代数式的数值，进一步求得土面处的柔度。

大量计算表明，$\alpha z \geqslant 4.0$ 时，桩身在地面处的位移 $x_0$、转角 $\varphi_0$ 与桩底边界条件无关，因此 $\alpha z \geqslant 4.0$ 时，嵌岩桩与摩擦桩（或支承桩）计算公式可通用。

4. 桩身任意截面的内力和变位

求得 $x_0$、$\varphi_0$ 后，便可连同已知的 $M_0$、$H_0$ 一起代入式（3.22）中，从而求得桩在地面以下任一深度的内力、位移及桩侧土抗力的简化公式。

$$x_z = \frac{Q_0}{\alpha^3 EI} A_x + \frac{M_0}{\alpha^2 EI} B_x \tag{3.25a}$$

$$\varphi_z = \frac{Q_0}{\alpha^2 EI} A_\varphi + \frac{M_0}{\alpha EI} B_\varphi \tag{3.25b}$$

$$M_z = \frac{Q_0}{\alpha} A_m + M_0 B_m \tag{3.25c}$$

$$Q_z = Q_0 A_Q + \alpha M_0 B_Q \tag{3.25d}$$

式中：$A_i$，$B_i$（$i=x$，$\varphi$，$M$，$Q$）——$\alpha z$ 的函数。

式（3.25）适用于 $\alpha h > 2.5$ 的摩擦桩、$\alpha h > 3.5$ 的柱承桩以及 $\alpha h > 2.5$ 的嵌岩桩，使用时只要根据桩底的边界条件按照 $\alpha z$ 查表得 $A_i$、$B_i$（$i=x$，$\varphi$，$M$，$Q$），即可求得桩身任意截面的内力和变位。当 $\alpha h \geqslant 4$ 时，计算结果基本与边界条件无关。

5. 桩身最大弯矩及其位置

桩身各截面处弯矩 $M_z$ 的计算，主要是检验桩的截面强度和配筋计算（关于配筋的具体计算方法，见相关结构设计原理教材）。为此，要找出弯矩最大的截面所在的位置 $Z_{M_{max}}$ 相应的最大弯矩值 $M_{max}$，一般可将各深度 $Z$ 处的 $M_z$ 值求出后绘制 $Z$-$M_z$ 图，即可从该图中求得 $z_{M_{max}}$ 及 $M_{max}$ 值。除此以外，也可用数值解法求得。

在最大弯矩截面处，其剪力 $Q$ 等于零，因此 $Q_z = 0$ 处的截面即为最大弯矩所在位置 $Z_{M_{max}}$。由式（3.22d）令 $Q_z = Q_0 A_Q + \alpha M_0 B_Q = 0$，则

$$\left.\begin{aligned} \frac{\alpha M_0}{Q_0} &= -\frac{A_Q}{B_Q} = C_Q \\ \frac{Q_0}{\alpha M_0} &= -\frac{B_Q}{A_Q} = D_Q \end{aligned}\right\} \tag{3.26}$$

其中 $C_Q$ 及 $D_Q$ 也为与 $\alpha Z$ 有关的系数，当 $\alpha h \geqslant 4.0$ 时，可按《公桥基规》或查附表进行计算。$C_Q$ 或 $D_Q$ 值也可按式（3.26）编制出对应的表格，可由附表 2.13 依 $\bar{z} = \alpha z$ 值查得，因为 $\alpha = \sqrt[5]{\dfrac{mb_1}{EI}}$ 为已知，所以最大弯矩所在的位置 $z = z_{M_{max}}$ 即可求得。

由式（3.23）可得

$$\frac{H_0}{\alpha} = M_0 D_Q \quad 或 \quad M_0 = \frac{H_0}{\alpha} C_Q \tag{3.27}$$

将式（3.24）代入上述相关公式，则得

$$\left.\begin{aligned} M_{max} &= M_0 D_Q A_m + M_0 B_m = M_0 K_m \\ M_{max} &= \frac{H_0}{\alpha} A_m + \frac{H_0}{\alpha} B_m C_Q = \frac{H_0}{\alpha} K_Q \end{aligned}\right\} \tag{3.28}$$

式中

$$K_m = A_m D_Q + B_m, \quad K_Q = A_m + B_m C_Q$$

由式（3.28）可知 $K_m$ 与 $K_Q$ 为 $\alpha Z$ 的函数，有关参考资料中已按照 $\alpha h \geqslant 4$ 编制成相应的表格，当 $\alpha h \geqslant 4$ 时，可根据最大弯矩所在位置得到 $\alpha z_{M_{max}}$ 值，再查得 $K_m$ 和 $K_Q$，然后代入式（3.25）之一即可得到最大弯矩 $M_{max}$ 值和所在位置 $z_{M_{max}}$。当 $\alpha h < 4.0$ 时，可另查有关设计手册。

6. 桩顶位移的计算

对于高承台桩基中的桩，其顶面一般是高于地面，并且自由段的桩身截面可能会有变化；对于桥墩和桥台桩基，其自由段的桩身荷载也有区别。

1）单桩桩顶柔度计算

单桩桩顶柔度是指在桩顶作用单位力或单位力矩时，桩顶产生的位移或转角。如图 3.28 所示，当桩顶只作用有 $Q_i = 1$ 时，桩顶横向位移为 $\delta_1$、转角为 $\delta_2$；桩顶只作用有 $M_i = 1$ 时，桩顶的横向位移为 $\delta_3$、转角为 $\delta_2$。

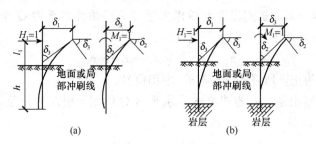

图 3.28　单桩的桩顶柔度

当 $Q_i=1$、$M_i=0$ 作用于桩顶时，桩顶的横向位移 $\delta_1$ 及转角 $\delta_3$ 可由土面处单独作用，由 $M_0=1$ 及 $Q_0=1$ 时引起的桩顶位移、转角及悬臂桩身的弹性变形叠加得到。而当 $M_i=1$、$Q_i=0$ 作用于桩顶时，桩顶水平位移 $\delta_3$ 及转角仍 $\delta_2$ 可由土面处的柔度和桩悬臂桩身的位移及转角叠加得到。

$$\delta_1 = \frac{l_0^3}{3EI} + \delta_{MM}l_0^2 + 2\delta_{MQ}l_0 + \delta_{QQ} \quad (\text{m/kN}) \tag{3.29a}$$

$$\delta_2 = \frac{l_0}{EI} + \delta_{MM} \quad [\text{rad/(kN·m)}] \tag{3.29b}$$

$$\delta_3 = \frac{l_0^2}{2EI} + \delta_{MM}l_0 + \delta_{QM} \quad [\text{m/(kN·m) 或 rad/kN}] \tag{3.29c}$$

式中：$\delta_{ij}$——土面处桩的柔度（$i$，$j=Q$、$M$）；

$l_0$——桩在土面以上的长度；

$EI$——桩的抗弯刚度。

以上参数除利用桩及地基土的基本参数编程完成外，人们也已将公式中的系数计算结果编制成表，可根据 $\alpha l_0$ 和 $\alpha h$ 查表求得相应数值计算出桩顶柔度系数。

2）桩顶位移的计算

桩基设计中常需检算墩台顶部位移是否在容许的范围内，因而需要求出单桩桩顶在横向力 $Q_i$ 和力矩 $M_i$ 作用下的桩顶位移 $x_i$ 和转角 $\varphi_i$，分别可由桩顶柔度和地面处变位两种方法进行计算。

（1）由桩顶柔度 $\delta_1$、$\delta_2$、$\delta_3$ 计算 $x_i$、$\varphi_i$。当由地面处柔度计算出桩顶的柔度以后，桩顶的位移和转角可直接由桩顶的内力 $Q_i$、$M_i$ 及其桩顶的柔度进行计算，即

$$x_i = \delta_1 Q_i + \delta_3 M_i \tag{3.30a}$$
$$-\varphi_i = \delta_3 Q_i + \delta_2 M_i \tag{3.30b}$$

其中负号表示正的内力产生的转角为负。

（2）由地面处的变位 $x_0$、$\varphi_0$ 计算 $x_i$、$\varphi_i$。当地面处变位 $x_0$、$\varphi_0$ 求出后，也可由地面处变位及桩顶的内力来求出桩顶的变位。以下分桩身截面为等截面、变截面和桩上受有土压力三种情况进行计算

① 自由段 $l_0$ 桩身等截面。图 3.29 为置于非岩石地基中的桩，其露出地面长度为 $l_0$，若桩顶为自由端，其上作用有 $Q$ 及 $M$，顶端的位移可应用叠加原理计算。设桩顶的水平位移为 $x_1$，它是由下列各项组成：桩在地面处的水平位移 $x_0$、地面处转角 $\varphi_0$ 所引起桩顶的水平位移 $\varphi_0 l_0$、桩露出地面段作为悬臂梁桩顶在水平力 $Q$ 作用下产生的水平位移 $x_Q$ 以及在 $M$ 作用下产生的水平位移 $x_m$，即

$$x_1 = x_0 - \varphi_0 l_0 + x_Q + x_m \tag{3.31a}$$

因 $\varphi_0$ 逆时针为正，所以式（3.31a）中用负号。

桩顶转角 $\varphi_1$ 则由地面处的转角 $\varphi_0$、水平力 $Q$ 作用下引起的转角 $\varphi_Q$ 及弯矩作用引起的转角 $\varphi_m$ 组成，即

$$\varphi_1 = \varphi_0 + \varphi_Q + \varphi_m \tag{3.31b}$$

式（3.31a）和式（3.31b）中的 $x_0$ 及 $\varphi_0$ 可按计算所得的 $M_0 = Ql_0 + M$ 及 $Q_0 = Q$

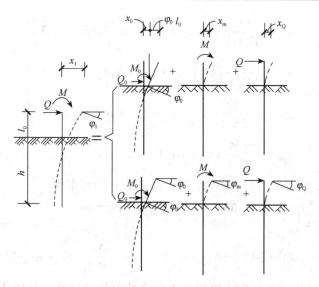

图 3.29　桩顶位移计算

分别代入式（3.25）（此时式中的无量纲系数均用 $Z=0$ 时的数值）求得，即

$$x_0 = \frac{Q}{\alpha^3 EI} A_x + \frac{M+Ql_0}{\alpha^2 EI} B_x \tag{3.32a}$$

$$\varphi_0 = -\left(\frac{Q}{\alpha^2 EI} A_\varphi + \frac{M+Ql_0}{\alpha EI} B_\varphi\right) \tag{3.32b}$$

式（3.31a）及式（3.31b）中的 $x_Q$、$x_m$、$\varphi_Q$、$\varphi_m$ 是把露出段作为下端嵌固、跨度为 $l_0$ 的悬臂梁计算而得，即

$$\left. \begin{array}{cc} x_Q = \dfrac{Ql_0^3}{3EI}, & x_m = \dfrac{Ml_0^2}{2EI} \\[3mm] \varphi_Q = \dfrac{-Ql_0^2}{2EI}, & \varphi_m = \dfrac{-Ml_0}{EI} \end{array} \right\} \tag{3.33}$$

由式（3.32）和式（3.33）算得 $x_0$、$\varphi_0$ 及 $x_Q$、$x_m$、$\varphi_Q$、$\varphi_m$ 代入式（3.31a）和式（3.31b）再经整理归纳，便可写成

$$\left. \begin{array}{l} \Delta = \dfrac{Q}{\alpha^3 EI} A_{x1} + \dfrac{M}{\alpha^2 EI} B_{x1} \\[3mm] \varphi_1 = -\left(\dfrac{Q}{\alpha^2 EI} A_{\varphi1} + \dfrac{M}{\alpha EI} B_{\varphi1}\right) \end{array} \right\} \tag{3.34}$$

式中：$A_{x1}$、$B_{x1} = A_{\varphi1}$、$B_{\varphi1}$——$\bar{h}=\alpha h$ 及 $\bar{l}_0 = \alpha l_0$ 的函数。

对于桩底嵌岩、桩顶为自由端的桩顶位移计算，只要按桩底的边界条件求出土面处（$Z=0$）的 $x_0$、$\varphi_0$，就可得到桩顶水平位移 $\Delta$ 及转角 $\varphi_1$，其中 $x_Q$、$x_m$、$\varphi_Q$、$\varphi_m$ 仍可按式（3.33）计算。

② 自由段 $l_0$ 桩身变截面。如果露出地面部分的桩设为变截面，其上部抗弯刚度为 $E_1 I_1$（直径为 $d_1$，高度为 $h_1$），下部抗弯刚度为 $EI$（直径为 $d$，高度为 $h_2$），设 $n = \dfrac{E_1 I_1}{EI}$，则有

$$x_Q = \frac{Q}{E_1 I_1} \left[ \frac{1}{3} (nh_2^3 + h_1^3) + nh_1 h_2 (h_1 + h_2) \right]$$

$$x_m = \frac{M}{2E_1 I_1} \left[ h_1^2 + nh_2 (2h_1 + h_2) \right]$$

$$\varphi_Q = -\frac{Q}{2E_1 I_1} \left[ h_1^2 + nh_2 (2h_1 + h_2) \right]$$

$$\varphi_m = -\frac{M}{E_1 I_1} (h_1 + nh_2)$$

(3.35)

代入式（3.31a）、式（3.31b）即可计算 $\Delta$ 及 $\varphi_1$，进而可求得

$$\Delta = x_0 - \varphi_0 (h_2 + h_1) + \Delta_0$$

式中

$$\Delta_0 = \frac{H}{E_1 I_1} \left[ \frac{1}{3} (nh_1^3 + h_2^3) + nh_1 h_2 (h_2 + h_1) \right] + \frac{M}{2E_1 I_1} \left[ h_2^2 + nh_1 (2h_2 + h_1) \right] \quad (3.36)$$

③ 桩侧受土压力的单排桩。桩侧受土压力的单排桩计算，其挠曲微分方程的建立和分析同上，同样分为桩底支撑在非岩石类土或基岩面上和桩底嵌固在基岩中两种情况，关键在于如何计算桩在地面或局部冲刷线处的内力，进一步即可求得桩顶的变位。

在桩顶力和土压力作用下（图3.30），桩身在地面或局部冲刷线处截面的剪力 $H_0$ 和弯矩 $M_0$ 为

$$H_0 = H + \frac{1}{2} (q_1 + q_2) h_2 + \frac{1}{2} (q_3 + q_4) h_1 \quad (3.37)$$

$$M_0 = M + H(h_2 + h_1) + \frac{1}{6} h_2 \left[ (2q_1 + q_2) h_2 + 3(q_1 + q_2) h_1 \right] + \frac{1}{6} (2q_3 + q_4) h_1^2$$

(3.38)

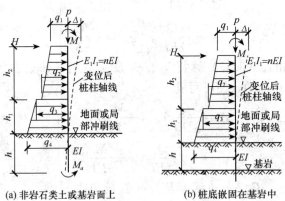

(a) 非岩石类土或基岩面上　　　　(b) 桩底嵌固在基岩中

图3.30　桩身受梯形荷载，桩顶为自由桩底支撑在不同土层的桩顶变位

相应荷载效应下，桩身在地面或局部冲刷线处的变位：

水平位移　　　　　　　$x_0 = H_0 \delta_{HH}^{(0)} + M_0 \delta_{HM}^{(0)}$

转角　　　　　　　　　$\varphi_0 = -(H_0 \delta_{MH}^{(0)} + M_0 \delta_{MM}^{(0)})$

其中 $\delta_{HH}^{(0)}$、$\delta_{MH}^{(0)}$、$\delta_{HM}^{(0)}$、$\delta_{MM}^{(0)}$ 的物理意义及计算方法同前。

桩身地面或局部冲刷线以下深度 $z$ 处桩各截面内力：

弯矩 $\qquad M_Z = \alpha^2 EI \left( x_0 A_3 + \dfrac{\varphi_0}{\alpha} B_3 + \dfrac{M_0}{\alpha^2 EI} C_3 + \dfrac{H_0}{\alpha^3 EI} D_3 \right)$

剪力 $\qquad Q_Z = \alpha^3 EI \left( x_0 A_4 + \dfrac{\varphi_0}{\alpha} B_4 + \dfrac{M_0}{\alpha^2 EI} C_4 + \dfrac{H_0}{\alpha^3 EI} D_4 \right)$

其中 $A_i$、$B_i$、$C_i$、$D_i$（$i=3$，$4$）意义及取值同前。

桩顶的水平位移为

$$\Delta = x_0 - \varphi_0 (h_2 + h_1) + \Delta_0 \qquad (3.39)$$

式中

$$\Delta_0 = \frac{M}{2E_1 I_1} (nh_1^2 + 2nh_1 h_2 + h_2^2) + \frac{H}{3E_1 I_1} (nh_1^3 + 3nh_1^2 h_2 + 3nh_1 h_2^2 + h_2^3)$$

$$+ \frac{1}{120 E_1 I_1} \big[ (11h_2^4 + 40nh_2^3 h_1 + 20nh_2 h_1^3 + 50nh_2^2 h_1^2) q_1$$

$$+ 4(h_2^4 + 10nh_2^2 h_1^2 + 5nh_2^3 h_1 + 5nh_2 h_1^3) q_2 + (11nh_1^4 + 15nh_2 h_1^3) q_3$$

$$+ (4nh_1^4 + 5nh_2 h_1^3) q_4 \big]$$

7. 单桩、单排桩计算步骤及验算要求

综合上述，对单桩及单排桩基础的设计计算，首先应根据上部结构的类型、荷载性质与大小、地质与水文资料、施工条件等情况，初步拟定出桩的直径、桩的根数及排列、承台（或盖梁）的尺寸及其位置等，然后进行如下的计算。

（1）计算各桩桩顶所承受的荷载。

（2）试算桩长。桩在最大冲刷线下的入土深度（桩长的确定），一般情况可根据持力层位置、荷载大小、施工条件等初步确定，通过验算再予以修改；在地基土较单一，桩底端位置不易根据土质判断时，也可根据已知条件用单桩容许承载力公式试算并确定桩长。

（3）验算单桩轴向承载力和桩基的承载力。

（4）确定桩的计算宽度、变形系数及基础构件类型。

（5）计算地面处桩截面的作用力，并验算桩在地面或最大冲刷线的横向位移不大于6cm，然后求算桩身各截面的内力，进行配筋。

（6）桩身截面强度、稳定性及抗裂性验算。

（7）计算桩顶和墩台顶水平位移，并进行验算。

（8）桩侧最大土抗力验算（可参考沉井基础）。

## 3.5.3 单排桩基础算例

1. 基本设计资料

1）水文与地质资料

地基土为中砂，内摩擦角 $\varphi = 38°$；地基土比例系数 $m = 15\,000 \text{kN/m}^4$；地基土承载力的基本容许值 $[f_{a0}] = 370 \text{kPa}$；地基土摩阻力 $q_{ik} = 50 \text{kPa}$；土的饱和容重 $\gamma =$

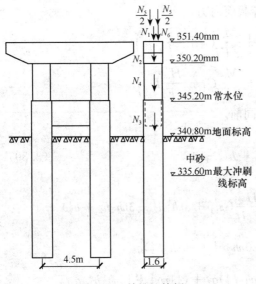

图 3.31 单排桩算例

19.5kN/m³；土的浮容重 $\gamma'=10.8$kN/m³。

2）桩基础尺寸与材料

墩帽顶标高 351.4m，墩柱顶标高为 350.2m，桩顶（常水位）标高为 345.2m，地面标高 340.8m，最大冲刷线标高 335.6m。

下部结构采用安全等级为二级，墩柱直径 1.5m，混凝土强度等级为 C30，桩基础非嵌岩钻孔灌注桩，桩径 1.6m，桩身混凝土材料采用 C25，其受压弹性模量 $E_c=2.8\times10^4$MPa。桩的容重 $\gamma=25$kN/m³。

3）计算荷载

桥墩为单排双柱式，桥面净宽 7m，设计荷载为公路-Ⅱ级，人行荷载为 3.0kN/m²，两侧人行道各宽 1.5m。

上部为 30m 预应力混凝土梁，每一根桩承受荷载为

两跨恒载反力            $N_1=1452.28$kN

盖梁自重反力            $N_2=402$kN

系梁自重反力            $N_3=142.28$kN

一根墩柱（直径 1.5m）自重     $N_4=220.78$kN

桩每延米自重 $q=\dfrac{\pi\times1.6^2}{4}\times15=30.16$（kN）     （已扣除浮力）

两跨活载反力            $N_5=569.60$kN

单跨活载反力            $N_6=415.68$kN

车辆荷载反力已按偏心受压原理考虑横向分布的分配影响。

在顺桥向引起的弯矩       $M=129.65$kN·m

制动力 $T=90$kN，作用点在支座中心，距桩顶距离为 6.367m。

纵向风力：盖梁部分 $W_1=3.45$kN，对桩顶力臂 5.6m；墩身部分 $W_2=2.75$kN，对桩顶力臂 2.5m；桩基础采用旋转钻孔灌注桩基础，为摩擦桩。

2. 计算

1）桩长的计算

由于地基土层单一，用确定单桩容许承载力的公式（见《公桥基规》）反算估算桩长，设该桩埋入最大冲刷线以下深度为 $h$，一般冲刷线下深度为 $h_3$，一根桩受到的全部竖直荷载 $[R_a]$（kN），最大冲刷线以下（入土深度）的桩重的一半作外荷载计算，则

$$[R_a]=\frac{1}{2}u\sum_{i=1}^{n}q_{ik}l_i+A_pq_r=\frac{1}{2}u\sum_{i=1}^{n}q_{ik}l_i+A_p\{m_0\lambda[f_{a0}]+k_2\gamma_2(h-3)\}$$

桩的设计桩径 1.6m，桩周长和面积为

$$u = \pi \times 1.6 = 5.027(\text{m}), \quad A = \frac{\pi(1.6^2)}{4} = 2.011(\text{m}^2),$$

$$\lambda = 0.7, \quad k_2 = 4, \quad \gamma' = 10.8\text{kN/m}^3$$

$$m_0 = 0.7, \quad q_{ik} = 50\text{kPa}$$

所以得

$$[R_a] = \frac{1}{2} u \sum_{i=1}^{n} q_{ik} l_i + A_p q_r = \frac{1}{2} u \sum_{i=1}^{n} q_{ik} l_i + A_p \{m_0 \lambda [f_{a0}] + k_2 \gamma_2 (h-3)\}$$

$$= \frac{1}{2} \times 5.027 \times 50 \times (h-9.6) + 2.011 \times (0.7 \times 0.7 \times 370 + 4$$

$$\times 10.8 \times (h-9.6-3))$$

当两跨活载时

$$P = N_1 + N_2 + N_3 + N_4 + N_5 + l_0 q + \frac{1}{2} qh$$

$$= 1452.28 + 402 + 142.28 + 220.78 + 569.6 + 9.6 \times 30.16$$

$$+ \frac{1}{2} \times 30.16 \times (h-9.6)$$

使 $[R_a] = P$ 解之得 $h = 24.655\text{m}$，其中 9.6m 为最大冲刷线以上的高度。现取 $h = 25\text{m}$ 设计，即最大冲刷线下桩长为 15.4m，由上式验算，可知桩的轴向承载能力满足要求。

2）桩的内力及位移计算

（1）确定桩的计算宽度 $(b_1)$：

$$b_1 = k k_f (d+1) = 1.0 \times 0.9 \times (1.6+1) = 2.34(\text{m})$$

（2）计算桩的变形系数 $(\alpha)$：

$$\alpha = \sqrt[5]{\frac{m b_1}{EI}} = \sqrt[5]{\frac{m b_1}{0.8 E_c I}} = \sqrt[5]{\frac{15\,000 \times 2.34}{0.8 \times 2.8 \times 10^7 \times 0.3217}} = 0.344\,76(\text{m}^{-1})$$

桩的换算深度 $\bar{h} = \alpha h = 0.344\,76 \times 25 = 8.62 \,(>2.5)$，故可以按弹性桩计算。

（3）计算桩顶上外力 $P_i$、$Q_i$、$M_i$ 及最大冲刷线处桩上 $P_0$、$Q_0$、$M_0$。

根据《公桥基地》，恒载安全系数为 1.2，活载系数为 1.4，$\gamma_0 = 1$，则按一跨活载计算的桩顶外力为

$$N_i = \gamma_0 (1.2 \times N_1 + 1.4 \times N_6) = 1.2 \times 1452.28 + 1.4 \times 415.68 = 2324.69(\text{kN})$$

$$H_i = \gamma_0 (T \times 1.4) = 90 \times 1.4 = 126.00(\text{kN})$$

$$M_i = \gamma_0 (M \times 1.4) = 129.65 \times 1.4 = 181.51(\text{kN} \cdot \text{m})$$

换算到最大冲刷线处

$$N_0 = \gamma_0 [N_i + (N_2 + N_3 + N_4 + l_0 \times q) \times 1.2]$$

$$= 2324.69 + (402 + 142.28 + 220.78 + 9.6 \times 30.16) \times 1.2 = 3590.21(\text{kN})$$

$$H_0 = \gamma_0 [H_i + (W_1 + W_2) \times 1.2] = 126.00 + (3.45 + 2.75) \times 1.2$$

$$= 134.68(\text{kN})$$

$$M_0 = \gamma_0 [M_i + (T \times 6.367 + W_1 \times 5.6 + W_2 \times 2.5) \times 1.4]$$

$$= 181.51 + 90 \times (6.367 + 5.2) + 3.45 \times (5.6 + 5.2) + 2.75 \times (5.2 + 2.5) \times 1.4$$

$$= 1720.76 (\text{kN} \cdot \text{m})$$

（4）地面以下深度 $z$ 处桩身截面上的弯矩 $M_z$ 与剪力 $Q_i$。

已知作用于最大冲刷线处的外力为

$$N_0 = 3590.21 \text{kN}, \quad H_0 = 134.68 \text{kN}, \quad M_0 = 1720.76 \text{kN} \cdot \text{m}$$

桩身弯矩 $M_z$

$$M_z = \frac{H_0}{\alpha} A_m + M_0 B_m$$

式中：无量纲系数 $A_m$、$B_m$ 可根据 $\alpha h = 4.0$（$\alpha h > 4.0$）和 $\alpha z$ 由有关表格查取（表 3.15）。其桩身弯矩计算结果示于图 3.32 中。

表 3.15　桩身弯矩 $M_z$ 计算

| $Z/\text{m}$ | $\overline{Z} = \alpha Z$ | $\overline{h} = \alpha h$ | $A_m$ | $B_m$ | $\dfrac{H_0}{\alpha} A_m / (\text{kN} \cdot \text{m})$ | $M_0 B_m / (\text{kN} \cdot \text{m})$ | $M_z / (\text{kN} \cdot \text{m})$ |
|---|---|---|---|---|---|---|---|
| 0.00 | 0 | 4.0 | 0 | 1 | 0 | 1720.76 | 1720.76 |
| 0.29 | 0.1 | 4.0 | 0.099 60 | 0.999 74 | 38.909 | 1720.313 | 1759.22 |
| 0.58 | 0.2 | 4.0 | 0.196 96 | 0.998 06 | 76.942 | 1717.422 | 1794.36 |
| 1.16 | 0.4 | 4.0 | 0.377 39 | 0.986 17 | 147.427 | 1696.962 | 1844.4 |
| 1.74 | 0.6 | 4.0 | 0.529 38 | 0.958 61 | 206.802 | 1649.538 | 1856.34 |
| 2.32 | 0.8 | 4.0 | 0.645 61 | 0.913 24 | 252.207 | 1571.467 | 1823.674 |
| 2.90 | 1 | 4.0 | 0.723 05 | 0.850 89 | 282.458 | 1464.177 | 1746.64 |
| 3.48 | 1.2 | 4.0 | 0.761 83 | 0.774 15 | 297.608 | 1332.126 | 1629.73 |
| 4.06 | 1.4 | 4.0 | 0.764 98 | 0.686 94 | 298.838 | 1182.059 | 1480.90 |
| 4.64 | 1.6 | 4.0 | 0.737 34 | 0.593 73 | 288.041 | 1021.667 | 1309.71 |
| 5.22 | 1.8 | 4.0 | 0.684 88 | 0.498 89 | 267.547 | 858.47 | 1126.02 |
| 5.80 | 2 | 4.0 | 0.614 13 | 0.406 58 | 239.909 | 699.627 | 939.54 |
| 6.38 | 2.2 | 4.0 | 0.531 60 | 0.320 25 | 207.669 | 551.073 | 758.74 |
| 7.54 | 2.6 | 4.0 | 0.354 58 | 0.175 46 | 138.516 | 301.925 | 440.44 |
| 8.70 | 3 | 4.0 | 0.193 05 | 0.075 95 | 75.415 | 130.692 | 206.11 |
| 10.15 | 3.5 | 4.0 | 0.050 81 | 0.013 54 | 19.849 | 23.299 | 43.15 |
| 11.60 | 4 | 4.0 | 0.000 05 | 0.000 09 | 0.020 | 0.155 | 0.17 |

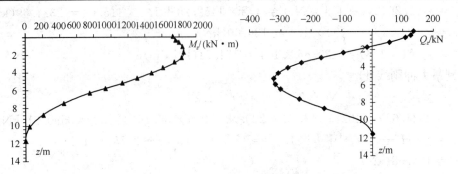

图 3.32　最大冲刷线以下桩身内力分布

根据桩身最大弯矩截面处其剪力为 0，即

$$Q_z = 0, \quad C_q = \frac{\alpha M_0}{Q_0} = \frac{0.344\,76 \times 1720.76}{134.68} = 4.405$$

查附表 2.13 得 $\bar{z} = 0.561\,97$

$$z_{max} = \frac{\bar{z}}{\alpha} = \frac{0.561\,97}{0.344\,76} = 1.630(m)$$

查附表 2.13 得 $K_m = 1.084\,52$

$$M_{max} = M_0 K_0 = 1720.76 \times 1.084\,521 = 1866.20(kN \cdot m)$$

桩身剪力 $Q_z$

$$Q_z = H_0 \cdot A_q + \alpha M_0 B_q$$

其中无量纲系数 $A_q$、$B_q$ 同理可由附表 2.4 和附表 2.8 查取如表 3.16。其桩身剪力结果如图 3.32 所示。

表 3.16 桩身剪力 $Q_z$ 计算

| $Z/m$ | $\bar{Z}=\alpha Z$ | $\bar{h}=\alpha h$ | $A_Q$ | $B_Q$ | $H_0 A_Q/kN$ | $\alpha M_0 B_Q/kN$ | $Q_z/kN$ |
|---|---|---|---|---|---|---|---|
| 0.00 | 0 | 4.0 | 1 | 0 | 134.68 | 0 | 134.68 |
| 0.29 | 0.1 | 4.0 | 0.988 33 | −0.007 53 | 133.108 | −4.467 | 128.64 |
| 0.58 | 0.2 | 4.0 | 0.955 51 | −0.027 95 | 128.688 | −16.581 | 112.11 |
| 1.16 | 0.4 | 4.0 | 0.838 98 | −0.095 54 | 112.994 | −56.679 | 56.31 |
| 1.74 | 0.6 | 4.0 | 0.674 86 | −0.181 91 | 90.890 | −107.918 | −17.03 |
| 2.32 | 0.8 | 4.0 | 0.485 22 | −0.270 87 | 65.349 | −160.693 | −95.34 |
| 2.90 | 1 | 4.0 | 0.289 01 | −0.350 59 | 38.924 | −207.987 | −169.06 |
| 3.48 | 1.2 | 4.0 | 0.101 53 | −0.413 35 | 13.674 | −245.22 | −231.55 |
| 4.06 | 1.4 | 4.0 | −0.065 86 | −0.454 86 | −8.870 | −269.845 | −278.72 |
| 4.64 | 1.6 | 4.0 | −0.205 55 | −0.473 78 | −27.684 | −281.07 | −308.75 |
| 5.22 | 1.8 | 4.0 | −0.313 45 | −0.471 03 | −42.215 | −279.438 | −321.65 |
| 5.80 | 2 | 4.0 | −0.388 39 | −0.449 14 | −52.308 | −266.452 | −318.76 |
| 6.38 | 2.2 | 4.0 | −0.431 74 | −0.411 79 | −58.147 | −244.294 | −302.44 |
| 7.54 | 2.6 | 4.0 | −0.436 51 | −0.307 32 | −58.789 | −182.317 | −241.11 |
| 8.70 | 3 | 4.0 | −0.360 65 | −0.190 52 | −48.572 | −113.026 | −161.60 |
| 10.15 | 3.5 | 4.0 | −0.199 75 | −0.016 72 | −26.902 | −9.919 | −36.82 |
| 11.60 | 4 | 4.0 | −0.000 02 | −0.000 45 | −0.003 | −0.267 | −0.27 |

（5）桩身水平位移。最大冲刷线处水平位移

$$x_z = \frac{H_0}{\alpha^3 EI} A_x + \frac{M_0}{\alpha^2 EI} B_x$$

式中：$A_x$，$B_x$——无量纲系数，此时 $\alpha h=4.0$，$\alpha Z=0$，由附表 2.1 和附表 2.5 查得，$A_x=2.440\,66$，$B_x=1.6210$，即

$$x_0 = \frac{H_0}{\alpha^3 EI} \cdot A_x + \frac{M_0}{\alpha^2 EI} \cdot B_x$$

$$= \frac{134.68}{0.344\ 76^3 \times 0.8 \times 2.8 \times 10^7 \times 0.3217} \times 2.440\ 66$$

$$+ \frac{1720.76}{0.344\ 76^2 \times 0.8 \times 2.8 \times 10^7 \times 0.3217} \times 1.6210$$

$$= 0.004\ 37 = 4.37(\text{mm}) < 6\text{mm}$$

（6）桩顶水平位移。由于露出地面部分为变截面，其柱、桩刚度之比为

$$n = \frac{E_1 I_1}{EI} = \frac{1.5^4}{1.6^4} = 0.7725, \quad \bar{l}_0 = \alpha l = 0.34476 \times 9.4 = 3.2407$$

查附表 2.14 和附表 2.15 可得

$$A_{x1} = 42.709, B_{x1} = 12.548$$

$$\bar{h}_2 = \alpha h_2 = 0.344\ 76 \times (340.8 - 335.6) = 1.7928$$

即

$$A'_{x1} = A_{x1} + \frac{\bar{h}_2^3}{3n}(1-n) = 42.7113 + \frac{1.7928^2}{3 \times 0.7725} \times (1 - 0.7725) = 43.274\ 88$$

$$B'_{x1} = B_{x1} + \frac{\bar{h}_2^2}{2n}(1-n) = 12.548\ 83 + \frac{1.7928^3}{2 \times 0.7725} \times (1 - 0.7725) = 13.021\ 70$$

$$x_1 = \frac{H}{\alpha^3 EI} \cdot A'_{x1} + \frac{M}{\alpha^2 EI} \cdot B'_{x1}$$

$$= \frac{126}{0.344\ 76^3 \times 0.8 \times 2.8 \times 10^7 \times 0.3217} \times 43.2770$$

$$+ \frac{181.51}{0.344\ 76^2 \times 0.8 \times 2.8 \times 10^7 \times 0.3217} \times 13.0222$$

$$= 0.021\ 22(\text{m}) = 21.22\text{mm}$$

（7）配筋计算。桩身弯矩处 $z = 1.630\text{m}$，$M_{\max} = 1866.20\text{kN} \cdot \text{m}$。

如上所述，确定计算轴力时恒载安全系数为 1.2，活载为 1.4，计算轴向力 $N_d$ 为

$$N_d = N_0 + 1.2 \times \left[ \left( \frac{1}{2} \times 30.16 \times 1.63 \right) - \frac{1}{2} q_{ik} \times \pi \times 1.6 \times 1.63 \right]$$

$$= 3590.20 + 1.2 \times \left[ \left( \frac{1}{2} \times 30.16 \times 1.63 \right) - \frac{1}{2} \times 50 \times \pi \times 1.6 \times 1.63 \right]$$

$$= 3373.91(\text{kN} \cdot \text{m})$$

桩内竖向钢筋按配筋率 0.2% 配置时，$A_g = \frac{\pi}{4} \times 1.6^2 \times 0.2\% = 4.02 \times 10^{-3}$（$\text{m}^2$），现

选用 12 根 $\phi 22$（HRB335）钢筋，$A_g = 4.562 \times 10^{-3} \text{m}^2$，$\mu = 0.002\ 27$，$f_{sd} = 280\text{MPa}$。

桩身混凝土强度为 C25，取 $a_g = 0.08\text{m}$，$f_{cd} = 11.5\text{MPa}$，由于桩底支承于非岩石土中，且

$$h = 15.4 > \frac{4.0}{\alpha} = 11.6(\text{m}), \quad e_0 = \frac{M_{\max}}{N_j} = \frac{1866.20}{3373.90} = 0.553(\text{m}), g = \frac{r_s}{r} = \frac{1.6/2 - 0.08}{1.6/2} = 0.9,$$

$$h_0 = r + r_s = 0.8 + (0.8 - 0.008) = 1.592(\text{m}), \quad l_0 = 0.7 \left( 9.6 + \frac{4}{\alpha} \right) = 14.84(\text{m}),$$

因为 $\xi_1 = 0.2 + 2.7\dfrac{e_0}{h_0} = 1.137 > 1$，所以 $\xi_1 = 1$；因为 $\xi_2 = 1.15 - 0.01\dfrac{l_0}{2r} = 1.057 > 1$，所以 $\xi_2 = 1$

$$\eta = 1 + \frac{1}{1400 e_0/h_0}\left(\frac{l_0}{2r}\right)^2 = 1.169$$

且 $\eta e_0 = 1.169 \times 0.553 = 0.646$（m）。

根据公式 $e_0 = \dfrac{Bf_{cd} + B\mu g f_{sd}}{Af_{cd} + C\mu f_{sd}}$，并假定 $\xi = \xi_i$ 进行试算，得出当 $\xi = 0.37$ 时，此时 $A = 0.7780$、$B = 0.5073$、$C = -0.6190$、$D = 1.8494$，按上式得出的 $e_0 = 0.645$m 与实际值 $\eta e_0 = 0.646$m 比较接近，此时

$$N_R = Ar^2 f_{cd} = C\rho r^2 f_{sd}$$

$$= 0.778 \times \left(\frac{1.6}{2}\right)^2 \times 11.5 \times 10^3 + (-0.619) \times 0.002\,27 \times \left(\frac{1.6}{2}\right)^2 \times 280 \times 10^3$$

$$= 5474.28(\text{kN}) > \gamma_0 N_d = 3373.91\text{kN}$$

$$M_R = Br^3 f_{cd} + D\rho r^3 f'_{sd}$$

$$= 0.5073 \times \left(\frac{1.6}{2}\right)^3 \times 11.5 \times 10^3 + 1.8494 \times 0.002\,27 \times \left(\frac{1.6}{2}\right)^3 \times 280 \times 10^3$$

$$= 3528.64(\text{kN} \cdot \text{m}) > \gamma_0 M_d = 1866.20\text{kN} \cdot \text{m}$$

所以，桩身材料足够安全，桩身裂缝宽不进行验算。

# 3.6 群桩基础计算

群桩桩基按承台底面的位置分为高承台桩基、低承台桩基和桥台桩基；按照桩的布置又分为竖直桩基和斜桩桩基。其中竖直桩基在工程中多有使用，在计算中可视为斜桩桩基的特例。

群桩桩基一般均为空间受力结构，其计算图式可简化为桩身部分或全部固着于土中的空间框架。对于结构对称的桩基（至少有一个对称面）如图 3.33 所示，在计算中往往将桩与承台向受力的对称面进行投影，成为平面框架。进行计算求解时，一般视其承台为刚性体，桩为弹性构件。下面从斜桩桩基入手解决桩基的求解问题。

## 3.6.1 高承台桩基

### 1. 带斜桩的高承台桩基

如图 3.34 所示，为了计算群桩在外荷载 $N$、$H$、$M$ 作用下各桩桩顶的 $P_i$、$Q_i$、$M_i$ 的数值，先要求得承台的变位，并确定承台变位与桩顶变位的关系，然后再由桩顶的变位来求得各桩顶受力值。

1）桩与承台的变位关系

假设承台为一绝对刚性体，桩头均嵌固于承台内，第 $i$ 排桩顶距承台底面中心的距离为 $x_i$，其轴向与竖直方向的夹角为 $\alpha_i$，如图 3.34 所示。当承台在外荷载作用下产生

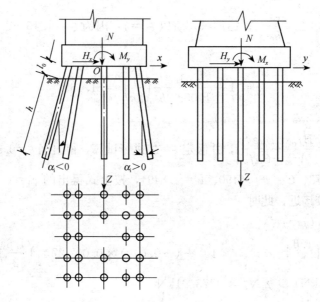

图 3.33　群桩基础

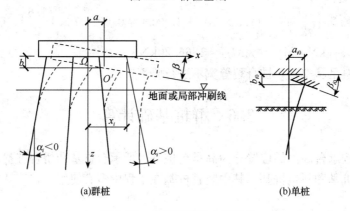

(a)群桩　　　　　　　　　　　(b)单桩

图 3.34　斜桩桩基受力的变位

变位后，各桩顶之间的相对位置不变，各桩桩顶的转角与承台的转角相等。现设承台中心点 $O$ 在外荷载 $N$、$H$、$M$ 作用下，产生横轴向位移 $a$，竖轴向位移 $b$ 及转角 $\beta$（$a$、$b$ 以坐标轴正方向为正，$\beta$ 以顺时针转动为正），则可得第 $i$ 排桩桩顶（与承台联结处）沿 $x$ 轴和 $z$ 轴方向的线位移 $a_{i0}$、$b_{i0}$ 和桩顶的转角 $\beta_{i0}$ 分别为

$$\left.\begin{array}{l} a_{i0} = a \\ b_{i0} = b + x_i\beta \\ \beta_{i0} = \beta \end{array}\right\} \tag{3.40}$$

式中：$x_i$——第 $i$ 排桩桩顶至承台中心的水平距离，m。

第 $i$ 排桩的桩顶轴向位移为

$$\begin{aligned} b_i &= a_{i0}\sin\alpha_i + b_{i0}\cos\alpha_i \\ &= a\sin\alpha_i + (b + x_i\beta)\cos\alpha_i \end{aligned} \tag{3.41a}$$

第 $i$ 排桩的桩顶横轴向位移为

$$a_i = a_{i0}\cos\alpha_i - b_{i0}\sin\alpha_i$$
$$= a\cos\alpha_i - (b + x_i\beta)\sin\alpha_i \tag{3.41b}$$

第 $i$ 排桩的桩顶转角为

$$\beta_i = \beta_{i0} = \beta \tag{3.41c}$$

式中：$\alpha_i$——第 $i$ 排桩桩轴线与竖直线夹角。

2）单桩的桩顶刚度系数

为求解桩基，引入单桩的桩顶刚度系数（图 3.35）$\rho_1$、$\rho_2$、$\rho_3$、$\rho_4$，其物理力学意义如下：

$\rho_1$——第 $i$ 排桩桩顶处仅产生单位轴向位移（即 $b_i=1$、$a_i=0$、$\beta_i=0$）时，桩顶引起的轴向力，kN/m。

$\rho_2$——第 $i$ 排桩桩顶处仅产生单位横轴向位移（即 $b_i=0$、$a_i=1$、$\beta_i=0$）时，桩顶引起的轴向力，kN/m。

$\rho_3$——第 $i$ 排桩桩顶处仅产生单位横轴向位移（即 $b_i=0$、$a_i=1$、$\beta_i=0$）时，桩顶引起的弯矩，kN·m/m；或当桩顶产生单位转角（即 $b_i=0$、$a_i=0$、$\beta_i=1$）时，在桩顶引起的横轴向力，kN/rad。

$\rho_4$——第 $i$ 排桩桩顶处仅产生单位转角（即 $b_i=0$、$a_i=0$、$\beta_i=1$）时，桩顶引起的弯矩，kN·m/rad。

当承台产生变位 $a$、$b$、$\beta$ 时，第 $i$ 排桩桩顶产生的作用力 $P_i$、$Q_i$、$M_i$ 可以表示为

$$\left.\begin{aligned}
P_i &= \rho_1 b_i = \rho_1[a\sin\alpha_i + (b + x_i\beta)\cos\alpha_i] \\
Q_i &= \rho_2 a_i - \rho_3\beta_i = \rho_2[a\cos\alpha_i - (b + x_i\beta)\sin\alpha_i] - \rho_3\beta \\
M_i &= \rho_4\beta_i - \rho_3 a_i = \rho_4\beta_i - \rho_3[a\cos\alpha_i - (b + x_i\beta)\sin\alpha_i]
\end{aligned}\right\} \tag{3.42}$$

由式（3.42）可见，只要解出 $a$、$b$、$\beta$ 及 $\rho_1$、$\rho_2$、$\rho_3$、$\rho_4$ 后，即可求解任意根桩桩顶的 $P_i$、$Q_i$、$M_i$ 值，然后就可以利用单桩的计算方法计算桩的内力与位移。

（1）$\rho_1$ 的计算。桩顶受轴向力 $P$ 而产生的轴向位移包括桩身材料的弹性压缩变形 $\delta_C$ 及桩底处地基土的沉降量 $\delta_K$ 两部分。

当计算桩身弹性压缩变形时应考虑桩侧土的摩阻力影响。对于打入摩擦桩和振动下沉摩擦桩，应考虑由于打入和振动会使桩侧土越往下越挤密，所以可近似地假设桩侧土的摩阻力随深度成三角形分布，如图 3.35（d）所示。对于钻、挖孔桩则假定桩侧土摩

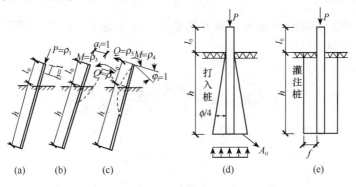

图 3.35　单桩刚度系数示意及 $\rho_1$ 计算图式

阻力在整个入土深度内近似地沿桩身成均匀分布，如图 3.35（e）所示。对于端承桩（柱桩）则不考虑桩侧土的摩阻力的作用。

当桩侧的摩阻力按三角形分布时，设桩底平面 $A_0$ 处的摩阻力为 $\tau_h$，桩身周长为 $U$，桩底承受的荷载与总荷载 $P$ 之比 $\gamma'$，则

$$\tau_h = \frac{2P(1-\gamma')}{Uh}$$

作用于地面以下深度 $z$ 处桩身截面上的轴向力 $P_z$ 为

$$P_z = P - \frac{z^2}{h^2}P(1-\gamma')$$

因此桩身的弹性压缩变形 $\delta_C$ 为

$$
\begin{aligned}
\delta_C &= \frac{Pl_0}{EA} + \frac{1}{EA}\int_0^h P_z \mathrm{d}z \\
&= \frac{Pl_0}{EA} + \frac{P}{EA}h \cdot \frac{2}{3} \cdot \left(1 + \frac{\gamma'}{2}\right) \\
&= \frac{P}{EA}\left[l_0 + \frac{2}{3}h\left(1 + \frac{\gamma'}{2}\right)\right] = \frac{l_0 + \xi h}{EA}P
\end{aligned}
\tag{3.43}
$$

式中：$\xi$——系数，$\xi = \frac{2}{3}\left(1 + \frac{\gamma'}{2}\right)$，摩阻力均匀分布时 $\xi = \frac{1}{2}(1+\gamma')$；

　　　　$A$——桩身截面面积；

　　　　$E$——桩身的受压弹性模量。

桩底平面处地基沉降的计算：对于摩擦桩，假定外力借桩侧土的摩阻力和桩身作用自地面以 $\frac{\varphi}{4}$ 角扩散至桩底平面处 $A_0$ 上（其中 $\varphi$ 为穿过土层的平均内摩擦角），即 $A_0 = \pi\left(\frac{d}{2} + h\tan\frac{\varphi}{4}\right)^2$，如此面积大于以相邻底面中心距 $S$ 为直径所得的面积，即 $A_0 = \frac{\pi}{4}S^2$，则 $A_0$ 采用相邻桩底面中心距为直径所得的面积。对于端承桩，$A_0 = \frac{\pi}{4}S^2$，因此桩底地基土沉降 $\delta_K$ 即为

$$\delta_K = \frac{P}{C_0 A_0}$$

式中：$C_0$——桩底平面的地基土竖向地基系数，$C_0 = m_0 h$，其中比例系数 $m_0$ 按 "$m$" 法规定取用。

因此桩顶的轴向变形为

$$b_i = \delta_0 + \delta_K = \frac{P(l_0 + \xi h)}{EA} + \frac{P}{C_0 A_0}$$

当 $b_i = 1$ 时，求得的 $P$ 值即为 $\rho_1$，即

$$\rho_1 = \frac{1}{\dfrac{l_0 + \xi h}{EA} + \dfrac{1}{C_0 A_0}} \tag{3.44a}$$

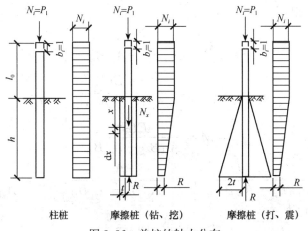

图 3.36 单桩的轴力分布

《公桥基规》规定：$\xi$ 系数对于端承桩时，取 1.0；对于摩擦桩（或摩擦支承管桩），打入或振动下沉时，取 2/3；钻（挖）孔时取 1/2。

(2) $\rho_2$、$\rho_3$、$\rho_4$ 的计算。

① 用桩顶柔度推算。当计算出桩顶的柔度后，桩顶的变位可直接由桩顶的内力 $Q_i$、$M_i$ 求得，即

$$x_i = \delta_1 Q_i + \delta_3 M_i, \quad \varphi_i = \delta_3 Q_i + \delta_2 M_i$$

当桩顶仅产生单位横轴向位移 $x_i = 1$，而转角 $\varphi_i = 0$ 时，将 $Q = \rho_2$、$M_i = -\rho_3$ 代入上式得

$$\delta_1 \rho_2 - \delta_3 \rho_3 = 1, \quad \delta_3 \rho_2 - \delta_2 \rho_3 = 0$$

以上两式联立，可解得

$$\rho_2 = \frac{\delta_2}{\delta_1 \delta_2 - \delta_3^2}, \rho_3 = \frac{\delta_3}{\delta_1 \delta_2 - \delta_3^2} \tag{3.45}$$

同理，当桩顶仅产生单位转角 $\varphi_i = 1$，而横轴向位移 $x_i = 0$ 时，将 $Q_i = -\rho_3$、$M_i = \rho_4$ 代入上式，有

$$\delta_3 \rho_4 - \delta_1 \rho_3 = 0, \quad \delta_2 \rho_4 - \delta_3 \rho_3 = 1$$

可解得

$$\rho_3 = \frac{\delta_3}{\delta_1 \delta_2 - \delta_3^2}, \rho_4 = \frac{\delta_1}{\delta_1 \delta_2 - \delta_3^2} \tag{3.46}$$

式中：$\delta_i$（$i=1,2,3$）——$\alpha l_0$ 及 $\alpha h$ 的函数，可根据桩底的边界条件求得。

② 用桩顶变位推算。从单桩的计算公式中得知桩顶的横轴向位移 $x_1$ 及转角 $\varphi_1$

$$a_i = x_1 = \frac{Q}{\alpha^3 EI} A_{x1} + \frac{M}{\alpha^2 EI} B_{x1}, \quad \beta_i = \varphi_i = \frac{Q}{\alpha^2 EI} A_{\varphi_1} + \frac{M}{\alpha EI} B_{\varphi_1} \tag{3.47}$$

解之得

$$\left. \begin{aligned} Q &= \frac{\alpha^3 EI B_{\varphi_1} a_i - \alpha^2 EI B_{x1} \beta_i}{A_{x1} B_{\varphi_1} - A_{\varphi_1} B_{x1}} \\ M &= \frac{\alpha EI A_{x1} \beta_i - \alpha^2 EI A_{\varphi_1} a_i}{A_{x1} B_{\varphi_1} - A_{\varphi_1} B_{x1}} \end{aligned} \right\} \tag{3.48}$$

当桩顶仅产生单位横轴向位移 $a_i = 1$、转角 $\beta_i = 0$ 及转角 $\beta_i = 1$ 而横轴向位移 $a_i = 0$

时代入式（3.48）得

$$
\left.
\begin{aligned}
\rho_2 = Q &= \frac{\alpha^3 EI B_{\varphi_1}}{A_{x1} B_{\varphi_1} - A_{\varphi_1} B_{x1}} \\
-\rho_3 = M &= \frac{-\alpha^2 EI A_{\varphi_1}}{A_{x1} B_{\varphi_1} - A_{\varphi_1} B_{x1}} \\
\rho_4 = M &= \frac{\alpha EI A_{x1}}{A_{x1} B_{\varphi_1} - A_{\varphi_1} B_{x1}}
\end{aligned}
\right\}
\tag{3.49}
$$

若令 $x_Q = \dfrac{B_{\varphi_1}}{A_{x1} B_{\varphi_1} - A_{\varphi_1} B_{x1}}$，$x_M = \dfrac{A_{\varphi_1}}{A_{x1} B_{\varphi_1} - A_{\varphi_1} B_{x1}}$，$\varphi_M = \dfrac{A_{x1}}{A_{x1} B_{\varphi_1} - A_{\varphi_1} B_{x1}}$，则式（3.49）可以转化为

$$
\left.
\begin{aligned}
\rho_2 &= \alpha^3 EI x_Q \\
\rho_3 &= \alpha^2 EI x_m \\
\rho_4 &= \alpha EI \varphi_m
\end{aligned}
\right\}
\tag{3.50}
$$

式中：$x_Q$，$x_m$，$\varphi_m$——无量纲系数，均是 $\bar{h} = \alpha h$ 及 $\bar{l}_0 = \alpha l_0$ 的函数，可参考本书的附表。当符合下列条件之一时供可查用：①$\alpha h > 2.5$ 的摩擦桩；②$\alpha h \geqslant 3.5$ 的端承桩；③$\alpha h \geqslant 4$ 的嵌岩桩。其他类型的桩，可查阅有关设计手册。

3）群桩刚度系数计算

当承台产生单位横轴向位移时（$a=1$），所有桩顶对承台作用的竖轴向反力之和、横轴向反力之和及反弯矩之和为 $\gamma_{ba}$、$\gamma_{aa}$、$\gamma_{\beta a}$，如图 3.37（a）所示。

$$
\left.
\begin{aligned}
\gamma_{ba} &= \sum_{i=1}^{n} (\rho_1 - \rho_2) \sin\alpha_i \cos\alpha_i \\
\gamma_{aa} &= \sum_{i=1}^{n} (\rho_1 \sin^2\alpha_i + \rho_2 \cos^2\alpha_i) \\
\gamma_{\beta a} &= \sum_{i=1}^{n} \left[ (\rho_1 - \rho_2) x_i \sin\alpha_i \cos\alpha_i - \rho_3 \cos\alpha_i \right]
\end{aligned}
\right\}
\tag{3.51a}
$$

承台产生单位竖向位移时（$b=1$），所有桩顶对承台作用的竖轴向反力之和、横轴向反力之和及反弯矩之和为 $\gamma_{bb}$、$\gamma_{ab}$、$\gamma_{\beta b}$，如图 3.37（b）所示。

$$
\left.
\begin{aligned}
\gamma_{bb} &= \sum_{i=1}^{n} (\rho_1 \cos^2\alpha_i + \rho_2 \sin^2\alpha_i) \\
\gamma_{ab} &= \gamma_{ba} \\
\gamma_{\beta b} &= \sum_{i=1}^{n} \left[ (\rho_1 \cos^2\alpha_i + \rho_2 \sin^2\alpha_i) x_i + \rho_3 \sin\alpha_i \right]
\end{aligned}
\right\}
\tag{3.51b}
$$

承台绕坐标原点产生单位转角时（$\beta=1$），所有桩顶对承台作用的竖轴向反力之和、横轴向反力之和及反弯矩之和为 $\gamma_{b\beta}$、$\gamma_{a\beta}$、$\gamma_{\beta\beta}$，如图 3.37（c）所示。

$$
\left.
\begin{aligned}
\gamma_{b\beta} &= \gamma_{\beta b} \\
\gamma_{a\beta} &= \gamma_{\beta a} \\
\gamma_{\beta\beta} &= \sum_{i=1}^{n} \left[ (\rho_1 \cos^2\alpha_i + \rho_2 \sin^2\alpha_i) x_i^2 + 2x_i \rho_3 \sin\alpha_i + \rho_4 \right]
\end{aligned}
\right\}
\tag{3.51c}
$$

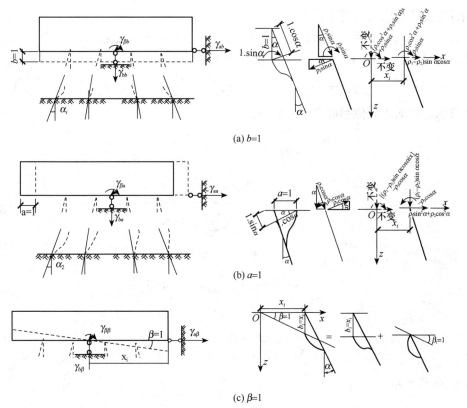

(a) $b=1$

(b) $a=1$

(c) $\beta=1$

图 3.37　群桩刚度系数 $\gamma_{ij}$ 的计算

式中：$n$——桩的根数。

4）承台变位 $a$、$b$、$\beta$ 的计算

当已知群桩的刚度系数后，承台底面变位 $a$、
$b$、$\beta$ 可按结构力学的位移法求解。沿承台底面取
隔离体（图 3.38），承台上作用的荷载应当和各
桩顶（需要时考虑承台侧面土抗力）的反力相
等。按照 $x$、$y$ 方向的力和绕 $O$ 点的力矩平衡即
可列出位移法方程如下

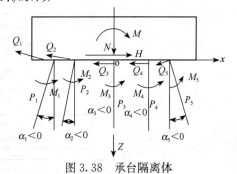

图 3.38　承台隔离体

$$a\gamma_{ba} + b\gamma_{bb} + \beta\gamma_{b\beta} - N = 0 \quad (\sum N = 0)$$
$$a\gamma_{aa} + b\gamma_{ab} + \beta\gamma_{a\beta} - H = 0 \quad (\sum H = 0) \tag{3.52}$$
$$a\gamma_{\beta a} + b\gamma_{\beta b} + \beta\gamma_{\beta\beta} - M = 0 \quad (\sum M = 0)$$

式中：$\gamma_{ba}$，$\gamma_{bb}$，$\gamma_{b\beta}$，…，$\gamma_{\beta\beta}$——上述的桩群刚度系数。

联解式（3.34），可求出 $a$、$b$、$\beta$ 值；按式（3.33）计算桩顶的变位 $a_{0i}$、$b_{0i}$、
$\beta_{0i}$，结合前面求得的 $\rho_1$、$\rho_2$、$\rho_3$、$\rho_4$ 值，由式（3.35）即可求解各桩桩顶所受作用力 $P_i$、
$Q_i$、$M_i$ 的值，然后可按求解单桩的步骤进一步计算出桩身任一截面的内力与变位。

**2. 对称布桩的竖直桩基**

前面讨论了斜桩桩基，工程中钻孔桩一般采用等直径竖直桩，且对称布置，这样以

上的计算公式可以大为简化。

将坐标原点设于承台底面竖向对称轴上，即 $\varphi_i = 0$，则以上各式即可用于求解竖直桩基。此时 $\gamma_{ab} = \gamma_{ba} = \gamma_{b\beta} = \gamma_{\beta b} = 0$，其他各群桩系数可简化为

$$\gamma_{aa} = \sum_{i=1}^{n} \rho_2, \quad \gamma_{bb} = \sum_{i=1}^{n} \rho_1, \quad \gamma_{a\beta} = \gamma_{\beta a} = -\sum_{i=1}^{n} \rho_3, \quad \gamma_{\beta\beta} = \sum_{i=1}^{n} (\rho_1 x_i^2 + \rho_4)$$

则计算承台底面的变位和桩顶内力的公式为

$$\left. \begin{array}{l} b_0 = \dfrac{N}{n\rho_1} \\[3mm] a_0 = \dfrac{\left(n\rho_4 + \rho_1 \sum\limits_{i=1}^{n} x_i^2\right)H + n\rho_3 M}{n\rho_2\left(n\rho_4 + \rho_1 \sum\limits_{i=1}^{n} x_i^2\right) - n^2\rho_3^2} \\[6mm] \beta_0 = \dfrac{n\rho_3 H + n\rho_2 M}{n\rho_2\left(n\rho_4 + \rho_1 \sum\limits_{i=1}^{n} x_i^2\right) - n^2\rho_3^2} \end{array} \right\} \quad (3.53)$$

$$\left. \begin{array}{l} P_i = \rho_1 b_1 = \rho_1(b + x_i\beta) \\[1mm] Q_i = \rho_2 a - \rho_3 \beta \\[1mm] M_i = \rho_4 \beta - \rho_3 a \end{array} \right\} \quad (3.54)$$

**3. 计算程序**

计算程序如图 3.39 所示。

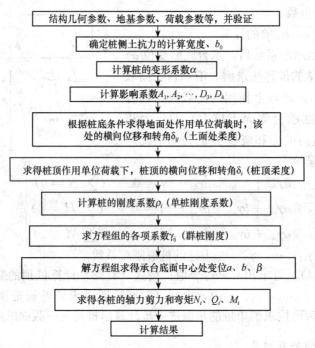

图 3.39 高承台竖直桩基计算程序框图

### 3.6.2 低承台竖直桩基

对高承台桩基础而言，上部结构荷载通过承台传给桩群，再由桩群传至地基。当桩基为低承台时，荷载传递要复杂些。

1. 低承台桩基的受力及计算图式

如图 3.40（a）、（b）所示的低承台摩擦桩基础，当承台及其与桩的连接附合前述构造要求时，可认为承台是刚性的，且桩与承台的连接也视为固接。上部结构荷载及承台和承台上土的自重，可换算为作用于承台底面坐标原点的竖向力 $N$、水平力 $H$ 和力矩 $M$。这些荷载原则上由桩群及承台侧面和底面下的土体共同承受，即如图 3.40（c）所示，全部荷载与各桩的桩顶反力、承台侧面的土抗力和承台底面的土反力保持平衡。但其中台侧土抗力和台底土反力都只有在一定条件下才能稳定可靠地发挥，桥梁工程由于受车辆的反复荷载作用，则在任何情况下都不考虑台底土反力。各桩的桩顶反力包括轴向力 $N_i$、横向力 $Q_i$ 和弯矩 $M_i$。

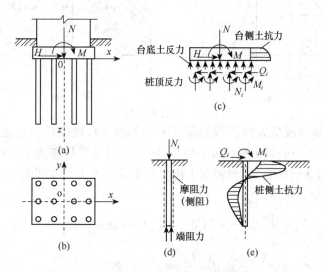

图 3.40　低承台摩擦桩基础的荷载传递

低承台桩基中单桩的计算图式如图 3.41 所示。沿桩身的土抗力地基系数为梯形分布，承台底面以下 $z$ 深度处的地基系数为 $m(h_0+z)$，弹性抗力 $q_y=b_0 m (h_0+z)x$，桩轴的挠曲线微分方程则为

$$\frac{\mathrm{d}^4 x}{\mathrm{d}z^4}=-\frac{mb_0}{EI}(h_0+z)x$$

求该类微分方程的解析解非常困难，为简化计算，将图 3.41 中的梯形地基系数略去其中的 $C_n=mh_n$ 那块梯形，从而桩侧土的地

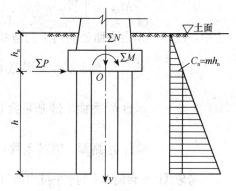

图 3.41　低承台桩基的计算图示

基系数呈三角形分布，这样桩侧土的抗力就与高承台相同，所以无论承台底面位于土面以上或以下，基桩的计算图式是完全相同。

2. 低承台桩基的位移法典型方程

$$\left.\begin{aligned} a\gamma'_{ba} + b\gamma'_{bb} + \beta\gamma'_{b\beta} - N &= 0\\ a\gamma'_{aa} + b\gamma'_{ab} + \beta\gamma'_{a\beta} - H &= 0\\ a\gamma'_{\beta a} + b\gamma'_{\beta b} + \beta\gamma'_{\beta\beta} - M &= 0 \end{aligned}\right\} \qquad (3.55)$$

式中：$\gamma'_{ij}$（$i$，$j = a$、$b$、$\beta$）——承台与桩的总刚度系数，即承台和所有基桩的刚度之和。

3. 总刚度系数 $\gamma'_{ij}$

当承台埋入地面或最大冲刷线以下时（图3.42），承台侧面土的水平抗力与桩和桩侧土共同作用抵抗和平衡水平外荷载的作用。

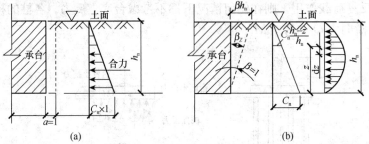

图3.42 承台前侧的土抗力

若承台埋入地面或最大冲刷线的深度 $h_n$，$Z$ 为承台侧面任一点距底面距离（取绝对值）。当承台底面中心发生变位 $a$、$\beta$ 时，则 $Z$ 点对应的位移为 $a + \beta z$（$a$ 为承台底中心的水平位移，$\beta$ 为转角），承台侧面土作用在单位宽度上的水平抗力 $E_x$，其对垂直于 $xOz$ 平面 $x$ 的弯矩 $M_{E_x}$ 为

$$E_x = \int_0^{h_n} (a + \beta z) C \mathrm{d}z = \int_0^{h_n} (a + \beta z)\frac{C_n}{h_n}(h_n - z)\mathrm{d}z$$

$$= a\frac{C_n h_n}{2} + \beta\frac{C_n h_n^2}{6} = aF^c + \beta S^c \qquad (3.56)$$

$$M_{Ex} = \int_0^{h_n} (a + \beta z) C_z \mathrm{d}z = a\frac{C_n h_n^2}{6} + \beta\frac{C_n h_n^3}{12} = aS^c + \beta I^c \qquad (3.57)$$

式中：$C_n$——承台底面处侧向土的地基系数，$kN/m^3$；

$F^c$——承台 $b_1$ 侧面、地基系数 $C$ 图形的面积，$F^c = \dfrac{C_n h_n}{2}$，$m^2$；

$S^c$——承台 $b_1$ 侧面、地基系数 $C$ 图形面积对其底面的面积矩，$S^c = \dfrac{C_n h_n^2}{6}$，$m^3$；

$I^c$——承台 $b_1$ 侧面、地基系数 $C$ 图形面积对其底面的惯性矩，$I^c = \dfrac{C_n h_n^3}{12}$，$m^4$；

考虑低桩承台侧面土的水平抗力参与共同作用时，桩的内力与位移仍可按前述方法计算，只是在单桩的刚度系数计算时取 $l_0 = 0$，另外需要在力系平衡中考虑承台侧土的抗力因素。

因此，式（3.51）中相关项需增加承台侧土抗力相应作用项，即

$$
\left.
\begin{aligned}
\gamma'_{aa} &= \sum_{i=1}^{n} (\rho_1 \sin^2\alpha_i + \rho_2 \cos^2\alpha_i) + b_1 F^c \\
\gamma'_{\beta a} &= \gamma'_{a\beta} = \sum_{i=1}^{n} \left[ (\rho_1 - \rho_2) x_i \sin\alpha_i \cos\alpha_i - \rho_3 \cos\alpha_i \right] + b_1 S^c \\
\gamma'_{\beta\beta} &= \sum_{i=1}^{n} \left[ (\rho_1 \cos^2\alpha_i + \rho_2 \sin^2\alpha_i) x_i^2 + 2 x_i \rho_3 \sin\alpha_i + \rho_4 \right] + b_1 I^c
\end{aligned}
\right\}
\tag{3.58}
$$

其余各参数同高承台桩基计算。

### 3.6.3　桥台桩基

桥台桩基除桩顶承受竖向力、弯矩、剪力外，还应注意桩身上土的侧向荷载以及高填土路基对桥台桩基作用的负摩阻力等荷载影响。

#### 1. 侧向土的荷载

软土地基中，桥头路基填筑易引起下覆软土发生侧向变形，此时的桥台桩将承受来自土体的侧向荷载。另外，路基边坡土体有可能在软土层中形成贯通的滑动面，当最危险滑动面位置深，而桥台桩基又处于滑动体影响范围之内时，滑带以上部分土体的移动或蠕动会对桩基产生相当大的推力，足以使桩基毁坏。滑动面以上部分的桩基处于流动土中间，而滑动面以下的部分处于稳定土中间，此时的桥台桩有类似于抗滑桩的作用，是一种典型的被动桩。桥台桩基的变形和破坏与不稳定土体的变形有关，即土体相对于桩的位移变形是因，桥台桩产生的变形及荷载效应是果。

#### 2. 位移法典型方程

如图 3.43 为桥台桩基受力图式。应考虑桥头路堤填土直接作用于露出地面段桩身 $l_0$ 上的土压力影响，除此之外，它基本上与前述高桩承台桩基础的受力情况一样。所不同之处是图式中外力这一项多出了路堤填土压力 $Q_q$ 及其引起的弯矩 $M_q$，即

$$
\left.
\begin{aligned}
a\gamma_{ba} + b\gamma_{bb} + \beta\gamma_{b\beta} - \left( N + \sum_{i=1}^{n'} Q_q \sin\alpha_i \right) &= 0 \\
a\gamma_{aa} + b\gamma_{ab} + \beta\gamma_{a\beta} - \left( H - \sum_{i=1}^{n'} Q_q \cos\alpha_i \right) &= 0 \\
a\gamma_{\beta a} + b\gamma_{\beta b} + \beta\gamma_{\beta\beta} - \left( M - \sum M_q + \sum_{i=1}^{n'} x_i Q_q \sin\alpha_i \right) &= 0
\end{aligned}
\right\}
\tag{3.59}
$$

式中：$M_q$，$Q_q$——由于土压力作用于桩身露出段 $l_0$ 上而在桩顶（即承台与桩联结处）产生的弯矩与剪力；

$\quad\quad n'$——第 $i$ 排桩承受侧向土压力的桩数。

#### 3. $M_q$、$Q_q$ 的计算

假定桩顶与承台为刚性联结，下端与土的联结为弹性嵌固。如图 3.44 所示，按力

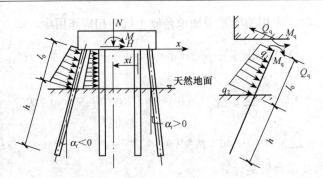

图 3.43　桥台桩基受力图示及正方向示意

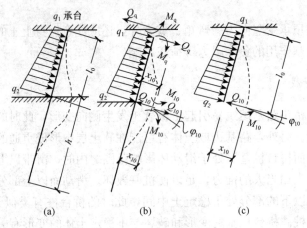

(a)　　　　　　　(b)　　　　　　　(c)

图 3.44　桥台土侧压力计算示意

学原理则有

$$
\left.
\begin{aligned}
M_{l_0} &= M_{\mathrm{q}} + Q_{\mathrm{q}} l_0 + \left( \frac{q_1}{2!} + \frac{q_2 - q_1}{3!} \right) l_0^2 \\
Q_{l_0} &= Q_{\mathrm{q}} + Q_{\mathrm{q}} l_0 + \left( q_1 + \frac{q_2 - q_1}{2!} \right) l_0
\end{aligned}
\right\}
\tag{3.60}
$$

式中：$q_1$，$q_2$——桩顶及地面处作用土压力值，kPa。

由图 3.38（c），按材料力学变位计算及将式（3.60）代入，可得

$$
\left.
\begin{aligned}
x_{l_0} &= \frac{M_{l_0} l_0^2}{2EI} - \frac{Q_{l_0} l_0^3}{3EI} + \frac{11(q_2 - q_1) l_0^4}{120EI} \\
&= \left[ \frac{M_q l_0^2}{2!} + \frac{Q_q l_0^3}{3!} + \frac{q_1 l_0^4}{4!} + \frac{(q_2 - q_1) l_0^4}{5!} \right] \times \frac{1}{EI} \\
\varphi_{l_0} &= \frac{M_{l_0} l_0}{EI} - \frac{Q_{l_0} l_0^2}{2EI} + \frac{q_1 l_0^3}{6EI} + \frac{(q_2 - q_1) l_0^3}{8EI} \\
&= \left[ M_q l_0 + \frac{Q_q l_0^2}{2!} + \frac{q_1 l_0^3}{3!} + \frac{(q_2 - q_1) l_0^3}{4!} \right] \times \frac{1}{EI}
\end{aligned}
\right\}
\tag{3.61a}
$$

桩在地面以下部分，由于地面处作用 $M_{l_0}$、$Q_{l_0}$，则地面处桩的位移根据单桩计算公式可得

$$x_{l_0} = \frac{M_{l_0}}{\alpha^2 EI}B_x + \frac{Q_{l_0}}{\alpha^3 EI}A_x \left.\right\}$$
$$\varphi_{l_0} = \frac{M_{l_0}}{\alpha EI}B_\varphi + \frac{Q_{l_0}}{\alpha^2 EI}A_\varphi$$
(3.61b)

由于桩在土面处是连续的，其上、下两段在此处的变位应相等。根据这一变形的协调条件，把 $x_{l_0}$、$\varphi_{l_0}$ 代入式 (3.61b)，可得

$$\frac{M_q l_0^2}{2!} + \frac{Q_q l_0^3}{3!} + \frac{q_1 l_0^4}{4!} + \frac{(q_2-q_1)l_0^4}{5!} = \frac{M_{l_0}}{\alpha^2}B_x + \frac{Q_{l_0}}{\alpha^3}A_x \left.\right\}$$
$$M_q l_0 + \frac{Q_q l_0^2}{2!} + \frac{q_1 l_0^3}{3!} + \frac{(q_2-q_1)l_0^3}{4!} = \frac{M_{l_0}}{\alpha}B_\varphi + \frac{Q_{l_0}}{\alpha^2}A_\varphi$$
(3.62)

联立方程解之，即得 $M_{l_0}$、$Q_{l_0}$、$M_q$、$Q_q$。

4. 桩顶内力

将 $M_q$、$Q_q$ 代入桥台桩基的位移法方程，求解得到承台底面中心的变位 $a$、$\beta$。根据高承台桩基承台与桩顶的变位关系及单桩桩顶刚度，进一步可求得各桩顶（与承台联结处）的轴向力 $P_i$、横轴向力 $Q_i$、弯矩 $M_i$；对于直接承受土压力的桩，只要再加上土压力产生的 $M_q$、$Q_q$，即得到桩顶的 $M$、$Q$ 为

$$M = M_i + M_q \left.\right\}$$
$$Q = Q_i + Q_q$$
(3.63)

此时，地面处的弯矩和剪力即为

$$M_0 = M_i + Q_0 l_0 + \left(\frac{q_1}{2!} + \frac{q_2-q_1}{3!}\right)l_0^2 = M + Q_0 l_0 + \frac{(q_2+2q_1)}{3!}l_0^2 \left.\right\}$$
$$Q_0 = Q + \left(q_1 + \frac{q_2-q_1}{2!}\right)l_0 = Q + \frac{(q_2+q_1)}{2!}l_0$$
(3.64)

桩身各截面的剪力、弯矩和侧向土抗力等可以按前面所讲的方法进行计算。

# 3.7 桩基础设计计算与验算

桩基设计即进行方案确定、尺寸拟定、基桩计算和验算，然后视所拟定的尺寸判断是否经济合理。基桩的设计即确定桩径与桩长，应综合考虑荷载的大小、土层性质及桩周土阻力状况、桩基类型与结构特点、桩的长径比以及施工设备与技术条件等因素优选确定，力求做到既满足使用要求又造价经济，有效地利用和发挥地基土和桩身材料的承载性能。

### 3.7.1 方案的选择

桩基础方案选择主要是指桩的类型、桩长、桩数、布置及联结形式的确定。

1. 桩径与桩长

桩径与桩长的确定应综合考虑以下因素确定，力求做到既满足使用要求又能最有效

利用和发挥地基土和桩身材料的承载性能，既符合成桩技术的现实水平又能满足工期要求和降低造价。

（1）考虑荷载大小。上部结构传递给基础的荷载大小是控制此桩承载力要求的主要因素。一般情况下，一座桥梁的一个墩台桩基采用相同的桩径，可根据荷载和地层土质条件采用不同直径的基桩，尤其是灌注桩更便于实现。

（2）考虑土层、土质。根据土层的竖向分布特征大体确定桩端持力层，从而确定桩长。桩径的确定，首先要考虑各类桩型的最小直径要求，其次要根据桩土相互作用特性优选桩长、桩径。对于摩擦桩，宜选择具有较大比表面的尺寸（表面积与体积之比），即宜采用细长桩。这是由于桩侧表面积为桩径的一次函数，而桩体积（材料消耗）为桩径的二次函数。因此，摩擦桩不宜采用短粗、大直径桩。对于端承桩持力层强度低于桩身材料强度的情况下，一般应优先考虑采用扩底灌注桩。

（3）考虑桩长与桩径的比值。桩的长径比（$l/d$）主要根据桩身不产生压屈失稳和施工条件确定。按不出现压屈失稳条件确定桩的长径比，一般说来，仅当高承台桩基露出地面的桩长较大，或桩侧土为液化土、超软土的情况下才需要考虑这一问题。

（4）侧阻和端阻的深度效应。在确定桩长时，侧阻力和桩端阻力的深度效应的原理与有关数据使侧阻和端阻能得到有效和合理利用。

桩端进入持力层的深度，一般不宜小于端阻临界深度 $h_{cp}$，对于中、密砂层和砂砾层、硬黏性土持力层可近似取 $h_{cp}=（5\sim10）d$，随砂、砾的密度和黏性土的坚硬程度的提高而增大。桩端离软卧层的距离一般不要小于临界厚度 $t_c$，$t_c$ 可近似为 $h_{cp}$。当桩端持力层较薄时，则应按有关公式验算，使端阻不致因桩端进入持力层过浅或桩端以下硬层过薄而导致承载力明显降低或发生冲剪破坏。

对于摩擦桩，其入土最小深度不宜小于侧阻的临界深度 $h_{cs}$，$h_{cs}$ 可近似取 5m。

对于打入挤土桩，在考虑侧阻和端阻临界深度的同时，尚应考虑贯入硬层深度的可能性。

### 2. 基桩的根数及其在平面的布置

#### 1）桩的根数估算

基础所需桩的根数可根据承台底面上的竖向荷载和单桩容许承载力估算为

$$n = \mu \frac{N}{[P]} \tag{3.65}$$

式中：$n$——桩的根数；

$N$——作用在承台底面上的竖向荷载，kN；

$[P]$——单桩容许承载力，kN；

$\mu$——考虑偏心荷载时各桩受力不均而适当增加桩数的经验系数（可取 $\mu=1.1\sim$
1.2）。

估算的桩数是否合适，要在验算各桩的受力状况后验证确定。

桩数的确定理应还需考虑满足桩基础水平承载力要求的问题。若有水平静载试验资料，可用各单桩水平承载力之和作为桩基础的水平承载力（为偏安全考虑）来验核按

式 (3.65)估算的桩数。但一般情况下，桩基水平承载力是由基桩的材料强度所控制，可对基桩的结构强度设计（如钢筋混凝土桩的配筋设计与截面强度验算）来满足。

此外，桩数的确定与承台尺寸、桩长和桩的间距的确定相关联，确定时应综合考虑。

2）桩的间距确定

考虑桩与桩侧土的共同作用条件和施工的需要，对桩轴线中心距离（桩间距）应有一定的要求。

钻（挖）孔灌注桩的摩擦桩中心距不得小于2.5倍成孔直径，支承或嵌固在岩层的柱桩中心距不得小于2倍成孔直径（矩形桩为边长），桩的最大中心距一般不超过5～6倍桩径。打入桩的中心距不应小于桩径（或边长）的3倍，在软土地区尚宜适当增加。如设有斜桩，桩的中心距在桩底处不应小于3倍，在承台底面不小于桩径的1.5倍；若用振动沉入砂土内的桩，在桩底处的中心距不应小于桩径的4倍。

管桩的中心距一般为管桩外径的2～3倍（摩擦桩）或2倍（柱桩）。

为了避免承台边缘距桩身过近而发生破裂，并考虑桩顶位置允许偏差，边桩外侧到承台边缘的距离，对于桩径小于或等于1m的桩不应小于0.5倍桩径，且不小于0.25m；对于桩径大于1m的桩不应小于0.3倍桩径，并不小于0.5m（盖梁不受此限）。

3）桩的平面布置

桩数确定后，可根据桩受力情况选用单排桩桩基或多排桩桩基。多排桩的排列形式常采用行列式和梅花式。对相同的承台底面积，后者可排列较多的基桩；而前者有利于施工。

桩基中基桩的平面布置，除满足最小桩间距等构造要求外，还应考虑基桩布置对桩基受力有利。为使各桩受力均匀，充分发挥每根桩的承载能力，设计布置时应尽可能使桩群横截面的重心与荷载合力作用点重合或接近，通常桥墩桩基础中基桩采取对称布置，而桥台多排桩基础视受力情况在纵桥向采用非对称布置。当作用于桩基的弯矩较大时，宜尽量将桩布置在远离承台形心或合力作用点位置，以提高桩基的抗弯能力。

此外，基桩布置还应考虑使承台受力较为有利，如桩柱式墩台应尽量使墩柱轴线与基桩轴线重合，盖梁式承台的桩柱布置应使盖梁发生的正负弯矩接近或相等，以减少承台所承受的弯曲应力。

### 3.7.2　群桩承载能力的确定及验算

在桩基设计中，不仅要检算单桩承载力，也要对整个桩基的承载能力进行验算，以保证其承载力和沉降都能满足要求。

1. 群桩工作原理

单桩的受力有摩擦桩和柱桩之分，群桩的受力状态与单桩的受力类型有密切关系。对于柱桩桩基，由于桩底的压面积很小，各桩单独作用，可认为群桩的承载能力为各单桩的承载力之和，其沉降也几乎与单桩相同。而摩擦桩的桩基则不同，单桩由于侧摩阻作用使群桩中的各桩在桩尖处的作用面积相互重叠，使基底的应力叠加，群桩基础的沉降也比单桩的大，这种现象称为群桩共同作用。

经过大量的试验证明，当摩擦桩的桩基中桩间距大于 6 倍桩径时，重叠现象影响较小，可以认为此时的群桩的竖向容许承载能力为各单桩的容许承载力之和；当桩间距小于 3 倍桩径时，重叠将特别严重。因此，当桩间距小于 6 倍桩径时，除需要减算单桩容许承载力之外，还必须考虑群桩作用的影响，进一步检算群桩的承载能力和沉降。

2. 群桩承载能力

对于多排摩擦桩桩基，在桩端平面内桩距小于 6 倍桩径时，群桩可作为整体基础验算桩端处地基土的承载力。对于摩擦桩组成的桩基，作为整体验算时可将其视为如图 3.45 中的 acde 范围内的实体基础进行计算。

（1）当轴心受压时，

$$p = \overline{\gamma} l + \gamma h + \frac{BL\gamma h}{A} + \frac{N}{A} \leqslant [f_a] \tag{3.66a}$$

（2）当偏心受压时，除满足式（3.66a）外，尚应满足下列条件

$$p_{max} = \overline{\gamma} l + \gamma h - \frac{BL\gamma h}{A} + \frac{N}{A}\left(1 + \frac{eA}{W}\right) \leqslant \gamma_R [f_a] \tag{3.66b}$$

式中

$$A = a \times b$$

当桩的斜度 $\alpha \leqslant \dfrac{\overline{\varphi}}{4}$ 时

$$a = L_0 + d + 2l\tan\frac{\overline{\varphi}}{4}, \quad b = B_0 + d + 2l\tan\frac{\overline{\varphi}}{4}$$

当桩的斜度 $\varphi > \dfrac{\alpha}{4}$ 时

$$a = L_0 + d + 2l\tan\varphi, \quad b = B_0 + d + 2l\tan\varphi, \quad \overline{\varphi} = \frac{\varphi_1 l_1 + \varphi_2 l_2 + \cdots + \varphi_n l_n}{l}$$

式中：$p$, $p_{max}$——桩端平面处的平均压应力、最大压应力，kPa；

$\overline{\gamma}$——承台底面包括桩的重力在内至桩端平面土的平均容重，kN/m³；

$l$——桩的深度，m；

$\gamma$——承台底面以上土的重度，kN/m³；

$L$——承台长度，m；

$B$——承台宽度，m；

$N$——作用于承台底面合力的竖向分力，kN；

$A$——假想的实体基础在桩端平面处的计算面积，m²；

$a$, $b$——假想的实体基础在桩端平面处的计算宽度和长度，m；

$L_0$——外围桩中心围成矩形轮廓的长度，m；

$B_0$——外围桩中心围成矩形轮廓的宽度，m；

$d$——桩的直径，m；

$W$——假想实体基础在桩端截面抵抗矩，m³；

$e$——作用于承台底面合力的竖向分力对桩端平面处计算面积重心轴的偏心矩，m；

$\overline{\varphi}$——基桩所穿过土层的平均土内摩擦角，（°）；

$\varphi_1 l_1$，$\varphi_2 l_2$，$\cdots$，$\varphi_n l_n$——各层土的内摩擦角与相应土层厚度的乘积；

$[f_a]$——修正后桩端土的承载力容许值，kPa；

$\gamma_R$——抗力系数。

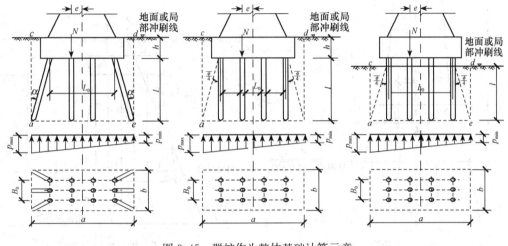

图 3.45 群桩作为整体基础计算示意

### 3. 墩顶水平位移的验算

由于桩基在荷载作用下发生变位，这样会对桥墩或桥台的顶面位移产生影响，如图 3.46 所示。对于轻型的桥墩而言，墩顶位移是桥梁墩台验算的一项重要指标。如果桩基由于承台底面变位 $a$、$\beta$，则由此引起的墩顶位移为

$$\Delta_1 = a + \beta h \tag{3.67}$$

式中：$a$，$\beta$——承台底面发生的水平位移（m）和转角（°）；

$h$——从承台底面计算至墩顶的距离，m。

对于桥梁墩台而言，其顶面的总位移规范要求不大于 $5\sqrt{L}$（mm），其中 $L$ 为墩台相邻桥孔的跨度（m），不等跨时取小跨，小于 25m 时取 25m。

### 4. 地基的沉降验算

通常在以下四种情况应进行桩基的沉降验算（图 3.47）。

（1）非岩石地基且上部为超静定结构。

（2）相邻墩台下地基土有显著不同，或相邻两孔的跨度相差较大。

（3）跨线桥的净空高度需要预先考虑沉降。

（4）基底的地基土为湿陷性黄土或软土。

在进行地基沉降的验算时，基础沉降值的计算方法采用土力学中的分层总和法（图 3.47），沉降的计算分为沉降值和沉降差，其结果不要超出规范要求。基础的沉

降值不应大于 $20\sqrt{L}$（mm），沉降差不大于应 $10\sqrt{L}$（mm）。$L$ 的意义同前。

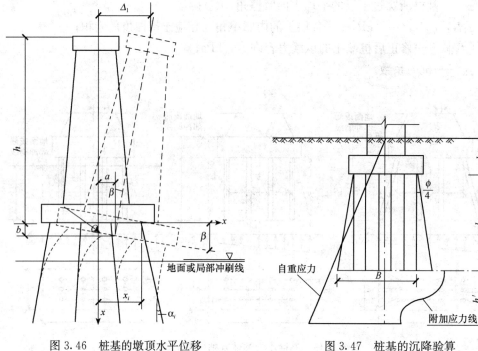

图 3.46　桩基的墩顶水平位移　　　　　　图 3.47　桩基的沉降验算

### 3.7.3　单桩承载能力验算

#### 1. 单桩轴向承载能力

（1）按地基土的支承力确定和验算单桩轴向承载力。目前通常仍采用单一系数即容许应力法进行验算。首先根据地质资料确定单桩轴向容许承载力，对于一般性桥梁和结构物，或在各种工程的初步设计阶段可按经验（规范）公式计算；对于大型、重要桥梁或复杂地基条件还应通过静载试验或其他方法，并作详细分析比较，较准确合理地确定。随后，验算单桩容许承载力，应以最不利荷载组合计算处受轴向力最大的一根桩进行验算。

（2）按桩身材料强度确定和验算单桩承载力。验算时把桩作为一根压弯构件，以承载能力极限状态，采用效应基本组合和偶然组合验算结构构件自身承载能力及稳定性。

#### 2. 单桩横向承载能力

当有水平静载试验资料时可以直接验算桩的水平容许承载是否满足地面处水平力作用；一般情况下桩身还作用有弯矩，或无水平静载试验资料时，均应验算桩身截面强度。

#### 3. 单桩水平位移验算

现行规范未直接提及桩的水平位移验算，但在规范选用非岩石类土的 $m$ 值和 $m_0$ 值时，基础在地面处位移最大值不应超过 6mm，当位移较大时，应适当降低。在荷载作用下墩台水平位移值的大小，除了与墩台本身受力变形有关外，还取决桩的水平位移及转角，因此墩台顶水平位移验算包含对单桩水平位移验算。

对于单桩，当承载能力验算满足之后，为满足耐久性设计的需要，则还应进一步验算其稳定性和桩的抗裂性（裂缝宽度），具体方法可参考钢筋混凝土设计原理的相关内容。

### 3.7.4 承台验算

承台是桩基础的一个重要组成部分，承台应有足够的强度和刚度，以便把上部结构的荷载传递给各桩，并将各单桩联结成整体。

承台设计包括承台材料、形状、高度、底面标高和平面尺寸确定及强度验算。

承台按极限状态设计，一般进行局部受压、抗冲剪、抗弯和抗剪强度验算。

1. 承台底面单桩竖向力

按《公桥基规》规定承台底面单桩竖向力（图 3.48）设计值为

$$N_{id} = \frac{F_d}{n} \pm \frac{M_{xd}y_i}{\sum y_i^2} \pm \frac{M_{yd}x_i}{\sum x_i^2} \tag{3.68}$$

式中：$N_{id}$——第 $i$ 根桩的单桩竖向力设计值，kN；

$F_d$——由承台底面以上的作用（或荷载）产生的竖向力组合设计值，kN；

$M_{xd}$，$M_{yd}$——由承台底面以上作用产生的绕通过桩群形心的 $x$ 轴、$y$ 轴的弯矩组合设计值，kN · m；

$n$——承台下面桩的总根数；

$x_i$，$y_i$——第 $i$ 排桩中心至 $y$ 轴、$x$ 轴的距离，mm。

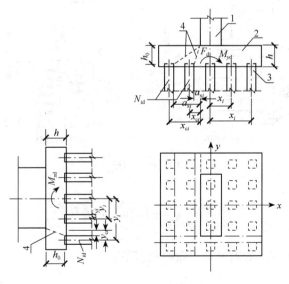

图 3.48 桩基承台计算

1. 墩身；2. 承台；3. 桩；4. 剪切破坏斜截面

另外，式（3.68）为单桩竖向力设计值计算简化公式，与精确算法比较，偏差仅在5%以内。对于特大桥、大桥的承台，特别是在强大水平力如地震作用的影响下，更应用精确算法核对。

2. 桩顶处的局部受压

桩顶作用于承台混凝土的压力（图 3.49），如不考虑桩身与承台混凝土间的黏着力，局部承压按下式

$$\gamma_0 F_{ld} \leqslant 0.9(\eta_s \beta f_{cd} + k \rho_v \beta_{cor} f_{sd}) A_{ln} \tag{3.69}$$

$$\beta_{cor} = \sqrt{\frac{A_{cor}}{A_l}}$$

式中：$\rho_v$——间接钢筋体积配筋率（即核心面积 $A_{cor}$ 范围内单位混凝土体积所含间接的体积）。

$\beta_{cor}$——配置间接钢筋时局部抗压承载能力提高系数（当 $A_{cor} > A_b$ 时，应取 $A_{cor} = A_b$）；

$k$——间接钢筋影响系数（混凝土强度等级 C50 及以下时，取 $k = 2.0$，C50～C80 取 $k = 2.0 \sim 1.70$，中间值直线插入取用）；

$A_{cor}$——方格网或螺旋形间接钢筋内表面范围内的混凝土核芯面积（其重心应与 $A_l$ 的重心相重合，计算时按同心、对称原则取值），$\text{mm}^2$；

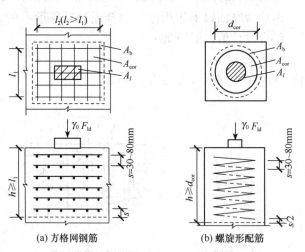

(a) 方格网钢筋　　　　(b) 螺旋形配筋

图 3.49　局部承压计算

方格网

$$\rho_v = \frac{n_1 A_{s1} l_1 + n_2 A_{s2} l_2}{A_{cor} s} \tag{3.70a}$$

此时，在钢筋网两个方向的钢筋截面面积相差不应大于 50%。

螺旋筋

$$\rho_v = \frac{4 A_{ss1} l_1}{d_{cor} s} \tag{3.70b}$$

式中：$n_1$，$A_{s1}$——方格网沿 $l_1$ 方向的钢筋根数、单根钢筋的截面面积，$mm^2$；

$\quad\quad\quad$ $n_2$，$A_{s2}$——方格网沿 $l_z$ 方向的钢筋根数、单根钢筋的截面面积，$mm^2$；

$\quad\quad\quad$ $A_{ss1}$——单根螺旋形间接钢筋的截面面积，$mm^2$；

$\quad\quad\quad$ $d_{cor}$——螺旋形间接钢筋内表面范围内混凝土核芯的直径，mm；

$\quad\quad\quad$ $s$——方格网或螺旋形间接钢筋的层距，mm。

### 3. 对承台的冲切作用

#### 1）柱或墩台向下冲切

破坏锥体应采用自柱或墩台边缘至相应柱顶边缘连线构成的锥体；桩顶位于承台顶面以下一倍有效高度 $h_0$ 处。锥体斜面与水平面的夹角，不应小于 45°，当小于 45°时，取用 45°。

柱或墩台向下冲切承台的冲切承载力为

$$\gamma_0 F_{ld} \leqslant 0.6 f_{td} h_0 \left[ 2\alpha_{px}(b_y + a_y) + 2\alpha_{py}(b_x + a_x) \right] \tag{3.71}$$

$$\alpha_{px} = \frac{1.2}{\lambda_x + 0.2}, \quad \alpha_{py} = \frac{1.2}{\lambda_y + 0.2}$$

式中：$F_{ld}$——作用于冲切破坏锥体上的冲切力设计值（可取柱或墩台的竖向力设计值减去锥体范围内桩的反力设计值），kN；

$\quad\quad\quad$ $b_x$，$b_y$——柱或墩台作用面积的边长 [图 3.50 (a)]，mm；

$\quad\quad\quad$ $a_x$，$a_y$——冲跨，冲切破坏锥体侧面顶边与底边间的水平距离（即柱或墩台边缘到柱边缘的水平距离，其值不应大于 $h_0$ [图 3.50 (a)]），mm；

$\quad\quad\quad$ $\lambda_x$，$\lambda_y$——冲跨比（$\lambda_x = a_x/h_0$，$\lambda_y = a_y/h_0$，当 $a_x < 0.2h_0$ 或 $a_y < 0.2h_0$ 时，取 $a_x = 0.2h_0$ 或 $a_y = 0.2h_0$）；

$\quad\quad\quad$ $\alpha_{px}$，$\alpha_{py}$——与冲跨比 $\lambda_x$、$\lambda_y$ 对应的冲切承载力系数；

$\quad\quad\quad$ $f_{td}$——混凝土轴心抗拉强度设计值，MPa。

#### 2）桩和墩台对承台的冲切

破坏锥体以外的角桩和边桩，其向上冲切承台的冲切承载力按下列公式计算。

（1）角桩

$$\gamma_0 F_{ld} \leqslant 0.6 f_{td} h_0 \left[ \alpha'_{px} \left( b_y + \frac{a_y}{2} \right) + \alpha'_{py} \left( b_x + \frac{a_x}{2} \right) \right] \tag{3.72}$$

$$\alpha'_{px} = \frac{0.8}{\lambda_x + 0.2}, \quad \alpha'_{py} = \frac{0.8}{\lambda_y + 0.2}$$

式中：$F_{ld}$——角桩竖向力设计值，kN；

$\quad\quad\quad$ $b_x$，$b_y$——承台边缘至桩内边缘的水平距离 [图 3.50 (b)]，mm；

$\quad\quad\quad$ $a_x$，$a_y$——冲跨，为桩边缘至相应柱或墩台边缘的水平距离（其值不大于 $h_0$）[图 3.50 (b)]，mm；

$\quad\quad\quad$ $\lambda_x$，$\lambda_y$——冲跨比（$\lambda_x = a_x/h_0$，$\lambda_y = a_x/h_0$，当 $a_x < 0.2h_0$ 或 $a_y < 0.2h_0$ 时，取 $a_x = 0.2h_0$ 或 $a_y = 0.2h_0$）；

$\quad\quad\quad$ $\alpha'_{px}$，$\alpha'_{py}$——与冲跨比 $\lambda_x$、$\lambda_y$ 对应的冲切承载力系数。

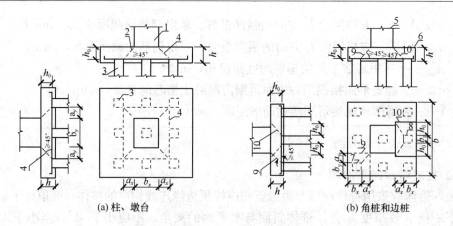

图 3.50　冲切破坏锥体

1. 柱、墩台；2. 承台；3. 桩；4. 破坏锥体；5. 柱、墩台；

6. 承台；7. 角桩；8. 边桩；9. 角桩锥体；10. 边桩锥体；

（2）边桩，当 $b_p + 2h_0 \leqslant b$ 时，

$$\gamma_0 F_{ld} \leqslant 0.6 f_{td} h_0 [a'_{px}(b_p + h_0) + 0.667 \times (2b_x + a_x)] \quad (3.73)$$

式中：$F_{ld}$——边桩竖向力设计值，kN；

$b_x$——承台边缘至桩内边缘的水平距离，mm；

$b_p$——冲跨，为桩边缘至相应柱或墩台边缘的水平距离（其值不应大于 $h_0$）

　　　　［图 3.50（b）］，mm；

$a_x$——冲跨，为桩边缘至相应柱或墩台边缘的水平距离（其值不应大于 $h_0$），mm。

4. 承台的斜截面抗剪

$$\gamma_0 V_d \leqslant \frac{0.9 \times 10^{-4}(2 + 0.6P)\sqrt{f_{cu,k}}}{m} b_s h_0 \quad (\text{kN}) \quad (3.74)$$

式中：$V_d$——由承台悬臂下面桩的竖向力设计值产生的计算斜截面以外各排桩最大剪

　　　　力设计值的总和（每排桩的竖向力设计值，取其中一根最大值乘以该桩

　　　　的根数），kN；

$f_{cu,k}$——边长为 150mm 的混凝土立方体抗压强度标准值，MPa；

$P$——斜截面内纵向受拉钢筋的配筋百分率（$P = 100\rho$，$\rho = A_s/bh_0$，当 $P > 2.5$

　　　　时，取 $P = 2.5$，其中 $A_s$ 为承台截面计算宽度内纵向受拉钢筋截面面积，

　　　　$mm^2$）［图 3.50（b）］；

$m$——剪跨比（$m = a_{xi}/h_0$ 或 $m = a_{yi}/h_0$，当 $m < 0.5$ 时，取 $m = 0.5$，其中 $a_{xi}$ 和

　　　　$a_{yi}$ 分别为沿 $x$ 轴和 $y$ 轴墩台边缘至计算斜截面外侧第 $i$ 排桩边缘的距离，

　　　　当为圆形截面桩时，可换算为边长等于 0.8 倍圆柱直径的方形截面桩）；

$h_0$——承台有效高度，mm；

$b_s$——承台计算宽度，mm。

（1）当桩中距不大于 3 倍桩边长或桩直径时，取承台全宽。

（2）当桩中距大于 3 倍桩边长或桩直径时

$$b_s = 2a + 3D(n-1) \tag{3.75}$$

式中：$b_s$——承台截面计算宽度，mm；

　　　$a$——平行于计算截面的边桩中心距承台边缘的距离，mm；

　　　$D$——桩边长或桩直径，mm；

　　　$n$——平行于计算截面的桩的根数。

当承台的同方向可作出多个斜截面破坏面时，应分别对每个斜截面进行抗剪承载能力计算。

### 5. 承台的抗压承载力和系杆的抗拉承载力

当外排桩中心距墩台身边缘等于或小于承台高度时，承台短悬臂可按"撑杆-系杆体系"计算撑杆的抗压承载力和系杆的抗拉承载力（图 3.51）。

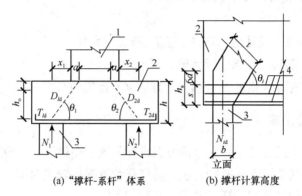

(a) "撑杆-系杆"体系　　　　(b) 撑杆计算高度

图 3.51　承台按"撑杆-系杆体系"计算

1. 柱或墩台；2. 承台；3. 桩；4. 系杆钢筋

1）撑杆抗压承载力

撑杆抗压承载力可按下列规定计算。

$$\gamma_0 D_{id} \leqslant t b_s f_{cd,s} \tag{3.76}$$

$$f_{cd,s} = \frac{f_{cu,k}}{1.43 + 304\varepsilon_1} \leqslant 0.48 f_{cu,k} \tag{3.77}$$

式中

$$\varepsilon_1 = \left( \frac{T_{id}}{A_s E_s} + 0.002 \right) \cot^2 \theta_i$$

$$t = b\sin\theta_i + h_a \cos\theta_i, \quad h_a = s + 6d$$

式中：$D_{id}$——撑杆压力设计值 [包括 $D_{1d} = N_{1d}/\sin\theta_1$，$D_{2d} = N_{2d}/\sin\theta_2$，其中 $N_{1d}$ 和 $N_{2d}$ 分别为承台悬臂下面 "1" 排桩和 "2" 排桩内该排桩的根数乘以该排桩中最大单桩竖向力设计值，单桩竖向力按式（3.72）计算；按式（3.76）计算撑杆抗压承载力时，式中 $D_{id}$ 取 $D_{1d}$ 和 $D_{2d}$ 两者较大者]，kN；

　　　$f_{cu,s}$——撑杆混凝土轴线抗压强度设计值，MPa；

　　　$t$——撑杆计算高度，mm；

　　　$b_s$——撑杆计算宽度，mm；

　　　$b$——桩的支撑宽度（方形截面桩取截面边长，圆形截面桩取直径的 0.8 倍），mm；

$f_{cu,k}$——边长为 150mm 的混凝土立方米抗压强度标准值，MPa；

$T_{id}$——与撑杆相应的系杆拉力设计值（包括 $T_{1d}=N_{1d}/\tan\theta_1$，$T_{2d}=N_{2d}/\tan\theta_2$），kN；

$A_s$——在撑杆计算宽度 $b_s$（系杆计算宽度）范围内系杆钢筋截面面积，$mm^2$；

$s$——系杆钢筋的顶层钢筋中心至承台底的距离，mm；

$d$——系杆钢筋直径（当采用不同直径的钢筋时，$d$ 取加权平均值），mm；

$\theta_i$——撑杆压力线与系杆拉力线的夹角（包括 $\theta_1=\arctan\dfrac{h_0}{a+x_1}$，$\theta_2=\arctan\dfrac{h_0}{a+x_2}$，

其中 $h_0$ 为承台有效高度；$a$ 为撑杆压力线在承台顶面的作用点至墩台边缘的距离，取 $a=0.15h_0$；$x_1$ 和 $x_2$ 为桩中心至墩台边缘的距离）。

2）系杆抗拉承载力可按下列规定计算

$$\gamma_0 T_{id} \leqslant f_{sd} A_s \tag{3.78}$$

式中：$T_{id}$——系杆拉力设计值（取 $T_{1d}$ 与 $T_{2d}$ 两者较大者），kN；

$f_{sd}$——撑杆钢筋抗拉强度设计值，MPa；

$A_s$——在撑杆计算宽度 $b_s$（系杆计算宽度）范围内系杆钢筋截面面积，$mm^2$。

### 3.7.5 桩基的设计步骤

桩基设计是一个系统工作，它包括方案设计与施工图设计。为取得良好的技术与经济效果，通常（尤其是对大桥或特大桥）需作几种方案比较或对拟定方案修正使施工图设计成为方案设计的实施与保证。其设计步骤如下：

（1）现场勘察与试验，勘察报告与设计资料的综合分析。

（2）桩基础持力层的几种方案确定。

（3）基桩类型的几种方案和桩的尺寸、构造及施工工艺确定。

（4）单桩容许承载力确定。

（5）桩基础形式及承台尺寸、标高和计算承台底面作用力确定。

（6）桩数和平面布置计算和参数确定。

（7）桩顶作用力计算，地面处位移 $x_0$ 验算，桩身内力计算，若不能满足，重新拟定桩数和平面布置计算和参数确定。

（8）验算单桩承载力，若不能满足，重新拟定桩数和平面布置计算和参数确定。

（9）验算群桩基础承载力，必要时验算群桩基础沉降，若不能满足，重新拟定桩数和平面布置计算和确定参数。

（10）桩身强度设计（配筋）。

（11）验算桩身强度、稳定性、裂缝宽度及桩顶或墩台顶水平位移，若不能满足，重新拟定基桩类型的几种方案和桩的尺寸、构造及施工工艺。

（12）承台结构强度计算与校核，已确定的形式和尺寸能否满足要求。

（13）几种方案的技术经济比较，能否作出最优选择，若不能满足，重新进行设计资料的综合分析。

（14）核对桩数，布置方案和承台结构作出技术上必要的调整，绘制施工图。

### 3.7.6 桩基算例

1. 高承台桩基

1) 设计资料

(1) 水文与地质资料。河床土质为中砂，内摩擦角 $\varphi=38°$；地基土比例系数 $m=15\,000\text{kN/m}^4$；地基土承载力的基本容许值 $[f_{a0}]=370\text{kPa}$；地基土摩阻力 $q_{ik}=50\text{kPa}$；土的饱和容重 $\gamma=19.5\text{kN/m}^3$；土的浮容重 $\gamma'=10.8\text{kN/m}^3$。

(2) 荷载。上部为等跨 30m 预应力钢筋混凝土梁桥，荷载为纵向控制计。作用在承台底面中心的设计荷载为恒载加一孔活载（控制桩截面强度荷载）时

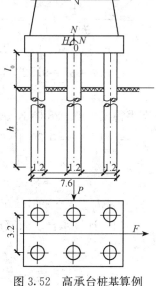

$$\sum N = 12\,371.56\text{kN}$$

$$\sum H = 845.45\text{kN}$$

$$\sum M = 7672.52\text{kN} \cdot \text{m}$$

(3) 桩基础。桩基础采用高桩承台，根据施工条件，拟采用桩径 $d=1.2\text{m}$ 的摩擦桩，以冲抓锤施工。

所需桩的根数可根据承台底面上的竖向荷载和单桩容许承载力进行估算，经初步计算拟采用 6 根灌注桩，局部冲刷线以上自由长度 $l_0=8.24\text{m}$，入土深度 $h=23\text{m}$。

混凝土受压弹性模量 $E_c=2.8\times10^4\text{MPa}$，桩扣除浮力后的容重 $\gamma=15\text{kN/m}^3$。

具体桩位布置如图 3.52 所示。

图 3.52 高承台桩基算例

2) 计算

(1) 桩的计算宽度 ($b_1$)

$$h_1 = 3\times(d+1) = 3\times(1.2+1) = 6.6(\text{m})$$

$$L_1 = 3.2 - d = 2\text{m} < 0.6h_1 = 3.96(\text{m})$$

因为，$n=3$，所以 $b_2=0.5$，$K_f=0.9$，

$$K = b_2 + \frac{1-b_2}{0.6}\times\frac{L_1}{h_1} = 0.5 + \frac{1-0.5}{0.6}\times\frac{2}{6.6} = 0.753$$

$$b_1 = K \cdot K_f \cdot K_0 \cdot d = 0.753\times0.9(d+1) = 0.753\times0.9\times(1.2+1) = 2.733(\text{m})$$

(2) 桩的变形系数 ($\alpha$)

$$I = \frac{\pi d^4}{64} = \frac{\pi\times1.2^4}{64} = 0.102(\text{m}^4)$$

$$\alpha = \sqrt[5]{\frac{mb_1}{0.8E_cI}} = \sqrt[5]{\frac{15\,000\times2.733}{0.8\times2.8\times10^7\times0.102}} = 0.3964(\text{m}^{-1})$$

(3) 桩顶刚度系数 $\rho_1$、$\rho_2$、$\rho_3$、$\rho_4$ 值计算。

由于采用摩擦桩：

$$\xi = 0.5, \quad A = \frac{\pi d^2}{4} = \frac{\pi \times 1.2^2}{4} = 1.131(\text{m}^2)$$

$$C_0 = m_0 h = 15\,000 \times 23 = 345\,000(\text{kN/m}^3)$$

$$d_0 = 2h\tan\frac{\varphi}{4} + d = 2 \times 23 \times \tan\frac{38}{4} + 1.2 = 8.898(\text{m})$$

因为 $8.898 > L_{中} = 3.2\text{m}$，所以

$$d_0 = 3.2\text{m}$$

$$A_0 = \frac{\pi}{4}d_0^2 = \frac{1}{4} \times \pi \times 3.2^2 = 8.042(\text{m}^2)$$

$$\rho_1 = \frac{1}{\dfrac{l_0 + \xi h}{E_c A} + \dfrac{1}{C_0 A_0}} = \frac{1}{\dfrac{8.24 + 0.5 \times 23}{2.8 \times 10^7 \times 1.131} + \dfrac{1}{345\,000 \times 8.042}} = 1.0165 \times 10^6(\text{kN/m})$$

已知 $\bar{h} = \alpha h = 9.12 > 4$，取 $\bar{h} = 4.0$ 计算。

$$\bar{l}_0 = \alpha l_0 = 0.3964 \times 8.24 = 3.266$$

查表得 $x_Q = 0.088\,613$，$x_m = 0.223\,611$，$\varphi_m = 0.763\,883$，所以

$$\rho_2 = \alpha^3 EI x_Q = 0.3964^3 \times 0.8 \times 2.8 \times 10^7 \times 0.102 \times 0.088\,613 = 1.2611 \times 10^4(\text{kN/m})$$

$$\rho_3 = \alpha^2 EI x_m = 0.3964^2 \times 0.8 \times 2.8 \times 10^7 \times 0.102 \times 0.223\,611$$
$$= 8.0280 \times 10^4(\text{kN} \cdot \text{m/m})$$

$$\rho_4 = \alpha EI \varphi_m = 0.3964 \times 0.8 \times 2.8 \times 10^7 \times 0.102 \times 0.763\,883 = 6.9185 \times 10^5(\text{kN} \cdot \text{m/rad})$$

（4）计算承台底面原点 $O$ 处位移 $a_0$、$b_0$、$\beta_0$

$$a_0 = \frac{(n\rho_4 + \rho_1\sum_{i=1}^{n}x_i^2)H - n\rho_3 M}{n\rho_2(n\rho_4 + \rho_1\sum_{i=1}^{n}x_i^2) - n^2\rho_3^2} = 0.013\,119(\text{m})$$

$$b_0 = \frac{P}{n\rho_1} = \frac{12\,371.56}{6 \times 1.0165 \times 10^6} = 0.002\,028(\text{m})$$

$$\beta_0 = \frac{-n\rho_3 H + n\rho_2 M}{n\rho_2(n\rho_4 + \rho_1\sum_{i=1}^{n}x_i^2) - n^2\rho_3^2} = 0.000\,306(\text{rad})$$

（5）计算作用在每根桩顶上的作用力 $P_i$、$Q_i$、$M_i$。第 3 排和第 1 排桩顶竖向力分别为

$$P_i = \rho_1(b_0 + x_i\beta_0) = 1.0165 \times 10^6 \times (0.002\,028 \pm 3.2 \times 0.000\,306)$$

$$= \begin{cases} 3055.45(\text{kN}) \\ 1067.47(\text{kN}) \end{cases}$$

第 2 排桩顶竖向力分为

$$P_i = \rho_1 b_0 = 1.0165 \times 10^6 \times 0.002\,028 = 2061.46(\text{kN})$$

各桩桩顶水平力为

$$Q_i = \rho_2 a_0 - \rho_3\beta_0 = 1.2611 \times 10^4 \times 0.013\,119 - 8.028 \times 10^4 \times 0.000\,306$$

$$= 140.91(\text{kN})$$

弯矩为

$$M_i = \rho_4\beta_0 - \rho_3 a_0 = 6.9185 \times 10^5 \times 0.000\,306 - 8.028 \times 10^4 \times 0.013\,119$$
$$= -841.78(\text{kN} \cdot \text{m})$$

校核

$$nQ_i = 6 \times 140.93 = 845.46(\text{kN}) \approx 845.45\text{kN}$$

$$\sum_{i=1}^{n} x_i P_i + nM_i = 2 \times 3.2 \times (3055.45 - 1067.47) + 6 \times (-841.78)$$
$$= 7672.39(\text{kN} \cdot \text{m}) \approx 7672.52\text{kN} \cdot \text{m}$$

$$\sum_{i=1}^{n} nP_i = 3 \times (3055.45 + 1067.47) = 12\,368.76(\text{kN})$$
$$\approx 12371.56\text{kN}$$

即各桩顶竖向力、水平力和弯矩之和与外荷载基本一致，表明计算无误。

（6）计算最大冲刷线处桩身作用力 $P_0$、$Q_0$、$M_0$

$$M_0 = M_i + Q_i l_0 = -841.78 + 140.91 \times 8.24$$
$$= 319.32(\text{kN} \cdot \text{m})$$

$$Q_0 = 140.91\text{kN}$$

$$P_0 = 3055.45 + 1.131 \times 8.24 \times 15$$
$$= 3195.24(\text{kN})$$

求得 $P_0$、$Q_0$、$M_0$ 后就可按前述单桩计算方法进行
计算和验算，然后进行群桩基础承载力和沉降验算
（需要时）。

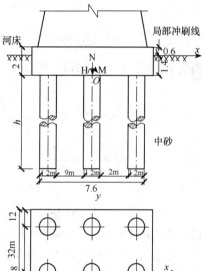

**2. 低承台桩基**

（1）桩基础采用低桩承台，承台尺寸 $8.8\text{m} \times$
$8.8\text{m} \times 2\text{m}$（长×宽×高），根据施工条件，拟采用
桩径 $d = 1.2\text{m}$ 的摩擦桩，以冲抓锤施工。具体桩
位布置如图 3.53 所示。基本资料如下：

所需桩的根数可根据承台底面上的竖向荷载和
单桩容许承载力进行估算，经初步计算拟采用 9 根
灌注桩，局部冲刷线在承台底面以上 1.4m 处，桩
的长度 $h = 23\text{m}$。

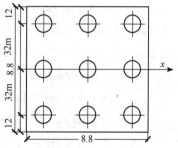

图 3.53　低承台桩基算例

混凝土受压弹性模量 $E_c = 2.8 \times 10^4 \text{MPa}$，桩扣除浮力后的容重 $\gamma = 15\text{kN/m}^3$。

（2）计算。

① 桩的计算宽度 $b_1$

$$h_1 = 3 \times (d + 1) = 3 \times (1.2 + 1) = 6.6(\text{m}), \quad L_1 = 3.2 - d$$
$$= 2\text{m} < 0.6h_1 = 3.96\text{m}$$

因为 $n = 3$，所以

$$b_2 = 0.5, \quad K_f = 0.9$$

$$K = b_2 + \frac{1 - b_2}{0.6} \times \frac{L_1}{h_1} = 0.5 + \frac{1 - 0.5}{0.6} \times \frac{2}{6.6} = 0.753$$

$$b_1 = K \cdot K_f \cdot K_0 \cdot d = 0.753 \times 0.9(d + 1) = 0.753 \times 0.9 \times (1.2 + 1)$$
$$= 2.733(\text{m})$$

② 桩的变形系数（$\alpha$）：

$$I = \frac{\pi d^4}{64} = \frac{\pi \times 1.2^4}{64} = 0.102(\text{m}^4)$$

$$\alpha = \sqrt[5]{\frac{mb_1}{0.8 E_c I}} = \sqrt[5]{\frac{15\,000 \times 2.733}{0.8 \times 2.8 \times 10^7 \times 0.102}} = 0.3964(\text{m}^{-1})$$

③ 桩顶刚度系数 $\rho_1$、$\rho_2$、$\rho_3$、$\rho_4$ 值计算。

由于采用摩擦桩

$$\xi = 0.5, \quad A = \frac{\pi d^2}{4} = \frac{\pi \times 1.2^2}{4} = 1.131(\text{m}^2)$$

$$C_0 = m_0 h = 15\,000 \times 23 = 345\,000(\text{kN/m}^3)$$

$$d_0 = 2h\tan\frac{\varphi}{4} + d = 2 \times 23 \times \tan\frac{38}{4} + 1.2 = 8.898(\text{m})$$

因为 8.898 > $L_\text{中}$ = 3.2m，所以

$$d_0 = 3.2 \ (\text{m})$$

$$A_0 = \frac{\pi}{4}d_0^2 = \frac{1}{4} \times \pi \times 3.2^2 = 8.042(\text{m}^2)$$

$$\rho_1 = \frac{1}{\dfrac{l_0 + \xi h}{E_c A} + \dfrac{1}{C_0 A_0}} = \frac{1}{\dfrac{0 + 0.5 \times 23}{2.8 \times 10^7 \times 1.131} + \dfrac{1}{345\,000 \times 8.042}}$$
$$= 1.382\,04 \times 10^6(\text{kN/m})$$

已知 $\bar{h} = \alpha h = 9.23 > 4$，取 $\bar{h} = 4.0$ 计算。

$\bar{l}_0 = \alpha l_0 = 0.3964 \times 0 = 0$，查表得 $x_Q = 1.064\,23$；$x_m = 0.985\,45$，$\varphi_m = 1.483\,75$，所以

$$\rho_2 = \alpha^3 EI x_Q = 0.3964^3 \times 0.8 \times 2.8 \times 10^7 \times 0.102 \times 1.064\,23$$
$$= 1.514\,55 \times 10^5(\text{kN/m})$$

$$\rho_3 = \alpha^2 EI x_m = 0.3964^2 \times 0.8 \times 2.8 \times 10^7 \times 0.102 \times 0.985\,45$$
$$= 3.537\,94 \times 10^5(\text{kN} \cdot \text{m/m})$$

$$\rho_4 = \alpha EI \varphi_m = 0.3964 \times 0.8 \times 2.8 \times 10^7 \times 0.102 \times 1.483\,75$$
$$= 1.343\,82 \times 10^6(\text{kN} \cdot \text{m/rad})$$

④ 计算承台底面原点 $O$ 处位移 $a_0$、$b_0$、$\beta_0$。承台底面埋入局部冲刷线的深度 $h_c =$ 1.4m，承台底面处水平向土的地基系数 $c_c = mh_c = 15\,000 \times 1.4 = 21\,000$ （$\text{kN/m}^3$），且有

$$F^c = \frac{c_c h_c}{2} = \frac{21\,000 \times 1.4}{2} = 14\,700(\text{kN/m}^2)$$

$$S_c = \frac{c_c h_c^2}{6} = \frac{21\,000 \times 1.4^2}{6} = 6860(\text{kN/m})$$

$$I^c = \frac{c_c h_c^3}{12} = \frac{21\,000 \times 1.4^3}{12} = 4802(kN),$$

$$\gamma_{bb} = n\rho_1 = 9 \times 1.382\,04 \times 10^6 = 1.2438 \times 10^7 (kN/m)$$

$$\gamma_{ab} = \gamma_{ba} = 0, \quad \gamma_{aa} = n\rho_2 + bF^c = 9 \times 1.514\,55 \times 10^5 + 8.8 \times 14\,700$$

$$= 1.492\,46 \times 10^6 (kN/m)$$

$$\gamma_{a\beta} = \gamma_{\beta a} = -n\rho_3 + bS^c = -9 \times 3.537\,94 \times 10^5 + 8.8 \times 6860$$

$$= -3.123\,78 \times 10^6 (kN/rad)$$

$$\gamma_{b\beta} = \gamma_{\beta b} = 0$$

$$\gamma_{\beta\beta} = n\rho_4 + \rho_1 \sum x_i^2 + bF^c = 9 \times 1.343\,82 \times 10^6 + 1.382\,04 \times 10^6$$

$$\times (3 \times 3.2^2 + 3 \times 3.2^2) + 8 \times 14\,700 = 9.70492 \times 10^7 (kN \cdot m/rad)$$

代入

$$\left. \begin{array}{l} a_0 \gamma_{ba} + b_0 \gamma_{bb} + \beta_0 \gamma_{b\beta} - N = 0 \\ a_0 \gamma_{aa} + b_0 \gamma_{ab} + \beta_0 \gamma_{a\beta} - H = 0 \\ a_0 \gamma_{\beta a} + b_0 \gamma_{\beta b} + \beta_0 \gamma_{\beta\beta} - M = 0 \end{array} \right\}$$

即

$$\left. \begin{array}{l} 0 + 1.2438 \times 10^7 \times b_0 + 0 - 16\,083.03 = 0 \\ a_0 \times 1.492\,46 \times 10^6 + 0 + \beta_0 \times (-3.123\,78 \times 10^6) - 1099.08 = 0 \\ a_0 \times (-3.123\,78 \times 10^6) + 0 + \beta_0 \times 9.704\,92 \times 10^7 - 9974.25 = 0 \end{array} \right\}$$

解得

$$a_0 = \frac{\gamma_{\beta\beta}H - \gamma_{a\beta}M}{\gamma_{aa}\gamma_{\beta\beta} - (\gamma_{a\beta})^2} = 0.001\,02m, \quad b_0 = \frac{N}{n\rho_1} = 0.001\,293m,$$

$$\beta_0 = \frac{\gamma_{aa}M - \gamma_{a\beta}H}{\gamma_{aa}\gamma_{\beta\beta} - (\gamma_{a\beta})^2} = 0.000\,136rad$$

⑤ 计算作用在每根桩顶上的作用力 $P_i$、$Q_i$、$M_i$。第 3 排和第 1 排桩顶竖向力分别为

$$P_i = \rho_1(b_0 + x_i\beta_0) = 1.382\,04 \times 10^6 \times (0.001\,293 \pm 3.2 \times 0.000\,136)$$

$$= \begin{cases} 2388.44(kN) \\ 1185.51(kN) \end{cases}$$

第 2 排桩顶竖向力分为

$$P_i = \rho_1 b_0 = 1.382\,04 \times 10^6 \times 0.001\,293 = 1786.98(kN)$$

各桩桩顶水平力为

$$Q_i = \rho_2 a_0 - \rho_3 \beta_0 = 1.514\,55 \times 10^5 \times 0.001\,02 - 3.537\,94 \times 10^5 \times 0.000\,136$$

$$= 106.37(kN)$$

弯矩为

$$M_i = \rho_4 \beta_0 - \rho_3 a_0 = 1.343\,82 \times 10^6 \times 0.000\,136 - 3.537\,94 \times 10^5 \times 0.001\,02$$

$$= -178.11(kN \cdot m)$$

校核

$$nQ_i + b(a_0 F^c + \beta_0 S^c) = 9 \times 106.37 + 8.8 \times (0.001\,02 \times 14\,700 + 0.000\,136 \times 6860)$$

$$= 1097.49(kN) \approx 1099.08kN$$

$$\sum_{i=1}^{n} x_i P_i + n M_i = 3 \times 3.2 \times (2388.44 - 1185.51) + 9 \times (-178.11)$$

$$= 9945.14 (\mathrm{kN \cdot m}) \approx 9974.25 \mathrm{kN \cdot m}$$

$$\sum_{i=1}^{n} n P_i = 3 \times (2388.44 + 1185.51 + 1786.98)$$

$$= 16\ 082.79 (\mathrm{kN}) \approx 16\ 083.03 \mathrm{kN}$$

即各桩顶竖向力、水平力和弯矩之和与外荷载基本一致，表明计算无误。

求得 $P_i$、$Q_i$、$M_i$ 后就可按前述单桩计算方法进行计算和验算，然后进行群桩基础承载力和沉降验算（需要时）。

# 3.8　桩基础施工

预制桩的施工工艺包括制桩与沉桩两个部分。沉桩工艺又随沉桩机械而异，主要有三种，即锤击、静压和振动。

锤击法的施工参数是不同深度的累计锤击数和最后贯入度，压桩法的施工参数是不同深度的压桩力，它们包含桩身穿过的土层信息。在相似场地中积累了一定施工经验后，可以根据这些施工参数预估单桩承载力的大小，以及判断桩尖是否达到持力层的位置，如果场地内不同区域之间施工参数出现明显变化，将预示地基不均匀；个别桩施工参数出现明显变化时，可能是桩遇到障碍物或桩身已经损坏，因此设计确定的沉桩控制标准，有时要求设计标高和锤击贯入度双重控制。

## 3.8.1　沉桩设备及工艺

1. 沉桩设备

把桩沉入土中所需的机具主要有打桩锤、打桩架、桩帽、送桩、射水沉桩用的机具等。

1）打桩锤

目前常用的打桩锤有坠锤、单动汽锤、双动汽锤、柴油锤和振动锤等。各类桩锤的适用情况见表3.17。

表 3.17　各种类型锤的适用情况

| 沉桩机具类别 | 适　用　情　况 |
|---|---|
| 坠锤 | 1. 轻型坠锤以沉木桩为主 |
| | 2. 重型及特重型龙门锤适用于钢筋混凝土桩 |
| 单动汽锤 | 除木桩外适用于各类桩 |
| 双动汽锤 | 1. 适宜用于相对较轻型的桩 |
| | 2. 使用压缩空气时可在水下沉桩 |
| | 3. 可用于沉拔钢板桩 |
| 柴油锤 | 1. 导杆式锤适用于木桩、钢板桩 |
| | 2. 筒式锤适用于钢筋混凝土桩、钢管桩 |
| | 3. 不适宜在过硬或过软的土中沉桩 |
| 振动锤 | 1. 适用于沉拔木桩、钢板桩或混凝土管桩 |
| | 2. 宜用于砂土、塑性黏土及松软砂黏土 |
| | 3. 在卵石夹砂及紧密黏土中效果较差 |

（1）坠锤。锤靠人力或铰车提升，每分钟锤击数 3～4 次，至多 10 次左右，故打桩效率很低。轻型的坠锤重力 1～5kN，重型者可达 30～50kN。

（2）单动汽锤。如图 3.54 所示，主要由汽缸和活塞组成。汽缸提升靠蒸汽或压缩空气，控制配合阀便能使汽缸提升或下落，靠汽缸的自重打桩。单动汽锤构造较简单，施工中很少出故障，但锤击频率不高，一般为 15～30 次/min，至多 40～60 次/min。冲击部分重力一般有 15～60kN 多种规格，重型者 60～150kN。

（3）双动汽锤。打桩时，其外壳（汽缸）固定于桩头上，汽缸里的活塞连同冲击锤才是锤击部分。构造上使得锤的下落不仅靠自

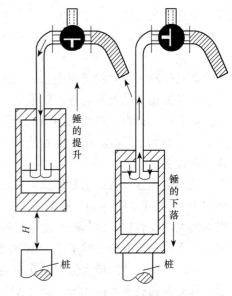

图 3.54 单动汽锤

重，同时，还有蒸汽（或压缩空气）作用着，故称双动汽锤，锤的下降速度比单动汽锤快，锤击频率较高，重型锤 900 次/min 左右；较型锤可达 300 次/min 左右。但其锤击能量不大，故宜用于轻型桩。如果将双动汽锤倒装于桩上，则可用于拔桩，故常用其来沉、拔钢板桩围堰的钢板桩。

（4）柴油锤。其构造与前述桩锤截然不同，它本身既是桩锤又是动力发生器，其工作原理与柴油机相同。故不必配备产生蒸汽或压缩空气的一套笨重的动力设备。柴油锤分筒式和杆式两种。国产东方型筒式柴油锤的锤击活塞重力为 35kN，每分钟锤击次数为 40～60 次。

（5）振动锤。它主要是由电动机、传动齿轮或链条以及振动箱组成。振动箱下的支座是刚性连接在桩头上。箱中装有成对负荷轴，轴上带有偏心轮，由电动机通过齿轮或链条带动朝着相反方向等速旋转，如图 3.55 所示，使各对偏心轮永位于对称位置。这

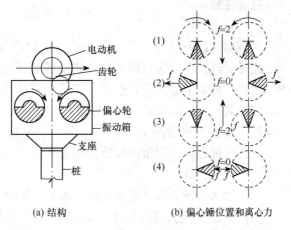

(a) 结构       (b) 偏心锤位置和离心力

图 3.55 整体式单颇振动锤

样，由它产生的离心力之合力也就永为竖向。故当每对偏心轮转动一周，即产生一周正弦型上下振动力，并通过刚性连接直接传到桩上，再加上锤、桩等重量的作用，桩自会快速地振入土中。

如果各对偏心轮的转速全相同，则产生如上所述的正弦型振动，即所谓"单频率"振动，其振动力系上下对称；如果在上述基础上另加一对或数对静力矩较小但转速快一倍的偏心轮，则由这两者相加而成的振动合力称为"双频"振动，其向下振动力大于向上者，故更利于沉桩。这种锤若倒过来，则可用于拔桩。例如，在拆除钢板桩围堰时，拔出钢板桩。

从构造上区分有：①整体式，如图 3.43 所示，其电动机是刚性连接在振动箱上，频率为 400～600 次/min，振动力大，最大振动力曾发展到 1600～2500kN，适于下沉很深的大口径管柱，但其缺点是电动机易被振坏；②用弹簧把电动机垫开，这样电动机就不那么容易被损坏，频率多为 1000 次/min 左右，振动力小，适于下沉轻型桩。

总之，振动锤的最大优点是沉桩速度快，尤其是穿过近地表处的砂性土或软黏土层，几分钟内就可下沉 10m，既不要笨重的辅助设备，桩也不易被打坏，但用电量很大，必须有相应的动力电源。

2）打桩架

打桩架也是沉桩的主要设备之一，它在沉桩施工中除起导向作用外（控制桩锤沿着导杆的方向运动），还起到吊锤、吊桩、吊插射水管等作用（相当于起重机）。桩架可分为自行移动式桩架和非自行移动式桩架。通常多采用前者。自行移动式打桩架按其走行部分的特征，可分为导轨式、履带式和轮胎式三种。

3）桩帽

打桩时，要在锤与桩之间设里桩帽。它既要起缓冲而保护桩顶的作用，又要保持沉桩效率。因此，在桩帽上方（锤与桩帽接触一方）填塞硬质缓冲材料，如橡木、树脂、硬桦木、合成橡胶等，厚 50～250mm，在桩帽下方（桩帽与桩接触一方）应垫以软质缓冲材料，如麻饼（麻编织物）、草垫、废轮胎等统称为桩垫，桩垫的厚度和软硬是否恰当，将直接影响沉桩效率。

4）送桩

遇到以下情况，需用送桩：当桩顶设计标高在导杆以下，此时送桩长度应为桩锤可能达到最低标高与预计桩顶沉入标高之差，再加上适当的富余量；当采用管桩内射水沉桩时，为了插入射水管，需用侧面开有槽口（宽 0.3m，高 1～2m）的送桩，如图 3.56 所示。

送桩通常采用钢板焊成的钢送桩。

5）射水设备

射水多作为沉桩辅助措施与锤击或振动沉桩相配合。例如，当桩重锤轻，或遇到砂土、砂夹卵石层用锤击下沉有困难时，可采取锤击与射水相配合的措施来沉桩。下沉空心桩时一般用

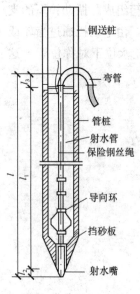

图 3.56　射水沉桩

钢送桩
弯管
管桩
射水管
保险钢丝绳
导向环
挡砂板
射水嘴

内射水。但当桩下沉较深或穿过土层较硬、桩身周围摩擦阻力较大、使用内射水配合锤击难以下沉至设计标高时，可再加外射水。但实心桩只能采用外射水。

射水设备包括水泵站、输水管路、射水管及射水嘴。射水管管径多在 76mm 以内，用带法兰盘接头的无缝钢管做成，下端接有射水嘴。

射水效果取决于水压和水量，即水压要大到能冲散土层，同时又要有足够的水量使冲散的土颗粒沿桩侧上升，冲出地面。

**2. 主要工序及沉桩方法**

用预制桩修筑桩基的主要工序有桩位放样、沉桩设备的架立和就位、将桩沉入土中、修筑承台板等。

沉桩的方法有锤击沉桩（打入），振动沉桩（震入），锤击与射水配合沉桩，振动与射水配合沉桩，静力压桩（压入）。

**3. 沉桩工艺要点**

1）合理地确定沉桩顺序

如图 3.57 所示，沉桩一般应从中间开始，向两端或四周进行，有困难时也可分段进行。这样做的目的是使土的挤出现象比较缓和，使各桩的入土深度不致过于悬殊，以免造成不均匀沉降。

2）合理布置桩的吊点

桩在吊运和吊立时的受力情况（图 3.58）和一般受弯构件相同，应按正负弯矩相等的原则确定吊点位置，吊运时一般多采用 2 个吊点，而将桩吊立到打桩机的导向架时则多采用 1 个吊点。

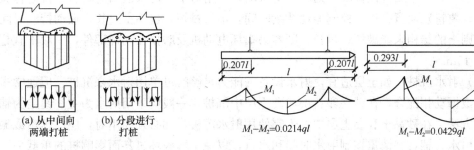

图 3.57 正确的打桩顺序      图 3.58 预制桩吊点位置及弯矩

3）沉桩注意事项

（1）锤击沉桩。

① 开始阶段应做好桩位及方向的控制。打桩前，应检查桩锤、桩帽和桩轴线是否一致及检查桩位和倾斜度。要求桩位偏差不得大于 2cm，倾斜度不得超过 1/400，四角桩只允许向内偏差。

刚开始打桩时必须严格控制桩锤动能，如单动汽锤应控制其落距不超过 50cm；双动汽锤应控制汽压，减少每分钟的锤击数；柴油锤应控制供油量来降低锤击能量。其目的是为了防止桩在入土初期沉入过快而造成桩位及方向偏差。

②在正常打桩阶段，原则上应采用重锤低击，以充分发挥锤的打桩效率，并避免将桩打坏。重锤低击是通过选取锤与桩重的比值来实现的，可见表 3.18。

**表 3.18 锤重与桩重比值**

| 锤类别<br>桩类别 土的状态 | 单动汽锤 | | 双动汽锤 | | 柴油锤 | | 落锤 | |
|---|---|---|---|---|---|---|---|---|
| | 硬土 | 软土 | 硬土 | 软土 | 硬土 | 软土 | 硬土 | 软土 |
| 混凝土预制桩 | 1.4 | 0.4 | 1.8 | 0.6 | 1.5 | 1.0 | 1.5 | 1.35 |
| 木桩 | 3.0 | 2.0 | 2.5 | 1.5 | 3.5 | 2.5 | 4.0 | 2.0 |
| 钢桩 | 2.0 | 0.7 | 2.5 | 1.5 | 2.5 | 2.0 | 2.0 | 1.0 |

注：1. 锤重是指锤体总重。桩重包括桩帽重；
    2. 桩长度不超过 20m。

③接桩宜在桩顶露出地面 1m 时进行。

④若出现如下异常现象应及时检查、处理：桩突然急剧下沉，或同时发生倾斜和移位（一般是桩身断裂、接头断裂或桩尖劈裂所致）；桩突然难以下沉、桩锤严重回跳（可能是桩尖遇到障碍物或硬土层，此时切不可强行硬打，宜适当延续锤击视其能否突破障碍，如无效应拔出，换成开口钢靴桩尖原位或移位下沉）；桩头、法兰盘附近混凝土出现裂纹或剥落（可能由于锤重不合适或桩身混凝土质量欠佳所致）。

（2）振动沉桩。大直径薄壁管柱用锤是打不动的，故一般都用震入法施工，震入法也适用于钢筋混凝土管桩及钢板桩等。

振动沉桩一般在砂土中效果最佳。但在砂夹卵石或黏性土中，则应与射水配合，其配合方法是：初期可单靠自重和射水下沉；当下沉缓慢或停止时，可用振动，并同时射水；随后振动和射水交替进行，即振动持续一段时间后桩下沉速度由大变小时，如每分钟下沉小于 5cm，或桩顶冒水，则应停止振动，改用射水。射水适当时间后，再进行振动下沉。要特别注意合理地控制振动持续时间，不得过短，也不得过长。振动持续时间过短，则土的结构未能破坏；过长，则容易损坏电动机及磨损振动锤部件，一般不宜超过 10~15min。

（3）射水沉桩。如土层适宜，射水设备的能力足够时可单用射水来沉桩。但通常多与锤击或振动相配合。在砂夹卵石层或硬土层中沉桩，一般应采用射水为主、锤击为辅的施工方法。在砂黏土和黏土层中，不宜使用射水沉桩，如必须使用时，应以锤击或振动为主射水为辅，并慎重控制射水时间和水量，以免土壤破坏过甚而影响桩的承载力。

无论哪种情况，当桩下沉到距设计标高还差 1~1.5m 时，即应停止射水而仅用锤击或旋入将桩沉到设计标高，以保护桩底土的承载力。

（4）压入法（静力压桩）。其优点是无噪声、无振动，适于城市施工。沉桩时桩亦受静压力，故减少了桩身、桩头的破损率。其缺点是受加压设备能力的限制，仅能压入承载力不大的桩。

4）沉桩允许误差

竖直桩的垂直度偏差不得大于 1%。斜桩的倾斜度偏差不得大于倾角（桩轴线与竖直线的夹角）正切值的 15%。

### 3.8.2 灌注桩

1. 钻孔灌注桩的施工

施工应根据土质、桩径大小、入土深度和机具设备等条件选用适当的钻具和钻孔方法，以保证能顺利达到预计孔深，然后清孔、吊放钢筋笼架、灌注水下混凝土。

目前常用的钻孔机具有旋转钻、冲击钻和冲抓钻三种类型。为稳固孔壁，采用孔口埋设护筒和孔内灌入黏土泥浆，并使孔内液面高于孔外水位，以在孔内形成一向外的静压力，起到护壁、固壁作用。

主要工序如下（按照施工顺序介绍）。

1）准备工作

（1）放样定位。定出墩台纵横中心轴线及各基桩的位置，设置固定护桩及临时水准点，以便随时校核。

（2）准备场地。施工前应将场地平整好，以便安装钻架进行钻孔。墩台在无水岸滩处应整平夯实，清除杂物、挖换软土。场地有浅水时，用土或草袋围堰筑岛。有深水或陡坡时，可用木桩或钢筋混凝土桩搭设支架，安装施工平台支承钻机。若深水中水流较平稳时，也可将施工平台架在浮船上。水中支架的结构强度、刚度和船只的浮力、稳定都应事先进行验算。

（3）埋置护筒。护筒的作用是固定桩位，并做钻孔导向（图3.59）；保护孔口，防止孔口土层坍塌；隔离孔内外表层水，并保持孔内水位高与施工水位以稳定孔壁。护筒制作要求坚固、耐用、不易变形、不漏水、装卸方便，能够重复使用一般用木材、薄钢板或钢筋混凝土制成，井径一般比桩径大200～400mm。

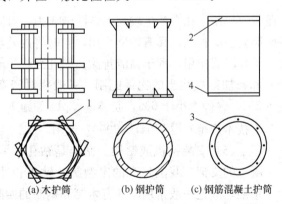

(a) 木护筒  (b) 钢护筒  (c) 钢筋混凝土护筒

图3.59 护筒

1. 连接螺栓孔；2. 连接钢板；3. 纵向钢筋；4. 连接钢板或刃脚

护筒埋设方式有下埋式 [图3.60（a），适用旱地]、上埋式 [图3.60（b）、（c），适用旱地或浅水筑岛] 和下沉埋设 [图3.60（d），适用于深水埋设] 三种形式。护筒埋设的注意事项如下：

① 平面位置正确，平面允许误差为50mm，竖向倾斜不大于1%。

② 护筒顶面标高应高出地下水位和施工最高水位1.5～2.0m，在无水地层钻孔，

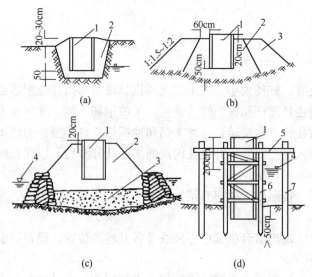

图 3.60　护筒的埋置

1. 护筒；2. 夯实黏土；3. 砂土；4. 施工水位；5. 工作平台；6. 导向架；7. 脚手架

因护壁顶部设有溢浆口，因此筒顶也应高出地面 0.2～0.3m。

③ 护筒底应低于施工最低水位（一般低 0.1～0.3m 即可），深水下沉埋设的护筒应沿导向架借自重、射水、震动或锤击等方法将护筒下沉至稳定深度（如图 3.60）；黏性土应达到 0.5～1.0m，砂性土则为 3.0～4.0m。

④ 下埋式和上埋式护筒挖坑不宜太大（一般比护筒直径大 0.1～0.6m），护筒四周应填黏土夯实，护筒底面应埋置在稳定的黏土中，否则也应换填黏土并夯实，其厚度一般为 0.5m。

（4）制备泥浆。泥浆的作用是孔内产生较大的悬浮液压力，可防止坍孔；泥浆向孔外土层渗漏，孔壁表面形成一层胶泥，具有护壁作用，同时将内外水流切断，能稳定孔内水位。泥浆密度大，具有浮渣作用，利于钻渣排除。钻孔泥浆一般由水、黏土（或膨胀润土，一般 $I_P > 15$）和添加剂按适当的比例配制，一般相对密度以 1.1～1.3 为宜。其他指标如黏度为 10～25s，含砂率小于 6%，胶体率、pH 等施工中请按《公路桥梁施工技术规范》（JTJ041—2000）选用。

（5）安装钻机或钻架。钻架是钻孔、吊放钢筋笼和灌注混凝土的支架。我国生产的定型旋转钻机和冲击钻机都附有定型钻架，其他一般常用的还有木制和钢制的四脚架（图 3.61）、三角架或人字扒杆。在钻孔过程中，成孔中心必须对准桩位中心，钻机保持平稳，不发生位移、倾斜和沉陷，并在钻进过程中要不断检查。

2）钻孔

（1）钻孔方法和钻具。

① 旋转钻进成孔。利用钻具的旋转切削土体钻进，并在钻进的同时采用循环泥浆的方法护壁排渣，继续钻进成孔。

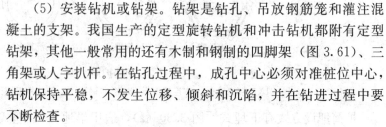

图 3.61　四脚钻架

按泥浆循环程序分：正循环和反循环。正循环是指在钻进的同时，泥浆泵将泥浆压进泥浆笼头，通过钻杆中心从钻头喷入钻孔内，泥浆携带钻渣沿钻孔上升，从护筒顶部排浆口排出至沉淀池，钻渣在此沉淀而泥浆进入泥浆池循环使用（图3.62）。反循环则与正循环程序相反。泥浆用泥浆泵或自流至钻孔内，从钻头的钻杆下口吸入，通过钻杆中心排出到沉淀池，沉淀后再循环使用。

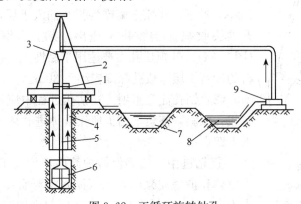

图 3.62　正循环旋转钻孔
1. 钻机；2. 钻架；3. 泥浆笼头；4. 护筒；5. 钻杆；
6. 钻头；7. 沉淀池；8. 泥浆池；9. 泥浆泵

反循环钻机的钻进及排渣效率高，但接长钻杆时装卸较麻烦，若钻渣粒径超过钻杆内径易堵塞管路。

正循环旋转机钻头型式常用的有鱼尾锥钻头、圆柱形钻头、刺猬钻头（图3.63）。反循环钻头型式主要有三翼空心钻；旋转钻还有采用较轻便、高效的潜水电钻，其特点是钻头与动力连成一体，电动机直接驱动钻头旋转切土，能量损耗小而效率高，但设备管路较复杂。

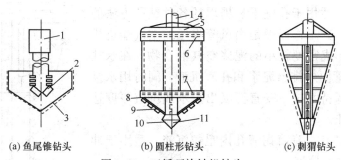

(a) 鱼尾锥钻头　　(b) 圆柱形钻头　　(c) 刺猬钻头
图 3.63　正循环旋转机钻头
1. 钻杆；2. 出浆口；3. 刀刃；4. 斜撑；5. 斜挡板；6. 上腰围；
7. 下腰围；8. 耐磨合金钢；9. 刮板；10. 超前钻；11. 出浆口

② 冲击钻进成孔。利用钻锥（10～35kN）不断提锥、落锥反复冲击，将土层中的泥砂、石块挤向周壁或打碎成渣，悬浮于泥浆中，利用掏渣筒取出，重复上述过程冲击钻进成孔。

主要采用的机具有定型的冲击式钻机（包括钻架、动力、起重装置等）、冲击钻头、转向装置、掏渣筒等，也可用30～50kN带离合器的卷扬机配合钢、木钻架及动力组成

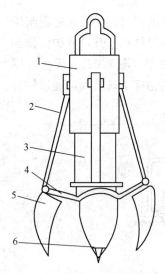

图 3.64　冲抓钻

1. 外套；2. 连杆；3. 内套；

4. 支撑杆；5. 叶瓣；6. 锥头

简易冲击机。

冲击钻适用于含有漂卵石、大块石的土层或岩层，也可用于其他土层，成孔深度一般不超过 50m。

③ 冲抓钻进成孔。用兼有冲击和抓土作用的冲抓锥成孔。通过钻架，由带离合器的卷扬机操纵，靠冲锥自重（10～20kN）冲下，使抓土瓣锥尖张开插入土层，然后由卷扬机提升锥头收拢抓土瓣将土抓出，弃土后继续冲抓钻进成孔（图 3.64）。冲抓成孔主要适用于黏性土、砂性土及夹有碎卵石的砂石土层。成孔深度应小于 30m。

（2）钻孔注意事项。在钻孔过程中应防止坍孔、孔型扭歪或孔偏斜，甚至把钻头埋住或掉进孔内。为此，应请注意以下四点。

① 钻进中，始终保持护筒内水位高出筒外 1～1.5m 的水位差和护壁泥浆的要求（泥浆相对密度 1.1～1.3），黏度为 10～25s，含砂率小于 6%，以起到护壁作用，防止坍孔。

② 钻进中，根据土质情况控制钻进速度，调整泥浆稠度，防止坍孔，偏斜，卡钻。

③ 钻孔宜一气呵成，不宜中途停钻。若坍孔严重应回填重钻。

④ 加强成孔情况检查（包括孔径、深度、倾斜、土质等），合格后立即清孔、吊放吊筋笼、浇注混凝土。

3）清孔及吊装钢筋骨架

清孔的目的是除去孔底沉渣和泥浆，以保证混凝土质量，保证桩承载力。

清孔方法主要有以下三种。

（1）抽浆清孔（图 3.65）。气吸泥机吸出含钻渣的泥浆而达到清孔，适用于孔壁不易坍塌的各种钻孔方法的柱桩和摩擦板。其工作原理是由风管将压缩空气输进排泥管，使泥浆形成密度较小的泥浆空气混合物，在水柱压力下沿排泥管向外排出泥浆和孔底沉渣，同时用水泵向孔内注水，保持水位不变直至喷出清水或沉渣厚度达到设计要求为止。

（2）掏渣清孔。渣筒掏清孔内粗粒沉渣。适用于冲抓、冲击成孔的摩擦桩。

（3）换浆清孔。循环钻机在钻孔达到深度后不停钻，不进尺，继续循环换浆清渣，直至达到清理泥浆的要求。适用于多类土层的摩擦桩。

清孔应达到的要求：浇注混凝土前孔底 50cm 以内泥浆相对密度应小于 1.25，含砂率小于等于 8%，黏度小于等于 28s。钢筋骨架吊装：吊装前再次检查孔深、孔壁有无妨碍笼子的就位情况、泥浆相对密度等。

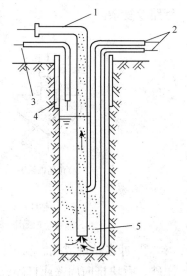

图 3.65　抽浆清孔

1. 泥浆砂石渣喷出；2. 通入压缩空气；3. 注入清水；4. 护筒；

5. 孔底沉积物

钢筋笼在吊放前应检查孔底深度是否符合要求，孔壁有无妨碍骨架吊放和正确就位的情况。吊装时应避免碰撞孔壁，放正位置，达到设计标高后，将钢筋笼牢固定位于孔口，并再次检查孔座沉渣厚度，符合要求后便可进行水下混凝土的灌注。

4）灌注水下混凝土

（1）灌注方法及有关设备。导管（内径 $\phi 200 \sim 350$）居中插入离孔底 $0.3 \sim 0.4 m$（不能插入孔底沉积的泥浆中），导管上口接漏斗，在接口处设隔水墙，以隔绝混凝土与导管内水的接触，漏斗内存足够量的混凝土后，放开隔水球，使漏斗内的混凝土连同隔水球向下猛落，将导管内的水挤出（孔内水急剧外溢，翻花），隔水球冲出导管下口上浮至孔的水面，混凝土从导管下落至孔底堆积，并将导管埋在混凝土内，此后向导管连续浇注混凝土，导管下口埋入孔内混凝土内 $1 \sim 1.5 m$ 深，以保证钻孔内水不能流入导管，随混凝土不断由导管灌入，钻孔内初次灌注的混凝土及其表面的水或泥浆不断被顶托升高，相应地不断提升和拆除导管，直至浇注管完毕（图3.66）。

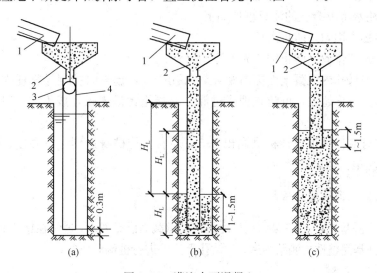

图 3.66 灌注水下混凝土
1. 通混凝土储料槽；2. 漏斗；3. 隔水栓；4. 导管

导管是内径 $0.2 \sim 0.4 m$ 的钢管，壁厚 $3 \sim 4 mm$，最下节导管长度一般为 $3 \sim 4 m$，其他节较短些（$1 \sim 2 m$）；导管内壁应光滑，内径大小一致，连接牢固在压力下不漏水。

隔水球直径比导管内径略小 $20 \sim 30 mm$，以保证隔水球能在导管内滑动自如不致卡管。

首批混凝土质量要保证将导管水全部压出，并能将导管埋入 $1 \sim 1.5 m$ 深；按照这个要求计算第一斗连续浇灌混凝土的最小用量，从而确定漏斗的尺寸大小及储料槽的大小漏斗和储料罐的最小体积为

$$V = h_1 \times \frac{\pi d^2}{4} + H_C \times \frac{\pi D^2}{4} \qquad (3.79)$$

式中：$H_C$——导管初次埋深（含导管离孔底距离），m；

$h_1$——孔内混凝土高 $H_C$ 时，导管内混凝土柱平衡导管外水压力所需高度，m；

$$\gamma_{\mathrm{C}} h_1 = \gamma_{\mathrm{w}} H_{\mathrm{w}}, \quad h_1 = \frac{\gamma_{\mathrm{w}} H_{\mathrm{W}}}{\gamma_{\mathrm{C}}}$$

式中：$H_{\mathrm{w}}$——孔内水面到混凝土表面的高度，m；

$\gamma_{\mathrm{C}}$，$\gamma_{\mathrm{w}}$——孔内水（或泥浆）和混凝土容重 $kN/m^3$；

$D$，$d$——导管及桩孔的直径，m。

漏斗顶端在浇注最后部分混凝土时至少应高出桩顶（或水面）3m，以保证在灌注时能足以顶托外混凝土及其上面的水或泥浆重力，将混凝土浇筑足够的高度。

（2）对混凝土材料要求。水下混凝土标高较设计标高提高 20％；混凝土应有必要的流动性，所以坍落度为 180～220mm；每立方米混凝土水泥用量不小于 360kg，水灰比宜用 0.5～0.6，并可适当提高含砂率，含砂率宜采用 40％～50％（砂重/砂石总重），使混凝土有较好的和易性。水泥的初凝时间不宜高于 2.5h，刚度不小于 42.5，为防止卡管，石料尽可能用卵石，适宜直径为 3～30mm，最大不超过 40mm。

（3）灌注水下混凝土的注意事项如下：

① 搅拌必须均匀，防止离析。

② 必须连续作业，防止钢筋笼上浮。

③ 随时记录孔内混凝土面标高和导管入孔长度，提管时控制导管埋入混凝土中应有 3～5m 深，防止超拔，也防止埋入过深，混凝土无法灌入，拔不动，终止浇灌，造成断桩。

④ 灌注时应比桩顶设计标高高出 0.5m 左右。待桩身达到一定高度、按规定检验后，才可灌注梁，盖梁或承台。

**2. 钻孔灌注桩桩端后压浆**

根据《公桥基规》，为确保钻孔灌注桩桩端承载力满足要求，通常在钻孔灌注桩混凝土灌注结束和桩基完整性检测结束后，对钻孔灌注桩进行桩端后压浆。

1）关键技术参数

（1）浆液水灰比。应根据土的饱和度和渗透性确定。对于饱和土宜为 0.5～0.7，对于非饱和土宜为 0.7～0.9（松散碎石土、砂砾宜为 0.5～0.6）；低水灰比浆液宜掺加减水剂；地下水流动时，应掺入速凝剂。

（2）桩端压浆终止压力。根据土层性质、压浆点深度确定。对于风化岩、非饱和黏性土、粉土，宜为 5.0～10.0MPa；对于饱和土宜为 1.5～6.0MPa；软土取低值，密实土取高值。

（3）持荷时间。持荷时间一般为 5min。

（4）压浆流量。不宜超过 75L/min。

（5）压浆量。单桩压浆量设计，主要应考虑桩径、桩长、桩端桩侧土层性质、单桩承载力增幅诸因素确定，可按下式计算为

$$G_{\mathrm{c}} = \alpha_{\mathrm{p}} d \tag{3.80}$$

式中：$G_{\mathrm{c}}$——单桩压浆量，t；

$\alpha_{\mathrm{p}}$——压浆系数（取值范围见表 3.19）；

$d$——桩径，m。

表 3.19　压浆系数 $\alpha_p$

| 持力层 | 黏性土、粉土 | 粉砂 | 细砂 | 中砂 | 粗砂 | 砾砂 | 碎石 |
| --- | --- | --- | --- | --- | --- | --- | --- |
| 取值范围 | 2.1～2.5 | 2.5～3.2 | 2.4～2.7 | 2.3～2.7 | 3.1～3.8 | 3.1～3.8 | 2.3～2.8 |

2) 后压浆施工要点

确保工程桩施工质量。满足规范对沉渣、垂直度、泥浆密度、钢筋笼制作质量等的要求；安装钢筋笼时，确保不损坏压浆管路，下放钢筋笼后，不得墩放、强行扭转和冲撞。

压浆管下放过程中，每下完一节钢筋笼后，必须在压浆管内注入清水检查其密封性，若压浆管渗漏必须返工处理，直至达到密封要求。

压浆管接头可采用丝扣或接箍套节焊。必须保证管路密封，以防泥浆进入管内。

压水开塞时，若水压突然下降，表明单向阀已打开，此时应停泵封闭阀门 10～20min，以消散压力。当管内存在压力时不能打开闸阀，以防止承压水回流。

压浆工作一般在混凝土浇注完毕后 3～7 天进行；也可根据实际情况，待桩的声测工作结束后进行。压浆施工工艺流程如图 3.67 所示。

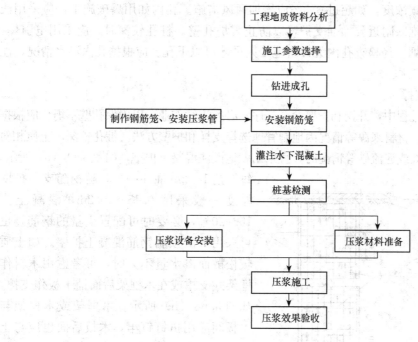

图 3.67　压浆施工工艺流程

3) 后压浆工程质量检验与验收

压浆量与注浆量应根据设计要求进行验收。

用钻孔取芯法在桩周土体中钻孔取芯，可直观地检验浆液在桩端附近土层中扩散范围及与土层的胶结情况。采用地震波及 CT 检测浆液在整个桩端附近土层中的扩散范围及与土层的胶结情况。利用承载力试验来确定单桩的极限承载力及桩基的沉降特性，承载力试验必须在压浆结束 20 天后进行。

### 3.8.3 挖孔灌注桩和沉管灌注桩的施工

#### 1. 挖孔灌注桩的施工

挖孔灌注桩适用于无水或少水的较密实的各类土层中，桩的直径（或边长）不宜小于 1.4m，孔深一般不宜超过 20m。

挖孔桩施工，必须在保证安全的基础上不间断地快速进行。每一桩孔开挖、提升出土、排水、支撑、立模板、吊装钢筋骨架、灌注混凝土等作业都应事先准备好，紧密配合。

1）开挖桩孔

一般采用人工开挖。开挖之前应清除现场四周及山坡上悬石、浮土等一切不安全的因素，做好孔口四周临时围护和排水设备，孔口应采取措施以防止土石掉入孔内，并安排好排土提升设备，布置好弃土通道，必要时孔口应搭雨棚。

挖土过程中要随时检查桩孔尺寸和平面位置，防止误差；并注意施工安全，下孔人员必须佩戴安全帽和安全绳，提取土渣的机具必须经常检查。孔深超过 1m 时，应经常检查孔内二氧化碳浓度，如超过 0.3% 应增加通风措施。孔内如用爆破施工，应采用浅眼爆破法，且在炮眼附近要加强支护，以防止震坍孔壁。桩孔较深时，应采用电引爆，爆破后应通风排烟。经检查孔内无毒后施工人员才可以下孔。应根据孔内渗水情况，注意做好孔内排水工作。

2）护壁和支撑

挖孔桩开挖过程中，开挖和护壁两个工序，必须连续作业，以确保孔壁不坍。应根据地质、水文条件、材料来源等情况因地制宜地选择支样和护壁方法。桩孔较深，土质相对较差，出水量较大或遇流砂等情况时，宜采用就地灌注混凝土护壁，如图 3.68（a）所示，每下挖 1~2m 灌注一次，随挖随支。护壁厚度一般采用 0.15~0.2m，混凝土为 15~20 号，必要时可配置少量的钢筋，也可采用下沉预制钢筋混凝土护壁。如土质较松散而渗水量不大时，可考虑用木料作框架式支撑或在木框架后面铺木板作支撑，如图 3.68（b）所示。木框架或木框架与木板间应用扒钉钉牢，木板后面也应与土面塞紧。如土质尚好，渗水不大时也可用荆条、竹笆作护壁，随挖随护壁，以保证挖土安全进行。

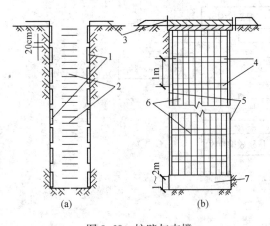

图 3.68　护壁与支撑

1. 就地灌注混凝土护壁；2. 固定在护壁撑供人上下用的钢筋；3. 孔口围护；4. 木框架支撑；5. 支撑木板；6. 木框架；7. 不设支撑地段

3）吊装钢筋骨架及灌注桩身混凝土

挖孔到达设计深度后，应检查和处理孔底和孔壁情况，清除孔壁、孔底浮土，孔底必须平整，土质及尺寸符合设计要求，以保证基桩质量。

挖孔桩在挖孔过深（超过 20m）或孔壁土质易于坍塌，或渗水量较大的情况下，都应慎重考虑。

2. 沉管灌注桩的施工

沉管灌注桩施工的注意事项如下：

（1）套管位置正确（平面，倾斜）。

（2）拔管时先振后拔，满灌慢拔，边振边拔，注意拔灌速度：1.5m/min，软土中不大于 0.8m/min，每拔 0.5m 宜停拔，振动片刻再拔（图 3.69）。

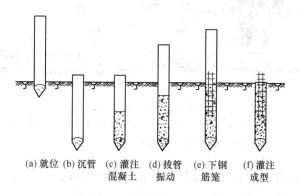

(a) 就位 (b) 沉管 (c) 灌注 (d) 拔管 (e) 下钢 (f) 灌注
　　　　　　　 混凝土 振动 筋笼 成型

图 3.69　沉管灌注桩施工过程

### 3.8.4　深水桩基施工

水中修筑桩基础显然比旱地施工要复杂困难得多，尤其是在深水急流的大河中修筑桩基础。为了适应水中施工的环境，必然要增添浮运沉桩及有关的设备和采用水中施工的特殊方法。

常用的浮运沉桩设备是将桩架安设在驳船或浮箱组合的浮体上，或使用专用的打桩船，有时配合使用定位船、吊船等。在组合的船组中备有混凝土工厂、水泵、空气压缩机、动力设备、龙门吊或履带吊车及塔架等施工机具设备。所用设备可根据采用的施工方法和施工条件选择确定。

因地制宜的水中桩基础施工方法有多种，常用的基本方法分浅水和深水施工，本节主要介绍深水施工。

深水中桩基础施工：在宽大的江河深水中施工桩基础时，常采用笼架围堰和吊箱等施工方法，现简介如下。

1. 围堰法

在深水中的低桩承台桩基础或承台墩身有相当长度需在水下施工时，常采用围笼（围图）修筑钢板桩围堰进行桩基础施工。

钢板桩围堰桩基础施工的方法与步骤如下：

（1）在导向船上拼制围笼，拖运至墩位，将围笼下沉、接高、沉至设计标高，用锚船（定位船）或抛锚定位（图 3.70）。

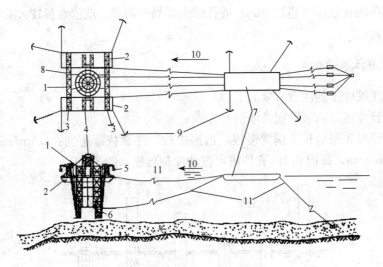

图 3.70　围笼定位示意图

1. 围笼；2. 导向船；3. 联结梁；4. 起重塔架；5. 平衡木；6. 围笼将军柱；
7. 定位船；8. 混凝土锚；9. 铁锚；10. 水流方向；11. 钢丝绳

（2）在围笼内插打定位桩（可以是基础的基桩也可以是临时桩或护筒），并将围笼固定在定位桩上；退出导向船。

（3）在围笼上搭设工作平台，安置钻机或打桩设备。

（4）沿围笼插打钢板桩，组成防水围堰。

（5）完成全部基桩的施工（钻孔灌注桩或打入桩）。

（6）用吸泥机吸泥，开挖基坑。

（7）基坑经检验后，灌注水下混凝土封底。

（8）待封底混凝土达到规定强度后，抽水，修筑承台和墩身直至出水面。

（9）拆除围笼，拔除钢板桩。

在施工中也有采用先完成全部基桩施工后，再进行钢板桩围堰的施工步骤。是先筑围堰还是先打基桩，应根据现场水文、地质条件、施工条件、航运情况和所选择的基桩类型等情况而定。

**2. 吊箱法和套箱法**

在深水中修筑高桩承台桩基时，由于承台位置较高不需坐落到河底，一般采用吊箱方法修筑桩基础，或在已完成的基桩上安里套箱的方法修筑高桩承台。

1）吊箱法

吊箱是悬吊在水中的箱形围堰，基桩施工时用作导向定位，基桩完成后封底抽水，灌注混凝土承台。

吊箱一般由围笼、底盘、侧面围堰板等部分组成。吊箱围笼平面尺寸与承台相应，分层拼装，最下一节将埋入封底混凝土内，以上部分可拆除周转使用。顶部设有起吊的横梁和工作平台，并留有导向孔。底盘用槽钢作纵、横梁，梁上铺以木板作封底混凝土的底板，并留有导向孔（大于桩径 50mm）以控制桩位。侧面围堰板由钢板形成，整块吊装。

吊箱法的施工方法与步骤如下：

（1）在岸上或岸边驳船 1 上拼制吊箱圈堰，浮运至墩位，吊箱 2 下沉至设计标高［图 3.71（a）］。

（2）擂打围堰外定位桩 3，并固定吊箱围堰于定位桩上［图 3.70（c）］。

（3）基桩 5 施工［图 3.71（b）、（c），4 为送桩］。

（4）填塞底板缝隙，灌注水下混凝土。

（5）抽水，将桩顶钢筋伸入承台，铺设承台钢筋，灌注承台及墩身混凝土。

（6）拆除吊箱围堰连接螺栓外框，吊出围笼。

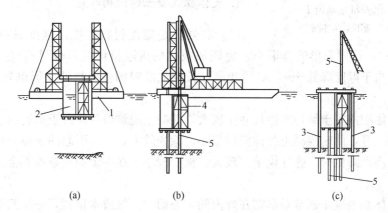

图 3.71　吊箱围堰修建水中桩基
1. 驳船；2. 吊箱；3. 定位桩；4. 送桩；5. 基桩

2）套箱法

套箱法是针对先用打桩船（或其他方法）完成全部基桩施工后，修建高桩承台基础的水中承台的一种方法。

套箱可预制成与承台尺寸相应的钢套箱或钢筋混凝土套箱，箱底板按基桩平面位置留有桩孔。基桩施工完成后，吊放套箱围堰，将基桩顶端套入套箱围堰内（基桩顶端伸入套箱的长度按基桩与承台的构造要求确定）；并将套箱固定在定位桩（可直接用基础的基桩）上，然后浇注水下混凝土封底。待达到规定强度后即可抽水，继而施工承台和墩身结构。

施工中应注意：水中直接打桩及浮运箱形围堰吊装的正确定位，一般均采用交汇法控制，在大河中有时还需要搭临时观测平台。在吊箱中插打基桩，由于桩的自由长度大应细心把握吊沉方位；在浇灌水下混凝土前应将底桩缝隙堵塞好。

3）沉井结合法

深水中施工桩基础，当水底河床基岩裸露或卵石、漂石土层钢板围堰无法插打时，或在水深流急的河道上为使钻孔灌注桩在静水中施工时，还可以采用浮运钢筋混凝土沉井或薄壁沉井作桩基施工时的挡水挡土结构（相当于围堰），在沉井顶设工作平台。沉

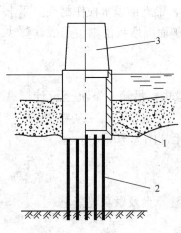

图 3.72　沉井桩基础施工
1. 沉井；2. 基桩；3. 桥墩

井既可作为桩基础的施工设施，又可作为桩基础的一部分（承台），如图 3.72 所示。薄壁沉井多用于钻孔灌注桩的施工，除能保持在静水状态施工外，还可将几个桩孔一起圈在沉井内代替单个安设护筒，可周转重复使用。

### 3.8.5　大体积混凝土的施工

《公路桥涵施工技术规范》（JTJ 041—2000）中规定：现场浇筑的最小边尺寸为 1～3m，且必须采用措施以避免水化热引起的温差超过 25℃的混凝土称为大体积混凝土。

**1. 大体积混凝土的结构特点**

（1）混凝土是脆性材料，抗拉强度只有抗压强度的 1/10 左右；拉伸变形能力很小，短期加载时的极限拉伸变形也只有（0.6～1）×$10^{-4}$，约相当于温度降低 6～10℃的变形；长期加载时的极限拉伸变形也只有（1.2～2.0）×$10^{-4}$。

（2）大体积混凝土结构断面尺寸比较大，混凝土浇筑以后，由于水泥的水化热，内部温度急剧上升，此时混凝土弹性模量很小，徐变较大，升温引起的压应力并不大；但在日后温度逐渐降低时，弹性模量比较大，徐变较小，在一定约束条件下会产生相当大的拉应力。

（3）大体积混凝土通常是暴露在外面的，表面与空气或水接触，一年四季中气温和水温的变化在大体积混凝土结构中会引起相当大的拉应力。

（4）大体积混凝土结构通常是不配钢筋的，或只在表面或孔洞附近配置少量钢筋，与结构的巨大断面相比，含钢率是极低的。在钢筋混凝土结构中，拉应力主要由钢筋承担，混凝土只承受压应力。在大体积混凝土结构内，由于没有配置钢筋，如果出现了拉应力，就要依靠混凝土本身来承受。

**2. 大体积混凝土的材料要求**

大体积混凝土浇筑的墩台及其基础中埋放石块时应满足下列要求：

（1）大体积混凝土墩台及基础中埋放石块应由设计规定。

（2）石块厚度不小于 15cm，石块的抗压强度不低于 30MPa，石块应清洗干净，无裂纹、夹层且未被烧过，具有抗冻性能。

（3）埋放石块的数量不宜超过混凝土体积的 25%且分布均匀，在捣实的混凝土中埋入一半左右，石块间净距不小于 10cm，距混凝土侧面及顶面净距不小于 15cm，石块不得接触钢筋和预埋件。

（4）受拉区混凝土或当气温低于 0℃时，不允许埋放石块。

大体积墩台基础混凝土当平面截面过大，不能在前层混凝土初凝或重塑前浇次层混凝土时，可分块浇筑，此时应检查下列内容：

（1）分块要合理，分块的面积不宜小于 $50m^2$，且每块高度不应超过 2m。

（2）分块的竖向接缝应与基础短边平行，与长边垂直。

（3）上下邻层混凝土间的竖向接缝，应错开作做企口并按施工缝处理。

（4）采取相关的措施，控制混凝土的水化温度。

小型预制构件的混凝土浇筑，当采用翻转模板法或短时间内拆模时，应采用干硬性混凝土，增加振动时间，并在脱模后立即进行混凝土的修整。

如果桥梁墩台是大体积圬工，混凝土使用数量大，在强度形成过程中，水解水化热过高，导致混凝土因内外温差引起裂缝，为避免出现此类工程问题，可采取如下预防措施：

（1）用改善骨料级配、降低水灰比、掺混合材料与外加剂、掺入片石等方法以减少水泥用量。

（2）采用$C_3A$、$C_3S$含量最小、水化热低的水泥，如大坝水泥、矿渣水泥、粉煤灰水泥、低标号水泥等。

（3）减小浇筑层厚度，加快混凝土散热速度。

（4）混凝土用料应避免日光曝晒，以降低初始温度。

（5）在混凝土内埋设冷却管通水冷却。

# 小 结

本章介绍了桩基的类型、构造、设计计算方法和施工工艺。

（1）桩基适用于在一定深度下有较好持力层的地基。桩基按照承台底面位置可分为高程台桩基和低承台桩基，按照桩的排数可分为单排桩和多排桩，按照桩的布置形式又可分为竖直桩和斜桩桩基；对于基桩按承载性能分为摩擦桩或端承桩，按照桩受力变形的特点也可分为刚性桩和弹性桩，按照施工方法又将其分为预制桩和灌注桩。

（2）桩基的设计包括单桩的承载力确定、水平荷载作用下的内力和变位计算，桩和桩基的变位、承台以及桩基承载能力的验算等。对于预制桩是由施工过程控制其配筋设计，而灌注桩则是由运营荷载控制其设计。

（3）桩基的施工分预制桩和钻（挖）孔灌注桩两种方法，本章主要对于各种桩的施工工艺、方法以及施工质量检测等内容进行了介绍。

# 思考题与习题

**【思考题】**

3.1 桩基础适用于什么范围？

3.2 端承桩和摩擦桩受力情况有什么不同？当各种条件具备时，应优先采用哪种桩？

3.3 桩基础的类型有哪些？

3.4 高承台桩和低承台桩各有哪些优点？它们各自适用于什么情况？

3.5 试述桩端阻力的影响因素及其深度效应。什么是临界深度？

3.6 单桩轴向容许承载力如何确定？

3.7 什么是桩的负摩阻力？它产生的条件是什么？对基桩有什么影响？

3.8 单桩轴向受压荷载作用下的破坏模式有哪些？

3.9 列表概括桩的几种有代表性的弹性地基梁计算方法。

3.10 简述单桩、单排桩计算步骤及验算要求。

3.11 群桩基础中高承台桩的空间计算流程是什么？

3.12 桩基的设计步骤是什么？

3.13 钻孔灌注桩施工的主要工序是什么？

3.14 钻孔灌注桩成孔时，泥浆起什么作用？制备泥浆应控制哪些指标？

3.15 钻孔灌注桩有哪些成孔方法？各适用于什么条件？钻孔有哪些注意事项？

3.16 钻孔灌注桩桩端后压浆的关键技术参数有哪些？后压浆施工要点有哪些？

3.17 "群桩效应"的定义是什么？在什么情况下会出现群桩效应？试说明单桩承载力与群桩中的一根桩的承载力的不同。

3.18 试说明高桩承台和低桩承台的区别、各自特点及其使用情况。

【习题】

3.1 单排桩桩基的计算

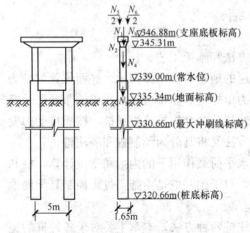

图 3.73 习题 3.1

1）设计资料

（1）地质与水文资料。

如图 3.73 所示，地基土为密实细砂砾石，地基土的比例系数 $m=10\,000\text{kN/m}^4$；地基土的极限摩阻力 $q_{ik}=70\text{kPa}$；地基土内摩擦角 $\varphi=40°$；内聚力 $c=0$；地基土容许承载力 $[f_{a0}]=400\text{kPa}$；土容重 $\gamma'=11.80\text{kN/m}^3$（已考虑浮力）；地面标高为 335.34m，常水位标高为 339.60m，最大冲刷线标高为 330.60m，一般冲刷线标高也为 335.34m。

（2）墩、桩的尺寸与材料。

墩帽顶标高为 346.88m，桩顶标高为 339.00m，墩柱顶标高为 345.31m；墩柱直径 1.50m，桩直径 1.65m；桩身用 C20 混凝土，其受压弹性模量 $E_h=2.55×10^4\text{MPa}$。

2）荷载情况

桥面宽 7m，设计等级为公路二级，人行荷载为 $3\text{kN/m}^2$，两侧人行道各宽 1.5m。上部为 30m 预应力钢筋混凝土梁，单排双柱式桥墩，桩基础采用冲抓锥钻孔灌注摩擦桩基础。

每一根桩承荷载为：

两跨恒载反力 $N_1=1876.00\text{kN}$；

盖梁自重反力 $N_2=256.50\text{kN}$；

系梁自重反力 $N_3 = 76.4$kN；

一根墩柱（直径 1.5m）自重 $N_4 = 279.00$kN；

桩自重每延米 $q = \dfrac{\pi \times 1.65^2}{4} \times 15 = 32.10$（kN）（已扣除浮力）；

重每延米桩重于置换土重的差值 $q' = \dfrac{\pi \times 1.65^2}{4} \times (15 - 11.8) = 5.65$（kN）（已扣除浮力）；

两跨活载反力 $N_5 = 558.00$kN；

一跨活载反力 $N_6 = 403.00$kN；

车辆荷载反力已按偏心受压原理考虑横向分布的分配影响。

$N_6$ 在顺桥向引起的弯矩 $M = 120.90$kN·m，制动力 $H = 30.00$kN。纵向风力：盖梁部分 $W_1 = 3.00$kN，对桩顶力臂 7.06m；桩身部分 $W_2 = 2.70$kN，对桩顶力臂 3.15m。

对于该单排桩基进行桩长确定、内力及变位的计算。

3.2 桩基计算

1）水文与地质资料

如图 3.74 所示，地基土为中砂，内摩擦角 $\varphi = 38°$；地基土比例系数 $m = 15\,000$kN/$m^4$；地基土承载力的基本容许值 $[f_{a0}] = 380$kPa；地基土摩阻力 $q_{ik} = 55$kPa；土的饱和容重 $\gamma = 19.6$kN/$m^3$；土的浮容重 $\gamma' = 10.5$kN/$m^3$。

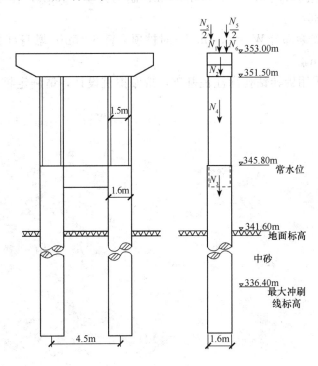

图 3.74 习题 3.2

2）桩基础尺寸与材料

墩帽顶标高 353m，墩柱顶标高为 351.5m，桩顶（常水位）标高为 345.8m，地面标高 341.6m，最大冲刷线标高 336.4m。

下部结构采用安全等级为二级，墩柱直径 1.5m，混凝土强度等级为 C30，桩基础非嵌岩钻孔灌注桩，桩径 1.6m，桩身混凝土材料采用 C25，其受压弹性模量 $E_c=2.8\times10^4$ MPa。桩的容重 $\gamma=25$ kN/m³。

　　3）计算荷载

某桥墩为采用单排双柱式，桥面净宽 7m，设计荷载为公路-Ⅱ级，人行荷载为 3.0kN/m²，两侧人行道各宽 1.5m。

上部为 30m 预应力混凝土梁，每一根桩承受荷载为：

两跨恒载反力 $N_1=1359.34$ kN；

盖梁自重反力 $N_2=418$ kN；

系梁自重反力 $N_3=145.35$ kN；

一根墩柱（直径 1.5m）自重 $N_4=220.78$ kN；

桩每延米自重 $q=\dfrac{\pi\times1.6^2}{4}\times15=30.16$（kN）（已扣除浮力）；

两跨活载反力 $N_5=652.52$ kN；

单跨活载反力 $N_6=421.34$ kN。

车辆荷载反力已按偏心受压原理考虑横向分布的分配影响。

在顺桥向引起的弯矩 $M=132.68$ kN·m；制动力 $T=90$ kN，作用点在支座中心，距桩顶距离为 7.367m。

纵向风力：盖梁部分 $W_1=3.45$ kN，对桩顶力臂 6.45m；墩身部分 $W_2=2.75$ kN，对桩顶力臂 2.85m。

假如桩基础采用旋转钻孔灌注桩基础，按摩擦桩设计，请确定桩长，并计算桩身内力。

# 第四章 沉井与沉箱基础

**本章提示：**

　本章介绍沉井基础的适用条件、类型及构造要求。本章主要通过各种沉井的施工技术介绍，说明沉井的施工方法，并对各施工阶段可能存在的问题给予简要讨论；重点介绍沉井基础的设计计算方法，其中包括沉井作为整体基础的计算和沉井施工过程中的结构强度计算，并结合相关内容给出沉井基础的计算算例。通过本章的学习，学生在了解沉井构造的基础上，掌握沉井的设计原理、计算方法及施工程序和关键技术。

## 4.1 概　　述

### 4.1.1 特点及使用条件

　　沉井是上下敞口带刃脚的空心井筒状结构，依靠自重或配以助沉措施下沉至设计标，作为结构的基础。

　　在这种基础施工中，一般事先在地面上制成的井筒状或箱状结构作为基坑坑壁的支撑，利用机械或人工方法清除井内土石，并借助自重或添加压重等措施使其下沉至设计标高。也有人把沉井称为开口沉箱，而把沉箱称为闭口沉箱，如图 4.1 所示。

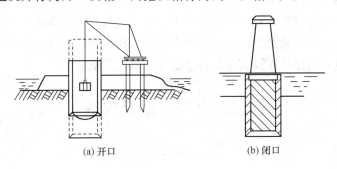

(a) 开口　　　　　　　　　　　　　(b) 闭口

图 4.1　沉井示意

　　沉井作为建造地下工程构筑物或深基础的一种方法，与其他基础相比，具有十分明显的特点：

　　(1) 埋深较大，整体性强，稳定性好，承载能力高，能承受较大的垂直和水平荷载。

　　(2) 技术上比较稳妥可靠，施工操作简便。

　　(3) 适用土质范围广，淤泥土、砂土、黏土、砂砾等土层均可施工。

（4）与其他基础（如桩基础）相比，抗震性好。

（5）内部空间可利用。

当然，沉井基础也存在一些弊端：

（1）施工工期较长。

（2）对粉砂、细砂类土在井内抽水时易发生流砂现象，造成沉井倾斜。

（3）沉井下沉过程中如遇大孤石、树干或井底岩层表面倾斜过大，会给施工带来一定困难。

基于以上特点，沉井在深基础或地下结构中的应用较为广泛，如大型桥梁的墩台基础、港口基础、地下泵房、水池、油库、矿用竖井以及大型设备的基础、高层超高层建筑物的基础等。具体地说，在下列情况下可以考虑采用沉井基础：

（1）上部荷载较大，而表层地基土的容许承载力不足，做扩大基础时开挖量又大且支撑困难，但在一定深度下有较好的持力层，采用沉井较其他深基础经济合理。

（2）地震区土质液化深度大；山区河流中，土质较好但冲刷大，或河卵石较大不便桩基施工。

（3）岩层表面较平且覆盖层较薄，但河水较深，采用扩大基础施工困难时，可采用浮运沉井。

河床中有流砂、孤石、树干或老桥基等难以清除的障碍物时，或在表面倾斜较大的岩层上，不宜采用沉井基础。

### 4.1.2　设计资料与设计方法

在进行沉井基础设计时，通常要收集相关资料，如上部结构类型与尺寸、荷载大小、桥位处水文地质资料等。依此选择沉井类型和施工方法，拟定沉井各部分几何尺寸，最后进行设计计算。

沉井基础的设计计算，首先应进行下沉验算；然后按运营荷载进行整体基础计算及验算，包括强度、稳定性及变位等计算内容；最后再结合施工阶段沉井各个部位的受力特点，分别对其进行结构计算，求得各组成部分内力并配筋。

# 4.2　沉井类型及构造

### 4.2.1　类型划分

沉井基础可按不同的方法进行分类，每种类型的沉井都具备各自的特点及适用条件。

#### 1. 按施工方法分类

根据不同的施工方法可将沉井分为陆地沉井、筑岛沉井和浮运沉井。陆地沉井是指在陆地上制作和下沉的沉井，是较常用的一种沉井类型。在河道中施工沉井时，如果河流不能断流，在河床水位较浅的条件下，可以用砂石材料在河床上筑岛，岛面标高在水位 50cm 以上，这样在岛面上制作并下沉的沉井成为筑岛沉井。浮运沉井是指先在岸边预制，再浮运就位下沉的沉井。通常在深水地区（一般大于 10m），或水流流速大、有通航要求、人工筑岛困难或不经济时采用。

### 2. 按平面形状分类

根据沉井的平面形状可分为圆形、矩形和圆端形三种基本类型；按井孔的布置方式，又可分为单孔、双孔及多孔沉井，如图 4.2 所示。

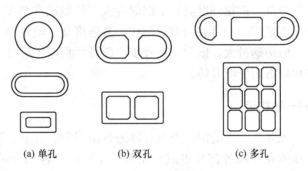

(a) 单孔  (b) 双孔  (c) 多孔

图 4.2　沉井按平面形状及井孔布置分类

圆形沉井在下沉过程中易于控制方向，若采用抓泥斗挖土，可比其他沉井更能保证其刃脚均匀地支承在土层上；在侧压力作用下，井壁仅受轴向应力作用，即使侧压力分布不均匀，弯曲应力也不大，能充分利用混凝土抗压强度大的特点，多用于斜交桥或水流方向不定的桥墩基础。

矩形沉井制造方便，受力有利，能充分利用地基承载力。沉井四角一般为圆角，以减少井壁摩阻力和除土清孔的困难。在侧压力作用下，井壁受较大的挠曲力矩；且流水中阻水系数较大，冲刷较严重。

圆端形沉井控制下沉、受力条件、阻水冲刷均较矩形者有利，但其施工较为复杂。

对平面尺寸较大的沉井，可在沉井中设置隔墙，构成双孔或多孔沉井，以改善井壁受力条件及均匀取土下沉。

### 3. 按剖面形状分类

按剖面形状分类，可分为柱形、阶梯形和锥形沉井，如图 4.3 所示。柱形沉井井壁受力较均衡，下沉过程中不易发生倾斜，接长简单，模板可重复利用，但井壁侧阻力较大，若土体密实、下沉深度较大时，易下部悬空，造成井壁拉裂。一般多用于入土不深或土质较松软的情况。阶梯形沉井和锥形沉井井壁侧阻力较小，抵抗侧压力性能较合理，

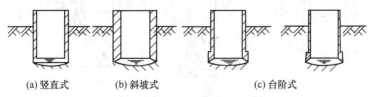

(a) 竖直式  (b) 斜坡式  (c) 台阶式

图 4.3　沉井按剖面形状分类

但施工较复杂，模板消耗多，沉井下沉过程中易发生倾斜，多用于土质较密实、沉井下沉深度大、自重较小的情况。通常锥形沉井井壁坡度为 1/20～1/50，阶梯形沉井井壁的台阶宽为 100～200mm。

### 4. 按井壁材料分类

按井壁材料分类，可分为混凝土沉井、钢筋混凝土沉井和钢沉井。混凝土沉井因抗压强度高，抗拉强度低，多做成圆形，且仅适用于下沉深度不大（一般 4～7m）的松软土层。钢筋混凝土沉井抗压抗拉强度高，下沉深度大，可做成重型或薄壁就地制造下沉的沉井，在工程中应用最广。钢沉井由钢材制作，其强度高、质量轻、易于拼装，适于制造空心浮运沉井，但用钢量大，国内应用较少。此外，根据工程条件也可选用竹筋混凝土沉井、木沉井和砌石圬工沉井等。

## 4.2.2　沉井基础的一般构造

陆地沉井和筑岛沉井是常见的沉井类型，其通常由刃脚、井壁、隔墙、井孔、射水管、封底混凝土、顶盖和环墙等部分组成，如图 4.4 所示。各部分的作用及构造介绍如下。

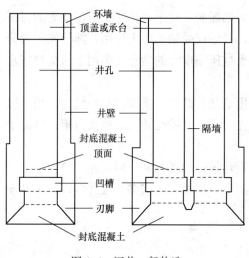

图 4.4　沉井一般构造

### 1. 刃脚

沉井井壁最下端做成刀刃状，故称为刃脚。其作用在于使沉井下沉时，减少土的正面阻力。沉井刃脚根据地质情况，可采用尖刃脚或带踏面刃脚，如土质坚硬，刃脚面还应以型钢加强或底节外壳采用钢结构。

刃脚下面的水平支承面称为刃脚踏面。踏面宽度一般采用 0.1～0.2m，如为软土地基可适当放宽。刃脚斜面倾角 $\alpha$ 不宜小于 45°，斜面高度 $h$ 视井壁厚度，便于拆除刃脚下垫木和挖土而定，一般在 1m 以上，如图 4.5 所示。当沉井需要下沉至稍有倾斜的

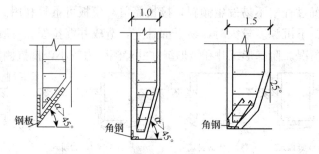

图 4.5　刃脚构造（单位：m）

岩石上时，在掌握岩层高低差变化的情况下，可将刃脚做成与岩面倾斜度相适应的高低刃脚。

### 2. 井壁

井壁是沉井的主要结构部分，它在下沉过程中提供自重，并起挡土挡水的围护结构作用。当施工完毕后，即成为基础或基础的外壳保存下来，并将上部荷载传至地基。

沉井井壁的厚度应根据结构强度、施工下沉需要的重力、便于取土和清基等因素而定。对于薄壁沉井，应采用触变泥浆润滑套、壁外喷射高压空气等辅助措施，以降低下沉时外壁的摩阻力，达到减薄井壁的目的。

### 3. 隔墙

沉井平面尺寸较大，即井壁跨径较大时，应在沉井内设置隔墙，以减小外井壁的挠曲应力，增加沉井下沉时的刚度，同时将井筒分隔成若干个井孔，有利于控制挖土下沉的方向。因隔墙不直接承受土压力，所以其厚度一般小于井壁。

隔墙底面距刃脚踏面的高度与土层性质有关，当在软土及淤泥质土层中下沉时，为防止突然下沉或下沉过速，隔墙底面高出刃脚踏面 0.5m 左右。若在硬土层及砂类土层中下沉时，为防止隔墙被下方土卡住，造成井壁断裂或妨碍纠偏和下沉时，可将隔墙底提高至距刃脚踏面 1.0～1.5m，并在刃脚与隔墙联结处设置加强两者的连接，如为人工开挖，应在隔墙下端设置过人孔，便于过人和排水。

### 4. 井孔

沉井内因设置了隔墙而形成的格子称为井孔，它是取土、排水的工作场所和通道。井孔尺寸应满足施工要求，其宽度或直径一般不小于 3m。井孔的布置应简单对称，便于对称挖土保持沉井均匀下沉。

当沉井到达设计标高并进行封底后，一般用低强度混凝土充填。若是带钢筋混凝土顶盖的空心沉井，井孔可用砂砾石或水充填。

### 5. 射水管

沉井在砂类土或黏砂土中下沉深度较大时，可考虑在井壁中预埋射水管组，帮助沉井自重克服井壁摩阻力。射水管应均匀布置，以利于控制水压和水量来调整下沉方向。射水管的作用是利用射水管压入高压水，把井壁四周的土冲松，减少侧向摩阻力和端部阻力，使沉井较快地下沉到设计标高，一般水压不小于 600kPa。

### 6. 封底和顶盖

沉井沉至设计标高进行清基后，便可进行封底混凝土灌注。如井中的水无法排干时，可采用水下混凝土封底，达到强度后即可抽水，并凿除与水接触的表层混凝土。

对于不以混凝土填充的沉井，需设置 1.5～2m 厚的钢筋混凝土顶盖，以承受墩身传来的力。

7. 井顶围堰

当沉井顶面按设计要求位于地面或岛面以下一定深度时，井顶环墙上需要接筑围堰，以挡土防水。待刃脚沉至设计标高后，直至墩身混凝土高出地面或水面时，即可将这一临时结构拆除。围堰所用材料，应视井顶埋入深度和水位（含地下水位）的高低而定，常用的有木板、砖石、钢板桩等，如图 4.6 所示。

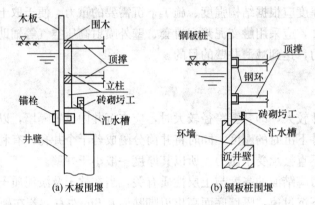

(a) 木板围堰　　　　　　　　　(b) 钢板桩围堰

图 4.6　井顶围堰构造

# 4.3　沉井施工

## 4.3.1　施工方法

沉井基础的施工方法与地质和水文情况紧密相关。在水中修筑沉井时，应对河流汛期、通航、河床冲刷等进行调查研究，然后制订施工计划，并尽量在枯水季节进行施工。如施工经过汛期时，应采用相应的措施。

沉井基础的施工基本上有三种方式：就地灌注施工、水中筑岛施工和浮运施工。前两种方式在无水或浅水处采用就地制造和下沉，是常见的沉井施工方法，因此本节将重点介绍。

## 4.3.2　施工工序及步骤

就地制造并下沉的沉井施工工艺流程如图 4.7 所示。

1）平整场地或筑岛

若墩台位置无水或水位较低，需平整场地建造沉井；若有地面水，则需筑岛建造沉井，如图 4.8（a）所示。

2）铺设垫木或修筑土模

底节沉井刃脚踏面窄，底面积小，若直接在土面上制造百吨甚至上千吨自重的沉井，将会发生不均匀沉陷，导致沉井破坏。一般采用垫木法，即在刃脚下铺设垫木的方法来扩大刃脚支承面。

若在地基较好的情况下，也可采用土模法，即在土面上按刃脚内侧斜面形状和尺寸挖成或填筑成截头锥台形，其优点是既可以扩大刃脚支承面，又能替代刃脚内模板，如

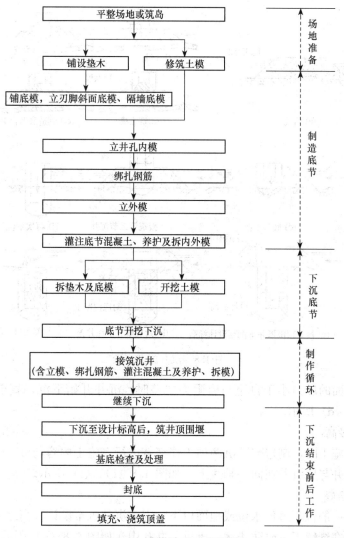

图 4.7　沉井施工工艺流程

图 4.8（b）所示。

3）制作底节沉井

垫木铺好后即可制作底节沉井，其工序包括立内模、焊接刃脚角钢、绑扎钢筋、立外模、灌注混凝土，如图 4.8（c）所示。

由于沉井制造工序多、时间长，在整个沉井施工中，用于制造沉井的时间占很大比例。所以，要组织平行作业，搞好各工序的衔接，采取必要措施，尽量缩短制作时间。

4）拆模抽垫木

底节沉井混凝土强度达到设计强度 70% 时可拆除内外模板，待混凝土达到规定强度后，就可以拆除垫木或挖去土模下沉。垫木要对称同步抽出，并注意用砂土及时回填捣实，以防止沉井偏斜。

5）底节沉井下沉

当混凝土强度达到设计强度时，从井内除土使沉井下沉，应减少或消除刃脚的正面

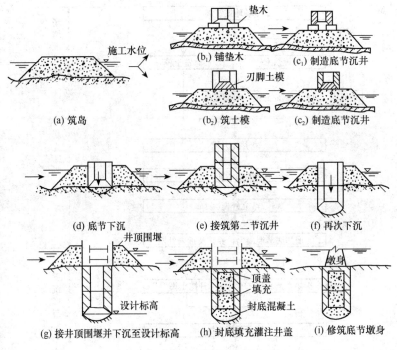

图 4.8　沉井施工步骤

阻力；当支承面的反力小于自重与摩阻力之差时，沉井开始下沉，直至平衡，再行挖土，如图 4.8（d）所示。

6）沉井接高

多节沉井施工时，制造与下沉两项工作交替进行，施工内容与 3)、5) 项相同，但应保证接筑沉井与原沉井在同一轴线上，如图 4.8（e）、（f）所示。

7）井顶围堰

沉井顶面一般位于最低水位或地面以下，因此沉井沉至设计标高之前，一般应作井顶围堰，才能在继续下沉时防止水、土进入井孔中，如图 4.8（g）所示。

8）清基封底

当沉井沉至设计标高后，要对基底进行清理、检查和处理，合格后才可进行混凝土封底，如图 4.8（h）所示。

9）填充、浇筑顶盖

当封底混凝土到达一定强度后，即可抽水填充或浇筑钢筋混凝土底板，井孔填充与否应按设计要求处理，最后浇筑钢筋混凝土顶盖和墩台身混凝土。当墩台身筑出水面后，就可拆除井顶围堰，如图 4.8（i）所示。

### 4.3.3　施工中的技术要点

1. 场地准备阶段——筑岛

一般在浅水中（水深在 5m 以内）或地面可能被水淹没的旱地上，需筑岛制作沉井。

1) 筑岛的基本要求

（1）岛的大小以沉井面积为主，在其周围设置交通道路和机具材料堆场及停放场。

（2）岛面的标高应比施工期最高水位再高出 0.5m 以上，并另加浪高。有流水时，还应适当加高。

（3）应避免在斜坡上筑岛。因新筑楔形土体容易在沉井重量的作用下沿斜坡下滑，楔形土体沉陷不均匀也容易使沉井发生倾斜，甚至引起沉井开裂；若不得已需要在斜坡上筑岛时，应将斜坡表面挖成台阶形或将筑岛底面取平，再行筑岛。

（4）筑岛材料应采用低压缩性的中粗砂、砾砂、碎石屑等，即透水性好、易于压实的土料，且不应含有影响岛体受力及抽垫下沉的块体，土的颗粒不能过细，以免被水冲走。

（5）为防止土岛受水流冲刷，可在其上游修建分水尖，并以土袋、片石等护坡。筑岛处河床如有淤泥等软土、杂物时应彻底清除干净。

2) 筑岛的分类及使用条件

根据围护情况，常用的筑岛方法有土岛、草袋麻袋围堰筑岛、板桩围堰筑岛和石笼围堰筑岛，如图 4.9 所示。采用各种围护的目的，是为了减少冲刷影响并提高岛体抗冲刷的能力，以保证筑岛在施工期间的安全。各种围堰的选择条件见表 4.1。

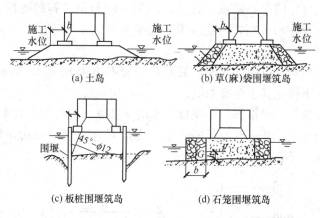

(a) 土岛　　　　(b) 草(麻)袋围堰筑岛

(c) 板桩围堰筑岛　　　　(d) 石笼围堰筑岛

图 4.9　各类筑岛示意图

**表 4.1　各种围堰筑岛的适用条件及注意事项**

| 围堰类别 | 适用条件 | | |
|---|---|---|---|
| | 水深/m | 流速/(m/s) | 施工注意事项 |
| 土岛 | <1.5 | 很小 | 土岛的护道宽度不小于 2m，与水接触的土坡不应陡于 1：2 |
| 草袋麻袋围堰筑岛 | <4.0 | 1～2 | 草袋装土不宜过满<br>草袋上下左右互相错缝搭接，草袋分层之间，应用土填实，并堆放整齐 |
| 钢板桩围堰筑岛 | 3～5（也可略大些） | <2.0 | 河床土质应能适用打入板桩 |
| 石笼围堰筑岛 | <3.5 | <3.0 | 主要使用在水深流急且不宜打板桩的岩石、砂类卵石等河床上<br>为保证筑岛安全，应进行偏心及稳定验算 |

2. 沉井制作阶段——垫木的设置与拆除

1）垫木的设置

为扩大刃脚踏面的支承面积而设置垫木，常用普通枕木与短方木相间对称铺设，沿沉井刃脚满铺一层；在刃脚的直线部分垂直于刃脚铺放，圆弧部分则径向铺放，沉井的隔墙下也必须铺设垫木。隔墙与刃脚连接处的垫木应搭接成整体，以免灌注混凝土时发生不均匀沉陷，导致开裂。

垫木的数量应根据沉井第一节浇筑混凝土（含支模）重量及地基承载力而定，即

$$n \geqslant \frac{G_k}{Lb[\sigma]} \tag{4.1}$$

式中：$n$——垫木根数；

　　　$L$——垫木的平均长度，m；

　　　$b$——垫木的平均宽度，m；

　　　$[\sigma]$——岛面土的容许承压应力，kPa；

　　　$G_k$——第一节沉井重量标准值，kN。

垫木中心应正对井壁中心铺设，各垫木的顶面应与钢刃脚的底面贴合。在钢刃脚下，应加垫 10mm 厚钢板；相邻两垫木顶面高差不得大于 5mm；沉井各垫木顶面高差不大于 30mm。

为抽垫方便，垫木下应用砂填实，其厚度一般不小于 30mm。垫木间应用砂填平，调整垫木标高时，不得在其下垫塞木块、木片、石块等。

定位垫木的位置，一般根据沉井在自重作用下受挠的正负弯矩大体相等而定，圆形沉井应布置在相隔 90°的四个点上。矩形沉井则应对称布置于长边，每个长边各设两点，如图 4.10 （b）所示。

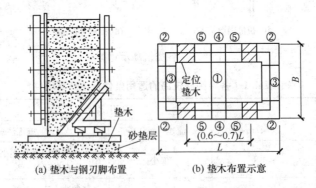

(a) 垫木与钢刃脚布置　　　　(b) 垫木布置示意

图 4.10　垫木与钢刃脚

2）垫木的拆除

第一节沉井混凝土达到设计强度后才可抽垫下沉。抽垫应依次分区、对称、同步地按下列顺序进行，并随时用砂土回填捣实。

（1）先抽内隔墙下的垫木。

（2）矩形沉井，先抽除短边下垫木。

（3）从远离定位支垫处开始逐节抽除，最后同时抽除定位垫木。

抽除垫木，应于沉井内外两边配合进行。先掏挖垫木下砂垫层，于沉井内锤打、棍撬，从沉井外向外逐根迅速抽出。抽出几根后，随即按图 4.11 以碎石填塞刃脚并砸紧，再分层填砂并洒水夯实，必要时，可将沉井内填砂面提高，以增加支承面积，使定位垫木不致被压断。沉井刃脚斜面上的底模，一般在抽垫时拆除。为使拆模与抽垫互相配合，底

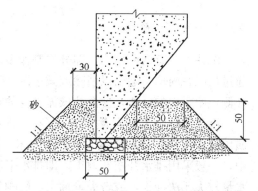

图 4.11 刃脚抽垫后回填示意图（单位：cm）

模应按抽垫顺序分成若干段拼接，且使其段间的连接便于分段拆除。抽垫后回填的砂土，虽经夯实砸紧，承受沉井重量后仍有沉降。因此，沉井在抽垫过程中必然下沉，其下沉的程度则因回填质量而有所不同。一般在抽除 2/3 垫木以前，下沉量不大，下沉也比较均匀。继续抽垫时，下沉量逐步加大，抽垫和回填工作也越来越困难，甚至有下沉很快来不及回填并压断垫木的现象。所以，应在沉井下沉量不大有条件做好回填时，切实将回填土夯实，以减小沉井后期抽垫的沉降。抽垫至最后阶段，则应全力以赴，尽快地将剩余垫木同时全部抽出，使沉井平稳地落入土层。

在抽垫过程中如发生下列情况，应及时研究处理，防止事态扩大，必要时可用变更抽垫顺序或加高回填土的方法处理：

① 一次抽垫下沉量超过上一次抽垫下沉量 1 倍以上。

② 沉井倾斜超过 1% 以上。

③ 回填砂土被挤出隆起。

**3. 沉井制作阶段——混凝土灌注与接高**

按混凝土施工规范施工。这里仅结合沉井施工的特点，提出有关要求及注意事项。

（1）高度在 10m 以内的沉井，可一次浇筑完成。

（2）浇筑混凝土应沿着井壁四周均匀对称进行施工，避免高差悬殊，压力不均。当井壁厚度较大又有防水要求时，可采用凸式或凹式施工缝。

（3）底节沉井混凝土强度达到设计强度的 70% 以上，可浇筑下一节。施工连接缝处的接触面必须经过凿毛、吹洗干净等处理。

（4）在浇筑下一节沉井混凝土之前，应对前节沉井做好阻沉措施，防止在浇筑的时候，前节沉井产生不均匀沉降，造成沉井断裂。

（5）接高沉井的模板不可支撑在地面和落地的脚手架上；否则，下节沉井下沉时，会撑坏沉井模板。可利用下节的混凝土拉杆来固定上节模板，并在下节混凝土中预埋牛腿以支承支架。

（6）沉井接高加重，促使沉井下沉，往往在加重到一定程度，超过地基承载力极限时突然下沉，并同时产生较大的倾斜。为避免沉井突然下沉或倾斜，可在刃脚下适当回填或支垫。

**4. 沉井下沉阶段**

沉井下沉有两种形式，即分次制作多次下沉和分节制作一次下沉。沉井下沉主要是通过从沉井内均匀除土以消除或减小沉井刃脚下的正面阻力，有时也同时采用减小井壁外侧土摩阻力的办法，使沉井依靠自身的重量逐渐地沉入地下。

沉井下沉施工可分为排水下沉和不排水下沉两种，一般是依据沉井所处的水文、地质情况而定。在渗水量不大（每平方米沉井面积渗水量小于 $1.0 m^3/h$）的稳定黏性土中，一般采用排水开挖井内土，即排水下沉；当遇到地下水位较高的粉、细砂地层，渗水量较大无法抽干，或者大量抽水会影响邻近建筑物安全的情况，黏性土挖出后可能漏水翻砂时，一般采用水下抓泥、射水吸泥方法除土，即不排水下沉。下沉方法示意图如图4.12所示。

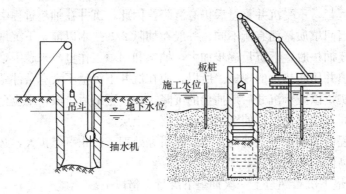

图4.12　沉井下沉示意图

1）排水下沉

排水方法有明沟集水井排水、井点排水和两者相结合排水。无论哪种方法，都是抽水降低井内水位，工人直接下到井底进行挖掘作业的方法。这种方法施工条件较好，容易控制下沉方向，有利于防止下沉过程中出现较大的偏斜；易于处理下沉中遇到的障碍，下沉速度一般较快；便于基础底层的检验和处理。

常用人工挖土，或井内采用小型挖掘机地面用抓斗挖土机分层开挖。挖土应均匀对称，挖土方法随土质情况而定。开挖前应先挖一个较深的汇水坑，在有横隔墙的沉井中，汇水坑宜挖在横隔墙下，以免影响挖土。抽水宜用电动离心式水泵。当井深大于水泵有效吸程时，可将水泵安放在井孔内，使其能在井孔内随抽水深度的变化而升降。一般先从中央下挖 $0.4 \sim 0.5 m$，逐层开挖，每层 $0.3 m$ 左右，对称向刃脚方向逐步扩大，每一圈均从远离定位支垫处开始，使定位支垫处的土最后同时挖除。土质松软时，在分层开挖的过程中沉井即逐渐下沉。

在坚硬的土层中，可能出现挖平刃脚仍不下沉的现象，就需要掏空刃脚下土壤，这时应比照抽垫方法，分段顺序掏土至刃脚底，随即回填砂砾，最后将支垫位置的土也换成砂砾后，再分层分圈逐步挖出砂砾使沉井下沉。

2）不排水下沉

不排水下沉适用于地下水位较高的粉、细砂地层，渗水量较大无法抽干，或者大量抽水会影响邻近建筑物安全的情况，主要是解决防止流砂的问题。具体方法是在沉井内外水头相同的静水条件下利用抓土斗、吸泥器等机具出土，它可以有效地防止流砂，确保安全。

　　可采用抓斗、水力机械吸泥机或水力冲射空气吸泥机等在水下挖土除泥。水中除土，可将沉井中部挖成锅底状。在砂及砾石类土中，一般当锅底比刃脚低 1.5m 左右时，沉井即可下沉，并将刃脚下的土挤向中央锅底，只要继续在中间挖土，沉井就继续下沉。在黏性土或胶结层中，四周的土不易向中间塌落，除需要靠近井壁偏挖外，还必须辅以高压射水松土。为避免沉井发生较大倾斜，锅底深度不宜超过 2m；相邻土面高差不宜大于 0.5m。靠近刃脚处，除处理胶结层和清理风化岩外，除土和射水都不得低于刃脚。另外还应注意提前挖深隔墙下的土，勿使其顶住沉井。

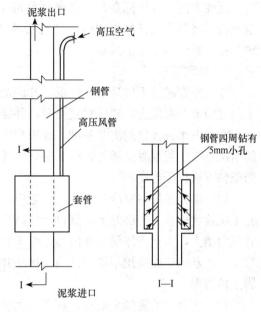

图 4.13　空气吸泥机示意图

　　吸泥机是不排水下沉的常用机具，它由自制吸泥器配上高压风管制成，如图 4.13 所示。其工作原理是把压缩空气通过吸泥器径向上斜的小孔压入排泥管中，与泥砂、水相混合，使之重度减轻，由于空气的上溢和管外水面形成的水柱反压力，迫使管内水土混合物上升，从管中涌出。

　　不排水下沉沉井，也有用水力吸泥机及水力吸石筒的，如图 4.14 所示。水力吸泥

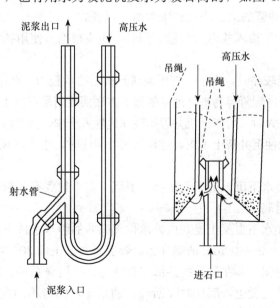

图 4.14　水力吸泥机及石具机示意图

机适用于在粉质黏土、粉细砂土中使用，使用不受水深限制。在淤泥或浮土中使用水力机械吸泥时，应保持井内水位高出井外水位 1.5m 以上。

### 5. 沉井封底与水下混凝土灌注

沉井下沉至设计标高，经过观测在 8h 内累计下沉量不大于 10mm 或沉降率在允许范围内，沉井下沉已经稳定时，进行清基处理后，即可进行沉井封底。封底方法有两种：排水封底和不排水封底。

#### 1) 排水封底

当沉井穿越的土层透水性较低，井底涌水量小，且无流砂现象时，沉井应干封底。干封底能节约混凝土，确保封底质量，并能加快工程进度。

在地下水位较低的沉井基础，或刃脚周围经堵漏后，井内无渗水时，井底可在无水的情况下按一般混凝土灌注进行封底。但通常的情况水是不可能抽干，需要在连续排水的条件下进行干封底。

（1）事先做好封底准备工作，一般应在沉井下沉的同时就开始准备。因在软土中沉井下沉速度较快，当沉井下沉到设计标高后，若拖延时间，情况有可能发生变化，如沉井偏差增大，大量土体涌入井内等，给干封底工作带来困难。

（2）基底土面应挖至设计标高，排除井内积水；对超挖部分应回填砂石，并清除刃脚上的污泥。

（3）新灌注的混凝土底板，在未达到设计强度之前，是不能承受地下水压力的，因此排水问题是关系到整个沉井干封底的成败关键。排水布置如图 4.15 所示，每个井孔的底部最低处均应放置不少于一个集水井，且其尺寸应满足水泵的吸水龙头需要，但也不宜靠刃脚太近，以免带走刃脚下的泥砂，使沉井倾斜增大。集水井埋设后应在每个井孔内挖数条排水沟。沟内用泵排出井外。集水井一般多用钢板焊成方形或圆形井管，如图 4.16 所示。但在井管的顶部应设有法兰盘，以便在封闭集水井时使用。井内抽水所用水泵，其能力应大于渗入井内的水量。同时，还应根据所使用抽水泵的台数，设置一定数量的备用水泵。

（4）当地质情况较差时，为了不破坏地基原状土的承载力，在沉井接近设计标高时，应停止使用水力机械冲泥等容易破坏地基的施工方法而改用吊车抓土或人力开挖。若在软土中下沉，自重又较大时，可能使沉井刃脚较深地埋入土中，故此时应先开挖锅底，保留刃脚内侧的土，尽量使沉井挤土下沉，这样当沉井封底时，土体可减少涌砂和渗水现象。

#### 2) 不排水封底

当沉井采用不排水下沉，或虽采用排水下沉，但干封底有困难时，可采用垂直导管法灌注水下混凝土封底。

垂直导管法灌注水下混凝土是在内外水位无高差的静水条件下施工的，即在沉井的各井孔内垂直设置 $\phi 200 \sim 300$mm 的钢导管，管底距井底土面 $30 \sim 40$cm，在导管顶部连接一个有一定容量的漏斗，在漏斗的颈部安放球塞，并用绳系牢。漏斗内先盛满并留足一定数量陷度较大的混凝土，灌注时隔断球塞的系绳，同时不断向漏斗内灌入混凝土，此时导管内的球塞、空气和水均受混凝土重力挤压，由管底排出，混凝土瞬间在管底周

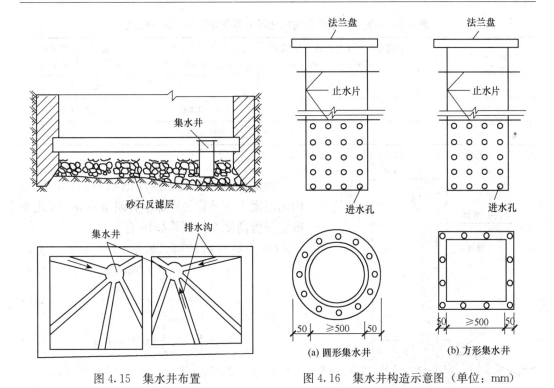

图 4.15　集水井布置　　　　　图 4.16　集水井构造示意图（单位：mm）

围堆成一个圆锥体，将导管下端埋入混凝土内，使水不能流回管内。然后灌注的混凝土在无水的导管内进行，由于管内重力形成的超压力作用，其源源不断地向周围流动、扩散与升高。由于最初与水接触的混凝土面层始终被后续混凝土顶推上升而保持在最上层的位置不变，从而保证了后续灌注的混凝土质量。只要留有适当的富余量，抽水后将表层浮浆层凿除即可。图 4.17（a）～（d）为灌注水下混凝土步骤示意图。

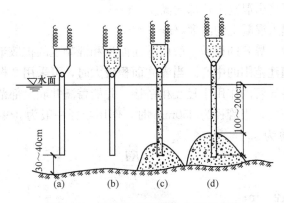

图 4.17　灌注水下混凝土步骤示意图

　　垂直导管法灌注水下混凝土的施工设计要点如下：

　　（1）导管高度。为使混凝土通过导管能够流到需要的位置，除了混凝土配制应具有足够的流动性外，还必须使导管底部管内混凝土柱的压力超过管外水柱的压力，超过的压力值称为超压力，其值取决于导管的作用半径 $R$，见表 4.2。

表 4.2　不同作业半径所需的超压力值及导管水面以下高度

| 导管作用半径 $R$/m | 管底处混凝土柱的最小超压力 $P$（$0.25h_1+0.15h_2$）/kPa | 管顶露出水面 最小高度 $h_1$/m | 管底埋入已灌注的 混凝土中深度 $h_3$/m |
|---|---|---|---|
| 3.0 | 100 | $4-0.6h_2$ | 0.9～1.2 |
| 3.5 | 150 | $6-0.6h_2$ | 1.2～1.5 |
| 4.0 | 250 | $10-0.6h_2$ | 1.5～1.8 |

注：$h_1$ 最少应有 1～2m，以便工作，不得采用负值。

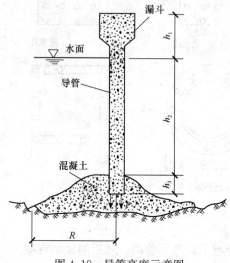

图 4.18　导管高度示意图

为保证水下混凝土灌注的顺利进行，漏斗内的混凝土在导管的底部应有超压力 $p$，以此来确定导管高度 $h$。由图 4.18 有

$$\gamma_c(h_1+h_2+h_3)-(\gamma_w h_2+\gamma_c h_3) \geqslant p \quad (4.2)$$

$$\gamma_c h_1+(\gamma_c-\gamma_w)h_2 \geqslant p \quad (4.3)$$

$$h_1 \geqslant \frac{1}{\gamma_c}[p-(\gamma_c-\gamma_w)h_2] \quad (4.4)$$

$$h_1+h_2 \geqslant \frac{1}{\gamma_c}(p+\gamma_w h_2) \quad (4.5)$$

取 $\gamma_c=25\text{kN/m}^3$，$\gamma_w=10\text{kN/m}^3$，则

$$h_1 \geqslant \frac{1}{25}(p-15h_2) \quad (4.6)$$

$$h=h_1+h_2+h_3 \quad (4.7)$$

式中：$\gamma_c$——混凝土容重，$\text{kN/m}^3$；

$\gamma_w$——水的容重，$\text{kN/m}^3$；

$h_1$——管顶高出水面的高度（视最小超压力 $p$ 值而定），m；

$h_2$——水面至挤出混凝土顶部的高度，m；

$h_3$——导管埋入混凝土的深度，m。

（2）导管的根数。导管的根数一般由灌注面积和混凝土的扩散半径布置确定，导管的平面位置应在各灌注范围的中心。当灌注面积较大时，可采用 2 根或 2 根以上的导管同时灌注，但要使各导管的作用半径互相搭接，并能盖满井底全部范围。导管的作用半径应视导管的管径而定，当管径为 250mm 时，作用半径一般为 3～3.5m，流动坡度不宜陡于 1:5，并估算为

$$r=\frac{KI}{I_0} \quad (4.8)$$

式中：$r$——扩散半径，m；

$K$——流动性时间保持系数，h；

$I$——混凝土的灌注速度，m/h；

$I_0$——混凝土的表面坡度。

3）对混凝土的要求

混凝土在单位时间内的需用量为

$$Q = nq \tag{4.9}$$

式中：$Q$——混凝土在单位时间内的需用量，$m^3/h$；

　　　$n$——同时灌注的导管数目，根；

　　　$q$——一根导管混凝土的需用量，$m^3/h$。

每根导管在 1h 内使水下混凝土面平均升高量，称为灌注速度。根据施工实践，沉井水下封底混凝土的最小灌注速度不宜小于 0.25m/h。按此速度和导管的灌注面积，即可求算一根导管混凝土每小时的需要量，也可见表 4.3。

表 4.3　一根导管灌注混凝土每小时需用量

| 导管作用半径/m | 一根导管供应的面积/m² | 初凝按 3h 的需用量 $q$/(m³/h) | 初凝按 4h 的需用量 $q$/(m³/h) |
|---|---|---|---|
| 3.0 | 20 | 8 | 6 |
| 3.0 | 10 | 4 | 3 |
| 3.5 | 25 | 13 | 10 |
| 3.5 | 15 | 8 | 6 |
| 4.0 | 30 | 20 | 15 |
| 4.0 | 20 | 13 | 10 |

水泥强度等级为混凝土强度等级的两倍左右，并不得低于 C30，初凝时间不宜少于 3h，出厂 3 个月以后或受潮后的水泥不应使用；砂子宜选用中砂或细砂；粗骨料可用碎石或砾石，砾石较碎石好，石子粒径一般采用 0.5～4cm 为宜，粒径过大容易发生堵塞管路事故，所以最大粒径不得大于 6cm，且不宜大于导管内径的 1/6～1/4，不宜大于钢筋净距的 1/4。

水下混凝土的配合比可视施工条件根据实验选定。一般选用最佳配合比，其强度比设计强度提高 10%～20%。水下混凝土应有良好的和易性和流动性，以便顺利地通过导管，并能在水下自动摊开。一般采用 18～22cm 的塌落度，但在开始灌注时，为保证导管底部立即被混凝土包裹，塌落度可减少至 16～18cm 为宜。水下混凝土含砂率较高，一般为 45%～50%，水泥用量也大，一般为 380～450kg/m³，不宜小于 350kg/m³，如果掺用外掺剂、掺和料时，水泥用量可适当减少，但也不宜小于 300kg/m³。

4）施工要点

在施工设备上，除导管、漏斗、球塞及混凝土拌和设备外，还需在井顶搭设灌注支架，以悬挂串筒、漏斗及导管。串筒长度应大于灌注中逐节拆除的导管中最长一节的长度，并据此确定支架的高度。在支架顶部设置灌注平台，在平台上搭设储存混凝土的槽料。灌注水下混凝土施工布置如图 4.19 所示。

漏斗容量不宜太小，一般为 1～1.5m³，导管每节长 1～2m，底节长度可采用 4～6m 各节用法兰盘连接。要求导管顺直、水密、内壁无杂物、抗拉好，球塞应做通过试验。导管埋入混凝土的深度，一般不得少于 1m。提升导管要做到慢升、拆卸导管要快，不应超过 20～30min。

封底灌注工作应一次完成，不得中途停止。正常灌注间歇不宜大于 30min。灌注完毕后，应将导管提离混凝土面 1.5～2m，并用水将管壁上残留砂浆冲洗干净。在灌注过

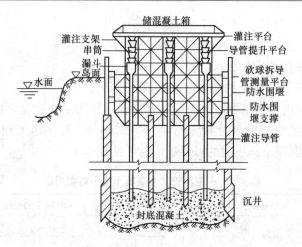

图 4.19　水下混凝土封底

程中，应不断地使用测绳测量水下混凝土面的上升情况，及时掌握导管的埋入深度变化及拆卸导管时机。

### 4.3.4　辅助下沉措施

#### 1. 临时辅助措施

沉井下沉发生困难，主要有以下几个原因：开挖面深度不够，正面阻力大；井壁摩阻力大于沉井自重；井壁无减阻措施；刃脚下遇到障碍物等。解决前三者的方法是从增加沉井重量和减小井壁摩阻力两个方面着手。对于后者，则要采取一些特别的措施来清除障碍物。

1）压重

（1）在井顶上搭建平台压重物，如钢轨、铁块或片石等。

（2）也可以考虑提前接筑下一节沉井，以增加沉井自重。

（3）在不排水下沉的井内抽水，减小沉井浮力，促使沉井下沉。在砂土等容易翻砂涌水的地层中使用时，井内水头降低容易引起翻砂，而且会导致沉井突然大量下沉而倾斜。因此，在沉井入土不深、稳定性较差时，不宜使用；一般抽水不宜过大，以防井孔内突然大量涌水危及安全。

2）减小沉井外壁的摩阻力

设计时对外壁形状、错台宽度以及施工制作中外模光滑度等提出较高要求，以达到降低摩阻力助沉的目的。

3）井外射水

井壁上预留射水嘴的管组，利用高压水流冲松井壁附近的土，且水流沿井壁上升而润滑井壁，也能达到降低沉井摩阻力的目的。

4）炮振下沉

使用时必须严格控制用药量及操作方法，炸药量一次不宜超过 100g，以免震坏沉井，同时次数也不宜太多。

**2. 助沉方法**

**1）泥浆套辅助下沉法**

泥浆润滑套下沉沉井，是在沉井外壁周围与土层之间压入泥浆隔离层而形成泥浆润滑套，以减小土壤和井壁的摩阻力，加大下沉深度。

用泥浆套下沉的沉井结构中，为保证压注泥浆并形成完好的泥浆套，需设置储浆台阶、压浆管、泥浆射口挡板和泥浆地表围圈，如图 4.20 所示。储浆台阶多设在距离刃脚底面 2～3m 处；对面积较大的沉井，台阶可设在底节与第二节接缝处。台阶的宽度就是泥浆套的厚度，一般宜为 100～200mm。

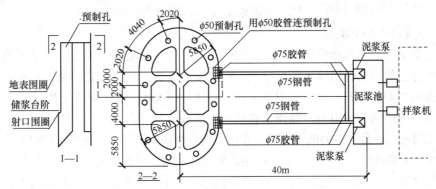

图 4.20　泥浆润滑套沉井（单位：mm）

压浆管一般预埋在井壁内，如井壁较薄也可设置在井壁外。一般管径可采用 $\phi38$～50mm，间距 3～4m，射口方向与井壁成 45°角。在储浆台阶上的压浆管出口，为防止泥浆直接喷射在土壁上，以防土壁局部塌落堵塞出浆口，可用角钢和钢板做成射口挡板，如图 4.21 所示。

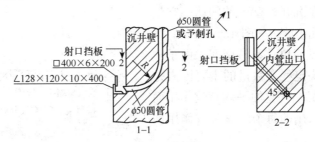

图 4.21　泥浆射口挡板（单位：cm）

在地面处沉井外围要埋设保护泥浆的围壁，成为泥浆地表围壁。它的作用是：确保沉井下沉时泥浆套的正确宽度；防止表层土塌落在泥浆内；储存泥浆，保证在沉井下沉过程中泥浆补充到新造就的空隙内；泥浆在围圈可以流动，以调整各压浆管出浆的不均衡。地表围圈高度一般在 1.5～2.0m，顶面高出地面或岛面约 0.5m，上加顶盖，以防土石落入或流水冲蚀，如图 4.22 所示。

选用的泥浆应具有良好的固壁性、触变性和稳定性。泥浆由黏土、水和适量的化学处理剂碳酸钠配置而成。关于它们的配合比和泥浆性能指标要求可按相关施工规程办理。

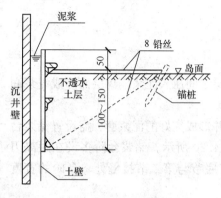

图 4.22　泥浆地表围圈（单位：cm）

沉井下沉至设计标高后，应设法破坏泥浆套，排除泥浆，或用水泥砂浆置换泥浆，以恢复和增大井壁摩阻力。

施工实践证明，泥浆润滑套沉井施工进度快，特别是在细砂、粉砂中效果尤为显著；可以有效减轻沉井自重，甚至可以采用薄壁轻型沉井；下沉稳定，倾斜小，容易纠偏，在旱地或浅滩上应用效果较好。存在的问题是当基底压力过大，容易造成边清基边下沉的情况，应加以注意。在粗粒土层中应用效果较差，如卵石砾石等。

### 2）空气幕辅助下沉法

空气幕下沉法又称壁后压气法、空气喷射法、空气膜法等。该法工作原理为：通过向预埋在井壁周围的管组输入压缩空气，由井壁喷气孔（也称气龛）喷出，在水下形成气泡，再沿外井壁上升，形成一圈气压层（成为空气幕），使其周围土松动或液化，以减小井壁与土体间的摩阻力，促使沉井顺利下沉。

空气幕法是一种先进的助沉方法，在桥梁建设中应用得较多。我国 20 世纪 70 年代在煤矿矿井和大桥桥墩沉井工程中开始应用，取得了成功的经验。我国著名的江阴长江公路大桥，北锚墩沉井为世界最大的沉井，其下沉施工采用空气幕法助沉，也取得了成功。

整个空气幕系统由一套压气设备组成，它包括空压机、气包、井壁中的预埋管、气龛，以及地面供气管路等。其工艺流程如图 4.23 所示。而空气幕沉井下沉效果的好坏，一般取决于气龛的密度、送气压力及供气量等因素。

气龛是预设在沉井外壁上的凹墙，空气幕的喷气孔即开孔于此，如图 4.24 所示。气龛的选型应以布设简单、不易堵塞、便于喷气扩散为原则。决定气龛数量的主要因素是沉井的侧面积及每个气龛的平均有效作用面积。国内工程中采用的每个气龛有效作用面

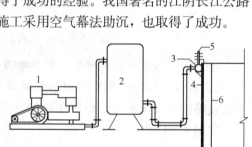

图 4.23　空气幕压气系统流程
1. 空气压缩机；2. 气包；3. 供气总管；
4. 气龛；5. 空气分流器；6. 井壁

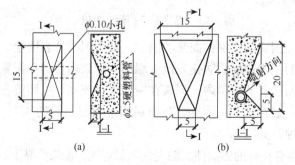

图 4.24　气龛构造（单位：cm）

积，当喷气孔为$\phi$1mm时应小于$1\sim1.5m^2$。刃脚以上3m内不宜设置气龛，防止压气时空气由刃脚底进入井内引起翻砂。

井壁内预埋管一般为环形管和竖直管。根据施工设备条件和实际情况决定喷气孔是设在环形管上，还是只设在竖直管上。管的尾端应有防止砂粒堵塞喷气孔的储砂筒设施。

风压机应具有设计要求的风压和风量，风压应大于最深喷气孔处的水压力加送气管路损耗，一般可按最深喷气孔处理论水压的$1.4\sim2$倍考虑；风量可按喷气孔总数及每个喷气孔单位时间内所耗风量计算，每个气龛耗气量一般取$0.015\sim0.02m^3/min$。

地面风管应尽量减少弯头、接头，以降低气压损耗。为稳定风压，在风压机与井外送气管间，设置必要数量的储气风包。

停气时应先停止下部气龛，依次向上，最后停止上部气龛，并应缓慢减压，不得将高压空气突然停止，防止造成瞬间负压，使喷气孔内吸入泥砂而被堵塞。

空气幕法的优点：下沉容易控制；可以在水下施工，不受水深制约；下沉完毕后，土对井壁的摩阻力可基本恢复，避免了泥浆套下沉摩阻力不易恢复的缺点；施工设备简单，经济效果较好。该法适用于有较大含水量的土层，如地下水位较高的细砂粉砂类土及黏土层。在卵石层、特别坚硬的黏土层及风化岩层内，空气幕法不能发挥很好的助沉效果。

### 4.3.5　沉井防偏与纠偏

沉井下沉的全过程，就是防偏与纠偏的过程。有偏移，就有偏心距和附加应力，对地基承载不利。若偏移过大，墩台身还可能偏位悬空，致使沉井报废。因此，施工的过程中应均匀除土，防止沉井偏斜，并及时调整沉井的倾斜和位移，这在下沉初期尤为重要。《公路桥涵施工技术规范》（JTJ 041—2000）对竣工后沉井位置的误差有如下规定：

（1）底面、顶面中心与设计中心的偏差应符合设计要求，当设计无要求时，其允许偏差纵横方向为沉井高度的1/50（包括因倾斜而产生的位移）。对于浮式沉井，允许偏差值增加250mm。

（2）沉井的最大倾斜度为1/50。

（3）矩形、圆端形沉井的平面扭转角偏差，就地制作沉井不得大于1°，浮式沉井不得大于2°。

*1. 沉井位置偏差的原因和防止措施*

沉井施工中总会发生一定的偏差，因此要随时观测沉井下沉中的位置和方向，发现偏差要及时分析原因并及时纠正。偏差原因及防止措施见表4.4。

**表4.4　沉井位置偏差原因及防止措施**

| 序号 | 偏差原因 | 防止措施 |
|---|---|---|
| 1 | 沉井下的硬土层或岩面有较大倾斜，沉井沿倾斜层下滑 | 可在沉井倾斜较低的外侧填土，增加被动土压力，阻止沉井滑动，并尽快使刃脚嵌入此层土内 |
| 2 | 井外弃土高差过大或沉井一侧的土因水流冲刷，偏土压致使沉井偏斜或位移 | 弃土不应靠近沉井；水中下沉时，可利用弃土调整井外土面高差，必要时对河床进行防护 |

续表

| 序号 | 偏差原因 | 防止措施 |
|---|---|---|
| 3 | 沉井刃脚下土层软硬不均致使沉井下沉不匀 | 通过挖土调整刃脚下支撑面积，或适当回填，或支垫土层较软的一边 |
| 4 | 抽垫不对称或抽垫后回填不及时，或回填砂土夯实不够 | 严格按抽垫工艺施工 |
| 5 | 刃脚下掏空过多，沉井突然下沉 | 严格控制刃脚下除土量 |
| 6 | 井内水头过低，沉井翻砂，翻砂通道处刃脚下支撑力骤降 | 一般情况下保持井内水头不低于井外，砂土层中开挖不靠近刃脚；<br>沉井入土不深时不采用抽水下沉的方法 |
| 7 | 沉井部分刃脚下有障碍物，致使沉井的下沉不均匀 | 施工前经钻探查明有胶结层时，可采用钻孔投放炸药爆破的方法，预先破碎硬层；铁件一般可采用水下切割排除；孤石可由潜水员水下排除或爆破炸碎 |
| 8 | 除土不均匀，井内泥面相差过大 | 严格控制泥面高差 |

### 2. 沉井纠偏方法

对已经出现偏斜的沉井必须根据偏移情况、下沉深度等条件分析制定纠偏方法。纠偏方法尽管多种多样，但其共同的规律是在下沉中纠偏，即边沉边纠。在以往的工程实践中曾积累了许多宝贵的经验，国内相关专业书籍及教材也介绍了多种常用的纠偏方法。

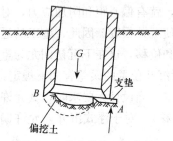

图 4.25　井内偏挖、加垫法

1）井内偏挖、加垫法

这是偏挖土与一侧加支垫相结合的纠偏方法，也是一种有效的方法。即在刃脚较高的一侧井内挖土而在刃脚较低的一侧加支垫，随沉井的下沉，高侧刃脚可逐渐降低，如图 4.25 所示。

2）井外偏挖、井顶偏压或套拉法

这是偏挖土与偏压重或偏挖土与一侧施加水平力相结合的纠偏方法，其目的是提高单纯偏挖土的纠偏效果。

井外挖槽因土方量大，一般只挖 1.5～2m，此法多用在入土较深时的纠偏，如图 4.26（a）、（b）所示。由于钢丝绳套拉时施加的水平力很大（可以大至百吨以上），滑车组的锚固必须有强大的地笼，采用这一方法时，应如图 4.26 所示使用平衡重，而不是卷扬机牵引，使作用力持续不变，避免沉井位移时钢丝绳松弛，也可防止沉井结构或千斤绳因受力过大而受损。

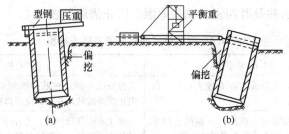

图 4.26　井外偏挖、井顶偏压或套拉法

　　3) 井外支垫法

　　如图 4.27 所示，用枕木垛托住栓于沉井顶面的挑梁，借枕木垛下的大面积支承力阻止该侧沉井下沉，可以比较有效地纠正沉井倾斜。但必须防止千斤绳受力过大而断裂。

　　4) 井外射水法

　　在沉井刃脚较高的一侧井外射水，破坏其外壁摩阻力，促使该侧沉井下沉，是水中沉井纠偏的一种方法。使用时，射水管的间距不宜超过 2m。

　　5) 摇摆法下沉

　　当沉井入土深度不大，但偏移量较大，且沉井结构中心线与设计中心线平行时，可采用摇摆法下沉逐渐克服土的侧压力以正位。其做法是将偏移方向一侧先落低 15～20cm，再将另侧落低与该侧成水平，如此反复下沉使沉井回到正确位置，如图 4.28 所示，每次摇摆可纠正的偏移量为

$$\Delta e = \Delta h \cdot \tan \frac{\alpha}{2} = \frac{\Delta h^2}{2b} \tag{4.10}$$

式中：$b$——沉井宽度。

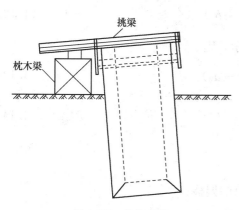

图 4.27　井外支垫

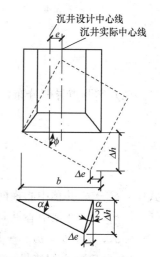

图 4.28　摇摆偏移量

　　6) 倾斜法下沉

　　当沉井入土深度不大，且偏移量较大，沉井结构中心线与设计中心线相交于刃脚下一定深度时，可沿沉井倾斜方向下沉，使沉井刃脚向设计位置接近，然后把沉井调到正确位置，如图 4.29 所示。

　　3. 沉井偏移量计算

　　JTJ 041—2000 对沉井位置的误差有定量规定，这就要求对沉井的偏移量进行计算。沉井在沉至设计标高时，需要确定沉井实际的偏移量；在下沉过程中，为了及时纠偏的需要，也需要确定实际偏移量。计算是依据井顶轴线

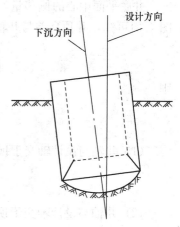

图 4.29　倾斜法下沉

的方向差及各测点的高程，直接推算出井顶中心、井底中心的偏移值、井轴倾角以及平面扭角，以便与规范中的容许值比较。

1）井顶中心偏移量计算

（1）实测点同侧分布，如图 4.30（a）所示，则

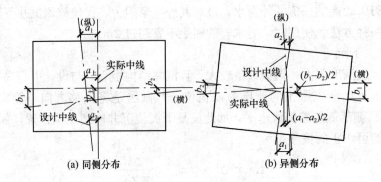

图 4.30　井顶平面位移

$$a_{\pm} = \frac{1}{2}(a_1 + a_2) \tag{4.11}$$

$$b_{\pm} = \frac{1}{2}(b_1 + b_2) \tag{4.12}$$

（2）实测点异侧分布，如图 4.30（b）所示，则

$$a_{\pm} = \frac{1}{2}(a_1 - a_2) \tag{4.13}$$

$$b_{\pm} = \frac{1}{2}(b_1 - b_2) \tag{4.14}$$

式中：$a_{\pm}$——井顶中心横向偏移；

$b_{\pm}$——井顶中心纵向偏移；

$a_1$，$a_2$，$b_1$，$b_2$——井顶平面各边缘中点的偏移。

2）井底中心偏移量计算

井底平面中心的偏移量，不仅受井轴倾斜的影响，还要考虑井顶高差的影响。由图 4.31 可知，井顶高差与井轴倾斜存在如下关系

$$\frac{e_x}{H} = \frac{h_x}{A} \tag{4.15}$$

则

$$e_x = \frac{h_x}{A} H \tag{4.16}$$

（1）井轴与设计轴交于顶面上方时［图 4.31（a）］

$$a_{\mp} = a_{\pm} + e_x = a_{\pm} + \frac{h_x}{A} H \tag{4.17}$$

（2）井轴与设计轴交于顶面下方时［图 4.31（b）］

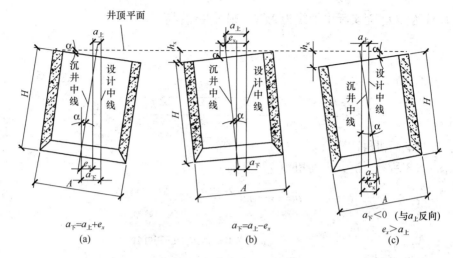

图 4.31 沉井刃脚平面偏移量

$$a_\text{下} = a_\text{上} - e_x = a_\text{上} + \frac{h_x}{A}H \tag{4.18}$$

（3）井轴与设计轴井中相交时 ［图 4.31（c）］

$$a_\text{下} = e_x - a_\text{上} = \frac{h_x}{A}H - a_\text{上} \tag{4.19}$$

同理可得两轴上方相交时

$$b_\text{下} = b_\text{上} + e_x = b_\text{上} + \frac{h_x}{B}H \tag{4.20}$$

两轴下方相交时

$$b_\text{下} = b_\text{上} - e_x = b_\text{上} - \frac{h_x}{B}H \tag{4.21}$$

两轴中间相交时

$$b_\text{下} = e_x - b_\text{上} = \frac{h_x}{B}H - b_\text{上} \tag{4.22}$$

式中：$H$——沉井高度；

$a_\text{下}$，$b_\text{下}$——井底中心横、纵向偏移值，m；

$a_\text{上}$，$b_\text{上}$——井顶中心横、纵向偏移值，m；

$h_x$，$h_y$——井顶平面横、纵向两端高差，m；

$A$，$B$——井顶平面横、纵向中线长度，m；

$e_x$——沉井横向倾斜轴的水平投影，m。

3）沉井倾斜度计算

沉井的倾斜度是井身中轴线倾斜程度的数值，常用沉井轴线在平面上的投影与其高度值之比，并取分子为 1 的分数形式表示。由于沉井可能向任意方向倾斜，如图 4.33 所示，沉井

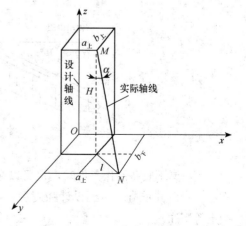

图 4.32 沉井轴线偏移

设计中轴线为 $zO$，而实际中轴线为 $MN$，则沉井倾斜度为

$$\frac{l}{H} = \tan\alpha$$

即

$$\tan\alpha = \frac{l}{H} = \sqrt{\frac{(a_{下} - a_{上})^2 + (b_{下} - b_{上})^2}{H}} \leqslant \frac{1}{50} \qquad (4.23)$$

4）沉井平面扭角计算

如图 4.33 所示，沉井平面扭角 $\theta$ 计算为

$$\theta = \arctan\frac{b_1 - b_2}{A} \leqslant 1° \qquad (4.24)$$

### 4.3.6 浮运沉井简介

在深水中修筑沉井，当人工筑岛困难的情况下可采用浮运沉井施工。浮运沉井就是把沉井底节做成浮体结构，使其在水中漂浮，然后用船只将其拖运到设计位置，再灌水下沉使其落在河床上，壳体内填充混凝土，最后就地接高除土下沉。施工前必须查明河岸地形、设备条件，进行技术经济比较，确定合理的制作场地、结构形式及下水方案。

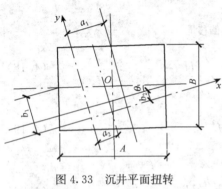

图 4.33 沉井平面扭转

#### 1. 沉井制作

如果河岸地形条件允许，应尽可能在岸上搭设预制沉井平台，沿岸坡铺设滑道，将制作好的底节沉井顺着滑道滑入水中，如图 4.34 所示。

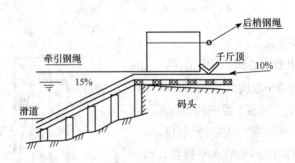

图 4.34 浮运沉井滑道法下水

当河岸不具备制作条件时，也可以在桩支架或浮船支架平台上制作沉井，如图 4.35 所示。当沉井混凝土达到设计强度后，再进行起吊、拆平台、落水、接高及填充空腔混凝土等工序。

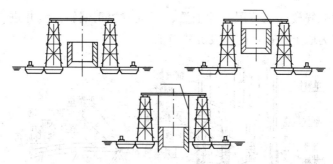

图 4.35　利用浮船搭架制作沉井

**2. 浮体结构形式**

一般有三种浮体结构形式：双壁浮运沉井、带临时性井底的浮运沉井和钢气筒浮运沉井。

1）双壁浮运沉井

双壁浮运沉井一般是用钢或钢丝网水泥等轻而薄的材料制成由薄壁隔成一个个空格的壳体结构，入水后能浮于水中，浮运就为后向井壁腔内灌水下沉，落于河床上后再逐格对称地灌注水下混凝土，使其变成普通的重力式沉井，如图 4.36 所示。

双壁浮运沉井适用于入水较深、平面

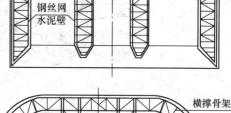

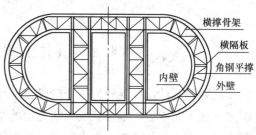

图 4.36　钢丝网水泥薄壁沉井

尺寸较大的情况。其制造简单，结构安全可靠，部分材料可回收重复使用。

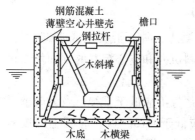

图 4.37　带临时性井底的浮运沉井

2）带临时性井底的浮运沉井

这种浮体结构形式是在沉井四周外墙之间加设临时性井底，待沉井接高下沉、落在河床上后，再将井底拆除，继续下沉，如图 4.37 所示。临时性井底必须保证底板水密，且便于水下拆除，一般多采用木料制作。该形式仅宜用于浅水、流速低的场合。

如图 4.37 为带临时性井底浮运沉井示例。临时性井底采用木料，做成八字形斜撑在井孔内壁特制的檐口上。沉井浮运定位后，向井孔内灌水，使沉井逐渐下沉，当落床稳定后灌注井壁混凝土，即可拆除支撑，打开临时性井底，以后按一般沉井施工。

3）钢气筒浮运沉井

当河水很深、沉井很大、分孔很多时，可在井孔位置上装置若干个钢制压气筒，通过向气筒内打气来增加浮力。带钢气筒的浮运沉井多采用圆形截面构造，其主要由双壁沉井底节、单壁钢壳、钢气筒等组成，如图 4.38 所示。双壁钢沉井底节为一可自浮于水中的壳体结构；底节以上井壁为单壁钢壳，用于防水及接高模板；钢气筒为沉井提供浮力，并可通过充气放气调节沉井的上浮、下沉或校正偏斜。沉井进入河床一定深度后，切除气筒即为取土井孔，按一般沉井施工。

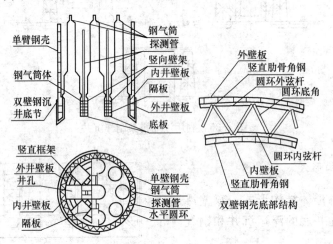

图 4.38　钢气筒浮运沉井构造

# 4.4　沉井的设计、计算与验算

沉井的设计计算要分为三个阶段：尺寸拟定及下沉验算、深基础计算和结构计算。沉井在施工完毕后，本身就成为结构物的基础，因此，此时应按基础要求进行验算；在施工过程中，它又是挡土挡水的围护结构物，所以还要对其本身的强度进行计算。

## 4.4.1　尺寸拟定与下沉验算

1. 材料选择与尺寸拟定

沉井材料一般采用钢筋混凝土。沉井填料可采用混凝土、片石混凝土或浆砌片石；在无冰冻地区也可采用粗砂和砂砾填料。粗砂、砂砾填料沉井和空心沉井的顶面均需设置钢筋混凝土盖板。

沉井各部分混凝土强度等级：刃脚不应低于C25；井身不应低于C20；当为薄壁浮运沉井时，井壁和隔板不应低于C25，腹腔内填料不应低于C15。封底混凝土强度等级，非岩石地基不应低于C25，岩石地基不应低于C20。尺寸拟定要求见表4.5。

表 4.5　沉井尺寸拟定要求

| 类　　别 | 具 体 要 求 |
|---|---|
| 平面尺寸 | 　　沉井的平面形状及尺寸应根据墩台身底面尺寸、地基土的承载力及施工要求确定。沉井外轮廓尺寸不得小于墩台底平面尺寸加最小襟边宽。沉井顶面襟边的最小宽度，应根据施工容许偏差而定，一般不得小于沉井总高度的1/50，并不得小于20cm。对浮式沉井还应另加20cm。对需设井顶围堰者，其襟边宽度尚应满足安装墩台身模板的需要。<br>　　井孔布置应对称，最小尺寸应满足取土机具所需净空和除土范围要求，一般不宜小于2.5m。对顶部设置围堰的沉井，宜结合井顶围堰统一考虑 |

| 类 别 | | 具 体 要 求 |
|---|---|---|
| 立面尺寸 | 井顶标高 | 同其他基础形式一样，沉井基础一般需要将井顶埋入枯水位或地面线以下，不宜外露 |
| | 刃脚踏面标高 | 刃脚踏面的高低，确定了沉井的埋置深度。一般应满足抗冲刷计算，刃脚应置在冲刷线以下足够深度，并符合抗倾覆、抗滑移等稳定要求，选择较好的持力层以满足地基强度要求 |
| | 井高和分节 | 沉井总高为井顶标高与刃脚踏面标高之差。一般沉井的埋深较大，不能一次制造与下沉，应分节制造逐节下沉，直至沉到设计标高。底节沉井高度一般为 4～6cm，当土质松软时，底节沉井高度不宜大于井宽的 0.8 倍。限制底节沉井的高度，为的是预防偏沉和控制下沉方向。<br>沉井每节高度可视沉井的平面尺寸、全部高度、地基土情况和施工条件而定，不宜高于 5m。若有条件时宜尽可能加高，减少节数，争取工期 |
| | 井壁厚度 | 沉井井壁的厚度应根据结构强度、施工下沉需要的重力、便于取土和清基等因素而定，可采用 0.8～1.5m |

**2. 下沉验算**

为了使沉井能够在自重条件下顺利下沉，沉井重力必须大于井壁与土体间的摩阻力，即

$$G \geqslant kR \tag{4.25}$$

式中：$G$——沉井自重（对不排水下沉时，应扣除浮力），kN；

$k$——下沉系数（$k \geqslant 1.0$，可以取 1.25）；

$R$——沉井底端地基总反力与沉井侧面总摩擦力之和，kN。

根据以往施工的经验，下沉系数一般应为 1.15～1.25。井壁与土体之间的摩阻力，可根据沉井所在地点土层已有测试资料来估算。如无资料，对下沉深度在 20m 以内，最大不超过 30m 的沉井，可选用表 4.6 的数值。

**表 4.6　井壁与土体间的摩阻力标准值**

| 土 的 名 称 | 摩阻力标准值/kPa | 土 的 名 称 | 摩阻力标准值/kPa |
|---|---|---|---|
| 黏性土 | 25～50 | 砾石 | 15～20 |
| 砂性土 | 12～25 | 软土 | 10～12 |
| 卵石 | 18～30 | 泥浆套 | 3～5 |

注：泥浆套为灌注在井壁外侧的浊变泥浆，是一种助沉材料。

当不满足要求时，可加厚井壁再行验算，直到满足条件为止；也可以考虑在施工中采用压重、射水助沉及泥浆套等相应措施。

### 4.4.2　深基础计算与验算

沉井作为实体基础，其计算内容包括基底应力验算、侧面土抗力验算及墩台顶面位移验算。

沉井基础的计算，按照是否考虑土的弹性抗力，可分为两种计算方法。当沉井基础

埋置深度较大时，其在弹性范围内的转动压缩会使土产生抗力，阻止基础转动的进一步发展，即井周土对基础有弹性固着作用。通常沉井基础的验算可先按考虑土的弹性抗力进行基底的侧向应力验算，若符合弹性固着条件，则验算通过。如不满足弹性固着条件，则应按浅基础计算的规定进行验算。

土对沉井的抗力分为两个方面：沉井在外荷载的作用下，产生竖向位移，引起井底土的抵抗力；沉井的转动挤压井侧土体，侧向土体则对井体产生横向土抗力。土的弹性抗力采用文克尔假定和"$m$"法计算，可参见桩基础设计的有关章节。

### 1. 刚性深基础内力计算

假定地基土作为弹性变形介质，地基系数随深度成正比例增加；不考虑基础与土之间的黏着力和摩阻力；沉井基础的刚度与土的刚度相比可认为是无限大。

基于上述假定条件，沉井基础在横向外力作用下只能发生转动而无挠曲变形，因此可按照刚性基础计算其内力和土抗力；否则，当沉井的高度很大，而其平面尺寸又相对较小时，需按弹性基础（即桩的计算原理）计算其内力并配筋。

### 2. 计算原理

#### 1）基底嵌入岩层

如果基底嵌入基岩内，在水平力和竖向偏心荷载作用下，可认为基底不产生水平位移，此时基础的旋转中心 $O$ 就是基底中心，即 $y_0 = h$，如图 4.39 所示。基底嵌入处将产生水平阻力 $F_h$，由于嵌入不深，通常认为 $F_h$ 即作用于基础底面，这样 $F_h$ 对 $O$ 点的力矩可忽略不计。

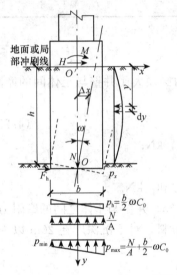

图 4.39　嵌入岩层内的沉井基础

地面下 $y$ 深度处的水平位移 $\Delta x$ 和水平土抗力 $p_x$ 分别为

$$\Delta x = (h - y)\tan\omega = (h - y)\omega \tag{4.26}$$

$$p_x = \Delta x \cdot C_y = (h - y)\omega \cdot my \tag{4.27}$$

式中：$C_y$——地基上的水平地基系数，$kN/m^3$；

　　　$m$——地基土的水平地基比例系数，$kN/m^4$。

基底的竖向应力为

$$p_h = \Delta h \cdot C_0 = C_0 \cdot \frac{b}{2}\tan\omega = mhb \cdot \frac{\omega}{2} \tag{4.28}$$

式中：$C_0$——地基土的竖向地基系数，$kN/m^3$。

上述式中只有一个未知数 $\omega$，故只需建立一个弯矩平衡方程便可解出其数值。令 $\sum M_O = 0$，即

$$M + Hh - \int_0^h a_0 p_x(h - y)\mathrm{d}y - p_h W = 0 \tag{4.29}$$

式中：$W$——基础底面偏心方向面积抵抗矩，$m^3$；

$a_0$——垂直于 $b$ 边基础底面的边长，m。

将式（4.27）、式（4.28）代入式（4.29），并积分得

$$M + Hh - a_0 m\omega \int_0^h (h-y)^2 y \mathrm{d}y - W \frac{b}{2}\omega C = M + Hh - \frac{1}{12}a_0 m\omega h^4 - W \frac{b}{2}\omega C$$

整理，得

$$12(M+Hh) - (a_0 mh^4 + 6WbC_0)\omega = 0$$

则

$$\omega = \frac{12(M+Hh)}{a_0 mh^4 + 6WbC_0} \tag{4.30}$$

令 $\sum F_x = 0$，即

$$F_h + H - \int_0^h a_0 p_x \mathrm{d}y = 0 \tag{4.31}$$

将式（4.27）代入式（4.31）得

$$F_h + H - a_0 m\omega \int_0^h (h-y)y \mathrm{d}y = F_h + H - \frac{1}{6}a_0 m\omega h^3 = 0$$

则

$$F_h = \frac{1}{6}a_0 m\omega h^3 - H \tag{4.32}$$

若求得的 $F_h$ 为负值时，则表明 $p_h$ 的方向与图中方向相反，需调整到基础的另一侧。基础底面竖向压应力为

$$p_{\min}^{\max} = \frac{N}{A} \pm \frac{b}{2}\omega C_0 \tag{4.33}$$

式中：$A$——基础底面面积，$m^2$。

基础前后侧水平应力为

$$p_x = my(h-y)\omega \tag{4.34}$$

基础任一截面内的弯矩为

$$M_y = M + y\left[H - a_0\omega \frac{my^2}{12}(2h-y)\right] \tag{4.35}$$

2）基底置于非岩石地基上

如图 4.40 所示，在地面或局部冲刷线处外力 $H$ 和 $M$ 的作用下，基础在土中绕未知点 $O$ 转动，其转角为 $\omega$；转动中心 $O$ 至地面或局部冲刷线处的距离为 $y_O$，基础前后侧和基底上作用着土体的弹性抗力 $p_x$ 和 $p_h$。

以基础为隔离体，根据两个静力平衡条件：$\sum F_x = 0$ 和 $\sum M_O = 0$，可列出包括 $\omega$ 和 $y_O$ 两个未知量的两个方程式，联立求解便可得出 $\omega$ 和 $y_O$ 的表达式，从而可进一步地求解出 $p_x$ 和 $p_h$。

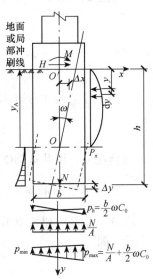

图 4.40 直立于非岩石土内的沉井基础

（1）土的水平弹性抗力 $p_x$。由 $\Delta x = (y_O - y)\tan\omega = (y_O - y)\omega$ 可得

$$p_x = \Delta x \cdot C_y = (y_O - y)\omega \cdot m \cdot y \tag{4.36}$$

（2）基底应力 $p_{min}^{max}$。基础底面处的压应力，考虑到该水平面上的竖向地基系数 $C_0$ 不变，故其压应力图形与基础竖向位移图相似。基底前后边缘最大最小竖向压应力为

$$p_{min}^{max} = \frac{N}{A} \pm \frac{b}{2}\omega C_0 \tag{4.37}$$

（3）转动中心位置 $y_O$ 和转角 $\omega$。令 $\sum F_x = 0$，即

$$H - \int_0^h p_x a_0 \mathrm{d}y = 0 \tag{4.38}$$

将式（4.36）代入式（4.38）得

$$H - a_0 m\omega \int_0^h (y_O - y)y\mathrm{d}y = H - a_0 m\omega\left(\frac{1}{2}y_O h^2 - \frac{1}{3}h^3\right) = 0$$

展开整理，得

$$3y_O a_0 m\omega h^2 - 2a_0 m\omega h^3 - 6H = 0 \tag{4.39}$$

令 $\sum M_0 = 0$，即

$$M + \int_0^h a_0 p_x y\mathrm{d}y - Wp_h = 0 \tag{4.40}$$

将式（4.36）代入式（4.40）得

$$M + a_0 m\omega \int_0^h (y_O - y)y^2\mathrm{d}y - W\frac{b}{2}\omega C_0 = M + a_0 m\omega h^3\left(\frac{y_O}{3} - \frac{h}{4}\right) - W\frac{b}{2}\omega C_0 = 0$$

展开整理，得

$$12M + 4y_O a_0 m\omega h^3 - 3a_0 m\omega h^4 - 6Wb\omega C_0 = 0 \tag{4.41}$$

联立式（4.40）和式（4.41），解得

$$\omega = \frac{12(3M + 2Hh)}{a_0 mh^4 + 18WbC_0} \tag{4.42a}$$

$$y_O = \frac{a_0 mh^3(4M + 3Hh) + 6HWbC_0}{2a_0 mh^2(3M + 2Hh)} \tag{4.42b}$$

（4）任意截面弯矩 $M_y$。地面下任一深度 $y$ 处基础截面内的弯矩 $M_y$ 为

$$M_y = M + y\left[H - \frac{a_0\omega my^2}{12}(2y_O - y)\right] \tag{4.43}$$

通常情况下，沉井基础横截面上由 $M_y$ 产生的应力不控制设计，也可不必验算。

### 3. 基底应力验算

式（4.33）和式（4.37）所计算出的最大压应力不应超过地基承载力容许值 $[f_a]$，即

$$p_{max} \leqslant [f_a] \tag{4.44}$$

### 4. 侧面土抗力验算

弹性固着验算就是水平土抗力验算，即基础前后侧某一深度处水平应力 $p_x$ 不得超

过土体的抗力。如不满足这一条件，则不能考虑基础侧向土的弹性抗力作用。

当基础在外力作用下产生位移时，在深度 $y$ 处基础一侧产生主动土压力强度 $p_a$，而被挤压—侧土体则受到被动土压力强度 $p_p$，其极限抗力以土压力表达为

$$p_x \leqslant p_p - p_a \tag{4.45}$$

由朗金土压力理论可知，在地面以下深度 $y$ 处

$$p_p = \gamma y \tan^2\left(45° + \frac{\varphi}{2}\right) + 2c\tan\left(45° + \frac{\varphi}{2}\right)$$

$$p_a = \gamma y \tan^2\left(45° - \frac{\varphi}{2}\right) + 2c\tan\left(45° - \frac{\varphi}{2}\right)$$

将以上两式代入式（4.45），整理得

$$p_x \geqslant \frac{4}{\cos\varphi}(\gamma y \tan + c) \tag{4.46}$$

式中：$\gamma$——土的容重，$kN/m^3$；

$\quad\quad \varphi$——土的内摩擦角；

$\quad\quad c$——土的黏聚力，$kPa$。

考虑到桥梁结构性质及荷载等情况，并根据以往试验得知，最大水平压应力大致出现在 $y = \dfrac{h}{3}$ 和 $y = h$ 处。由式（4.46）得

$$p_{h/3} \leqslant \eta_1 \eta_2 \frac{4}{\cos\varphi}\left(\gamma \frac{h}{3}\tan\varphi + c\right) \tag{4.47a}$$

$$p_h \leqslant \eta_1 \eta_2 \frac{4}{\cos\varphi}(\gamma h \tan\varphi + c) \tag{4.47b}$$

式中：$p_{h/3}$——相应于 $y = h/3$ 深度处的水平压应力；

$\quad\quad p_h$——相应于 $\eta = h$ 深度处的水平压应力；

$\quad\quad \eta_1$——取决于上部结构形式的系数（一般 $\eta_1 = 1$，对于拱桥，取 $\eta_1 = 0.7$）；

$\quad\quad \eta_2$——考虑自重对基础底面重心所产生的弯矩 $M_g$ 在总弯矩 $M$ 中所占百分比的系数，$\eta_2 = 1 - 0.8\dfrac{M_g}{M}$。

### 5. 墩台顶面的水平位移

受结构刚度影响的墩台顶面弹性水平位移，是保持桥上线路平稳的重要条件，必须控制在一定范围内。基础在水平力和力矩作用下，墩台顶面会产生水平位移 $\Delta$，如图 4.41 所示，$\Delta$ 由三个部分组成

$$\Delta = (y_0 + l_0)\tan\omega + \delta_0 \leqslant [\delta] \tag{4.48}$$

一般转角 $\omega$ 都很小，因此可令 $\tan\omega = \omega$。另外，由于基础的实际刚度并非无穷大，所以还要考虑基础实际刚度对地面或局部冲刷线处的水平位移和转角的影响，用系数 $k_1$、$k_2$

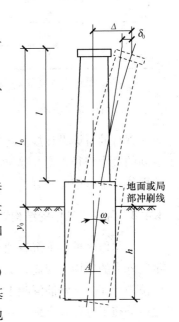

图 4.41　墩顶水平位移

表示，则式 (4.48) 可写成：

对置于非岩石地基上的基础

$$\Delta = k_1 \omega y_0 + k_2 \omega l_0 + \delta_0 \leqslant [\delta] \qquad (4.49)$$

对嵌入岩石内的基础

$$\Delta = k_1 \omega h + k_2 \omega l_0 + \delta_0 \leqslant [\delta] \qquad (4.50)$$

式中：$\delta_0$——在 $l_0$ 范围内墩身与基础变形产生的墩台顶面水平位移，m；

$\Delta$，$[\delta]$——墩台顶面的弹性水平位移及位移容许值，m；

$k_1$，$k_2$——考虑基础刚性影响的系数（它是 $\alpha h$ 和 $\lambda/h$ 的函数，其值可查表 4.7）。

表 4.7　$k_1$、$k_2$ 系数

| 换算深度 $\bar{h} = \alpha h$ | 系数 | $\lambda/h$ | | | | |
|---|---|---|---|---|---|---|
| | | 1 | 2 | 3 | 5 | 6 |
| 1.6 | $k_1$ | 1.0 | 1.0 | 1.0 | 1.0 | 1.0 |
| | $k_2$ | 1.0 | 1.1 | 1.1 | 1.1 | 1.1 |
| 1.8 | $k_1$ | 1.0 | 1.1 | 1.1 | 1.1 | 1.1 |
| | $k_2$ | 1.1 | 1.2 | 1.2 | 1.2 | 1.3 |
| 2.0 | $k_1$ | 1.1 | 1.1 | 1.1 | 1.1 | 1.2 |
| | $k_2$ | 1.2 | 1.3 | 1.4 | 1.4 | 1.4 |
| 2.2 | $k_1$ | 1.1 | 1.2 | 1.2 | 1.2 | 1.2 |
| | $k_2$ | 1.2 | 1.5 | 1.6 | 1.6 | 1.7 |
| 2.4 | $k_1$ | 1.1 | 1.2 | 1.3 | 1.3 | 1.3 |
| | $k_2$ | 1.3 | 1.8 | 1.9 | 1.9 | 2.0 |
| 2.5 | $k_1$ | 1.2 | 1.3 | 1.4 | 1.4 | 1.4 |
| | $k_2$ | 1.4 | 1.9 | 2.1 | 2.2 | 2.3 |

注：1. $\lambda = \dfrac{M_m}{H}$，$H$ 为基底总水平力，$M_m$ 为全部外力对基础底面中心的总力矩；

2. 当时 $\alpha h < 1.6$ 时，$k_1 = k_2 = 1.0$。

现行的桥梁设计规范均规定墩台顶面水平位移容许值为 $0.5\sqrt{L}$（其中 $L$ 为相邻墩台间的最小跨径长度，单位为 m），并且跨径小于 25m 的仍以 25m 计算。沉井基础墩台顶面位移也可按此验算。

### 4.4.3　沉井施工中的结构计算

从制作、拆垫下沉直到竣工后开通运营，沉井在施工的各不同阶段，各部位均受到不同外力的作用。因此，沉井的结构强度必须按照各阶段的受力情况进行验算，其截面应按现行《公路钢筋混凝土及预应力混凝土桥涵设计规范》进行短暂状况验算。计算时应根据施工过程确定最不利受力情况，拟定相应的计算图式和荷载，计算出截面内力，进行结构设计，保证井体结构在施工各阶段中的强度和稳定。

### 1. 底节沉井竖向挠曲计算

底节沉井在开始撤除垫木下沉工程中，刃脚下的支点逐渐减少，最后只支承在几个定位支垫上；在下沉过程中如受到硬物搁阻，也可形成不利的受力状态。井体犹如承受自重作用的梁，在垂直面内产生弯曲，如果弯曲应力超过混凝土的容许拉应力，井体就会产生竖向开裂。一般可用增加底节沉井高度或在井壁内设置横向钢筋的办法加以预防。

在进行底节沉井竖向破裂验算时，采用的支承点位置与沉井下沉的方式有关，下面分别进行阐述。

#### 1) 排水挖土下沉

由于沉井是排水挖土下沉，所以不论在抽除刃脚下垫木还是在整个挖土下沉过程中，都能很好地控制沉井的支承点。为使井体挠曲应力尽可能小些，支点可控制在最有利位置。对矩形及圆端形沉井而言，是使其支点和跨中的弯矩大致相等。当沉井长宽比大于 1.5，支点设在长边上，支点间距可采用 $0.7L$（其中 $L$ 为沉井长度），如图 4.42 所示。对于圆形沉井，4 个支点设在两个相互垂直的对称轴线上最有利。

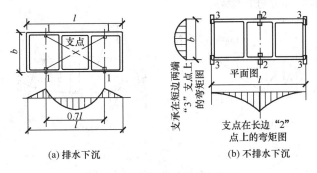

(a) 排水下沉　　　　　　　(b) 不排水下沉

图 4.42　沉井最不利支点位置

确定支点位置后，可以此验算沉井井壁顶部和下部弯曲抗拉强度，防止竖向开裂。在计算底节沉井的剪力和弯矩值时，对于矩形和圆端形沉井可按直梁图式，对于圆形沉井可按连续水平环梁并利用表 4.8 和下列算式进行计算。

表 4.8　水平圆环梁内力计算

| 环梁支点数 | 最大剪力（支点上） | 弯矩 | | 最大扭矩 | 支点轴线与最大扭矩截面的中心角 |
|---|---|---|---|---|---|
| | | 两点间的跨中 | 支点上 | | |
| 2 | $1.571qr$ | $0.5708qr^2$ | $-1.0000qr^2$ | $0.3306qr^2$ | $39°32'$ |
| 4 | $0.1107qr$ | $0.1107qr^2$ | $-0.2146qr^2$ | $0.0331qr^2$ | $19°12'$ |

支点剪力

$$V = \frac{\pi r q}{n} \tag{4.51}$$

跨中弯矩

$$M_{中} = qr^2\left(\frac{\pi}{n} \cdot \frac{1}{\sin\theta} - 1\right) \tag{4.52}$$

支点弯矩

$$M_{支} = qr^2\left(\frac{\pi}{n}\cot\theta - 1\right) \tag{4.53}$$

式中：$n$——支点数；

$\quad\quad q$——底节沉井单位周长重力，kN/m；

$\quad\quad \theta$——支点位置；

$\quad\quad r$——计算半径（圆心至刃脚重心的距离），m。

2）不排水挖土下沉

由于井孔中有水，挖土可能不均匀，支点位置也难以控制，沉井下沉过程中可能会出现最不利的支承情况。对矩形和圆端形沉井，最不利支承情况是支点在长边的中点上，如图 4.43 所示；另一种情况是支点在四个角上；对于圆形沉井，两个支点位于一直径上，使沉井成为一悬臂梁。在支点处，沉井顶部可能产生竖向开裂；当支在四个角上时，沉井成为一简支梁，跨中弯矩最大，可能出现沉井下部竖向开裂。应对以上各种可能出现竖向开裂的部分进行验算。

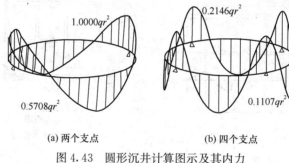

(a) 两个支点       (b) 四个支点

图 4.43 圆形沉井计算图示及其内力

此外，若底节沉井内隔墙的跨度较大，还需验算内隔墙的抗拉强度。内隔墙的最不利受力情况是下部土已掏空，第二节沉井的内墙已浇筑，但尚未凝固，这时，内隔墙成为支承在井壁上的梁，承受了本身重量及上部第二节沉井内隔墙及模板等的重量。如验算结果可能使隔墙下端产生竖向开裂，应采取措施，或布置水平钢筋，或在浇筑第二节沉井时内隔墙下部回填砂袋码砌，使荷载传至地基上。

**2. 沉井刃脚受力计算**

沉井在下沉过程中，刃脚受力较为复杂，刃脚切入土中时受到向外的弯曲应力，挖空刃脚下的土时，刃脚又受到外部土、水压力作用而向内弯曲。从结构上来分析，可认为刃脚把一部分荷载通过本身作为悬臂梁的作用传到刃脚根部；另一部分荷载由本身作为一个水平的闭合框架作用所负担。因此，在平面上可以把刃脚看成是一个水平闭合框架，在竖向上将其看成是一个固定在井壁上的悬臂梁。

1）水平外力分配系数

水平外力的分配系数可由悬臂梁和闭合框架最大挠度相等的条件导出。设作用于整个刃脚上的均布荷载为 $q$，其分配在刃脚悬臂部分的均布荷载为 $q_1$（图 4.44），分配在水平框架部分的均布荷载为 $q_2$，则 $q = q_1 + q_2$。

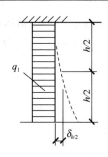

设刃脚斜面部分的高度为 $h$，则悬臂梁在 $h/2$ 处，在均布荷载 $q_1$ 作用下的挠度为

$$\delta_{h/2} = \frac{17q_1 h^4}{384 EI_1}$$

设水平框架的跨度为 $S$，则两端固定梁的跨中处在均布荷载 $q_2$ 作用下的挠度为

$$\delta_{S/2} = \frac{q_2 S^4}{384 EI_2}$$

当 $\delta_{h/2} = \delta_{S/2}$，$EI_1 = EI_2$ 时，可得

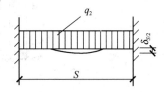

图 4.44　刃脚水平荷载分配

$$q_1 = \frac{0.0585 S^4}{h^4 + 0.0585 S^4} q = \alpha' q$$

$$q_2 = \frac{h^4}{h^4 + 0.0585 S^4} q = \beta' q$$

为偏于安全考虑，在计算 $\alpha'$ 时 $S$ 取大值，在计算 $\beta'$ 时 $S$ 取小值。考虑到闭合框架两端实际为半固着，所以值 $\delta_{S/2}$ 偏大，从而 $q_1$ 便偏小。在《公路桥涵地基与基础设计规范》中采用了调整取整后的公式为

$$\alpha = \frac{0.1 l_1^4}{h^4 + 0.05 l_1^4} \leqslant 1.0 \tag{4.54}$$

$$\beta = \frac{h^4}{h^4 + 0.05 l_2^4} \leqslant 1.0 \tag{4.55}$$

式中：$l_1$——支承于内隔墙间的外壁最大计算跨径，m；

　　　$l_2$——井壁支承于内隔墙间的最小跨径，m。

式（4.54）和式（4.55）只适用于隔墙底面距刃脚底面为 0.5m 或大于 0.5m 而有垂直梗肋者；否则，全部外力将由悬臂作用承受，即 $\alpha = 1$。当 $\alpha > 1.0$ 时，按 $\alpha = 1$ 计算。

当算得 $\alpha = 1$ 时，从理论上分析，水平力应全部由悬臂承担，但靠近隔墙支点附近刃脚的悬臂作用肯定有所减弱。因此仍应考虑水平框架能承担适量的负弯矩，即 $\beta \neq 0$，而应该取一个小于等于 0.5 的数值。

外力经过上述分配后，即可将刃脚受力按竖向、水平两个方向进行计算内力计算和配筋。

2）刃脚竖向受力分析

刃脚竖向受力情况通常截取单位宽度井壁来分析，把刃脚视为固定在井壁上的悬臂梁。刃脚切入土中一定深度，由于沉井自重作用，在刃脚斜面上便产生了抵抗力，它使刃脚向外挠曲。当刃脚上出现外侧水、土压力最大，而刃脚下的土的反力最小或等于零时，即产生向内挠曲。

（1）刃脚向外挠曲的内力计算。

最不利情况的出现，通常是在刃脚斜面上土的水平反力最大，而井壁外的土压力和

水压力较小。一般可近似认为沉井沉至井高一半，刃脚切入土中约 1.0m，地面以上已接高时，为最不利情况，如图 4.45（a）所示。

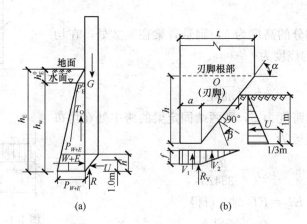

图 4.45　刃脚向外挠曲受力图示

刃脚高度范围内的外力有刃脚外侧的主动土压力及水压力、沉井自重、土对刃脚外侧的摩阻力，以及刃脚下土的反力，受力如图 4.45（b）所示。

土压力 $E$

$$E = \gamma_E h_E \tan^2\left(45° - \frac{\varphi}{2}\right) \tag{4.56}$$

为计算出外力值，通常应分别计算水面处、刃脚踏面处、刃脚根部处的压强。

水压力 $W$

$$W = \gamma_w h_w \tag{4.57}$$

水压力应按施工情况和土质条件来计算，具体来说分为排水下沉和不排水下沉两种情况来考虑。当两种情况均遇到时，应以最不利的一种进行计算。不排水下沉时，井壁外侧水压力按 100% 计算；内侧水压力按 50% 计算；也可以按照施工时可能出现的水头差计算。排水下沉时，在不透水的土中，可按静水压力的 70% 计算；在透水性土中，可按静水压力的 100% 计算。为避免计算所得土压力、水压力值偏大，设计规范规定算得的刃脚外侧土压力、水压力值总和不大于静水压力的 70%，否则按静水压力的 70% 计算，即 $W + E \leqslant 0.7\gamma_w h_w$。

井壁摩阻力 $T$。作用在井壁外侧单位宽度的摩阻力为 $T$（kN/m），其值可分别按式（4.58）和式（45.9）计算，并分别取较小者

$$T = \mu E = \tan\varphi E = 0.5E \tag{4.58}$$

$$T = qA \tag{4.59}$$

式中：$\mu$——土对井壁的摩阻力系数（一般取 0.5）；

　　　$E$——作用在井壁上每米宽度的总土压力（即土压力图形面积），kN；

　　　$A$——沉井侧面与土接触的单位宽度上的总面积（$A = 1 \times h$，$h$ 为刃脚高度），m²；

　　　$q$——土与井壁单位面积上的摩阻力，数层土时取平均值 $q = \dfrac{\sum q_i \cdot h}{\sum h_i}$，kPa。

之所以要取 $T$ 的较小值，是为了获得较大的反力 $R_v$，而反力 $R_v$ 越大对刃脚内侧（即受拉侧）越不利。$R_v+T=G$，沉井和刃脚的重量是不变的，而只有用较小的 $T$ 值才可取较大的 $R_v$。

刃脚反力 $R_v$ 和 $U$。刃脚下竖向反力（取单位宽度）可按下式计算

$$R_v = G - T \tag{4.60}$$

式中：$G$——沿井壁外壁单位周长上的沉井重力（在不排水挖土时，在水下部分应考虑水的浮力）；

$T$——沉井入土部分单位宽度上的摩阻力。

欲求 $R$ 的作用位置，可将 $R_v$ 分成 $V_1$ 和 $V_2$ 两个部分求得。刃脚踏面下的反力假定为均匀分布，其合力用 $V_1$ 表示。假定刃脚斜面与水平面成 $\alpha$ 角，斜面与土面的摩擦角为 $\beta$，斜面上反力成三角形分布，在地面处为 0，如果将合力分解为 $V_2$ 和 $U$，那么它们的反力分布也呈三角形，即

$$R_v = V_1 + V_2$$

$$x_R = \frac{1}{R}\left[V_1\frac{a}{2} + V_2\left(a+\frac{b}{3}\right)\right] \tag{4.61}$$

$R_v$ 的作用点距外壁

$$\frac{V_1}{V_2} = \frac{af}{\frac{1}{2}bf} = \frac{2a}{b}$$

由比例关系

$$V_1 = \frac{2a}{b}V_2, V_2 = \frac{Rb}{2a+b}$$

式中：$a$——刃脚踏面底宽，m；

$b$——刃脚入土斜面的水平投影，m；

$f$——竖直反力强度，kN/m。

刃脚斜面上的水平反力为

$$U = V_2\tan(\theta-\delta) \tag{4.62}$$

式中：$\theta$——土与刃脚斜面的摩擦角（一般取为 30°，则 $U$ 作用点到刃脚踏面的距离便可求出）。

刃脚自重 $g$ 为

$$g = \gamma_h h\frac{t+a}{2} \quad （水中扣除浮力） \tag{4.63}$$

式中：$\gamma_h$——钢筋混凝土刃脚的重度。

刃脚自重 $g$ 的作用点至刃脚外边缘的距离为

$$x_g = \frac{t^2+at-2a^2}{6(t+a)} \tag{4.64}$$

作用在刃脚外侧的摩阻力，其计算方法与计算井壁外侧摩阻力 $T$ 的方法相同，但取两式中的较大值，其目的是为了使刃脚弯矩最大。

刃脚悬臂梁承担的总水平力为

$$\alpha P = \alpha(U - E - W) \tag{4.65}$$

式中：$W$——作用于刃脚上的总水压力（水压力图形面积）。

$U$、$E$ 意义同前。

求出以上各力的数值、方向和作用点后，可以算出各力对刃脚根部中心轴的弯矩总和值 $M$、竖向力 $N$ 及剪力 $Q$，其计算式为

$$N = R_v + T - g \tag{4.66}$$

$$Q = U - E - W \tag{4.67}$$

$$M = R_v\left(\frac{t}{2} - x_R\right) + T \cdot \frac{t}{2} + \alpha U\left(h - \frac{1}{3}\right) - g\left(\frac{t}{2} - X_R\right) - \alpha(E + W)(h - y_{W+E}) \tag{4.68}$$

根据内力 $M$ 和 $N$ 可设计刃脚内侧竖向钢筋。所设计的钢筋断面积不得小于根部断面积的 $0.1\%$，而且钢筋应伸入刃脚根部以上 $0.5l_1$（其中 $l_1$ 为支承于内隔墙间的井壁最大计算跨度），并在刃脚全高上按剪力和构造要求布置箍筋。

（2）刃脚向内挠曲的内力计算。沉井沉至设计标高，且刃脚下的土已掏空时，作用在刃脚外侧的水压力、土压力之和 $W + E$ 最大，而内侧又无土的水平反力（$U = 0$），此时，外侧水平力对刃脚根部产生向内挠曲最大弯矩值 $M$，使刃脚井壁外侧受拉，如图 4.46 所示。

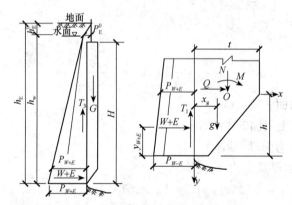

图 4.46 刃脚向内挠曲受力分析

作用在刃脚上的力取单位宽井壁计算，有外侧的水压力、摩阻力以及刃脚本身的重量。以上各力的计算方法同前。作用于刃脚上的全部水平力为 $W + E$，则悬臂梁承担的水平力为 $\alpha(W + E)$。

计算中的不同点：

第一，由最不利的角度出发，作用在井壁上的土压力和水压力之和 $W + E$ 不受不大于井外静水压力 $70\%$ 的限制。

第二，踏面已掏空，沉井全部自重 $G$ 靠井壁摩阻力 $T_0$ 来平衡，即 $\dfrac{T}{G} = \dfrac{h}{H}$，则 $T = \dfrac{h}{H}G$，其中 $H$ 为沉井入土总高。

刃脚根部内力

$$N = T - g \tag{4.69}$$

$$Q = \alpha(W + E) \tag{4.70}$$

$$M = \alpha(W + E)(h - y_{W+E}) + g\left(\frac{t}{2} - x_g\right) - T\frac{t}{2} \tag{4.71}$$

配筋计算要求同前。

### 3）刃脚水平受力分析

刃脚水平受力可看成是一个封闭的平面框架，其形状取决于沉井的平面形状，最常见的有矩形、圆形和圆端形。最不利情况是沉井沉至设计标高，刃脚下的土已掏空时，刃脚外侧水压力、土压力 $W+E$ 最大，将产生最大的水平剪力和弯矩。

闭合框架上的水平力，作用于刃脚水平框架全周的水平力，应乘以分配系数 $\beta$。

闭合框架是超静定结构，在上述计算荷载作用下，可按结构力学的方法求出控制断面上的弯矩 $M$、轴力 $N$ 和剪力 $Q$，然后按偏心受压构件来配筋。地基规范中给出了作用在矩形沉井上的最大弯矩 $M$、轴向力 $N$、剪力 $Q$ 的近似计算公式。根据计算的弯矩 $M$、轴力 $N$ 和剪力 $Q$，设计刃脚内的水平钢筋。为方便施工，水平钢筋可不必按正负弯矩将钢筋弯起，而按正负弯矩的需要布置成内、外两圈即可。

### 3. 井壁受力计算

井壁计算类似刃脚，其计算过程也应按水平向和竖向分别进行，以确定井壁内的水平钢筋和竖直钢筋的配置。

### 1）竖直方向

若沉井位置下部土层比上部土层软时，有可能出现沉井上部被摩擦力较大的土体夹住，刃脚下的土虽掏空也不下沉，这时下部沉井呈悬挂状态，井壁就有在自重应力作用下被拉断的危险，故而应验算井壁的竖向拉应力。

对于等截面井壁，井壁摩阻力可假定沿沉井总高按倒三角形分布，如图 4.47 所示，即在刃脚底面处为零，在地面处最大。

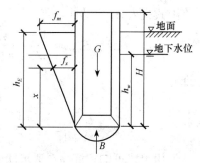

图 4.47  井壁最大竖向拉力分布

（1）不排水下沉情况。设沉井在透水性土中不排水下沉，当刃脚下的土挖空时，沉井自重 $G$ 和水浮力 $B$ 及外壁摩阻力处于平衡状态

$$G = \gamma_h H A \tag{4.72}$$

$$B = \gamma_w h_w A \tag{4.73}$$

$$\frac{1}{2} f_m h_E U = G - B = (\gamma_h H - \gamma_w h_w)A \tag{4.74}$$

由式（4.74）可解得

$$f_m = \frac{2(\gamma_h H - \gamma_w h_w)A}{h_E U} \tag{4.75}$$

由相似关系可得 $\qquad f_x = \dfrac{x}{h_E} f_m = \dfrac{2(\gamma_h H - \gamma_w h_w) A_x}{h_E^2 U}$ $\qquad\qquad$ (4.76)

式中：$U$——沉井外壁周长，m；

$\qquad A$——截面面积，$\mathrm{m^2}$；

$\qquad H$——总高度，m；

$\qquad h_E$——入土深度，m；

$\qquad h_w$——底面距离地下水面高度，m；

$\qquad \gamma_h$——混凝土重度，$\mathrm{kN/m^3}$；

$\qquad \gamma_w$——水重度，$\mathrm{kN/m^3}$；

$\qquad f_m$——在土面处的外壁单位摩阻力，$\mathrm{kN/m^2}$；

$\qquad f_x$——距离井底高度 $x$ 处的井壁摩阻力，$\mathrm{kN/m^2}$。

距井底高度为 $x$ 处截面内的拉力 $S_x$ 为

$$S_x = \gamma_h A x - B - \frac{1}{2} f_x U x = \left[ \gamma_h x - \gamma_w h_w - \frac{(\gamma_h H - \gamma_w h_w) x^2}{h_E^2} \right] A \qquad (4.77)$$

求最大拉力 $S_{max}$ 所在位置，即令一次导数为零，即

$$\frac{\mathrm{d} S_x}{\mathrm{d} x} = \left[ \gamma_h - 2 \frac{\gamma_h H - \gamma_w h_w}{h_E^2} x \right] A = 0 \qquad (4.78)$$

可求得最大拉力 $S_{max}$ 所在位置距离井底的高度 $x_{max}$ 为

$$x_{max} = \frac{\gamma_h}{2(\gamma_h H - \gamma_w h_w)} h_E^2$$

将上式代入 $S_x$ 表达式，得

$$S_{max} = \left[ \frac{\gamma_h^2 h_E^2}{2(\gamma_h H - \gamma_w h_w)} \gamma_w h_w - \frac{\gamma_h^2 h_E^2}{4(\gamma_h H - \gamma_w h_w)} \right] A$$

即

$$S_{max} = \left[ \frac{\gamma_h}{4 \left( \gamma_h - \gamma_w \dfrac{h_w}{H} \right)} \cdot \frac{h_E^2}{H^2} - \frac{\gamma_w h_w}{\gamma_h H} \right] G \qquad (4.79)$$

由上式可知，沉井在透水性土中不排水下沉时，只有当入土深度满足下列条件时，沉井井壁才出现竖向拉力，且当 $h_E = H$ 时 $S_{max}$ 最大，即当沉井沉至设计标高时沉井产生的拉力为最大。

$$h_E > H \sqrt{\frac{4 \gamma_w \left( \gamma_h - \gamma_w \dfrac{h_w}{H} \right) \dfrac{h_w}{H}}{\gamma_h^2}} \qquad (4.80)$$

若地下水位与土面持平，即 $h_w = h_E$，并且已知 $\gamma_h = 23\mathrm{kN/m^3}$，则当沉井沉至设计标高时，即 $h_E = H$，则 $S_{max} = 0.007G$。该截面距离沉井底面距离 $x_{max} = 0.885H$。

（2）排水下沉情况。当沉井为排水下沉时，浮力 $B = 0$，则

$$S_x = \left( \gamma_h x - \frac{\gamma_h H}{h_E^2} x^2 \right) A \qquad (4.81)$$

$$x_{\max} = \frac{h_E^2}{2H} \tag{4.82}$$

$$S_{\max} = \frac{h_E^2}{4H^2}G \tag{4.83}$$

由此可知，当沉井沉至设计标高，即 $h_E = H$ 时，井壁出现最大拉力 $S_{\max}$，其值为 $G/4$，其截面位置在沉井总高的一半处。

综上所述，沉井在不排水下沉时，井壁竖向拉应力因受浮力影响而减少，通常只有在排水下沉时才控制设计。如特殊情况遇到障碍物把沉井夹住，可根据具体情况作相应假定进行计算。

沉井在不排水下沉时，井壁竖向拉应力因受浮力影响而减少，因此通常将排水下沉时的最大拉应力作为控制设计的指标，即按不考虑浮力来计算自重。若混凝土的拉应力不能满足要求，则需要在井壁中布置受拉钢筋；若可以满足要求，则只需布设接缝钢筋。进行配筋计算时，可假定混凝土不承受拉力，拉力由接缝处的钢筋承担。钢筋的容许应力取钢筋屈服强度的 80%。

2）水平方向

由于井壁上的水平力大致随深度而增加，所以井壁的水平内力在不同深处其大小也是下大上小，为节约钢材，应分段取值计算。对于底节，一般刃脚根部取井壁厚度和单位高度的框架计算（图 4.48），而其他各节则取其底部 1m 高处的框架计算，并且分别按各框架的最大应力配置井壁的水平钢筋。若上部某段最大应力减小至不超过混凝土的容许拉应力时，可按素混凝土考虑，不必设受力水平钢筋，该截面以上的井壁不必再计算内力。井壁计算为框架受力，无悬臂作用，故无须像刃脚框架那样去乘以分配系数 $\beta$。

在前面计算刃脚竖向的悬臂作用时，假设刃脚固着在井壁下端。刃脚根部之上其高度等于井壁厚度 $t$ 的一段井壁称为刃脚固着段井壁，这一段井壁必须另行设计。因为这段井壁除承受作用在本身外侧的土压力和水压力外，尚承受从刃脚根部传来的水平剪力 $Q$，如图 4.49 所示。

采用泥浆套下沉的沉井，泥浆压力大于上述水平荷载，井壁压力按泥浆压力计算。

采用空气幕下沉的沉井，井壁压力与普通沉井的计算相同。

4. 混凝土封底及顶盖的验算

1）混凝土封底厚度计算

混凝土封底的厚度应根据基底的水压力和地基土的向上反力计算确定。井孔不填充混凝土的沉井，封底混凝土承受沉井基础全部荷载所产生的基底反力，井内如果填砂时应扣除其重力。井孔内如填充混凝土，则封底混凝土要承受基础设计的最大基底反力，并计入井孔内填充物的重力。

此外，封底层混凝土厚度一般不宜小于 1.5 倍井孔直径或短边边长。

2）钢筋混凝土顶盖板

对于空心沉井，必须在井顶做钢筋混凝土盖板，用以支承墩台的全部荷载。先确定盖板厚度，然后进行配筋计算，按现行《公桥预规》进行承载能力极限状态计算和正常

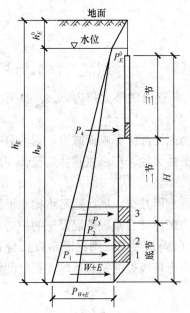

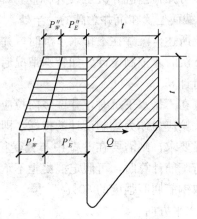

图 4.48 井壁框架受力分析 　　　　图 4.49 刃脚井壁固着段

使用极限状态计算。计算时将盖板作为承受最不利荷载组合传来的均布荷载的双向板或圆板，以此计算结果来配置钢筋。

沉井的顶盖计算可分以下两种情况。

（1）墩身底面有相当大的面积直接支承在井壁和隔墙上时，如图 4.50（a）所示，

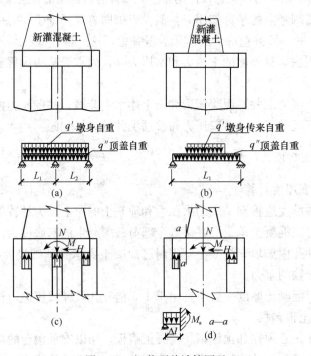

图 4.50 沉井顶盖计算图示

顶盖可按只承受灌注墩身时的混凝土重量计算板中的最大弯曲应力；但应按全部荷载最不利组合验算顶盖和井壁间的承压强度，如图 4.50（c）所示。

（2）当墩身底部全位于井孔以内时，如图 4.50（b）所示，顶盖除按灌注墩身混凝土的荷载计算板中的最大弯曲应力外，尚应按墩身传下来的全部荷载，验算支承顶盖部分的井壁隔墙的抗压强度以及 $a—a$ 截面上的剪切应力和弯曲应力，如图 4.50（d）所示。

如果沉井为空心沉井且井孔不作填充时，其顶盖的施工需先预制底模，即井孔盖板。对于井孔盖板的内力计算和配筋原理同（1），作用在其上的荷载仅为顶盖和盖板的自重，且不用进行井壁和隔墙的局部承压验算。

# 4.5　沉井计算算例

某公路桥采用圆端形钢筋混凝土沉井基础。基础平面及剖面尺寸如图 4.51 所示。参照《公桥基规》（JTG D63—2007）进行沉井结构的整体验算和各施工阶段内力计算。截面强度计算参照《公桥预规》进行。

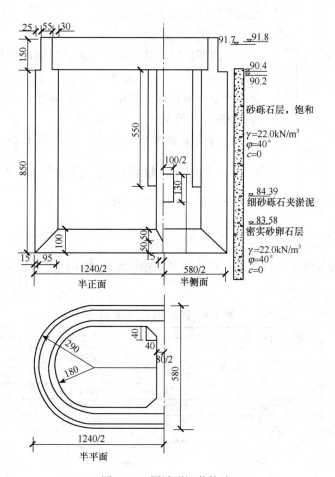

图 4.51　圆端形沉井构造

1. 沉井尺寸拟定

土质情况见图 4.51。沉井所受荷载见表 4.9。最低水位 91.8m，潮水位 96.56m，河床标高 90.4m，最大冲刷线 86.77m。

1) 沉井高度

沉井顶面在最低水位下 0.1m，标高为 91.7m。

(1) 水文条件。最大冲刷深度 $h_m = 90.40 - 86.77 = 3.63$（m），大中桥基础埋置深度应在最大冲刷线以下不小于 2.0m，故沉井所需要高度 $H = (91.7 - 90.4) + 3.63 + 2.0 = 6.93$(m)。此时，沉井底较接近于细砂类淤泥层。

(2) 土质条件。按照地基容许承载力，沉井底面应位于密实的砂卵石层。若考虑有 2.0m 的安全度，则 $H = 91.70 - (83.58 - 2.0) = 10.12$(m)。

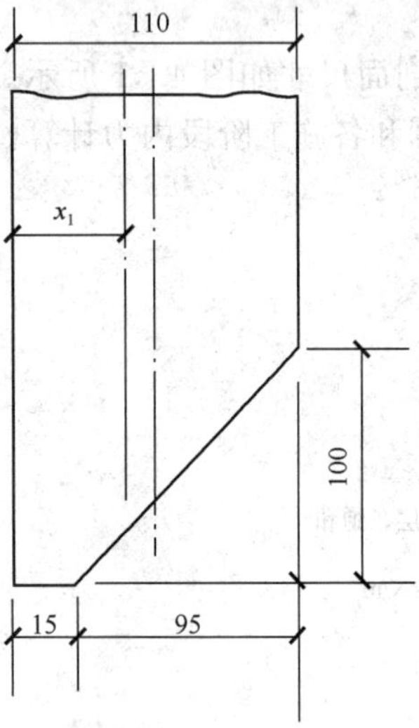

根据以上分析，拟采用沉井高度 $H = 10$m，沉井顶面标高为 91.7m，沉井底面标高为 81.7m。因潮水位高，第一节底节沉井高度不宜太小，取 8.5m，第二节高为 1.5m，第一节沉井顶面标高为 90.2m。

2) 沉井平面尺寸

考虑到桥墩形式，故采用两端半圆中间矩形的沉井。圆端的外半径为 2.9m，矩形长边为 6.6m，宽度为 5.8m。井壁厚度第一节拟取 1.1m，第二节厚度为 0.55m，隔墙厚度为 0.8m。其他尺寸如图 4.51 所示。

刃脚踏面宽度为 0.15m，刃脚高 1.0m，如图 4.52 所示，刃脚内侧的倾角需进行验算：$\tan\theta = \dfrac{1.0}{1.1 - 0.15} = 1.0526$，则 $\theta = 46°28' > 45°$。

图 4.52　刃脚断面示意

2. 荷载计算

沉井自重为各组成部分自重之和，按照上述拟定尺寸计算得到各部分体积及自重汇总于表 4.9 中。

表 4.9　沉井自重计算汇总

| 沉井部位 | 重度/(kN/m³) | 体积/m³ | 自重/kN | 形心至井壁外侧距离/m |
|---|---|---|---|---|
| 刃脚 G1 | 25.00 | 18.18 | 454.50 | 0.372 |
| 底节沉井井壁 G2 | 24.50 | 230.72 | 5652.64 | |
| 底节沉井隔墙 G3 | 24.50 | 24.22 | 593.39 | |
| 顶节沉井井壁 G4 | 24.50 | 23.20 | 568.40 | |
| 钢筋混凝土盖板 G5 | 24.50 | 62.36 | 1527.82 | |
| 井孔填砂卵石 G6 | 20.00 | 150.62 | 3012.40 | |
| 封底混凝土 G7 | 24.00 | 126.26 | 3030.24 | |
| 沉井总自重 $\sum G_i$ | | | 14 839.39 | |

另外，上部结构传递给沉井的荷载在设计资料中已给出，将其与沉井自重、低水位

时沉井所受浮力等数据汇总列于表 4.10 中。

**表 4.10 各力汇总**

| 力 的 名 称 | 力值/kN | 对沉井底面形心轴的力臂/m | 弯矩/(kN·m) |
|---|---|---|---|
| 二孔上部结构恒载及墩身自重<br>一孔活载（竖向力） | $P_1=25691.00$<br>$P_2=650.00$ | 1.15 | 747.50 |
| 由制动力产生的竖向力<br>沉井自重<br>沉井浮力（低水位） | $P_T=32.40$<br>$G=14839.39$<br>$G'=-6355.23$ | 1.15 | 37.26 |
| 竖向力合计 | $\sum P=34857.62$ | | 784.76 |
| 一孔活载（水平力） | $H_g=815.10$ | 18.806 | −15328.77 |
| 制动力 | $H_T=75.00$ | 18.806 | −1410.45 |
| 水平力合计 | $\sum H=890.10$ | | −15954.46 |
| 合计 | | | −15954.46 |

注：仅列出了单孔荷载作用的情况。

### 3. 沉井作为整体基础的验算

#### 1) 基底应力验算

沉井自最大冲刷线至井底的埋置深度为

$$h=86.77-81.70=5.07(\text{m})$$

先考虑井壁侧面土的弹性抗力，应用《公桥基规》附录 Q 中公式

$$p_{\min}^{\max}=\frac{N}{A_0}\pm\frac{3Hd}{A\beta}$$

式中

$$N=\sum P=34\,857.62\text{kN}$$

$$A_0=3.1416\times2.9^2+6.6\times5.8=64.7(\text{m}^2)$$

$$d=5.8\text{m}$$

$$H=890.10\text{kN}$$

$$A=\frac{b_1\beta h^3+18dW}{2\beta(3\lambda-h)}$$

式中

$$b_1=\left(1-0.1\frac{a}{b}\right)(b+1)=\left(1-0.1\times\frac{5.8}{12.4}\right)\times(12.4+1)=12.77(\text{m})$$

$$\beta=C_h/C_0\approx0.5(h<10\text{m},C_0=10m_0,C_h=mh,h=5.07m,\text{取}\,m_0=m)$$

$$h=5.07\text{m}$$

$$W=\frac{\pi d^3}{32}+\frac{1}{6}a^2b=0.098\times5.8^3+\frac{1}{6}\times5.8^2\times6.6=56.12(\text{m}^2)$$

$$\lambda=\frac{\sum M}{H}=\frac{15\,954.46}{890.10}=17.92(\text{m})$$

$$A=\frac{12.77\times0.5\times5.07^2+18\times5.8\times56.12}{2\times0.5\times(3\times17.92-5.07)}=137.42(\text{m}^2)$$

$$p_{\min}^{\max} = \frac{34\,857.62}{64.70} \pm \frac{3 \times 890.10 \times 5.8}{137.42 \times 0.5} = 538.76 \pm 225.41 = \frac{764.71(\text{kPa})}{313.35(\text{kPa})}$$

沉井地面处地基容许承载力为

$$[f_a] = [f_{a0}] + K_1 \gamma(b-2) + K_2 \gamma_2 (h-3)$$

根据地质资料，基底土属中等密实的砂卵石类土层，根据桥规地基容许承载力表综合考虑后，取 $[f_{a0}] = 600\text{kPa}$，$K_1 = 4$，$K_2 = 6$，土重度 $\gamma_1 = \gamma_2 = 12.00\text{kN/m}^3$（考虑浮力后的近似值）。由于考虑附加组合，承载力提高 25%。

$$[f_a] = [600 + 4 \times 12.0 \times (5.8 - 2) + 6 \times 12.0 \times (5.07 - 3)] \times 1.25$$
$$= 931.44 \times 1.25 = 1164.30\text{kPa} > 764.71\text{kPa}$$

因沉井埋入深度只有 5.07m，如不考虑井壁侧土的弹性抗力作用，则

$$p_{\min}^{\max} = \frac{34\,857.62}{64.70} \pm \frac{15\,954.46}{56.12} = 538.76 \pm 284.29 = \frac{823.05(\text{kPa})}{254.47(\text{kPa})} < 1164.30\text{kPa}$$

均满足验算要求。

2）横向抗力验算

地面下 $z$ 深度处井壁承受的侧土横向抗力为

$$p_z = \frac{6H}{Ah} z(z_0 - z)$$

已知 $H = 890.10\text{kN}$，$A = 137.42\text{m}^2$，$h = 5.07\text{m}$。根据《地基规范》附录 Q 公式，得

$$z_0 = \frac{\beta b_1 h^2 (4\lambda - h) + 6dW}{2\beta b_1 h(3\lambda - h)}$$
$$= \frac{0.5 \times 12.77 \times 5.07^2 \times (4 \times 17.92 - 5.07) + 6 \times 5.8 \times 56.12}{2 \times 0.5 \times 12.77 \times 5.07 \times (3 \times 17.92 - 5.07)}$$
$$= \frac{12\,885.39}{3152.38} = 4.09(\text{m})$$

当 $z = \dfrac{h}{3} = \dfrac{5.07}{3}$ 时，则

$$p_{h/3} = \frac{6 \times 890.10}{137.42 \times 5.07} \times \frac{5.07}{3} \times \left(4.09 - \frac{5.07}{3}\right) = 31.06(\text{kPa})$$

当 $z = h = 5.07\text{m}$ 时，则

$$p_h = \frac{6 \times 890.10 \times 5.07}{377.42 \times 5.07} \times (4.09 - 5.07) = -38.17(\text{kPa})$$

沉井井壁侧土极限横向抗力为

$$z = \frac{h}{3} \text{ 时，} [p_{h/3}] = \eta_1 \eta_2 \frac{4}{\cos\varphi} \left(\frac{\gamma h}{3} \tan\varphi + c\right)$$

$$z = \frac{h}{3} \text{ 时，} [p_h] = \eta_1 \eta_2 \frac{4}{\cos\varphi} (\gamma h \tan\varphi + c)$$

已知 $\gamma = 12.00\text{kN/m}^3$，$h = 5.07\text{m}$，$\varphi = 40°$，$c = 0$，$\eta_1 = 0.7$，$\eta_2 = 1.0 (M_g = 0$，$\eta_2 = 1 - 0.8\dfrac{M_g}{M}$，所以 $\eta_2 = 1.0)$。将这些数据代入公式，得

$$z = \frac{h}{3} \text{ 时}, [p_{h/3}] = 0.7 \times 1.0 \times \frac{4}{\cos 40°} \times \frac{12.00 \times 5.07}{3} \times \tan 40°$$

$$= 62.21 (\text{kPa}) > p_{h/3} = 31.06 \text{kPa}$$

$$z = h \text{ 时}, [p_h] = 0.7 \times 1.0 \times \frac{4}{\cos 40°} \times 12.00 \times 5.07 \times \tan 40°$$

$$= 186.64 (\text{kPa}) > p_h = 38.17 \text{kPa}$$

均满足要求，则计算时可以考虑沉井侧土的弹性抗力。

4. 沉井在施工过程中的结构验算（不排水下沉）

1) 沉井下沉验算

沉井自重为

$$G = （刃脚重＋底节沉井重＋底节隔墙重＋顶节沉井重）$$
$$= 454.50 + 5652.64 + 593.39 + 568.40 = 7268.93 (\text{kN})$$

沉井浮力为

$$F = (18.18 + 230.72 + 24.22 + 23.22) \times 10.00 = 2963.40 (\text{kN})$$

土与井壁间平均单位摩阻力为

$$R_f = \frac{20.0 \times 1.9 + 12.0 \times 0.8 + 18.0 \times 6.0}{8.7} = 17.89 (\text{kN/m}^2)$$

井周所受摩阻力为

$$R = [(\pi \times 5.3 + 2 \times 6.6) \times 0.2 + (\pi \times 5.8 + 2 \times 6.6) \times 8.5] \times 17.89 = 4883.26 (\text{kN})$$

不排水下沉时，考虑沉井顶部围堰（高出潮水位）重预计为 600kN，则

$$k = \frac{G}{R} = \frac{7268.93 + 600 - 2963.40}{4883.26} = 1.01$$

沉井自重稍大于摩阻力，在施工中下沉如有困难，可采取部分排水方法，也可采取压重等其他措施。

2) 底节沉井竖向破裂验算

由于刃脚的存在而使井壁截面为不对称图形，因此需要首先求出底节井壁截面形心轴的位置，如图 4.53 所示。

$$y_下 = \frac{8.5 \times 1.1 \times 4.25 - \frac{1}{2} \times 1 \times 0.95 \times \frac{1}{3} \times 1}{8.5 \times 1.1 - \frac{1}{2} \times 1 \times 0.95} = 4.46 (\text{m})$$

$$y_上 = 8.5 - 4.46 = 4.04 (\text{m})$$

$$x_左 = \frac{8.5 \times 1.1 \times 0.55 - \frac{1}{2} \times 1 \times 0.95 \times \left(\frac{2}{3} \times 0.95 + 0.15\right)}{8 \times 1.1 - \frac{1}{2} \times 1 \times 0.95} = 0.54 (\text{m})$$

$$x_右 = 1.1 - 0.54 = 0.56 (\text{m})$$

$$l_{x-x} = \frac{1}{12} \times 1.1 \times 8.5^3 + 1.1 \times 8.5 \times (4.46 - 4.25)^2 - \frac{1}{36} \times 0.95 \times 1.0^3$$

$$- \frac{1}{2} \times 0.95 \times 1 \times (4.46 - 0.33)^2$$

$$= 48.58 (\text{m}^4)$$

单位宽井壁重为

$$q = 0.625 \times 25.00 + 8.25 \times 24.50 = 217.75 (\text{kN/m})$$

考虑最不利情况，有三种支点布置方式：

（1）设两支点的距离为 $0.7l$ m（$l$ 为长边长度），如图 4.54 所示，则支点处的弯矩为

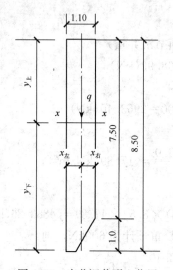

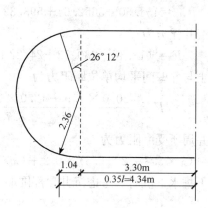

图 4.53　底节沉井形心位置　　　　　图 4.54　底节沉井最不利支点位置

$$M_{\text{支上}} = \frac{3.1416 \times (180° - 2 \times 26°12')}{180°} \times 2.36 \times 217.75 \times \left[ \frac{\dfrac{1.79 \times 2.36}{3.1416 \times 127°36'}}{180°} - 1.04 \right]$$

$$= 980.64 (\text{kN} \cdot \text{m})$$

则井壁上端的弯曲拉应力为

$$p = \frac{M_{\text{支上}} y_{\text{上}}}{2I_{x-x}} = \frac{980.64 \times 4.04}{2 \times 48.58} = 40.78 (\text{kPa}) < [p] = 1082 \text{kPa}$$

（2）假定一个支点在长边中点处。最危险截面是在离隔墙中点轴 0.8m 处，该处的弯矩为

$$M_{\text{中上}} = 3.1416 \times 2.36 \times 217.75 \times \left( \frac{2 \times 2.36}{3.1416} + 2.5 \right) + 217.75 \times 2.5^2 = 7822.59 (\text{kN} \cdot \text{m})$$

竖向破裂应力为

$$p = \frac{M_{\text{中上}} y_{\text{上}}}{2I_{x-x}} = \frac{7822.59 \times 4.04}{2 \times 48.58} = 325.27 (\text{kPa}) < 1082.0 \text{kPa}$$

（3）当长边两端点有两支点时。沉井支点反力为

$$R_1 = \frac{1}{2} \times (454.50 + 593.39 + 5652.64) = 3350.27(\text{kN})$$

则离隔墙中心 0.8m 处的弯矩为

$$R_{\text{中下}} = 3350.27 \times 4.86 - 7822.59 = 8459.72(\text{kN} \cdot \text{m})$$

井壁下端破裂应力为

$$p = \frac{M_{\text{中下}} y_{\text{下}}}{2I_{x-x}} = \frac{8549.72 \times 4.46}{2 \times 48.58} = 388.33(\text{kPa}) < 10\,820\text{kPa}$$

通过以上三种最不利情况的计算可知，底节沉井的竖向破裂应力均小于混凝土允许限值，认为满足工程要求。

3) 刃脚受力验算

(1) 刃脚向外挠曲。刃脚向外挠曲的最不利情况为刃脚下沉到中途，标高为 $90.4 - 8.7 + 4.35 = 86.05$ (m)，刃脚切入土中 1m，第二节沉井已接上，如图 4.55 所示。

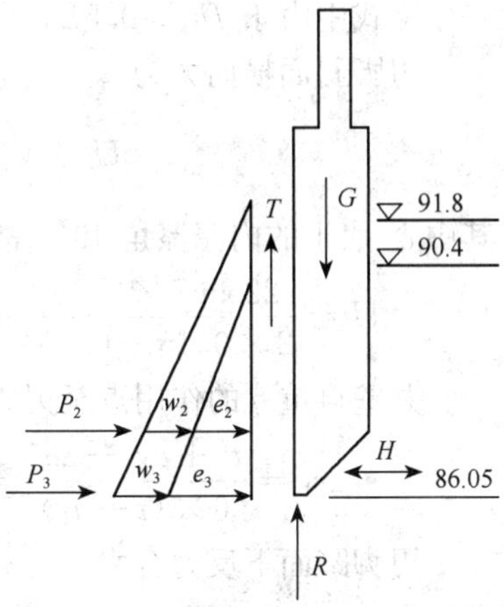

刃脚悬臂作用的分配系数为

$$\alpha = \frac{0.1L_1^4}{h_k^4 + 0.05L_1^4} = \frac{0.1 \times 4.7^4}{1.0^4 + 0.05 \times 4.7^4} = 1.92 > 1.0$$

取 $\alpha = 1.0$。

图 4.55　刃脚向外挠曲最不利位置

① 计算各力数值（按低水位取单位宽度计算）：

水压力为

$$W_2 = (91.8 - 87.05) \times 10 = 47.50(\text{kN/m})$$
$$W_3 = (91.8 - 86.05) \times 10 = 57.50(\text{kN/m})$$

土压力为

$$E_2 = 12.0 \times (90.4 - 87.05) \times 0.217 = 8.70(\text{kN/m})$$
$$E_3 = 12.0 \times (90.4 - 86.05) \times 0.217 = 11.30(\text{kN/m})$$

式中

$$\tan^2\left(45° - \frac{40°}{2}\right) = 0.217$$

根据施工情况，并从安全角度考虑，刃脚外侧水压力以 50% 计算，作用在刃脚外侧的水压力和土压力为

$$W_2 + E_2 = 47.5 \times 0.5 + 8.7 = 32.45(\text{kN/m})$$
$$W_3 + E_3 = 57.5 \times 0.5 + 11.3 = 40.05(\text{kN/m})$$
$$W + E = \frac{1}{2}(W_2 + E_2 + W_3 + E_3)h_k = \frac{1}{2} \times (32.45 + 40.05) \times 1.0 = 36.25(\text{kN/m})$$

静水压力的 70% 为 36.75kN>36.25kN，则取 $p_{W+E} = 36.25\text{kN}$。

刃脚摩阻力为

$$T = 0.5E = 0.5 \times \frac{1}{2} \times (8.7 + 11.3) \times 1 \times 1 = 5.00(\text{kN})$$

查表得砂砾石层 $f=18.00\text{kN/m}^3$，$T=fh_k\times1=18.00\text{kN}$。取较小者，故刃脚摩阻力采用 5.00kN。

单位宽沉井自重（不考虑沉井浮力及隔墙重）为
$$g = (0.625\times25.0+8.25\times24.50+0.825\times24.50) = 237.96(\text{kN})$$

刃脚踏面竖向反力为
$$R_v = 237.96-11.30\times\frac{1}{2}\times4.35\times0.5 = 237.96-12.29 = 225.67(\text{kN})$$

上式中由于 $fh_k>0.5E$，所以按 $0.5E$ 计算。

刃脚斜面横向力为
$$U = V_2\tan(\alpha-\beta) = \frac{b_2R_v}{2a_1+b_2}\tan(\alpha-\beta)$$

其中 $\delta_2$ 取土的内摩擦角 40°，故
$$U = \frac{225.67\times0.95}{2\times0.15+0.95}\tan(46°28'-40°) = 171.51\times0.113 = 19.38(\text{kN})$$

井壁自重 $q$ 的作用点至刃脚根部中心轴距离为
$$x_1 = \frac{t^2+a_1t-2a_1^2}{6\times(t+a_1)} = \frac{1.1^2+0.15\times1.1-2\times0.15^2}{6\times(1.1+0.15)} = 0.178(\text{m})$$

刃脚踏面下反力合力
$$V_1 = \frac{2a}{2a+b}R = \frac{0.15\times2}{0.15\times2+0.95}R = 0.24R$$

刃脚斜面上反力合力
$$V_2 = R_v-0.24R_v = 0.76R_v$$

$R$ 的作用点距离井壁外侧为
$$x = \frac{1}{R_v}\left[V_1\frac{a}{2}+V_2\left(a+\frac{b}{3}\right)\right] = \frac{1}{R_v}\left[0.24R_v\frac{0.15}{2}+0.76R_v\left(0.15+\frac{0.95}{3}\right)\right] = 0.38(\text{m})$$

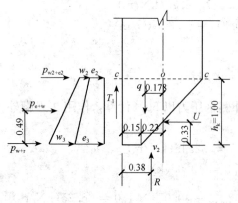

图 4.56　刃脚向外挠曲受力（长度单位：m）

② 各力对刃脚根部截面中心的弯矩计算，如图 4.56 所示。

刃脚斜面水平反力引起的弯矩为
$$M_H = 19.38\times(1-0.33) = 12.98(\text{kN}\cdot\text{m})$$

水平水压力及土压力引起的弯矩为
$$M_p = \frac{1}{2}(W_2+E_2+W_3+E_3)$$
$$\times\frac{1}{3}\left(\frac{2W_3+2E_3+W_2+E_2}{W_3+E_3+W_2+E_2}h_k\right)$$
$$= 39.25\times\frac{1}{3}\times\frac{2\times40.05+32.45}{40.05+32.45}$$
$$= 18.73(\text{kN}\cdot\text{m})$$

反力 $R$ 引起的弯矩为
$$M_R = 225.67\times\left(\frac{1.1}{2}-0.38\right) = 38.36(\text{kN}\cdot\text{m})$$

刃脚侧面摩阻力引起的弯矩为

$$M_T = 5.00 \times \frac{1.1}{2} = 2.75 (\text{kN} \cdot \text{m})$$

刃脚自重引起的弯矩为

$$M_g = 0.625 \times 1 \times 25.00 \times 0.178 = 2.78 (\text{kN} \cdot \text{m})$$

总弯矩为

$$M_0 = \sum M = 12.98 + 38.36 + 2.75 - 18.73 - 2.78 = 32.58 (\text{kN} \cdot \text{m})$$

③ 刃脚根部处的应力验算。已知

$$N_0 = 225.67 - 0.625 \times 25.00 = 210.04 (\text{kN})$$

$$A = 1.1 \times 1 = 1.1 (\text{m}^2)$$

$$W = \frac{1}{6} 1 \times 1.1^2 = 0.2 (\text{m}^3)$$

$$p_h = \frac{N_0}{A} \pm \frac{M_0}{W} = \frac{210.04}{1.1} \pm \frac{32.58}{0.2}$$

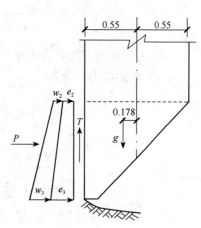

$$= 190.95 \pm 162.90 = \begin{matrix} 353.85 (\text{kPa}) \\ 28.05 (\text{kPa}) \end{matrix}$$

由于水平剪力很小，验算时未考虑。

压应力小于 $R_a^J / \gamma_m = 1400/2.31 = 606.1$ （kPa）。
按受力条件不需要设钢筋，可按构造要求设置。

图 4.57　刃脚向内
挠曲受力分析（尺寸单位：m）

（2）刃脚向内挠曲（图 4.57）。

① 计算各个力值。水压力及土压力为

$$W_2 = (96.56 - 82.70) \times 10.00 = 138.60 (\text{kN/m}^2)$$

$$W_3 = (96.56 - 81.7) \times 10.00 = 148.60 (\text{kN/m}^2)$$

$$E_2 = 12.0 \times (90.4 - 82.7) \times \tan^2 \left(45° - \frac{40°}{2}\right) = 20.10 (\text{kN/m}^2)$$

$$E_3 = 12.0 \times (90.4 - 81.7) \times \tan^2 \left(45° - \frac{40°}{2}\right) = 20.60 (\text{kN/m}^2)$$

即

$$P = \frac{1}{2} \times (138.60 + 20.10 + 148.60 + 22.60) \times 1 = 164.95 (\text{kN})$$

P 力对刃脚根部形心轴的弯矩为

$$M_p = 164.95 \times \frac{1}{3} \times \frac{2 \times (148.60 + 22.60 + 138.60 + 20.10)}{148.60 + 22.60 + 138.60 + 20.10}$$

$$= 164.95 \times \frac{1}{3} \times \frac{501.10}{329.90} = 83.52 (\text{kN} \cdot \text{m})$$

② 刃脚摩阻力为

$$T = 0.5E = 0.5 \times \frac{1}{2} \times (22.60 + 22.10) \times 1 = 10.68 (\text{kN})$$

$$T = fh_k = 20.00 \times 1 = 20.00(\text{kN})$$

取较小值，用 $T=10.68$kN。

③ 刃脚自重及产生的弯矩为

$$g = 0.625 \times 25.00 = 15.63(\text{kN})$$
$$M_g = 15.63 \times 0.178 = 2.78(\text{kN} \cdot \text{m})$$

④ 所有各力对刃脚根部产生的弯矩、轴向力及剪力为

$$M = M_p + M_T + M_g = 83.52 - 5.87 + 2.78 = 80.43(\text{kN} \cdot \text{m})$$
$$N = T - g = 10.68 - 15.63 = -4.95(\text{kN})$$
$$Q = p = 164.95\text{kN}$$

4）刃脚根部截面应力验算

（1）弯曲应力验算。

$$p = \frac{N}{A} \pm \frac{M}{W} = \frac{-4.95}{1.1} \pm \frac{80.43}{0.20}$$
$$= -4.5 \pm 402.15 - 406.65(\text{kPa}) < \left[\frac{R_1^l}{\gamma_m}\right]$$
$$= 397.65\text{kPa} < 60\ 601\text{kPa}$$

（2）剪应力验算。

$$\tau = \frac{164.95}{1.1} = 149.96(\text{kPa}) < \left[\frac{R_1^s}{\gamma_m}\right] = \frac{3300}{2.31} = 1428\text{kPa}$$

计算结果表明，刃脚外侧也只需按构造要求配筋。

（3）刃脚框架计算。由于 $\alpha=1.0$，刃脚作为水平框架分配而来的力为 0，故不需要验算，可按构造布置配筋。

5）沉井井壁验算

（1）井壁竖向拉力验算。

$$P_{max} = \frac{1}{4}G_k = 1817.23\text{kN}$$

井壁受拉面积为

$$A = \frac{3.1416}{4}(5.8^2 - 3.6^2) + 6.6 \times 5.8 - 2.9 \times 3.6 \times 2 = 33.64(\text{m}^2)$$

混凝土所受的拉应力为

$$p_h = \frac{P_{max}}{A} = \frac{1817.23}{33.64} = 54.02(\text{kPa}) < 0.8R_e^b = 1600 \times 0.8 = 1280\text{kPa}$$

井壁内可按构造布置竖向钢筋。

（2）井壁水平（横向）受力计算。该情况最不利的位置是在沉井沉至设计标高，这时刃脚根部以上一段井壁承受的外力最大，如图 4.58 所示。它仅承受本身范围内传来的荷载，其分配系数 $\alpha=1.0$。

① 考虑潮水水位时，单位宽度井壁上的水压力：

$$W_1 = (96.56 - 83.8) \times 10.00 = 127.60(\text{kN/m}^2)$$
$$W_2 = (96.56 - 82.7) \times 10.00 = 138.60(\text{kN/m}^2)$$
$$W_3 = (96.56 - 81.7) \times 10.00 = 148.60(\text{kN/m}^2)$$

② 单位宽度井壁上的土压力为

$$E_1 = 12.0 \times (90.4 - 83.8) \times \tan^2\left(45° - \frac{40°}{2}\right)$$
$$= 12.0 \times 6.6 \times 0.217 = 17.19(\text{kPa})$$
$$E_2 = 20.10\text{kPa}$$
$$E_3 = 22.60\text{kPa}$$

刃脚及刃脚根部以上 1.1m 井壁范围的外力

$$p = \frac{1}{2} \times (17.19 + 22.60 + 127.60 + 148.6) \times 2.1 \times 1$$
$$= 331.79(\text{kN/m})$$

③ 圆端形沉井各部所受的力为

$$L = 3.3(\text{m})$$
$$r = \frac{2.9 + 1.8}{2} = 2.35(\text{m})$$

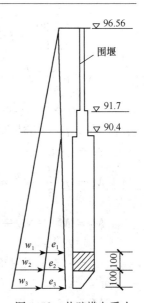

图 4.58　井壁横向受力
（尺寸单位：cm；
标高单位：m）

$$\xi = \frac{L\left(0.25L^3 + \frac{\pi}{2}rL^2 + \frac{\pi}{2}r^3\right)}{L^2 + \pi rL + 2r^2}$$

$$= \frac{3.3 \times (0.25 \times 3.3^2 + 1.57 \times 2.35 \times 3.3^2 + 3 \times 2.35^2 \times 3.3 + 1.57 \times 2.35^3)}{3.3^2 + 3.1416 \times 2.35 \times 3.3 + 2 \times 2.35^2}$$

$$= \frac{3.3 \times (8.98 + 40.18 + 54.67 + 20.38)}{10.89 + 24.36 + 11.05} = \frac{3.3 \times 124.21}{46.3} = 8.85(\text{m}^2)$$

$$\eta = \frac{0.67L^3 + \pi L^2 + 4r^2L + 1.57r^3}{L^2 + \pi rL + 2r^2}$$

$$= \frac{0.67 \times 3.3^3 + 3.1416 \times 2.35 \times 3.3^2 + 4 \times 2.35^2 \times 3.3 + 1.57 \times 2.35^3}{46.3}$$

$$= \frac{24.08 + 80.40 + 72.9 + 20.38}{46.3} = \frac{197.76}{46.3} = 4.27(\text{m})$$

$$\rho = \frac{0.33L^3 + 1.57rL^2 + 2r^2L}{2L + nr}$$

$$= \frac{0.33 \times 3.3^3 + 1.57 \times 2.35 \times 3.3^2 + 2 \times 2.35^2 \times 3.3}{2 \times 3.3 + 3.1416 \times 2.35}$$

$$= \frac{11.86 + 40.18 + 36.45}{6.6 + 7.38} = 6.33(\text{m}^2)$$

$$\delta_1 = \frac{L^2 + \pi rL + 2r^2}{2L + \pi r} = \frac{3.3^2 + 3.1416 \times 2.35 \times 3.3 + 2 \times 2.35^2}{2 \times 3.3 + 3.1416 \times 3.35}$$

$$= \frac{46.30}{13.98} = 3.3(\text{m})$$

$$N = p\frac{\xi - \rho}{\eta - \delta_1} = 331.79 \times \frac{8.85 - 6.33}{4.27 - 3.3} = 861.97(\text{kN})$$

$$N_1 = 2N = 1723.94\text{kN}$$

$$N_2 = pr = 331.79 \times 2.35 = 779.71(\text{kN})$$

$$N_3 = p(L + r) - N = 331.79 \times (3.3 + 2.35) - 861.97 = 1012.64(\text{kN})$$

$$M_1 = p\frac{\xi\delta_1 - \rho\eta}{\delta_1 - \eta} = 331.79 \times \frac{8.85 \times 3.3 - 6.33 \times 4.27}{3.3 - 4.27} = -744.30(\text{kN} \cdot \text{m})$$

$$M_2 = M_1 + NL - p\frac{L^2}{2}$$

$$= -744.30 + 861.97 \times 3.3 - 331.79 \times \frac{10.89}{2} = 293.60(\text{kN} \cdot \text{m})$$

$$M_3 = M_1 + N(L + r) - pL\left(\frac{1}{2} + r\right)$$

$$= -744.30 + 861.97 \times (3.3 \times 2.35) - 331.79 \times 3.3 \times \left(\frac{3.3}{2} + 2.35\right)$$

$$= -253.80(\text{kN} \cdot \text{m})$$

根据上面计算，井壁最不利的受力位置在隔墙处，其弯矩 $M_1 = -744.30\text{kN} \cdot \text{m}$，轴向力 $N_2 = 779.571\text{kN}$。按素混凝土的应力验算为

$$\frac{p_{\max}}{p_{\min}} = \frac{N_2}{F} \pm \frac{M_1}{W} = \frac{779.71}{1.1 \times 1.1} \pm \frac{744.30}{\frac{1}{6} \times 1.1^3} = 644.39 \pm 3355.22$$

$$= \begin{array}{l} 3999.61(\text{kPa}) < 6060\text{kPa} \\ -2710.83(\text{kPa}) < -1082\text{kPa} \end{array}$$

拉应力不满足设计要求，因此必须配筋。

配筋计算按照《公桥预规》进行。

6）封底混凝土及盖板验算

封底混凝土及盖板验算按照《公桥预规》进行。

# 小　结

本章重点介绍了沉井的适用范围、施工工艺和设计计算方法。

（1）沉井是一种带刃脚的井筒状构造物，是桥梁工程中非常重要的一种深基础形式，适用于在一定深度下有较好持力层的地基。

（2）沉井基础的施工有就地灌注施工、水中筑岛施工和浮运施工三种方式，基本上都要经过底节沉井制作、下沉、接高、封底、盖顶等工序。

（3）沉井基础的设计计算包括三个部分内容：在尺寸拟定时要进行下沉检算，然后

按整体基础进行承载能力及其变位的计算和验算，最后针对各施工阶段的受力进行沉井各部分的强度验算及配筋。

# 思考题与习题

4.1　什么是沉井基础？它的特点是什么？其适用于哪些场合？

4.2　简述沉井基础的主要构造。

4.3　沉井作为整体基础，其设计计算的内容有哪些？

4.4　沉井在施工过程中需要验算哪些内容？

4.5　空气幕沉井的助沉工作原理是什么？

4.6　按下列条件进行矩形沉井基础的设计计算。

某桥梁一近岸桥墩为圆端形，墩底设计标高为$-0.3$m，拟采用矩形钢筋混凝土沉井基础。

以墩址处河床为相对标高零点，即河床标高为0.00m，则河流洪水位1.90m，最低水位0.4m，施工时水位1.40m。河床冲刷线标高为$-1.0$m，局部冲刷线标高$-4.00$m。墩址处各土层资料见表4.11。

表 4.11　各土层主要参数

| 土层名称 | 层厚/m | 重度/(kN/m³) | 内摩擦角/(°) | 土与井壁摩阻力/kPa | 地基系数 $m$ $(m_0)$/(MN/m⁴) | 基本承载力 $[f_{a0}]$/kPa |
|---|---|---|---|---|---|---|
| 粉砂 | 4.00 | 19.0 | 26 | 11.0 | 5 | |
| 黏砂土 | 10.00 | 20.0 | 26 | 13.0 | 20 | |
| 密实砂夹卵石 | | 21.0 | 35 | 16.0 | 50 (50) | 550 |

沉井材料为钢筋混凝土，除第二节以上井壁混凝土等级采用C15外，其余均为C20。沉井沉至设计标高后，以水下混凝土封底，井口填以砂石，顶盖为厚1.50m的钢筋混凝土板。按规范 JTG D63—2007 及 JTG D62—2004 等进行设计计算。

上部桥梁结构传递给墩底的荷载有多种组合，本算例中以低水位时二孔荷载作为验算组合。其中，双孔上部结构恒载、活载及墩身自重等产生的墩底竖向力$N=16\,033.0$kN，两者在墩底产生的总弯矩$M=12\,583.9$kN·m，其余荷载组合从略。

# 第五章　地下墙基础

> **本章提示：**
> 　　本章介绍地下墙支护结构和地下连续墙基础的适用条件、类型及构造要求；然后对地下连续墙基础的施工进行叙述。通过本章的学习，学生应在了解地下墙结构构造的基础上，掌握地下连续墙基础及其作为支护结构的计算原理、施工技术和方法。

## 5.1　概　　述

　　地下墙是利用专用的挖槽设备（如抓土斗式或回转式的成槽机械等）沿深基础或地下结构的周边，采用泥浆护壁的方法，在土中开挖一定宽度、长度和深度的深槽，在槽内放入预先制作好的钢筋笼，然后浇筑混凝土，先形成单元的墙段；然后将各单元墙段之间以各种特制的接头互相联结，逐步形成一道就地灌注的连续的地下钢筋混凝土墙，如图 5.1 所示。

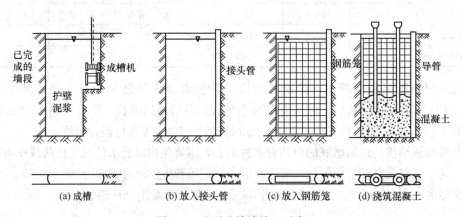

(a) 成槽　　　　(b) 放入接头管　　　　(c) 放入钢筋笼　　　　(d) 浇筑混凝土

图 5.1　地下连续墙施工示意

　　地下连续墙技术具有许多优点：

　　(1) 作为深基坑支护结构刚度大，对邻近建筑物和地面交通影响小。施工时无噪声、无振动，特别适宜于城市内或密集的建筑群施工。

　　(2) 能适应各种地质条件，可穿过软土层、砂卵石层和进入风化岩层，其施工深度国内已超过 80m，国外已超过 100m，且不受高地下水位的影响，无须采取降水措施，可避免降水对邻近建筑的影响。

　　(3) 施工可以全盘机械化，工效高，施工速度快，劳动条件得到改善。

（4）适用范围广。由于其整体性、防水性和耐久性好，又有较大的强度和刚度，故可用作为地下主体结构的一部分，或单独作为地下结构的外墙，既可作为防渗结构及隔震墙等，也可作为承重的深基础。

地下连续墙的缺点是施工技术比较复杂，对施工质量要求高，若施工管理不善，则效率低下，质量达不到要求，易发生施工事故。

地下墙基础用于桥梁结构工程主要是作为桥梁基坑支护的地下连续墙结构和桥梁的地下墙基础。

# 5.2 地下连续墙结构

地下连续支护结构能适用一般地质条件或在特殊地质条件下的部分地区，具体应结合当地工程经验选择使用，其结构的主要特点为墙体的作用是支护，其截面形式为"板墙式"，实施时需要进行挖槽施工，墙体材料选择为现浇钢筋混凝土的地下墙结构。

## 5.2.1 基本要求

### 1. 安全等级

地下连续墙作为支护结构，其设计安全等级与结构重要性系数与相应设计等级的桥梁结构的标准是一致的。支护结构安全等级的划分与结构重要性系数采用了结构安全等级划分的基本方法，按支护结构破坏、土体失稳或过大变形的后果分为很严重、严重、不严重三种情况，分别对应于三种安全等级（表 5.1），其重要性系数 $\gamma_0$ 的选用按照 JTC D60—2004 执行，在地下连续墙支护结构设计时，应根据基坑的不同条件因地制宜地选择。

表 5.1 支护结构安全等级及重要性系数

| 安全系数 | 破坏后果 | $\gamma_0$ | 安全系数 | 破坏后果 | $\gamma_0$ |
|---|---|---|---|---|---|
| 一级 | 很严重 | 1.1 | 三级 | 不严重 | 0.9 |
| 二级 | 严重 | 1.0 | | | |

### 2. 设计应考虑的因素

地下连续墙的设计，无论是作为支护结构还是作为基础，都与地质条件及周边环境条件密切相关。支护结构设计要综合考虑工程地质与水文地质、基础类型、基坑开挖深度、降排水条件、周边环境要求和使用期限等因素；地下连续墙基础设计应综合考虑工程地质与水文地质、上部结构条件和周边环境要求等因素。此外，对支护结构而言，基坑施工及使用时间对设计的影响也必须充分考虑。

### 3. 施工工艺与环境保护

地下连续墙设计与施工设备、施工技术、施工工艺密切相关。施工宜先进行成槽试验，根据试验结果确定泥浆配方和成槽机械。墙段接头是地下连续墙设计与施工的关键，接头的形式很多，宜根据不同施工要求采用不同的接头形式。

地下连续墙设计应考虑施工和使用期间对场地周围环境的影响，主要是指地下连续墙施工及使用期间其沉降、变形对周边建筑物的影响，以及泥浆排放对环境的污染。防止地下连续墙施工作业和基坑开挖对邻近建筑（包括地下结构、地下管线等设施）的危害，充分预测并采取措施以防止地面沉降、变形危害邻近建筑的正常使用，并做好泥浆的回收和排放。

4. 质量检测、环境监测以及现场试验

地下连续墙的施工应符合现行《公路桥涵施工技术规范》的规定，对材料、钢筋笼制作、混凝土配制和灌注、预埋件设置、槽段侧面平整性和竖直度、槽段接缝质量、墙体混凝土完整性等应进行检查或检测。

地下连续墙支护结构施工过程中，应对基坑、支护结构和周围环境进行观察和监测，当出现异常情况时，应及时采取应急补救措施。地下连续墙基础宜在施工和使用期间进行跟踪观测变形，对于应用于重要桥梁锚碇基础的地下连续墙宜进行长期变形监测工作，及时掌握地下连续墙基础在使用期间的变形特征。当必须确切评价地下连续墙基础的承载能力或变形特性时，应进行现场墙体载荷试验。

地下连续墙支护结构设计时，需要综合考虑地质、水文、基础类型及开挖深度、降排水、周边环境和使用期限等因素，使其在设计上能够保证基坑开挖及地下结构施工的安全。

### 5.2.2 设计内容

地下连续墙支护结构设计的内容包括支护体系方案的技术经济比较和选型；支护结构的强度、稳定和变形计算；基坑内外土体稳定性计算；抗渗流稳定性计算；基坑降水、岩土开挖方法及要求；基坑施工过程监测要求。

1. 支承系统设计

支护结构除连续梁墙体结构外，也可以考虑设置支撑系统，即设置支撑或锚拉系统。

当悬臂式地下连续墙支护结构不能满足结构受力及变形要求时，应设置支撑系统。直线形地下连续墙支护结构的支承系统包括支撑（如撑杆、水平支架）和上层锚杆（锚索）等结构形式，圆形地下连续墙支护结构的支承系统包括环梁（含竖肋）、内衬等结构形式。当单层支撑不能满足结构受力要求时，应采用多层支撑。

支撑设计应包括结构布置、结构内力和变形计算、构件强度和稳定性验算、构件结点设计及构件安装和拆除流程设计。土层锚杆（锚索）设计应包括结构布置、轴向承载力验算、土体稳定性验算。环梁、内衬设计应包括结构布置，受力计算、强度和稳定性验算。

2. 构造设计

1）基本构造
墙体的截面形式和分段长度根据整体平面布置、受力情况、槽壁稳定性、环境条件和施工条件等确定，单元墙段长度可取 4~8m。厚度应充分结合成槽机械能力。地下连续墙成槽有多种工艺，相对应可采用挖掘机、铣槽机等。根据大多数情况下的设计采用值，并考虑实施的可行性和合理性，规定最小厚度不宜小于 600mm。最大厚度主要受制于成槽机械的能力。我国在武汉阳逻大桥南锚碇圆形地下连续墙基础中，最大成槽厚度达到 1500mm。

地下连续墙成槽竖直度直接关系到墙体厚度取值和墙体的防渗效果，并影响接头构造的施工，对于圆形地下连续墙尤其突出。同时，地下连续墙成槽竖直度与成槽设备、槽深、工艺技术及管理水平密切相关，一般情况下成槽竖直度不大于 1/100。武汉阳逻大桥南锚碇地下连续墙最大墙深 60m，设计要求不大于 1/300，实际施工均达到要求，一些槽段甚至达到 1/450~1/500。根据国内技术现状，地下连续墙成槽竖直度不应大于 1/200。

墙体顶部应设置混凝土帽梁，帽梁两侧应各宽于墙体不小于 150mm。直线形地下连续墙的支撑可采用钢结构或混凝土结构。现浇混凝土支撑的截面竖向高度不应小于其竖向平面计算跨径的 1/20。腰梁的截面水平向尺寸不应小于其水平向计算跨径的 1/8，截面竖向尺寸不应小于支撑的截面高度。

锚杆（锚索）锚固体竖向间距不宜小于 2.5m，水平向间距不宜小于 1.5m。锚固体上覆土层厚度不宜小于 4.0m。倾斜锚杆的倾角宜采用 15°~30°。锚固段长度应通过计算确定并不应小于 4.0m，自由段长度不宜小于 5.0m，并应超过潜在破裂面 1.5m。圆形地下连续墙支护结构的环梁（含竖肋）或内衬的截面高度及厚度根据计算确定，竖肋可按构造配筋。

2）选材及配筋

墙体、支撑、环梁（含竖肋）及内衬的混凝土强度等级均不低于 C25。地下连续墙满足防渗要求；当地下水具有侵蚀性时，选择适用的抗侵蚀混凝土。

墙体主筋净保护层厚度应根据使用要求、地质条件、施工条件和环境条件确定，考虑地下连续墙施工精度较难控制，且为直接接触土体浇筑，为增加结构的耐久性，主筋保护层厚度不宜小于 70mm。对于 L 形、T 形、多边形钢筋笼，护壁泥浆浓度较大，以及有侵蚀性水质或海水时，应适当加大保护层厚度。

墙体的受力钢筋直径不宜小于 20mm 且不应大于 40mm，构造钢筋直径不宜小于 16mm。

地下连续墙钢筋笼的钢筋配置满足结构受力和吊装要求。竖直主筋放置在内侧，净距不小于 75mm，构造钢筋间距不大于 300mm。当必须配置双层钢筋时，内外排钢筋间距不小于 100mm。钢筋笼竖向接头位置应选在受力较小处。钢筋笼分幅长度应根据单元槽段长度、接头形式和起重设备能力等因素确定。钢筋笼底部在厚度方向宜适当缩窄，并与墙底之间直留 100~500mm 的空隙；主筋伸入墙顶帽梁内，伸入长度不应小于锚固长度。采用接头管接头时，钢筋笼侧端与接头管之间直留 150~200mm 的空隙；采用铣削接头时，钢筋笼侧端与混凝土端面之间宜留不小于 250mm 的空隙。

3）墙段接头

墙段接头是地下连续墙设计与施工的关键技术。接头类型从使用材料上可分为：钢管、钢板、钢筋、型钢和铸钢、预制混凝土、人造纤维布和橡胶等；从构造形式和施工方法上可分为：钻凿式、接头管、接头箱、隔板式、软接头、预制混凝土构件等；从受力上可分为：仅起止水防渗不能受力的接头、能承受剪力的铰结接头、能承受弯矩和剪力的刚性接头。接头类型的选择应满足结构受力和施工的要求。接头管接头技术成熟，应用较多，一般情况下均可采用。当整体性和抗渗性要求较高时，宜采用铣削接头、钢隔板或接头箱等接头形式。对于有特殊设计要求的场合，应选用能满足相应要求的接头形式，如图 5.2 所示。

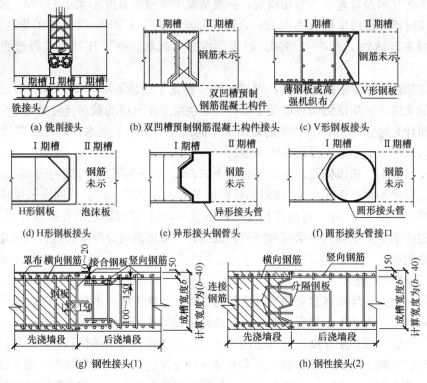

图 5.2　几种常见的接头形式（尺寸单位：mm）

### 5.2.3　结构计算

地下连续墙支护结构设计应根据不同设计状况，分别按承载能力极限状态和正常使用极限状态设计。承载能力极限状态应包括土体稳定性计算；墙体结构强度和稳定性计算；支撑系统承载力和稳定性计算。正常使用极限状态应包括结构变形、抗裂和裂缝宽度验算。

设计中应根据不同设计状态，按施工过程的不同工况进行作用效应组合进行验算，保证基坑支护结构设计在强度、稳定和变形三个方面满足要求。支护结构，包括墙体、支撑体系或锚杆（锚索）的强度应满足构件强度设计的要求；基坑周围土体的稳定性，即不发生土体的滑动破坏和因渗流造成流砂、流土、管涌以及支护结构、支撑体系的失稳；基坑开挖造成的地层移动及地下水位变化引起的地面变形，不得超过基坑周围建筑物、地下设施的允许变形值，不得影响地下结构的施工。

### 1. 入土深度确定

为了基坑的施工安全和坑底周围土体的稳定，地下连续墙必须插入基坑开挖面以下土中一定深度又称嵌入深度。可根据静力平衡条件初步选定地下连续墙在基坑开挖面以下的入土深度，再进行整体稳定性和墙体变形验算后综合确定入土深度。当计算确定的地下连续墙入土深度接近底部岩层且在工程造价增加不多的前提下，宜将墙体嵌入岩层。

### 2. 计算原则

由于黏性土渗透性弱，地下水对土颗粒不易形成浮力，故有经验时，可采用饱和重度，用总应力强度指标水土合算，其计算结果已包括水压力的作用。但当支护结构与周围土层之间能形成水头时，仍应单独考虑水压力的作用。对地下水位以下的粉土、砂土、碎石土，由于其渗透性强，地下水对土颗粒可形成浮力，故应采用水、土分算。水压力可按静水压力计算，有经验时也可考虑渗流作用对水压力的影响。

地下连续墙的侧向作用应包括土压力、水压力、基坑周围建筑物及施工荷载引起的侧向压力等。砂性土应按水土分算的原则计算；黏性土宜按水土合算的原则计算；也可按地区经验确定。

### 3. 变形控制

地下连续墙支护结构还应考虑结构水平变形、地下水的变化对周边环境的水平与竖向变形的影响；对于安全等级为一级或对周边环境变形有限定要求的二级基坑工程，应根据周边环境的重要性、对变形的适应能力及土的性质等因素确定支护结构的水平变形限值。

安全等级为一、二级的基坑变形影响基坑支护结构的正常使用功能，但目前还不能给出变形限值的具体数值，各地区可根据工程的具体周边环境等因素确定。

### 4. 稳定性计算

在进行支护结构计算时，主要包括抗倾覆稳定性、整体抗滑移稳定性、坑底抗隆起稳定性和坑底抗渗稳定性验算。

当按变形控制原则设计支护结构时，作用在地下连续墙上的土压力可按墙体与土体相互作用原理确定，采用库仑或朗金理论计算。需要考虑墙体水平变形对墙侧水平土压力的影响。自然状态土体内水平向有效应力，可认为与静止土压力相等，随着基坑开挖，墙体变形增大，最终可呈现出主动极限平衡状态和被动极限平衡状态。当对支护结构水平位移有严格限制时，采用静止土压力计算。水平土压力强度可计算为

$$E_{jk} = E_{0k} - K\delta$$

$$E_{0k} = E_0\left(q_k + \sum \gamma_i h_i\right)$$

$$K = mz$$

式中：$E_{jk}$——墙侧水平土压力强度（当 $E_{jk}<E_a$ 时，取 $E_{jk}=E_a$；当 $E_{jk}>E_p$ 时，取 $E_{jk}=E_p$。其中，$E_a$、$E_p$ 分别为墙侧水平主动土压力强度和被动土压力强度，包括土体自重和墙侧地面荷载的作用效应，可按库仑或朗金土压力理论计算）kPa；

$\quad\quad E_{0k}$——墙侧水平静止土压力强度，kPa；

$\quad\quad K$——墙侧土的水平地基反力系数，（宜由现场试验确定，或按可靠方法计算或经验取值；当缺乏可靠方法或经验时，可按 $K=mz$ 计算）kN/m³；

$\quad\quad m$——水平地基反力系数随深度增大的比例系数，宜通过水平荷载试验确定，或根据经验取值（kN/m⁴）；

$\quad\quad \delta$——墙体水平变形量，（朝向土压力方向的变形为正，背向上压力方向的变形为负）m；

$\quad\quad K_0$——静止土压力系数（对正常固结土，$K_0=1-\sin\varphi'_k$；对超固结土，$K_0=\sqrt{1-\sin\varphi'_k}$，其中 $\varphi'_k$ 为计算点处土层的有效内摩擦角）；

$\quad\quad q_k$——作用在地面上的竖向均布荷载，kPa；

$\quad\quad \gamma_i$——计算面以上第 $i$ 层土的重度，kN/m³；

$\quad\quad h_i$——计算面以上第 $i$ 层土的厚度，m；

$\quad\quad z$——计算点距墙侧地面的深度，m。

土的水平地基反力系数随深度增大的比例系数 m 应尽可能通过水平荷载试验确定。当无条件进行试验时，可根据经验取值。当无试验资料又缺乏经验时，可按表 5.2 选用。

表 5.2　m 值

| 地基土质情况 | m 值/(kN/m⁴) | 地基土质情况 | m 值/(kN/m⁴) |
|---|---|---|---|
| $I_L \geqslant 1.0$ 的黏性土，淤泥 | 1000～2000 | $I_L<0$ 的黏性土，粗砂 | 6000～10 000 |
| $1.0>I_L \geqslant 0.5$ 的黏性土，粉砂 | 2000～4000 | 砾石、砾砂、碎石、卵石 | 10 000～20 000 |
| $0.5>I_L \geqslant 0$ 的黏性土，中、细砂 | 4000～6000 | | |

注：1. $I_L$ 为黏性土的液性指数；
　　2. 地下连续墙在计算土体面或开挖面处的水平变位大于 10mm 时，取表中较小值。

黏性土（特别是软塑和流塑的黏性土）具有蠕变效应。蠕变效应影响土压力值。图 5.3 给出了黏性土蠕变效应引起的土压力滞后作用示意。对于非开挖侧的某一土体单元，如果在前一阶段发生了从 A 到 B 的向开挖侧位移，而若在下一阶段该土体单元向相反的非开挖侧方向移动，则其土压力模式重新建立，即直线 BC。黏性土体的蠕变特性与基坑开挖及支撑施工流程，被动区土体应力水平、土体含水量变化等因素密切相关，准确掌握土体的蠕变作用具有较大的现实难度。计算中宜根据可靠方法或经验考虑土压力蠕变效应对支护结构受力和变形的影响。

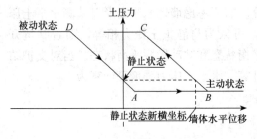

图 5.3　土压力滞后作用示意

目前，我国支护结构设计中常用的方法可分为弹性地基梁法和极限平衡法。弹性地基梁法能较好地反映基坑施工过程中各种工况和复杂情况对支护结构受力的影响，当嵌固深度合理，具有试验数据或当地经验确定弹性支点刚度时，用该法确定支护结构内力及变形较为合理。考虑到现在计算手段均能保证，地下连续墙支护结构的内力和变形可按竖向弹性地基梁法计算。见《公桥基规》附录 S。

5. 支护构件计算

1）直线形地下连续墙

直线形地下连续墙支护结构应进行墙体、腰梁和土层锚杆（锚索）的杆体计算。

（1）地下连续墙竖向轴力主要包括墙体及支撑的自重，因此墙体按偏心受压构件计算。但一般情况下该竖向轴力较小，因此有时偏于安全可接受弯构件计算。但当轴向力较大时应按偏心受压构件计算。

（2）腰梁可按水平方向的受弯构件计算。当腰梁与水平支撑斜交或腰梁作为边桁架的弦杆时，应按偏心受压构件进行验算。

（3）土层锚杆（锚索）的杆体应按轴心受拉构件计算。自由段和锚固段长度、锚固体直径、锚固体形状和浆体强度，应根据锚杆（锚索）轴向设计拉力、土层抗拔力及握裹力确定。外锚头和腰梁应根据锁定荷载值进行设计。

2）圆形地下连续墙支护结构

圆形地下连续墙支护结构受力不同于直线形地下连续墙，在结构受力机理上具有明显的空间性，宜按空间结构计算。但当对墙体、环梁或内衬的环向效应，以及水土压力不均匀分布及程度能较准确把握时，按轴对称结构取单位宽度的墙体作为竖向弹性地基梁计算是一种简洁、直观的方法。其计算原理和方法与直线形地下连续墙相同，不同之处在于圆形地下连续墙应考虑墙体、环梁或内衬的环向效应支承刚度。

环梁或内衬可按平面内的刚架环形梁进行计算。荷载作用的不均匀性对环梁或内衬的内力及变形计算影响很大。在缺乏资料的情况下，荷载作用的不均匀系数可取 1.1～1.2，为安全计，按沿对角象限分布进行计算。圆环向外侧变形区域的土体对环梁或内衬的约束作用可通过在外侧设置水平径向弹簧来模拟。

圆形地下连续墙验算内容和方法可参考直线形地下连续墙支护结构的计算规定。进行土压力和水压力作用下的结构失稳验算，结构失稳的临界荷载宜按空间结构计算，也可简化为圆环按下列公式进行验算

$$q_{pk} = \frac{3EI}{R_0^3 h}$$

$$\gamma_s q_{tk} = q_{pk}$$

式中：$q_{pk}$——沿环向分布的临界荷载标准值，$kN/m^2$；

$E$——混凝土的弹性模量，$kN/m^2$；

$I$——在截取高度范围内的截面惯性矩矩，$m^4$；

$R_0$——截取的圆环中心线半径，$m$；

$h$——截取的圆环高度，$m$；

$q_{tk}$——荷载标准值，$kN/m^2$；

$\gamma_s$——荷载分项系数（取 1.2~1.5）。

圆形地下连续墙支护结构宜按空间结构计算，也可按轴线对称结构取单位宽度的地下连续墙墙体作为竖向弹性地基梁计算。墙体、环梁或内衬的环向效应，可按轴线对称结构简化为等效弹性支撑，见《公桥基规》附录 T。

环梁或内衬的内力及变形可按平面刚架环形梁进行计算。同时应考虑地层、地下水、地面荷载分布的不均匀性，以及圆环向外侧变形区域的土体对环梁或内衬的约束作用。

# 5.3 地下连续墙基础

当地下连续墙作为桥梁基础时，根据墙段单元之间的连接组合、平面布置以及使用功能，基础可分为条壁式地下连续墙基础、井筒式地下连续墙基础和部分地下连续墙基础。

地下连续地基础设计应综合考虑工程地质与水文地质、上部结构条件和周边环境要求。基础主要承受上部构造物传递的各种作用。基础设计应保证不发生影响上部结构功能的沉降、水平移动、倾斜等。

## 5.3.1 构造要求

地下连续墙基础的构造除墙体厚度外，其他与地下支护结构的构造规定基本一致。

1）截面形状和平面布置

地下连续墙基础的截面形状和平面布置灵活多样。遵从平面布置使其形心与作用基本组合的合力作用点一致或相近，有利于基础结构的受力的布置原则。井筒式地下连续墙基础槽段平面布置可做成一室断面、二室断面、多室断面。

2）厚度

墙体作为重要受力部件，需要具有一定的承载能力，因此对最小厚度做出规定。根据日本经验，取最小厚度为 800mm。考虑施工过程及泥浆影响，墙厚可分为成槽厚度、设计厚度和有效厚度。成槽厚度为挖掘机或铣槽机成槽实际尺寸；有效厚度是设计厚度减去泥膜厚度，一般可取两侧各 20mm，共 40mm。在进行稳定性计算时应采用设计厚度，在截面验算时应采用有效厚度。

井筒式地下连续墙基础单室宽度过小则施工困难，过大则经济性差，借鉴日本经验，规定单室最小宽度不宜小于 5m，单室最大宽度不宜大于 10m。

地下连续墙成槽机械台班费用高。从最大限度发挥成槽机械工作效率，减少施工工艺转换、方便施工的角度出发，要求井筒式地下连续墙基础的外周墙和隔墙尽量采用相同厚度。

3）顶板构造

墙顶应设置顶板，顶板相当于钻孔灌注桩的承台，将地下连续墙各墙段连成整体共同受力。其混凝土强度等级不应低于 C30。地下连续墙应与顶板形成一个整体，同桩基

础一样。借鉴日本经验，墙体应进入顶板 100～
200mm，其钢筋也应伸入顶板一定长度。竖向
钢筋应伸入顶板内，长度不应小于 $b/2$ 与钢筋
锚固长度之和（图 5.4）。单壁式地下连续墙基
础墙顶可不设顶板。对于由多个墙段组成的非
单壁式地下连续墙基础顶部应设置顶板，并应
具有足够刚度。

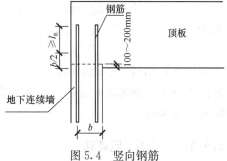

图 5.4　竖向钢筋

$b$ 为外侧竖向钢筋至墙体内侧面的距离

　4）钢筋

竖向受拉钢筋的配筋率不小于有效计算截
面面积的 0.3%，水平受拉钢筋的配筋率不小于计算截面面积的 0.2%，接头部位的接
合面水平钢筋的配筋率不宜小于一般部位水平钢筋配筋率的 2 倍。

　5）刚度要求

井筒式地下连续墙基础作为整体基础必须保证具有较大的整体刚度。外周墙直接承
受外侧的水土压力，并由内隔墙作为支承，外周墙内产生较大的弯矩和剪力，因此必须
采用刚性接头。内隔墙作为外周墙的支承，主要承受轴力，因此可以采用不能承受弯矩
的铰接接头，但若条件容许，宜尽量采用刚性接头，以增加基础的整体刚度。

## 5.3.2　地下连续墙的计算

地下连续墙基础的结构设计应按不同设计状况，分别按承载能力极限状态和正常使
用极限状态设计。承载能力极限状态应包括地基承载力计算、地下连续墙结构强度计
算、顶板结构强度计算。正常使用极限状态包括地下连续墙及顶板的结构变形、抗裂和
裂缝宽度验算。其中，与支护结构不同的是在于地基承载力的确定。

　1. 地基承载力

地基承载力计算是地下连续墙基础结构设计的重要内容。目前国内经验较少，设计
者可参考相关资料进行设计。条壁式地下连续墙基础的竖向地基承载力可参照桩基础进
行计算。井筒式地下连续墙基础的地基承载力计算应包括基底竖向承载力、基础正面地
基水平承载力、基础侧面地基水平剪切承载力、基底地基剪切承载力等；其竖向承载力
应考虑基底地基的竖向地基反力、基础外周面的竖向侧壁摩擦力及内部土的四周面摩擦
力；基底地基剪切承载力应考虑基础本体与地基之间的摩擦力、内部主体间的摩擦力。

地下连续墙基础竖向承载力主要由墙体侧壁摩擦力和墙端支承力组成。墙端应进入
良好的持力层，墙体在持力层内的埋设深度应大于墙体厚度。当持力层为非岩石地基
时，增加墙体深度能较快地增加侧壁摩擦力和墙端支撑力，比增大平面规模更具经济
性，且施工也较易实现，因此应首先考虑增加墙体的埋置深度以提高竖向承载力。基础的
竖向承载力及水平承载力宜通过现场载荷试验确定（参考钻孔灌注桩的试桩试验要求）。

　2. 结构计算的要求

地下连续墙基础结构受力计算需考虑土体与结构的共同作用，受力比较复杂，目前

国内尚缺乏系统的理论分析及试验研究，因此设计时可参考有关资料或根据经验采用可靠的方法按空间结构进行计算分析。

单壁式及平行复壁式地下连续墙基础结构受力可参照桩基础计算方法进行计算，兼作基坑支护结构的基础墙体，与支护结构的规定相同。当基础周围土体因自重固结或受地面大面积荷载等影响而产生地面沉降时，应考虑由此而引起的墙侧负摩阻力对墙体竖向承载力和沉降的影响。

### 5.3.3　几种地下墙基础

1. 条壁式地下连续墙基础

条壁式地下连续墙基础由平面长度不小于 2.5 倍宽度的一个或多个墙段单元组成的分离或连接组合但不封闭的地下连续墙基础，可分为下列类型。

1) 单壁式

地下连续墙的一个单体构成一个基础 [图 5.5 (a)]。单壁式地下连续墙相当于一异形灌注桩 (矩形桩)，可以不设置顶板。

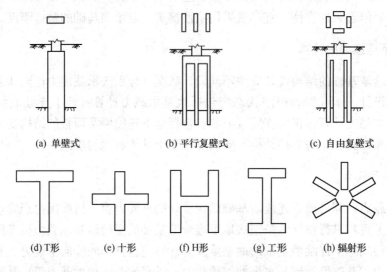

(a) 单壁式　　　　　　(b) 平行复壁式　　　　　　(c) 自由复壁式

(d) T形　　　(e) 十形　　　(f) H形　　　(g) 工形　　　(h) 辐射形

图 5.5　条壁式地下连续墙基础类型

2) 平行复壁式

两个或多个地下连续墙单体在平面内分离并平行布置，通过顶板相连构成基础 [图 5.5 (b)]。其平行桥轴和垂直桥轴两个方向刚度差别较大。

3) 自由复壁式

两个或多个地下连续墙单体在平面内分散布置，通过顶板相连构成基础 [图 5.5 (c)]；根据荷载作用方向，可自由布置。

4) 组合复壁式

两个或多个地下连续墙单体在平面内连接组合并通过顶板相连而成的地下连续墙基础，可分为 T 形、十形、H 形、工形、辐射形 [图 5.5 (d)~(h)]。

2. 井筒式地下连续墙基础

1）井筒式地下连续墙的分类

井筒式地下连续墙基础由多个墙段单元相互刚性连接或外周墙刚性连接而内隔墙铰接组成平面封闭断面并通过顶板相连而成的地下连续墙基础，可分单室型和多室型两种形式［图 5.6］。

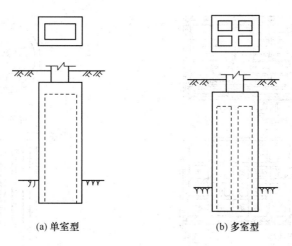

(a) 单室型　　　　　　　(b) 多室型

图 5.6　井筒式地下连续墙基础类型

2）主要特点

由于其平面为闭合框架形式，基础具有很大的抗弯刚度，如日本青森大桥斜拉桥塔墩基础——井筒式地下连续墙基础（也称为地下连续墙井箱基础），完工后的基础好似一个底朝上倒置的箱子。井筒式地下连续墙基础与沉井基础和桩基础相比有以下特点：

（1）从承受荷载的特性分析，由于地下墙在施工时对周围土层的扰动比下沉沉井时小，加以井箱内留有土芯，箱壁内外均有摩阻力，但基底处和地基接触的承载面积却比沉井小，故是一种以摩阻力为主的摩擦型基础。因此，在无明显坚硬持力层的情况下，地下墙井箱基础可获得较大的承载力。

（2）地下墙井箱基础的刚度比桩基础和沉井基础大。在日本的实测对比试验中发现，在水平力作用下地下墙井箱基础的位移和转角都较小。

3）计算要求

井筒式地下连续墙基础的构件计算应符合下列规定：

（1）根据空间计算求出的各深度截面内力进行竖向箱形截面强度的检算。

（2）按平面刚架进行水平受力检算。

（3）按以地下连续墙为支承的板梁进行顶板计算，不考虑内部主承受作用。当顶板厚度超过计算跨径的 0.5 倍（简支梁）或 0.4 倍（连续梁）时可将其作为深梁进行计算。

### 3. 部分地下连续墙基础

部分地下连续墙基础以地下连续墙作为基坑开挖支护结构，内部全体开挖到要求的深度后，在基坑内部构筑钢筋混凝土结构而形成的基础形式，地下连续墙作为基础结构的一部分参与承担上部结构荷载作用。根据地下连续墙平面布置可分为矩形 [图 5.7 (a)]、圆形 [图 5.7 (b)] 或复合异形等形式。

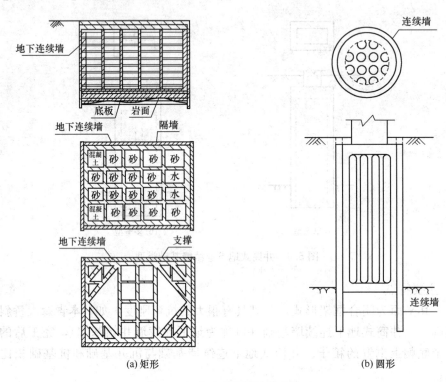

图 5.7　部分地下连续墙基础类型

## 5.3.4　地下连续墙基础施工

地下连续墙的施工主要有四个部分，即施工准备、沟槽开挖、墙体浇筑和槽段联结。地下连续墙基础是在泥浆护壁条件下采用专用的挖槽（孔）设备，沿着基础结构物的周边，在地基中开挖出一个具有一定宽度与深度的槽孔，然后在槽内安放钢筋笼，灌注混凝土，逐个连接形成的连续钢筋混凝土墙体。

### 1. 修筑导墙

槽孔施工前，为保证槽壁垂直及防止挖槽机械碰坏槽壁，必须沿着设计轴线开挖导墙。导墙一般采用现浇钢筋混凝土，也有采用预制钢筋混凝土或钢制工具式导墙，可多次周转使用。其主要作用是：作为开挖的导向，同时起到防护的作用，此外还可以容蓄泥浆、在吊放钢筋笼与混凝土导管等时作为支承点的使用。导墙的厚度、深度和结构形式应根据现场的地质条件、施工荷载以及选用的挖掘方法确定。导墙的结构形式如图 5.8 (a)～(d) 所示。

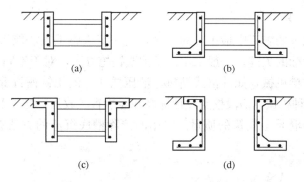

图5.8　地下连续墙导墙结构形式

### 2. 沟槽开挖

#### 1) 槽段的划分和施工顺序规划

由于地下墙井箱基础是一薄壁箱形结构，不像桩，是一根根单独的圆柱体，可逐根施工，个别成桩，而地下连续墙必须分成若干单元或小段，按规划的顺序逐段完成，然后再用特殊的接头予以连接成为一个整体。因此，在施工时就需根据井箱的形状、施工工艺、掘槽机械以及接头结构等因素，对施工顺序做合理安排。

图5.9为日本青森大桥主塔墩地下连续墙井箱基础施工时的单元施工和顺序图。虽然该基础面积很大（30m×20.5m），结构也较复杂（有6个井孔），结果由于安排合理，在全过程的29个单元交错施工中，既未因等待而推迟施工进度，也未因互相干扰而影响质量。其经验是按下列原则安排施工顺序：①先内后外；②新开挖的单元要尽量远离刚完成的单元；③要尽早灌注待完成接头的井壁混凝土。

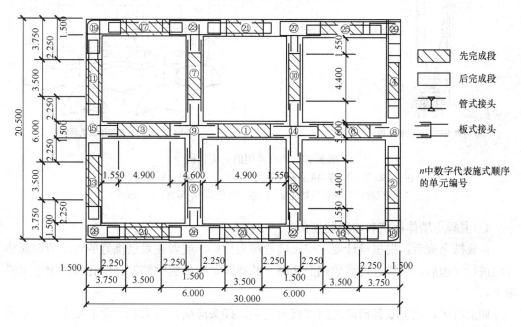

图5.9　地下连续墙井箱基础分单元施工和顺序图（单位：m）

2) 钻挖成槽工艺

成槽工艺是地下墙施工中最主要的工序，是决定该施工方法能否取得高速、优质、低耗等经济技术指标的关键。一般采用泥浆护壁钻挖方法，对于不同土质条件和挖槽深度应采用不同的成槽机械，如冲击式钻机、液压抓斗、液压铣槽机等。图5.10为目前使用较为有效的两种机械。槽段挖到设计标高并经检查验收后，必须及时清除槽底沉渣，以保证地下连续墙混凝土浇筑的质量。实用的清除槽底沉渣的方法有吸力泵和空气吸泥法。

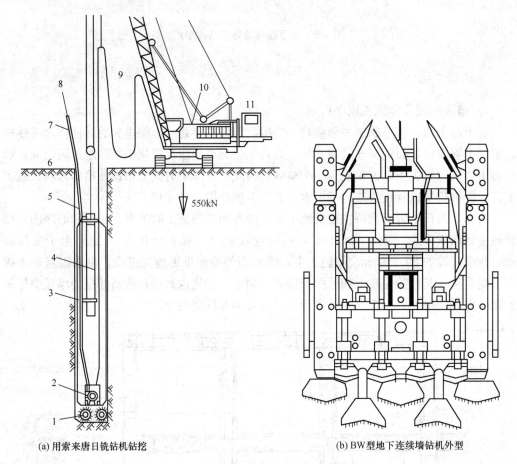

(a) 用索来唐日铣钻机钻挖　　　　　　　　(b) BW型地下连续墙钻机外型

图 5.10　两种常用的钻头钻机

1. 钻头；2. 泵；3. 导向架；4. 水压力浆筒；5. 泥浆管；6. 泥浆返循环；

7. 泥浆嘴；8. 至泥浆处理池；9. 供水软管；10. 吊机；11. 动力

3) 混凝土墙体浇筑和墙段的连接

在成槽完成后，根据设计要求安设墙段接头构件，或者在对已浇好的墙段的端部结合面进行清理后，尽快进行墙段钢筋混凝土的浇筑，即吊放钢筋笼、清孔和浇灌水下混凝土。

如上所述，地下墙各槽段之间靠接头连接。接头应满足受力和防渗的要求，又要施工简单。连接方式有两种，即刚性接头（如钢板或接头箱等）和非刚性接头。国内多用钢制接头管（又称封闭管）连接的非刚性接头，如图 5.11 所示。在已成槽段和未开挖槽段之间安放接头管，以隔离未开挖的槽段。在混凝土灌注后 2～3h，将接头管拔出，形成半圆形的槽段端部。

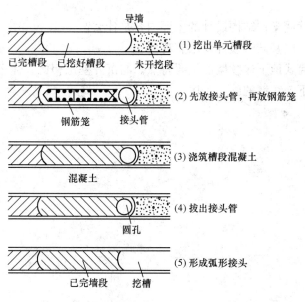

图 5.11 接头管连接的施工工序

日本青森大桥地下连续墙基础所用接头如图 5.12 所示。

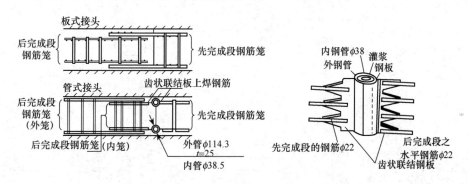

图 5.12 青森大桥地下连续墙基础所用接头

待各槽段连接完成并达到设计强度后，即可进行基坑开挖，然后浇筑井箱顶盖钢筋混凝土和墩身混凝土。

# 小　结

本章重点介绍了地下墙支护结构及其作为基础的适用范围、施工工艺和计算方法。

地下墙基础是一种深基础形式，适用于在一定深度下有较好持力层的地基，地下墙基础分为地下连续墙、闭合墙、多壁墙等几种形式，它的施工采用为就地灌注施工，经过开挖基槽、放钢筋笼、浇混凝土及槽段连接等工序完成地下墙基础的施工过程。

# 思考题与习题

5.1　地下连续墙支护结构设计的主要内容是什么?

5.2　地下连续墙基础的设计要求有哪些?

5.3　简述井筒式地下连续墙的主要特点。与沉井基础相比有什么异同?

5.4　简述地下连续墙的施工工序。

# 第六章 特殊土地基

**本章提示:**

特殊土地基是工程中常见的地基形式,它包括软土、湿陷性黄土、膨胀土、盐渍土及冻土等多种土质。本章主要介绍各种特殊土的成因、工程特性等内容,在此基础上对各种地基进行了评价,特别是对冻土地区和地震区的基础工程设计提出防冻和抗震措施。

## 6.1 概　述

对特殊土一般没有统一的定义,但由于生成时不同的地理环境、气候条件、地质成因及次生变化等原因,使一些土类具有特殊的成分、结构和工程性质,通常把这些具有特殊工程性质的土类称为特殊土。我国幅员辽阔,地理环境、气候条件、地质历史及物质成分都有很大差异,从东到西,从南到北分布着不同类型的特殊土质,如软弱土、湿陷性黄土、膨胀性黏土、红土、冻土、地震液化土。这些土的工程性质差异很大,如果处理不当会对工程造成极大的危害。在以往的工程实践中,由于对特殊土的性质认识不足,建在这些特殊土地基上的建筑物或构筑物,常常由于不良的地质病害,造成开裂、滑移、倾倒、塌陷等诸多工程质量问题,给人民的生命、财产造成巨大的损失。

## 6.2 软土地基

### 6.2.1 成因及特征

软土泛指天然含水量大、压缩性高、透水性差、抗剪强度低、灵敏度高、承载力小的呈软塑到流塑状态的饱和(或接近饱和)黏性土。它是近代沉积的软弱土层,主要包括淤泥、淤泥质土、有机沉积物(泥炭土和沼泽土)及其他高压缩性的饱和软土、粉土等,其中淤泥和淤泥质土是软土的主要类型。淤泥一般是指天然含水量大于液限、天然孔隙比不小于1.5的黏土;淤泥质土则是指天然含水量大于液限、天然孔隙比在1.0~1.5的黏土或粉土。

软土按其地理分布可以概括为山区软土、内陆软土和沿海软土三大类。

山区软土分布于多雨地区的山间谷地、冲沟、河滩阶地和各种洼地。山区软土的分布零星,范围不大,但厚度及深度变化悬殊,多呈透镜体状,土质不均,强度和压缩性变化也较大。

内陆软土则以湖、塘相沉积为代表,其次还有河滩沉积和沼泽沉积,这类软土分布面积较小，层理不明显，主要分布在洞庭湖、洪泽湖、太湖流域和昆明的滇池地区及各大中河流的中下游地区等。

沿海软土主要位于各河流入海处，分布面积较广，土层较厚，多呈层状结构，如渤海及津塘地区，浙江的温州、宁波，长江三角洲，珠江三角洲及闽江口平原等地区的软土。

软土按其地质成因类型和形成特征可以分为四种类型，即滨海沉积软土、河滩沉积软土、湖泊沉积软土和谷地沉积软土，如表 6.1 所示。

表 6.1　软土的成因类型和形成特征

| 成　因　类　型 | 主要分布情况 | 形成与主要特征 |
|---|---|---|
| 滨海沉积软土 | 东海、黄海、渤海等沿海岸地区 | 在较弱的海浪岸流及潮汐的水动力作用下，逐渐积淤而成。表层硬壳厚 0~3m，下部那为淤泥夹粉、细砂透镜体，淤泥厚 5~60m，常含贝壳及海生物残骸；表层硬壳之下，局部有薄层泥炭透镜体。滨海相淤泥常与砾砂相混杂，极疏松，透水性强，易于压缩固结。三角洲相多薄层交错砂层，水平渗透性强。潟湖相、溺谷相淤积一般更深更松软 |
| 河滩沉积软土 | 长江中下游、珠江下游、赣江下游及河口。淮河平原、松辽平原、闽江下游 | 平原河流流速减小。水中携带的黏土颗粒缓慢沉积而成，成层不匀，以淤泥及软黏土为主，含砂与泥炭夹层，厚度一般小于 20m |
| 湖泊沉积软土 | 洞庭湖、太湖、鄱阳、洪泽湖周边、古云梦泽边缘地带 | 淡水湖盆沉积物，在稳定的湖水期逐渐沉积，沉积相带有季节性。粉土占主要成分。表层硬壳厚 0~5m，淤泥厚度一般为 5~25m，泥炭层多呈透镜体，但分布不多 |
| 谷地沉积软土 | 西南、南方山区或丘陵区 | 在山区或丘陵区地表水带有大量含有机质的黏性土，汇积于平缓谷地之后，流速减低，积而成软土；山区谷地也有残积的软土，其成分与性质差异性很大，上覆硬壳厚度不一，软土底板坡度较大，极易造成工程变形 |

### 6.2.2　工程特性

软土的工程特性包括触变性、流变性、高压缩性、低强度、低透水性和不均匀性等。各类软土力学指标如表 6.2 所示。

(1) 触变性。软土具有触变特性，当原状土受到振动以后，破坏了结构连接，降低了土的强度或很快使土变成稀释状态。触变性的大小，常用灵敏度 $S_t$ 来表示。软土的灵敏度一般在 3~4，个别可达 8~10。因此，当软土地基受到振动荷载后，易产生侧向滑动、沉降及基底面两侧挤出现象。若经受大的地震力作用，容易产生较大的震陷。

(2) 流变性。软土除排水固结引起变形外，在剪应力作用下，土体还会发生缓慢而长期的剪切变形。这对地基的沉降有较大的影响，对斜坡、堤岸、码头及地基稳定性不利。

(3) 高压缩性。软土是属于高压缩性的土，压缩系数大，这类土的大部分压缩变形发生在垂直压力为 100kPa 左右。反映在结构物的沉降方面为沉降量大。

(4) 低强度。由于软土具有上述特性，地基强度很低，其不排水抗剪强度一般均在 25kPa 以下。

(5) 低透水性。软土透水性能弱，一般垂直渗透系数在 $i \times (10^{-6} \sim 10^{-8})$ (cm/s)，对地基排水固结不利，结构物沉降延续时间长。同时在加荷初期，地基中常出现较高的孔隙水压力，影响地基强度。

（6）不均匀性。由于沉积环境的变化，软土层中具有良好的层理，层中常局部夹有厚薄不等的少数较密实的颗粒和较粗的粉土或砂层，使水平和垂直向分布有所差异，作为地基则易产生差异沉降。

表 6.2　各类软土的力学指标统计

| 成因类型<br>力学指标 | | 滨海相沉积软土 | 河滩相沉积软土 | 湖泊相沉积软土 | 沼泽相沉积软土 |
|---|---|---|---|---|---|
| 天然含水量 $w/\%$ | | 40～100 | 35～70 | 30～60 | 40～120 |
| 重度 $\gamma/(kN/m^3)$ | | 15～18 | 15～19 | 15～19 | 14～19 |
| 天然孔隙比 $e$ | | 1.0～2.3 | 0.9～1.8 | 0.8～1.8 | 0.52～1.5 |
| 塑性指数 $I_p$ | | 14～29 | 16～32 | 13～19 | 18～34 |
| 压缩系数 $\alpha_{1-2}/MPa^{-1}$ | | 1.2～3.5 | 0.8～3.0 | 0.8～3.0 | 0.8～3.0 |
| 抗剪强度 | 内摩擦角 $/(°)$ | 1～7 | 0～11 | 0～11 | 0 |
| | 黏聚力 $c/kPa$ | 2～20 | 5～25 | 5～25 | 5～19 |
| 渗透系数 $k/(cm/s)$ | | $i\times(10^{-6}～10^{-8})$ | $i\times(10^{-6}～10^{-7})$ | | |
| 灵敏度 $S_t$ | | 2～7 | 4～8 | 3～8 | 2～10 |

### 6.2.3　软土地基的评价

评定软土地基的承载力和变形，不宜采用单一的方法。可根据软土的物理力学性质参数，按承载力和变形的理论计算确定；还应该利用原位测试方法确定，并重视各地区的建设经验。采取综合分析方法，考虑下列因素取值：

（1）软土的形成条件，成层特点、不均匀性，应力历史，地下水和变化条件。

（2）上部结构的结构类型、刚度，对不均匀沉降的敏感性，荷载性质大小和分布特征。

（3）基础类型、尺寸、埋深、刚度等。

（4）施工方法和程序及加载速率对软土性质的影响。

# 6.3　湿陷性黄土地基

### 6.3.1　黄土特性

黄土是一种以粉粒为主、多孔隙、弱胶结的黄色第四纪沉积物，具有特殊的成分与性质。黄土的最大特性就是具有湿陷性，即黄土在一定的压力下受水浸湿后结构迅速破坏，并发生显著附加下沉的现象，这种现象称为湿陷。

黄土湿陷的发生是由于管道漏水、地面积水、生产和生活用水渗入地下，或由于降水量较大和水库的漏渗或回水是地下水位上升等原因引起的，这是外因。黄土的结构特征及其物质成分是产生湿陷的关键内在原因。黄土是在干旱或半干旱的气候条件下形成的，季节性的短期雨水把松散干燥的粉粒黏聚起来，而长期的干旱使土中水分不断蒸发，少量的水分连同溶于其中的盐类都集中在粗粉粒的接触点处，可溶盐逐渐浓缩沉淀

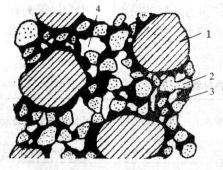

图 6.1　黄土结构示意

1. 砂粒；2. 粗粉粒；3. 胶结物；4. 大空隙

而成为胶结物。随着含水量的减少，土粒彼此靠近，颗粒间的分子引力及结合水和毛细水的联结力也逐渐增大，黄土中的黏力部分被胶结成集粒或附近砂粒及粗粉粒的表面，集粒和粉粒共同构成了支撑结构的骨架，较大的砂粒则"浮"在结构体中，如图 6.1 所示。黄土受水浸湿后，结合水膜增厚楔入颗粒之间，结合水联结消失，可溶性盐类溶解和软化，骨架强度降低，土体在外力或自重作用下结构迅速破坏，土粒滑向大空隙，颗粒间空隙减少，这就是黄土湿陷的内在机理。

湿陷性黄土又分为自重湿陷性黄土和非自重湿陷性黄土。凡在上覆地层自重应力下受水浸湿发生湿陷的，称为自重湿陷性黄土。凡在上覆地层自重应力下受水浸湿不发生湿陷，只有在自重应力和由外荷所引起的附加应力共同作用下受水浸湿才发生湿陷的称为非自重湿陷性黄土。非自重湿陷性黄土与一般湿陷性土的工程特性无异，可按一般黏性土地基进行考虑；湿陷性黄上与一般黏性土不同，其湿陷性会对结构和环境产生很大的不利影响。

### 6.3.2　湿陷性评价

地土基的湿陷性评价包括三个方面的内容：判定地基土是湿陷性土还是非湿陷性土，据此确定湿陷性黄土层的总厚度及其在平面上的分布范围，并确定湿陷起始压力；若是湿陷性土，进一步判定场地是自重湿陷性还是非自重湿陷性；因自重湿陷性黄土地基受水浸湿后的湿陷事故较非自重湿陷性黄土地基更为严重；判定湿陷性黄土地基的湿陷等级，在规定压力作用下，地基充分浸水时的湿陷变形量可反映地基的湿陷程度。

1. 黄土的湿陷性

按室内浸水（饱和）压缩试验，在一定压力下确定的湿陷系数 $\delta_s$ 进行判定：

(1) 当湿陷系数 $\delta_s < 0.015$ 时，应定为非湿陷性黄土。

(2) 当湿陷系数 $\delta_s \geqslant 0.015$ 时，应定为湿陷性黄土。

2. 黄土的湿陷程度

根据湿陷系数 $\delta_s$ 的大小可分为以下三种：

(1) 当 $0.015 \leqslant \delta_s \leqslant 0.03$ 时，湿陷性轻微。

(2) 当 $0.03 < \delta_s \leqslant 0.07$ 时，湿陷性中等。

(3) 当 $\delta_s > 0.07$ 时，湿陷性严重。

3. 黄土场地的湿陷类型

黄土场地的湿陷类型，应按自重湿陷量的实测值 $\Delta zs'$ 或计算值 $\Delta zs$ 判定。自重湿陷量的实测值是在现场采用试坑浸水试验测定的值；自重湿陷量的计算值是在现场采取

不同深度的不扰动土样，通过室内浸水试验在上覆土的饱和自重压力下测定计算的值。自重湿陷量的计算值为

$$\Delta zs = \beta_0 \sum_{i=1}^{n} \delta zs_i h_i \tag{6.1}$$

式中：$\delta zs_i$——第 $i$ 层土的自重湿陷系数；

　　　$h_i$——第 $i$ 层土的厚度，mm；

　　　$\beta_0$——修正系数（因地区而异，在缺乏实测资料时：陇西地区取 1.50；陇东—陕北—晋西地区取 1.20；其他地区取 0.50）。

利用自重湿陷量的实测值或计算值判定黄土湿陷场地类型时，应符合以下规定：

（1）当自重湿陷量的实测值或计算值小于或等于 70mm 时，应定为非自重湿陷性黄土场地。

（2）当自重湿陷量的实测值或计算值大于 70mm 时，应定为自重湿陷性黄土场地。

（3）当自重湿陷量的实测值和计算值出现矛盾时，应按自重湿陷量的实测值判定。

### 6.3.3　地基沉降计算

湿陷性黄土地基的沉淀量，包括压缩变形和湿陷变形两部分，即

$$S = S_h + S_w \tag{6.2}$$

式中：$S$——黄土地基总沉降量，mm；

　　　$S_h$——天然含水量黄土未浸水的沉降量，mm；

　　　$S_w$——黄土浸水后的湿陷变形量，mm

$$S_w = \sum_{i=1}^{n} \frac{\Delta e_i}{1 + e_{1i}} h_i \tag{6.3}$$

　　　$\Delta e_i$——在相应的附加压力作用下，第 $i$ 层土样浸水前后孔隙比的变化量，mm；

　　　$e_{1i}$——第 $i$ 层土样浸水前孔隙比；

　　　$h_i$——第 $i$ 层黄土的厚度，mm。

# 6.4　膨胀土地基

### 6.4.1　类型及特点

膨胀土应是土中黏粒成为主要由亲水性矿物组成，同时具有显著的吸水膨胀和失水收缩两种变形特性的黏土。

膨胀土是一种非饱和的、结构不稳定的区域性特殊土，土中含有大量亲水矿物，吸水急剧膨胀软化和失水显著收缩开裂，湿度变化时有较大的内应力，是一种具有反复胀缩变形的高塑性黏性土。

岩土学成因理论研究结果表明：岩土的成因控制岩土工程性质形成和演化过程，同样也控制其空间分布规律，因此，熟悉膨胀岩土的成因及形成发育规律对于工程建设的规划、设计、施工，对于与膨胀土有关的地质灾害和工程问题的预测和防治有重要的指导意义。膨胀性岩土成因的多样性和形成地质年代的大跨度，其形成分布规律受成因和

时代两者控制，这与其他特殊土如软土、黄土、盐渍土等分布的鲜明地域性完全不同。

根据大量膨胀土研究结果，膨胀土的成因可概括为三种成因类型，即残积型膨胀土、沉积型膨胀土和热液蚀变型膨胀土。

1. 残积型膨胀土

这是热带亚热带气候区，特别是干旱草原、荒漠区最主要的膨胀土类型，也是膨胀土工程问题和地质灾害最严重的一种类型。它具有高孔隙比、高含水量和强烈胀缩的特点，这种不良特性来自化学风化作用，使岩石结构破坏，矿物化学分解，碱、碱土金属及碳酸盐淋失。这种类型的膨胀土能导致工程建设产生不均匀开裂变形、结构破坏等情况。

2. 沉积型膨胀土

工程实践和理论研究表明：并非所有的黏土都具有显著的膨胀性，都属于膨胀土，而仅仅是有效蒙脱石含量大于 10% 的黏土属于膨胀土。蒙脱石是微碱性富含镁的地球化学环境下的产物，因此富含蒙脱石及其混层矿物的沉积型土主要形成和分布在半湿润、半干旱的暖温带和南北亚热带半干旱草原气候环境的沉积盆地中。其形成方式可以是湖泊相、滨海相沉积；也可以是洪积、坡积或冰水沉积。

3. 热液蚀变型膨胀土

它是地下热水和温泉分布区由于热水和温泉与岩石相互作用导致岩石中长石等矿物分解转化为蒙脱石而形成的膨胀土，但并非各种岩石都可以产生蒙脱石化作用。通常产生它的仅是中基性火成岩（如玄武岩、辉绿岩等）。因此这种类型并不普遍，在我国仅在内蒙古阿巴旗第四纪玄武岩和温泉发育区有灰绿色热液蚀变型膨胀黏土的分布，且具有很高的膨胀势。在近代火山活动频繁、温泉热水发育的地区这种类型膨胀土较多。

## 6.4.2 工程特性

1. 膨胀土的特征

膨胀土多分布在盆地边缘和谷地的较高级的阶地上，下接湖积或冲积平原上，上临丘陵山地，在堆积时代上多属更新世，在成因上冲积、洪积、坡积和残积均有；干燥时土质坚硬，易断裂，具有明显的垂直和水平的张开裂隙，裂隙面比较光滑；黏土颗粒含量较高，塑性指数较大，为亚黏土到黏土，土的结构强度较高，多为低压缩性土；矿物成分中含大量蒙脱石、伊利石和高岭土。

2. 膨胀土的胀缩性

引起膨胀土胀缩性的有很多因素，其中主要因素有以下四个方面：

（1）膨胀土的矿物成分主要是黏土矿物（蒙脱石、伊利石、高岭土等），这类矿物有较强的水结合能力，有吸水膨胀的性能，特别是蒙脱石吸水性最大，土中这几种矿物含量决定了土的胀缩性的大小。

（2）膨胀土含水量变化。易产生胀缩变形，当初始含水量越膨胀后含水量越接近，土的膨胀就越小，收缩的可能性和收缩值就越大；而二者的差值越大，土的膨胀可能性和膨胀值就越大，收缩越小。

（3）土的密度大，孔隙比就小；反之则孔隙比就大。前者浸水膨胀强烈，失水收缩小；后者浸水膨胀小，失水收缩大。

（4）土中黏粒的含量越多，吸水性越强，膨胀的可能性越大。

胀缩性和天然含水量的关系：同一种土其膨胀率和膨胀力一般随土的天然含水量的减小而增大，体缩量随天然含水量的减小而减小；胀缩性与黏粒含量、液限的关系：土的膨胀率、膨胀力和体缩量一般随土的黏粒含量、液限的增高而增大；胀缩性与天然孔隙比的关系：同一种土的膨胀率和膨胀力一般随土的孔隙比的增大而减小，体缩量随土的孔隙比的增大而增大。

### 3. 膨胀土的工程特性指标

1）自由膨胀率（$\delta_{ef}$）

自由膨胀率可用来定性地判别膨胀土及其膨胀势。人工制备的烘干土，在水中增加的体积与原体积的比按下式计算为

$$\delta_{ef} = \frac{V_w - V_0}{V_0} \tag{6.4}$$

式中：$V_w$——土样在水中膨胀稳定后的体积，$cm^3$；

$\quad\quad V_0$——土样原有体积，$cm^3$。

2）膨胀率（$\delta_{ep}$）

在一定压力下，浸水膨胀稳定后，试样增加的高度与原高度之比，按下式计算为

$$\delta_{ep} = \frac{h_w - h_0}{h_0} \tag{6.5}$$

式中：$h_w$——土样浸水膨胀稳定后的高度，cm；

$\quad\quad h_0$——土样原始的高度，cm。

3）收缩系数（$\lambda_s$）

收缩系数可用来评价地基的胀缩等级，计算膨胀土地基的变形量。不扰动土试样在直线收缩阶段，含水量减少1%时竖向线缩率，按下式计算为

$$\lambda_s = \frac{\Delta \delta_s}{\Delta w} \tag{6.6}$$

式中：$\Delta \delta s$——收缩过程中与两点含水量之差对应的竖向收缩率之差；

$\quad\quad \Delta w$——收缩过程中直线变化阶段两点含水量之差，%。

竖向线缩率是不扰动土试样的垂直收缩变形与原始高度之比值，用百分数表示，按下式计算为

$$\delta_s = \frac{Z - Z_0}{h_0} \tag{6.7}$$

式中：$Z$——百分表某次读数；

$Z_0$——百分表初始读数；

$h_0$——土样原始的高度，cm。

### 6.4.3　膨胀土地基的评价

#### 1. 膨胀土地基的胀缩等级和膨胀势

根据地基的膨胀、收缩变形的影响程度，地基的胀缩等级按分级变形量分为三级：①分级变形量大于或等于 15mm 且小于 35mm 为 I 级；②分级变形量大于或等于 35mm 且小于 70mm 为 II 级；③分级变形量大于或等于 70mm 为 III 级。

膨胀土的膨胀势按其自由膨胀率分为三类：①自由膨胀率大于或等于 40％且小于 65％为弱膨胀势；②自由膨胀率大于或等于 65％且小于 90％为中膨胀势；③自由膨胀率大于或等于 90％为强膨胀势。

#### 2. 膨胀土地基的变形量

膨胀土地基的计算变形量应小于地基容许变形值。膨胀土地基变形量的取值应符合下列规定：膨胀变形量应取基础某点的最大膨胀上升量，收缩变形量应取基础某点的最大收缩下沉量；胀缩变形量应取基础某点的最大膨胀上升量与最大收缩下沉量之和。

膨胀土地基的变形计算，可以按以下三种情况确定。

（1）离地表 1m 处地基土的天然含水量等于或接近最小值时或地面有夜盖且无蒸发的可能性，经常有水浸湿，可按下式计算膨胀变形量（图 6.2）为

$$S_e = \Psi_e \sum_{i=1}^{n} \delta_{epi} h_i \tag{6.8}$$

式中：$S_e$——地基的膨胀变形量，mm；

　　　$\Psi_e$——计算膨胀变量的经验系数；

　　　$\delta_{epi}$——基础底面下第 $i$ 层的平均自重应力与平均附加压力之和作用下的膨胀率；

　　　$h_i$——第 $i$ 层的计算厚度，m；

　　　$n$——自基础底面至计算深度内所划分的土层数（计算深度应根据大气影响深度确定；有浸水可能时，可按浸水影响深度确定）。

（2）离地表 1m 处地基土的天然含水量大于 1.2m 倍塑限含水量时，或直接受高温

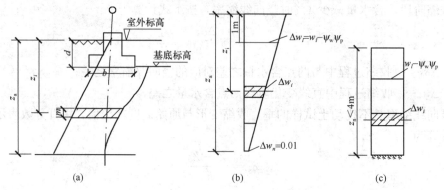

图 6.2　地基土变形计算

作用的地基。可按下式计算收缩变形量：

$$S_s = \Psi_s \sum_{i=1}^{n} \lambda_{si} \Delta \omega_i h_i \qquad (6.9)$$

式中：$S_s$——地基土的收缩变形量，mm；

$\Psi_s$——计算膨胀变形量的经验系数；

$\lambda_{si}$——第 $i$ 层土的收缩系数；

$\Delta \omega_i$——地基土收缩过程中，第 $i$ 层土可能发生的含水量变化的平均值，%。

（3）其他情况下，可按下式计算地基土的收缩变形量

$$S = \Psi \sum_{i=1}^{n} (\delta_{epi} + \lambda_{si} \cdot \Delta \omega_i) h_i \qquad (6.10)$$

式中：$S$——地基土的收缩变形量，mm；

$\Psi$——计算地基土的收缩变形量的经验系数（可以取 0.7）。

**3. 膨胀地基稳定性**

对边坡及位于边坡上的工程建设，应进行稳定性验算，并应考虑坡体内含水量变化的影响。验算按下列规定进行：

（1）土质均匀且无节理面时，按圆弧滑动法验算。

（2）土层较薄，上层与岩层间存在软弱层及层状膨胀岩土时，取最不利的软弱层面为滑动面进行验算。

（3）层状构造的膨胀土，如层面与坡面斜交，且交角小于 45°，验算层面滑动的稳定性。

（4）对具有胀缩裂缝和地裂缝的膨胀土边坡，应进行沿裂缝滑动的验算。

# 6.5 盐渍土地基

## 6.5.1 盐渍土的形成与分布

土层内平均易溶盐的含量大于 0.5% 时，且具有吸湿、松胀等特性的土可称为盐渍土。盐渍土是由于矿化度较高的地下水，沿着土层的毛细管上升至地表或接近地表，经蒸发作用，水中盐分凝析出来，聚集于地表和地表下不深的土层中而形成的。

盐渍土的形成条件是：地下水的矿化程度较高，有充分的盐分来源；地下水位较高，毛细作用能达到地表或接近地表，有被蒸发作用的可能；气候比较干燥一般年降雨量小于蒸发量的地区，易形成盐渍土。

一般分布在地势比较低且地下水位较高的地段、如内陆洼地、盐湖和河流两岸的漫滩、低阶地、牛轭湖以及三角洲洼地、山间洼地等地段。盐渍土层厚度一般不大，从地表向下 1.5～4.0m 盐渍土中盐分随季节气候和地质条件的变化而变化。

盐渍土按分布区域分为内陆盐渍土和滨海盐渍土；按盐类性质分为氯盐类、硫酸盐类、碳酸盐类；按含盐量的多少分为弱盐渍土、中等盐渍土、强盐渍土。氯盐类盐渍土有较大的吸湿性，具有保持水分的能力，结晶时体积不膨胀。硫酸盐类盐渍土结晶时体

积膨胀，当结晶体转变为无水状态时，体积相应减小，故将硫酸盐类常称为松胀盐分。碳酸盐类一般在土中含量较少，但其水溶液具有较大的碱性反应，对黏性土颗粒之间的胶结起分散作用。

### 6.5.2 工程特性

#### 1. 盐渍土的溶陷性

盐渍土的溶陷性可用溶陷系数作为评价指标。使用室内压缩试验或现场浸水荷载试验确定溶陷系数后，当小于 0.01 时，盐渍土为非溶陷性盐渍土；当不小于 0.01 时，盐渍土为溶陷性盐渍土。

#### 2. 盐渍土的盐胀性

盐渍土的膨胀主要发生在硫酸盐渍土中。由于硫酸钠结晶时吸收 10 个水分子，从而造成体积膨胀，故称为盐胀。当温度小于 32.4℃时，硫酸钠的溶解度随温度的升高而增大的现象很明显。因此，对日温差较大的地区，在一天之内土壤会产生"膨胀"和"收缩"的变化。所以主要是对道路等造成危害，当然产生这种危害的程度随含盐量的增加而加剧。

#### 3. 盐渍土的腐蚀性

盐渍土对基础的腐蚀一般属于结晶性质的腐蚀，可以分为物理侵蚀和化学侵蚀两种。在地下水位深或地下水位变化幅度大的地区，物理侵蚀相对显著，而地下水位浅、地下水位变化幅度小的地区，化学侵蚀相对显著。

### 6.5.3 盐渍土的地基评价

#### 1. 土中含盐量对土性质的影响

盐渍土的物理力学性质，随土中含盐的变化而变化。当土中含盐量小于 0.5% 时，土的物理力学性质仍取决于土本身的颗粒组成等，其所含盐分不影响土的性质；当土中含盐量大于 0.5% 时，土的物理力学性质受盐分的影响而改变；当含盐量大于 3% 时，土的物理力学性质将主要取决于盐分的种类，土本身的颗粒组成将居于次要地位。

#### 2. 盐渍土地基的危害

(1) 盐渍土处于干燥状态时，盐类呈结晶状态，地基土具有较高的强度，而盐类浸水溶解后，地基土的强度降低，压缩性增大；含盐量越大，土的液限、塑限越低，土的抗剪强度也就越小。

(2) 硫酸盐类结晶时，体积膨胀，遇水溶解后体积缩小，使地基发生胀缩，同时少数碳酸盐类溶解后使土松散，破坏了土的稳定性。

(3) 盐类遇水溶解，使地基土易产生溶蚀。

（4）土中含盐量越大，土的夯实最佳密度越小。

（5）盐渍土对混凝土、木材、砖、钢铁等材料有不同程度的腐蚀性。

**3. 盐渍土地基危害的防止措施**

（1）整理地表排水系统，防止上下水管漏水，不使地基及其附近受水浸湿。

（2）降低地下水位，增大临界深度。不宜用盲沟排水来降低地下水位，因为盲沟易被盐分沉淀淤塞而失效。

（3）设置毛细水上升的隔断层。

（4）当基础埋置在盐渍土以下时，为了防止基础周围盐渍土对基础的影响，可设置防护层，一般不宜采用盐渍土本身来作防护层或垫层。

# 6.6　冻土地区地基与基础

## 6.6.1　冻土分类及分布

凡温度等于或低于 0℃ 且含有冰晶的岩土，称为冻土。冻土是由矿物颗粒、冰、未冻水和气体四种物质组成的多成分多相体系，其中冰、未冻水和气体的含量随温度而变化。

冻结状态连续保持三年或三年以上者，当温度条件改变时，其物理力学性质随之改变，并产生冻胀、融陷、热融滑塌等现象的土层称为多年冻土；地表冬季冻结夏季全部融化，每年冻融交替一次的土层称为季节性冻土。

多年冻土的上部界限处的最高地层温度为 0℃，称为多年冻土上限，其中，在天然条件下形成的上限称为天然上限，经过人为活动后形成的上限称为人为上限；多年冻上的下部界限处的地层温度为 0℃，称为多年冻土下限。上限和下限之间没有局部触区的，称为连续的多年冻土；有局部融区的，称为非连续的多年冻土。

冻结状态连续保持三年或三年以上者，当温度条件改变时，其物理力学性质随之改变，并产生冻胀、融陷、热融滑塌等现象的土层称为多年冻土；地表冬季冻结夏季全部融化，每年冻融交替一次的土层称为季节性冻土。

多年冻土地区的表土层常覆盖有季节性冻土称融冻层。季节融化层底部与多年冻土上限相衔接的土层，称为衔接多年冻土；不衔接的称为不衔接多年冻土。

如果土层每年散热比吸热多，冻结深度大于融化深度，多年冻土逐渐变厚，称为发展的多年冻土，处于相对稳定状态；如果土层每年吸热比散热多，地温逐年升高，多年冻土层逐渐融化变薄以至消失，处于不稳定状态，称为退化的多年冻土。如果多年冻土在水平方向上的分布是大片的、连续的、无融区存在的称为整体多年冻土；如果多年冻土在水平方向上的分布是分离的、中间被融区间隔的称为非整体多年冻土。

冻土的分类有多种形式。按持续保存时间，冻土可以分为季节性冻土、隔年冻土和多年冻土；按稳定程度，冻土可以分为发展的多年冻土和退化的多年冻土；按平面分布特征，冻土可以分为零星分布多年冻土、岛状分布多年冻土、断续分布多年冻土和整体分布多年冻土；根据压缩变形特性，冻土可以分为坚硬冻土、塑性冻土和松散冻土；按冻结特征，冻土可以分为少冰冻土、多冰冻土、富冰冻土和饱冰冻土。中国冻土分布情况如图 6.3 所示。

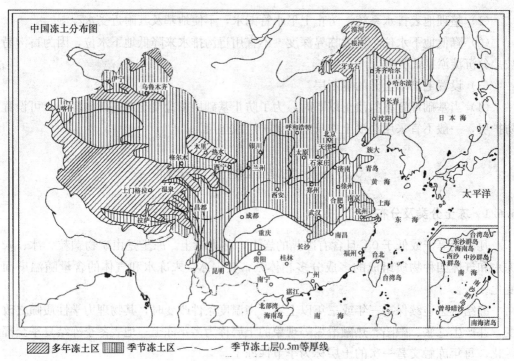

〗〗多年冻土区　〗〗季节冻土区　——　季节冻土层0.5m等厚线

图 6.3　中国冻土分布

### 6.6.2　工程特性

#### 1. 冻土的构造和融沉性

由于土的冻结速度、冻结的边界条件及土中水的多少不同，在冻结中可以形成晶粒状构造、层状构造和网状构造，如图 6.4 所示。

（1）晶粒状构造。冻结时没有水分转移，土颗粒与冰晶融合在一起。没有冰和矿物颗粒的离析现象，水分就在原来的孔隙中结成晶粒状的冰。一般的砂土或含水量小的黏性土具有这种构造，如图 6.4（a）所示。

(a) 晶粒状构造　　(b) 层状构造　　(c) 网状构造

图 6.4　冻土构造示意图

（2）层状构造。土呈单向冻结并有水分转移时形成的构造，土中出现冰和矿物颗粒的离析，形成冰夹层。在饱和的黏性土或粉土中常见，如图 6.4（b）所示。

（3）网状构造。土在多向冻结条件下有水分转移时而形成的构造，也称为蜂窝状构造，如图 6.4（c）所示。

融沉性是指在没有外荷载作用时，冻土在融化过程，因土体中冰的融化而产生的沉降的性质。多年冻土的构造和其融沉性有很大关系。一般粒状构造的冻土，融沉性不大，而层状和网状构造的冻土在融化时可产生很大的融沉。

2. 冻土的融化压缩及融化压缩系数 $a$

冻土融化后，在外荷作用下产生的压缩变形，称为融化压缩。融化压缩系数 $a$ 是指冻土融化后，在单位外荷作用下的相对变形量。

短期荷载作用下，冻土的压缩性很低，可以不计其变形。但是冻土在融化时，结构破坏，变成高压缩性和稀释的土体，产生剧烈的变形。由图 6.5（a）可以看出，冻土在融化前后孔隙比会发生明显的突变。图 6.5（b）为孔隙比变化与压力 $P$ 间的关系，可以看出压力越大则融化前后孔隙比之差 $\Delta e$ 也越大。在较小荷载水平下，这一关系可近似为直线：

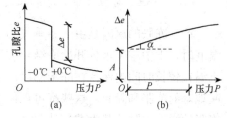

图 6.5　冻土融化前后的孔隙比变化曲线

$$\Delta e = A + aP \tag{6.11}$$

其中

$$a = \frac{\dfrac{s_{n+1} - s_n}{h}}{p_{n+1} - p_n} \tag{6.12}$$

式中：$A$——$\Delta e\text{-}P$ 线在纵轴上的截距；

　　　$a$——$\Delta e\text{-}P$ 线的斜率，即冻土融化时的压缩系数。

3. 冻土的冻胀量

土体冻胀变形的基本特征是冻胀量，通常采用地面的总冻胀量和土体中某土层的垂直膨胀变形的冻胀量来表示。为了比较各地区、各地段土体冻胀变形强度，以及对冻胀强弱性进行评价，因此常采用冻胀率 $\eta$ 来表示这个特征。地基冻胀量按下式计算为

$$s' = \sum_{i=1}^{n} \eta_i \Delta Z_{ni} \tag{6.13}$$

式中：$s'$——地基计算计算的冻胀量，m；

　　　$\eta_i$——按分层总和法计算冻深内第 $i$ 层土的冻胀率；

　　　$\Delta Z_{ni}$——按分层总和法计算冻深第 $i$ 层土的厚度，m。

4. 冻土的抗压强度

冻土的抗压强度是指冻土承受竖向作用的极限强度。冻土的抗压强度与冰的胶结作用有关，因此比未冻土大许多倍，且与温度和含水量有关。冻土的抗压强度随温度的降低而增高。这是因为温度降低时不仅含冰量增加，且冰的强度也随之增大。在一定的负温度下，冻土的抗压强度随土的含水量的增加而增加。因为含水量越大，起胶结作用的冰也越多，但

含水量过大时，其抗压强度反而减少并趋于某个定值，相当于纯冰在该温度下的强度。

### 5. 冻土的抗剪强度

冻土的抗剪强度不仅与外压力有关，而且与土温及荷载作用历时有密切关系。多年冻土在抗剪强度方面的表现与抗压强度类似。长期荷载作用下的冻土的抗剪强度比瞬时荷载作用下的抗剪强度低了许多，所以一般情况下只考虑其长期抗剪强度。此外，冻土融化后其抗压强度与抗剪强度将显著降低。

### 6. 基础埋置时应考虑的冻结深度

产生冻胀的原因是由于冬季气温下降，当地面以下一定深度内土中的温度达到冰冻温度时，土中空隙水分开始冻结，体积增大，使土体产生一定的隆胀。对于冻胀土，如土温在较长时间内保持在冻结温度以下，水分能从未冻结土层不断地向冻结区迁移，引起地基的冻胀和隆起，这些都可以使基础遭受破坏。为了保证结构物不受地基土季节性冻胀的影响，除地基为非冻胀性土外，基础底面应埋置在天然最大冻结线以下一定深度。《公桥基规》中规定，当上部结构为超静定结构时，基底应埋置在最深冻结线以下大于 0.25m，对静定结构的基础，一般也按此要求，但在冻结较深地区，为了减少基础埋深，有些类别的冻土经计算后也可将基底置于最大冻结线以上。

我国幅员辽阔，气候不一，各地冻结深度应按实际资料确定。无资料时，可参照《公路桥涵地基与基础设计规范》中标准冻深线图结合实地调查确定。

## 6.6.3　多年冻土地区的基础工程

### 1. 多年冻土按其融沉性的等级划分

多年冻土的融沉性是评价其工程性质的重要指标，可用融化下沉系数 $A$ 作为分级的直接控制指标，可根据下式计算为

$$A = \frac{h_m - h_T}{h_m} \times 100\% \tag{6.14}$$

式中：$h_m$——季节融化层冻土试样冻结时的高度，m；

$h_T$——季节融化层冻土试样融化后（侧限条件下）的高度，m。

根据计算结果，融沉性的等级可以分为以下五种。

Ⅰ级（不融沉）：$A<1\%$，是仅次于岩石的地基土，在其上修筑结构物时可不考虑冻融问题。

Ⅱ级（弱融沉）：$1\% \leqslant A < 5\%$，是多年冻土中较好的地基土，可直接作为结构物的地基，当控制基底最大融化深度在 3m 以内时，结构物不会遭受明显融沉破坏。

Ⅲ级（融沉）：$5\% \leqslant A < 10\%$，具有较大的融化下沉量且冬季回冻时有较大冻胀量。作为地基的一般基底融深不得大于 1m，并采取专门措施，如深基、保温防止基底融化等。

Ⅳ级（强融沉）：$10\% \leqslant A < 25\%$，融化下沉量很大，因此施工、运营时内不允许

地基发生融化，设计时应保持冻土不融或采用桩基础。

Ⅴ级（融陷）：$A \geqslant 25\%$，为含土冰层，融化后呈流动、饱和状态，不能直接作地基，应进行专门处理。

2. 多年冻土地基设计原则

多年冻土地区的地基，应根据冻土的稳定状态和修筑结构物后地基地温、冻深等可能发生的变化，分别采取两种原则设计，即保持冻结原则和容许融化原则。

3. 多年冻土地基容许承载力的确定

理论上可通过临塑荷载 $p_{cr}$（kPa）和极限荷载 $p_u$（kPa）确定冻土容许承载力，计算公式形式较多，如

$$p_{cr} = 2c_s + \gamma_2 h \tag{6.15}$$
$$p_u = 5.71c_s + \gamma_2 h \tag{6.16}$$

式中：$c_s$——冻土的长期粘聚力（应由试验求得），kPa；

$\gamma_2 h$——基底埋置深度以上土的自重压力，kPa；

式（6.15）中，$p_{cr}$ 可以直接作为冻土的容许承载力，而式（6.16）中，$p_u$ 应除以安全系数 1.5～2.0。

4. 多年冻土融沉量计算

冻土地基总融沉量由两部分组成：一是冻土解冻后冰融化体积缩小和部分水在融化过程中被挤出，土粒重新排列所产生下沉量；二是融化完成后，在土自重和恒载作用下产生的压缩下沉。最终沉降量 $S$ 为

$$S = \sum_{i=1}^{n} A_i h_i + \sum_{i=1}^{n} \alpha_i \sigma_{ci} h_i + \sum_{i=1}^{n} \alpha_i \sigma_{pi} h_i \tag{6.17}$$

式中：$A_i$——第 $i$ 层冻土融化系数；

$h_i$——第 $i$ 层冻土厚度，m；

$\alpha_i$——第 $i$ 层冻土压缩系数（由试验确定），1/kPa；

$\sigma_{ci}$——第 $i$ 层冻土中点处自重应力，kPa；

$\sigma_{pi}$——第 $i$ 层冻土中点处结构物恒载附加应力，kPa。

5. 多年冻土地基基桩承载力的确定

采取保持冻结原则时，多年冻土地基基桩轴向容许承载力由季节融土层的摩阻力 $F_1$（冬季则变成切向冻胀力）、多年冻土层内桩侧冻结力 $F_2$ 和桩尖反力 $R$ 三个部分组成，如图 6.6 所示。其中桩与桩侧土的冻结力是承载力的主要部分。单桩轴向容许承载力可由下式计算为

$$[P] = \sum_{i=1}^{n} f_i A_{1i} + \sum_{i=1}^{n} \tau_{ji} A_{2i} + m_0 [\sigma_0] A \tag{6.18}$$

图 6.6　桩轴向承载力示意

式中：$f_i$——各季节融土层单位面积容许摩阻力（黏性土为 24kPa，砂性土为 30kPa）；

　　　$A_{1i}$——地面到人为上限间各融土层桩侧面积，$m^2$；

　　　$\tau_{ji}$——各多年冻土层在长期荷载和该土层月平均最高地温时单位面积容许冻结力，kPa；

　　　$A_{2i}$——各多年冻土层与桩侧的冻结面积，$m^2$；

　　　$m_0$——桩尖支承力折减系数（根据不同施工方法按＝0.5～0.9 取值）；

　　　$A$——桩底支承面积，$m^2$。

6. 多年冻土地区基础抗拔验算

多年冻土地区，当季节融化层为冻胀土或强冻胀土时，扩大基础（或基桩）冻拔稳定验算：

$$N + W + Q_T + Q_m \geqslant kT \tag{6.19}$$

式中：$Q_m$——基础与多年冻土的长期冻结力，kN；

　　　$Q_T$——基础侧面与不冻土间的摩擦力，kN。

### 6.6.4　多年冻土地区常见的工程地质问题

1）厚层地下冰

含土冰层厚度大于 0.1m 或饱冰冻土厚度大于 0.3m 时，称为厚层地下冰；如在上限以下 3m 内有厚层地下冰，则称为厚层地下冰地段。在厚层地下冰地段，容易产生热融沉陷、热融滑坍等不良地质现象。厚层地下冰地段主要分布在含水量较大的黏性土地段。

2）冰丘与冰堆

冰丘也称为冻胀丘。冬季，冻结层上水由于土层自上而下冻结，过水断面减少，形成承压水。当压力增加到大于上覆土层强度时，地表发生隆起，形成冰丘。单个或成串分布，多出现在河漫滩、阶地、沼泽地、山麓地带、洪积扇前沿等处，一般为季节性的，每年冬季隆起，夏季融化消失，但也有特殊类型，如多年性冰丘，终年存在爆炸性冻丘，融化季节因冰丘内部应力过大，发生喷水爆炸；春季隆胀丘，融化季节表层融化，土层强度减弱，被水压力顶起成丘。

冰堆是典型的地下水冰堆，其形成与季节性冰丘相类似，不同之处在于冻结层上水承压后，突破上坡土层，冻结堆积于地表。冰堆多分布在山麓坡脚、洪积扇边缘以及山间洼地等处。

3）冻胀和翻浆

路基不均匀冻胀，使沥青路面开裂、不平，使水泥路面出现错台；地基不均匀冻胀，可使涵管管身脱节，端、翼墙外倾、断裂，若超过允许值，可引起房屋产生裂缝或倾斜，甚至倒塌；年复一年的冻胀，可使桥梁桩基上拔，导致桥面起伏不平。翻浆是指含大量冰体的路基，从上到下融化时，由于水分过多，又不能下渗，在车轮作用下使路面发生弹簧、开裂、冒泥等现象。

4）热容沉陷

由于自然因素或人为因素的影响，改变了地面的温度状况，引起融化深度加大，使多年冻土层发生局部融化，导致融化土层在土体自重和外压力作用下产生沉陷。这种现象称为热融沉陷。热融沉陷是多年冻土地区路基路面的最主要病害，如兴安岭地区一段铁路路基，由于热容沉陷，每年下沉 50～60cm，多雨年则可达 100cm。

# 6.7　地震地区的基础工程

## 6.7.1　地震简述

地震是由内力地质作用和外力地质作用引起的地壳震动现象的总称。地震按成因可以分为构造地震、火山地震、坍塌地震、人工地震和诱发地震。

我国地处环太平洋地震带和地中海南亚地震带之间，是地震频发的国家。地震对我国人民的生命财产和社会主义建设造成巨大的损失。桥梁、道路结构物遭到地震破坏的相当多，由此还造成交通中断，对灾区的救援工作发生困难。综合分析已发生的地震对桥梁、道路结构物发生的危害，其中很多是由于其地基与基础遭到震坏而使整个结构物严重损坏的。如 1976 年唐山地震，在 8 度烈区三座修筑在易液化地基的桥梁，由于地基液化、墩、台下沉，斜倾，上部结构也因之损坏，整个桥梁遭到严重破坏。而同一烈度区其他修筑在一般稳定地基上的桥梁，由于地基基本未遭损坏，整座桥梁也仅受轻微损坏（桥台轻微斜倾，主梁在桥墩上横向移动数厘米）。

## 6.7.2　地基与基础的震害

地基与基础的震害主要有地基土震动液化、地裂、震陷和边坡滑坍，因此而发生基础沉陷、位移、倾斜、开裂等。基础的震坏虽然大多数是由于地基的失效、失稳而引起，但也会由于基础本身结构构造上处理不当而促成。

### 1. 地基土的液化

地震时地基土的液化是指地面以下，一定深度范围内（一般指 20m）的饱和粉细砂土、亚砂土层，在地震过程中出现软化、稀释、失去承载力而形成类似液体性状的现象。它使地面下沉，土坡滑坍，地基失效、失稳，天然地基和摩擦桩上的建筑物大量下沉、倾斜、水平位移等损害。

### 2. 地基与基础的震沉，边坡的滑坍以及地裂

软弱黏性土和松散砂土地基在地震作用下，结构被扰动，强度降低，产生附加的沉陷（土层的液化也会引起地基的沉陷），且往往是不均匀的沉陷，使建筑物遭到破坏；陡峻山区土坡，层理倾斜或有软弱夹层等不稳定的边坡、岸坡等，在地震时由于附加水平力的作用或土层强度的降低而发生滑动（有时规模较大），会导致修筑在其上或邻近的建筑物遭到损坏；构造地震发生时地面常出现与地下断裂带走向基本一致的呈带状的地裂带。地裂带一般在土质松软区、故河道、河堤岸边、陡坡、半填半挖处较易出现，它大小不一，有时长达几十公里，对结构物常造成破坏和患害。

3. 基础的其他震害

在较大的地震作用下，基础也常因其本身强度、稳定性不足抗衡附加的地震作用力而发生断裂、折损，倾斜等损坏。刚性扩大基础如埋置深度较浅时，会在地震水平力作用下发生移动或倾覆。

桩基础的震害，在高桩承台表现较多。由于承台的反复震动，在桩和承台联结处或桩顶附近，往往因剪应力的作用而发生混凝土开裂，甚至断桩现象。基础、承台与墩、台身联结处也是抗震的薄弱处，由于断面改变、应力集中使混凝土发生断裂。

### 6.7.3　基础工程抗震设计

1. 基础工程抗震设计的基本要求

在破坏性地震发生后，立即恢复交通运输是减轻和迅速消除震灾的一个重要条件，因此公路工程的抗震工作是有重要意义的。结合目前抗震工程的技术发展水平和公路的特点，建筑物发生基本烈度的地震时，按不受任何损坏的原则进行设计，在经济上是不合理的，在技术上也常是不可行的。因此，公路建筑物的基础工程抗震设计的基本要求应与整个建筑物一致，《公路抗震规范》根据建筑物所属公路等级和所处地质条件，要求发生相当基本裂度地震时，建筑物位于一般地段的高速公路和一级公路，经一般整修即可正常使用；位于一般地段的二级公路及位于软弱黏性土层或液化土层上的高速公路和一级公路等建筑物经短期抢修即可恢复使用；三、四级公路工程和位于抗震危险地段的软弱黏性土层或液化土层上的二级公路及位于抗震危险地段的高速公路和一级公路应保证桥梁、隧道及重要的构造物不发生严重破坏。

其中基本烈度是指该地区在今后一定时期在一般场地土条件下可能发生的最大地震裂度，由国家地震局规定并绘制的全国地震烈度区域图作为设计依据。抗震危险地段是指发震断层及其邻近地段，地震时可能发生大规模滑坡、崩塌、岸坡滑移地段。

根据我国历次地震的调查和我国地震烈度表划分的原则：基本烈度为 6 度地区的公路工程一般可不进行抗震设计，只采用简易抗震设防措施；基本烈度为 7 度以上就要求进行抗震设计和采取抗震措施；对于基本烈度大于 9 度的地区，应对抗震设计进行专门研究。

2. 选择对抗震有利的场地和地基

我国公路抗震工程中，将场地土（结构物所在地的土层）分为四类：

Ⅰ类场地土：岩石，紧密的碎石土。

Ⅱ类场地土：中密、松散的碎石土，密实、中密的砾、粗中砂；$[\sigma_0] > 250\text{kPa}$ 的黏性土。

Ⅲ类场地土：松散的砾、粗、中砂，密实、中密的细砂、粉砂，$[\sigma_0] \leqslant 250\text{kPa}$ 的黏性土。

Ⅳ类场地土：淤泥质土，松散的细、粉砂，新近沉积的黏性土；$[\sigma_0] < 130\text{kPa}$ 的

填土。对于多层土，当构造物位于Ⅰ类土上时，即属于Ⅰ类场地土；位于Ⅱ、Ⅲ、Ⅳ类土上时，则按构造物所在地表以下 20m 范围内的土层综合评定为Ⅱ类、Ⅲ类或Ⅳ类场地土（对于桩基础，可根据上部土层影响较大，下部土层影响较小，厚度大的土层影响较大，厚度小的土层影响较小的原则进行评定。对于其他基础，可着重考虑基础下的土层并按上述原则进行评定。对于深基础，考虑的深度应适当加深）。

　　Ⅰ类场地土及开阔平坦、均匀的Ⅱ类场地土对抗震有利，应尽量利用；Ⅳ类场地土、软土、可液化土以及地基土层在平面分布上强弱不匀，非岩质的陡坡边缘等处一般震害较严重，河床下基岩向河槽倾斜较甚，并被切割成槽处，地基下有暗河、溶洞等地段及前述抗震危险地段都应注意避开。选择有利的工程地质条件，有利抗震地段布置结构物可以减轻甚至避免地基、基础的震害，也能使地震反应减少，是提高结构物抗震效果的重要措施。

　　3. 地基、基础抗震强度和稳定性的验算

　　建筑物所在地点的地震基本烈度在设防起点以上时，其地基与基础都应进行抗震强度和稳定的验算，并采取相应的抗震措施。

　　地震力在空间可能是任何方向的，由于在大多数情况，地震横波到达时，地面运动较剧烈，而水平向地震力也是造成建筑物损坏的基本原因，因此对一般公路建筑物在抗震设计中，只考虑横波影响的水平地震力作用。计算中假定水平地震力是作用在建筑物纵、横轴向的，这两个方向的地震荷载和相应的内力允许分别计算，但对位于基本烈度为 9 度区（及以上）的大跨径悬臂梁桥还应考虑上、下两个方向竖向地震荷载和水平地震荷载的不利组合。

　　验算桥梁及道路建筑物抗震强度和稳定性时，地震荷载应与建筑物重力、土的重力和水的作用力组合，其他荷载可以不考虑。水的作用力是指：常年有水的河流上的桥梁，应按常水位计算水的浮力；位于常水位水深超过 5m 的实体桥墩、空心桥墩应计入地震动水压力。

　　位于非岩石地基上的梁桥桥墩及基础抗震设计应计入地基变形的影响。

　　地震时地基土和建筑物的振动反应是十分复杂的。从震源发出的地震波可认为是由一些不同周期的波综合组成，当通过不同的土层到达地表土层时，由于不同性质土层界面的多次反射以及地基土的滤波作用，使接近某一特定周期的地震波反应占主导地位，此周期称为地基土的卓越周期。它是与地基土的分层情况，各层土的组成、粒度成分、结构有关，与表层土关系更大些，故也称为表层土的自振周期。若建筑物的振动基本周期与地基土的卓越周期相近，地震时将使建筑物的振动反应大大增加。不同性质、不同厚度的地基土层，具有不同的动力参数，不同柔度的建筑物也有不同的动力参数，因此计算建筑物地震反应、地震荷载时，除应考虑地震烈度外，还应考虑地基土和建筑物的动力特性。

　　目前我国各桥梁抗震规范，对基本烈度为 7、8、9 度地区，在地震荷载计算中与世界各国发展趋势基本一致：对各种上部结构的桥墩、基础采用考虑地基和结构物动力特性的反应谱理论；而对刚度大的结构物和挡土墙、桥台采用静力设计理论；对跨度大

（如超过 150m）、墩高大（如超过 30m）或结构复杂的特大桥及烈度更高地区则建议用精确的方法（如时程反映分析法等）。

1）桥墩基础地震荷载的计算（用反应谱理论计算）

反应谱理论是以大量的强震水平加速度记录为基础，经过动力计算和数理统计分析，按照建筑物作为单质点振动体系，在一定的阻尼比条件下，其自振周期与它发生的平均最大水平加速度反应的函数的关系，用加速度反应谱曲线表示，以此作为建筑物地震反应计算荷载的依据。《公路抗震规范》根据国内外大量强震记录和计算，对四类不同场地土使用四条不同的反应谱曲线，如图 6.7 所示。各类场地土的卓越周期：Ⅰ类场地土为 0.2s；Ⅱ类场地土为 0.3s；Ⅲ类场地土为 0.45s；Ⅳ类场地土为 0.7s。图中建筑物的平均最大水平加速度反应是用与地面最大水平加速度的比值 $\beta$ 表示的（$\beta$ 也称为动力放大系数）。建筑物作为单质点振动体系，自振周期 $T$ 等于地基土的卓越周期时，$\beta$ 达最大值，根据现有资料计算和统计，$\beta$ 最大值图中定为 2.25。为了避免短期的失真现象，当 $T$ 小于地基土的卓越周期时，也取 $\beta = 0.25$（在 $0 < T \leqslant 0.1s$ 时，$\beta$ 由 2.25 渐近于 1）。为了保证建筑物有必要的抗震能力，图中 $\beta$ 取最小值 0.3。地震时，地面的最大水平加速度用水平地震系数 $k_h$ 表示，它与地震烈度有直接的对应关系。

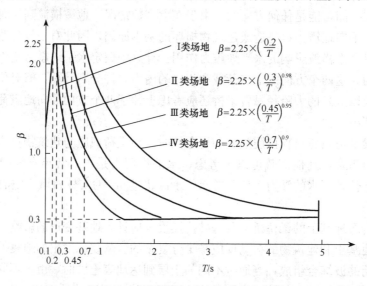

图 6.7　地震水平加速度的反应谱曲线

在计算以上曲线时，考虑到大多数情况，平均阻尼比采用 0.05。

由于作用在地基与基础上的地震荷载应结合上部结构及桥墩的地震荷载计算，以下以简支梁及常用的柔性墩为例介绍该规范计算桥墩的地基及基础地震荷载的基本方法。

梁桥轻型柔性墩及基础可以将整个结构体系简化为单质点振动体系，按反应谱理论计算顺桥向的地震荷载，计算简图如图 6.8 所示，《公路抗震规范》简化的计算公式为

$$Q_E = C_1 C_z K_h \beta G_t \tag{6.20}$$

式中：$Q_E$——作用于支座顶面处的水平地震荷载，kN；

　　　$C_1$——根据路线等级及建筑物的重要性和修复的难易程度，对地震作用进行的重要性修正系数，按表 6.3 采用；

　　　$C_z$——综合影响系数，反映建筑物实际地震反应与理论计算之间差异的系数，可按表 6.4 采用；

　　　$G_t$——支座顶面处的换算质点重力，kN，$G_t = G_{sp} + C_{cp} + \eta G_p$；

　　　$C_{sp}$——梁桥上部结构重力，对于简支梁桥为相应于墩顶固定支座的一孔梁的重力，kN；

　　　$G_{cp}$——盖梁重力，kN；

　　　$G_p$——墩身重力，kN，对扩大基础和沉井基础为基础顶面以上墩身重力，对桩基础为一般冲刷线以上墩及桩基重力；

　　　$\eta$——将 $G_p$ 换算为相当集中于墩上支座顶面重力的换算系数，《公路抗震规范》采用 $\eta = 0.16 \left( X_f^2 + 2X_{f\frac{1}{2}}^2 + X_f \times f_{\frac{1}{2}} + X_{f\frac{1}{2}} + 1 \right)$；

　　　$X_f$——考虑地基变形时，顺桥向作用于支座顶面上的单位水平力，在一般冲刷线（桩基础）或基础顶面（扩大基础、沉井基础）处引起的水平位移与支座顶面处的水平位移之比值；

　　　$X_{f\frac{1}{2}}$——考虑地基变形时，顺桥向作用于支座顶面上的单位水平力，在墩身计算高度 $H/2$ 处引起的水平位移与支座顶面处的水平位移之比值。

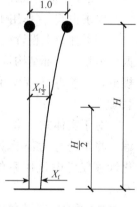

图 6.8　柔性墩计算简图

表 6.3　重要性修正系数 $C_1$

| 路线等级及建筑物 | $C_1$ |
|---|---|
| 高速公路和一级公路上的抗震重点工程 | 1.7 |
| 高速公路和一级公路的一般工程，二级公路的抗震重点工程，二、三级公路上桥梁的梁端支座 | 1.3 |
| 二级公路的一般工程，三级公路上的抗震重点工程，四级公路上桥梁的梁端支座 | 1.0 |
| 三级公路的一般工程，四级公路上的抗震重点工程 | 0.6 |

注：1. 位于基本烈度为 9 度地区的高速公路和一级公路的抗震重点工程，$C_1$ 也可采用 1.5；

　　2. 抗震重点工程指特大桥、大桥、隧道和破坏后修复困难的路基、中桥和挡土墙等工程。

表 6.4　综合影响系数 $C_z$

| 桥梁和墩、台类型 | | 桥墩计算高度/m | | |
|---|---|---|---|---|
| | | $H<10$ | $10 \leqslant H<20$ | $20 \leqslant H<30$ |
| 梁桥 | 柱式桥墩、排架桩墩等柔性墩 | 0.3 | 0.33 | 0.35 |
| | 天然地基扩大基础和沉井基础上的实体桥墩 | 0.20 | 0.25 | 0.30 |
| | 多排桩基础上的桥墩 | 0.25 | 0.30 | 0.35 |
| | 桥台 | 0.35 | | |
| 拱桥 | | 0.35 | | |

图 6.8 及表 6.3 中桥墩计算高度 $H$ 均为基础顶面（扩大基础、沉井基础）或一般冲刷线（桩基础）到支座顶面的高度（计算顺桥向地震力时），或到上部结构重心的高度（计算横桥向地震力时）。

在按图 6.7 加速度的反应谱曲线确定动力放大系数时，应先计算建筑物的自振周期 $T$。在一般情况下，梁桥桥墩的自振周期 $T(\mathrm{s})$ 或基本振动周期 $T_1(\mathrm{s})$ 可按下列近似公式计算

$$T = 2\pi\left(\frac{G_t\delta}{g}\right)^{\frac{1}{2}} \tag{6.21}$$

式中：$\delta$——振动体系（柔性墩及基础）的柔度系数，即在顺桥向作用于支座顶面的单位水平力在该点引起的水平位移，m/kN，计算时应考虑地基的变形；

　　　　$g$——重力加速度，m/s²。

在求得 $Q_E$（作用于支座顶面）后，即可计算基础的地震力。

当柔性墩上设置板式橡胶支座的梁桥时，《公路抗震规范》认为桥墩应按两个质点振动体系（上部结构重力与桥墩及基础重力）计算其基本周期 $T_1$，计算公式可参阅该规范，在求得 $T_1$ 后，仍以质点集中于支座顶面，按单质点式（6.20）计算地震荷载 $Q_E$。

对于实体式桥墩，由于墩身重力较大、分布也较均匀，宜按多质点弹性体系考虑，将墩身分为若干段，每段重力及地震荷载作用于该段重心。《公路抗震规范》简化计算仅考虑该体系的基本振型的影响，具体方法可参阅该规范或有关抗震工程专著。

2）桥台、挡墙基础地震荷载的计算（用静力理论计算）

静力理论出发点是认为建筑物为刚性，地震时不变形，各部分受到的地震水平加速度与地面相同，也不考虑不同场地土对地震反应的影响。

（1）桥台基础地震荷载的计算。桥台重力的水平地震荷载 $Q_{Ea}$（kN）可用下式计算（作用于台身重心处）

$$Q_{Ea} = C_1 C_z K_h G_{au} \tag{6.22}$$

式中：$G_{au}$——基础顶面以上台身重力（kN），计算设有固定支座梁桥桥台基础时，应计入一孔梁的重力。

在验算桥台（挡墙）基础时，尚需考虑台（墙）后填土受地震影响的土压力。计算方法一般都在库仑土压力理论基础上，考虑地震的水平运动，给予台（墙）后滑动土楔（重力 $W$）的水平地震力为 $C_z K_h W$，它与土楔重力的合力为 $W'$，$W'$ 与重力方向的偏角为 $\eta'$（称为地震角），$\eta' = \tan^{-1} C_z k_h$，如图 6.9（b）所示。计算中假定地震时主动土压力 $E'$ 的作用方向与无地震时主动土压力 $E$ 的方向相同；地震时土楔体在滑动面上反力 $R'$ 也与无地震时 $R$ 的方向相同。

这样，图 6.9（a）的挡墙，由于地震，墙后滑动土楔静力平衡三角形由无地震时的 $ABC$ 改变为 $ADF$，如图 6.9（b）所示。在图中并可看出由于地震作用：$<\psi = <BAF = \frac{\pi}{2} - \varepsilon - \delta$ 改变为 $<\psi = <DAF = \frac{\pi}{2} - \varepsilon - (\delta + \eta')$；$<ABC = \alpha - \varphi$ 改变为

$<ADF=\alpha-(\varphi-\eta')$；$W$ 改变为 $\dfrac{W}{\cos\eta'}$，即相当于 $\delta$ 代换为 $\delta+\eta'$，$\gamma$ 代换为 $\dfrac{\gamma}{\cos\eta'}$（$\gamma$ 为土楔体单位重度）。

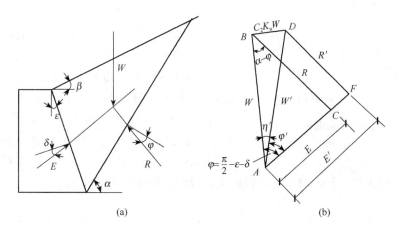

图 6.9 台（墙）后填土受地震影响的土压力计算

地震时作用于每延米宽台（墙）背的主动土压力 $E'$（kN/m）为

$$E'=\frac{1}{2}\gamma H^2\frac{\cos^2(\varphi-\varepsilon-\eta')}{\cos\eta'\cos^2\varepsilon\cos(\delta+\eta'+\varepsilon)\times\left[1+\sqrt{\dfrac{\sin(\varphi+\delta)\sin(\varphi-\eta'-\beta)}{\cos(\delta+\eta'+\varepsilon)\cos(\varepsilon-\beta)}}\right]^2}$$

$$=\frac{1}{2}\gamma H^2 K'_A$$

此式经三角函数关系换算，并略去微量部分后，经整理可得

$$E'=\frac{1}{2}\gamma H^2 K_A\left[1+2C_z K_h\tan(\varphi-\varepsilon)\right] \tag{6.23}$$

式中：$K_A$——无地震作用时库仑主动土压力系数。对于桥台，$\beta=0$；当台背竖直且光滑时，$\varepsilon=0$，$\delta=0$。《公路抗震规范》对 $K_h$ 引入了系数 $C_1$，并考虑应有安全度，台背主动土压力 $E_{ea}$（kN/m）为

$$E'=\frac{1}{2}\gamma H^2 K_A\left[1+3C_1 C_z K_h\tan\varphi\right]=E_{ea} \tag{6.24}$$

式中

$$K_A=\frac{\cos^2\varphi}{(1+\sin\varphi)^2}$$

$E_{ea}$ 作用点为距台底 $0.4H$ 处。

（2）挡墙地震荷载的计算。为了弥补静力理论对高度较大的挡墙在计算地震荷载中的不足，《公路抗震规范》采用了地震反应沿墙高增大分布系数 $\varphi_{iw}$，挡墙第 $i$ 截面以上墙身重心处的水平地震荷载 $Q_{iEW}$（kN）按下式计算

$$Q_{iEW}=C_1 C_z K_h\varphi_{iw}G_{iw} \tag{6.25}$$

式中：$C_z$——综合影响系数，取 $C_z=0.25$；

$\varphi_{iw}$——水平地震荷载沿墙高的分布系数，一、二级高速公路当在墙高 $H>12\mathrm{m}$

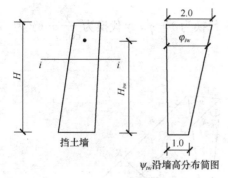

挡土墙

$\psi_{iw}$沿墙高分布简图

图 6.10　水平地震荷载沿墙高的
分布系数计算

时，$\varphi_{iw} = \dfrac{1 + H_{iw}}{H}$，$H_{iw}$为演算第 $i$ 截面以上墙身重心到墙底的高度，如图 6.10 所示，其他情况，$\varphi_{iw} = 1$；

$C_{iw}$——第 $i$ 截面以上，墙身圬工的重力，kN；
其他符号意义同前。

挡墙在地震时，其主动土压力 $E'_w$（kN/m）可用式（6.23）计算，其中地震角 $\eta'$ 可参考地震基本烈度按表 6.5 取用，表内 $\eta' = \arctan(C_z K_h)$。浸水时因图 6.9（b）内 $BD$ 的 $W$ 按土的饱和重度计，$BA$ 的 $W$ 按土的浮重度计，所以浸水土的地震角大于非浸水的。$E'_w$ 的作用点仍同无地震时主动土压力的作用点。

表 6.5　地震角 $\eta'$

| 地震角 $\eta'$ ＼ 基本烈度/(°) | 7 | 8 | 9 |
|---|---|---|---|
| 非浸水土 | 1°30′ | 3° | 6° |
| 浸水土 | 2°30′ | 5° | 10° |

对于路肩墙地震时土压力可按式（6.24）计算，其中 $C_z$ 取 0.25。

3）墩、台、挡墙基础抗震强度及稳定性的验算

桥梁墩、台、挡墙基础按以上方法计算得到水平地震荷载后，即可根据一般静力学方法，按规定的荷载组合进行地基、基础的抗震强度和稳定性的验算。

地震荷载是一种偶然性荷载，出现的几率很小，因此在验算时，要求的安全储备可比无地震时稍小。各专业的抗震规范，对此都有具体的规定，现以《公路抗震规范》有关规定为例综合介绍如下：

（1）地基土、基桩的抗震容许承载力。地基土的抗震容许承载力，可按经宽度、埋深修正后的地基土容许承载力 $[\sigma]$，根据地基土的强弱和抗震性能提高 50%～10%，Ⅳ 类场地的地基土一般不予提高。

柱桩的轴向抗震容许承载力一般提高 50%，摩擦桩的可参考地基土的类别、性质提高 50%～10%，或不予提高。

（2）基底截面合力偏心距及抗震稳定性。建筑物基底合力偏心距 $e$ 也可根据地基土类别、性能提高，如对 Ⅰ 类场地土的地基可提高到 $e \leqslant 2.0\rho$，Ⅱ～Ⅲ 类场地土提高为 $e \leqslant (1.5 \sim 1.2\rho)$，Ⅳ 类的则不予提高（$e \leqslant \rho$）。

验算建筑物的抗震稳定性时，抗滑动稳定系数不宜小于 1.1；抗倾覆稳定系数不宜小于 1.2。

（3）可液化地基的强度和稳定。当地基内有液化土层，液化土层以上地基容许承载力不应修正和提高。液化土层不宜直接作为建筑物地基，当难以避免时，应采取有针对性的抗震措施。在计算液化土层以下地基土承载力时，应计入液化土层及其上土层的重力。

（4）基础本身结构的抗震强度和稳定性验算。《公路抗震规范》规定基础的结构抗震强度和稳定性验算方法与现行公路桥涵结构设计规范一致，都是采用以分项系数表达的极限状态法，但其中荷载安全系数（长期荷载及非长期荷载）予以降低，荷载组合系数也采用了较低的数值。

地震区建筑物地基基础的设计应该同时保证满足各种荷载组合作用下（有无地震作用）验算的强度和稳定性要求。

### 6.7.4　基础工程的抗震措施

对结构物及基础采取有针对性的抗震措施，在抗震工程中也是十分重要的。下面介绍基础工程常用的抗震措施。

1. 松软地基及可液化土地基

（1）改善土的物理力学性质，提高地基抗震性能

对松软可液化土层层位较浅，厚度不大的可采用挖除换土，用砂垫层等浅层处理，此法较适用于小型建筑物。否则应考虑采用砂桩、碎石桩、振冲碎石桩、深层搅拌桩等将地基加固，地基加固范围应适当扩大到基础之外。

（2）采用桩基础、沉井基础等

采用各种型式深基础，穿越松软或可液化土层，基础伸入稳定土层足够的深度。

（3）减轻荷载、加大基础底面积

减轻结构物重力，加大基础底面积以减少地基压力对松软地基抗震是有利的，增加基础及上部结构刚度常是防御震沉的有效措施。

2. 地震时不稳定（可能滑动）的河岸地段

在此类地段修筑大、中桥墩台时应适当增加桥长，注重桥跨布置等将基础置于稳定土层上并避开河岸的滑动影响。小桥可在两墩台基础间设置支撑梁或用片块石满床铺砌，以提高基础抗位移能力。挡墙也应将基础置于稳定地基上，并在计算中考虑失稳土体的侧压力。

3. 基础本身的抗震措施

地震区基础一般均应在结构上采取抗震措施。圬工墩台、挡墙与基础的联结部位，由于截面发生突变，容易震坏，应根据情况采取预埋抗剪钢筋等措施提高其抗剪能力。桩柱与承台、盖梁联结处也易遭震害，在基本烈度8度以上地区宜将基桩与承台联结处做成2∶1或3∶1的喇叭渐变形，或在该处适当增加配筋；桩基础宜做成低桩承台，发挥承台侧面土的抗震能力；柱式墩台、排架式桩墩在与盖梁、承台（基础）联结处的配筋不应少于桩柱身的最大配筋；桩柱主筋应伸入盖梁并与梁主筋焊（搭）接；柱式墩台、排架式桩墩均应加密构件与基础联结处及构件本身的箍筋，以改善构件延性，提高其抗震能力，桩基础的箍筋加密区域应从地面或一般冲刷以上1倍桩径处往下延伸到桩身最大弯矩以下3倍桩径处。

## 思考题与习题

6.1　什么是特殊地基？哪几种土属于特殊土？

6.2　软土具有哪些工程特性？软土的分类以及分布范围是什么？

6.3　什么是湿陷性黄土？地基土湿陷性评价内容是什么？

6.4　膨胀土的工程特性指标包括哪些？

6.5　盐渍土地基的危害的防止措施是什么？

6.6　多年冻土的定义以及冻土的分类分别是什么？

6.7　多年冻土地区基础工程计算的内容有哪些方面？

6.8　桥墩基础地震荷载和桥台、挡墙基础地震荷载分别应该怎样计算？

# 第七章　地基处理

> **本章提示:**
>
> 　　地基处理是地基加固的主要形式,它通过物理方法和化学方法实现地基承载能力的提高。
>
> 　　具体有强夯法、换土垫层法、排水固结法、搅拌桩法和灌浆法,通过相应的地基处理后形成能够满足工程结构要求的复合地基。

## 7.1　概　　述

### 7.1.1　目的和意义

工程建设地基问题概括起来包括以下内容:

(1) 强度及稳定性问题。当地基的抗剪强度不足以支承上部结构的自重及外荷载时,地基就会产生局部或整体剪切破坏。

(2) 压缩及不均匀沉降问题。当地基的上部结构的自重及外荷载作用下产生过大的变形时,会影响结构物的正常使用,特别是超过结构物所容许的不均匀沉降时,结构可能开裂破坏。沉降量较大时,不均匀沉降往往也较大。

(3) 地基的渗透量超过容许值时,会发生水量损失,或因潜蚀和管涌而可能导致失事。

(4) 地震、机械及车辆的振动、波浪作用和爆破等动力荷载可能引起地基土,特别是饱和无黏性土的液化、失稳和震陷等危害。

地基处理的目的是针对软弱地基上建造结构物可能产生的问题,采取人工方法提高地基土的抗剪强度,增大地基承载力,防止剪切破坏;改善地基土的压缩特性,减少沉降和不均匀沉降;改善其渗透性,加速固结沉降过程;改善土的动力特性,防止液化,减轻震动;消除或减少特殊土的不良工程特性。

### 7.1.2　对象及方法

地基处理的对象包括软土地基、湿陷性黄土地基、膨胀土地基、盐渍土地基、冻土地区地基和地震地区地基等。各种地基的特性等内容详见第六章,在此不再赘述。

常用的地基处理方法如表 7.1 所示。

**表 7.1　常用的地基处理方法**

| 处理方法 | 原理 | 适用范围 |
|---|---|---|
| 强夯法 | 采用质量为 80~300kN 的夯锤从高处自由落下，地基土在强夯的冲击力和振动力的作用力下振实，可提高地基承载力，减少沉降 | 碎石土、砂土、低饱和度粉土、黏性土、湿陷性黄土和素填土地基 |
| 强夯置换法 | 边填碎石边强夯，在地基中形成碎石墩体，由碎石墩、墩间土及碎石垫层形成复合地基来提高地基承载力，减少沉降 | 人工填土、砂土、黏性土、黄土、淤泥和淤泥质土地基 |
| 排水固结法 | 在软土地基中设置竖向排水系统和水平排水系统，在逐级填筑路堤荷载作用下使地基土体排水固结，产生固结沉降，使土体强度增加，地基承载力提高 | 软黏土、淤泥和淤泥质土地基 |
| 深层搅拌法 | 利用深层搅拌机将水泥或石灰和地基土原位搅拌形成圆柱状、格栅状或连续墙水泥土增强体，形成水泥土桩复合地基来提高地基承载力，减少沉降 | 淤泥、淤泥质土和含水量较高地基承载力标准值不大于 120kPa 的黏性土、粉土等软土地基，用于处理泥炭土或地下水具有侵蚀性时，宜通过试验确定其适用性 |
| 振冲置换法 | 利用振冲器在高压水流作用下边振边冲在地基中成孔，在孔内填置碎石、卵石等粗粒料且振密成碎石桩。碎石桩与桩间土形成复合地基，以提高地基承载力，减少沉降 | 不排水抗剪强度不小于 20kPa 的黏性土、粉土、饱和黄土和人工填土地基 |
| 低强度混凝土桩复合地基法 | 在地基中设置低强度混凝土桩，与桩间土形成复合地基 | 各类深厚软弱地基 |

### 7.1.3　设计应考虑的因素

（1）设计要求。其主要包括道路等级，桥梁及结构物结构、受力及使用要求，稳定系数和变形容许值。

（2）工程地质条件。其主要包括地形及地质成因、地基成层状况；软弱土层厚度、不均匀性和分布范围；持力层位置及状况；地下水情况及地基土的物理和力学性质。各种软弱地基的特性是不同的，现场地质条件随着场地的不同也是多变的。特别是公路这种线形工程，即使同一种土质条件，也可能有多种地基处理方案。

（3）环境影响。在地基处理施工中应考虑对场地环境的影响，如采用强夯法等施工时，振动和噪声对邻近结构物和人群产生一定影响；采用灌浆法时，有时会污染周围环境。总之，施工时对场地的环境影响不是绝对的，应慎重对待，妥善处理。

（4）施工条件。

① 用地条件。如施工时占地较大，对施工虽较方便，但有时却会影响经济造价。

② 工期。工期不宜太紧，但如果工程要求缩短工期，以早日完工投入使用，这样

就限制了某些地基处理方法的采用。

③ 工期用料。尽可能就地取材。

④ 其他。施工机械的有无、施工难易程度、施工管理质量控制、管理水平和工程造价等因素也是采用何种地基处理方案的关键因素。

# 7.2　强　夯　法

## 7.2.1　强夯法的特点

强夯法是一种软弱地基加固技术，该方法一般采用质量为 $80\sim300kN$ 的重锤，以 $8\sim20m$ 的落距自由落下，对软弱地基瞬时施加巨大的冲击能，单击能量一般为 $500\sim8000kN\cdot m$，加固影响深度可以达到 $10\sim20m$，甚至更深一些，如图 7.1 所示。落锤夯击时，冲击能产生的冲击波和动应力，可以提高地基土的强度、降低土的压缩性、改善砂土抗液化能力及提高湿陷性黄土的稳定性。同时，强夯技术可显著减少地基土层的不均匀性，降低基础差异沉降。

强夯法的优点有很多，主要包括施工设备和施工工艺相对简单，施工技术控制方便、可靠，适用范围广。一方面，强夯法可用于各种松软土层，如冲积层、滨海沉积、水利吹填土、沼泽地、黄土、废石堆等，对房库、仓库、油罐、公路、铁路、桥梁、港口、机场跑道等地基加固均可应用；另一方面，强

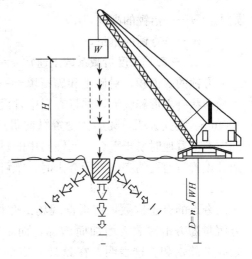

图 7.1　强夯法示意图

夯法宜用于多种病害的防治，如软弱土地基加固、液化地基防治以及湿陷性黄土地基的处理等，无需其他外加剂和特殊材料，工程造价低。

强夯法的不足之处在于振动会对临近结构产生不利影响，另外强夯的理论还不够成熟，缺少完善的设计方法。

## 7.2.2　加固原理及试夯工作

### 1. 加固原理

强夯法加固地基存在三种作用机理，即动力密实、动力固结和动力置换，它们的发挥取决于地基土的性质和强夯的施工工艺。

强夯最初应用时，加固的机理是动力密实，即在冲击型动力荷载作用下，土颗粒相对位移，孔隙中气体被挤出，孔隙减小而致密的过程。强夯法应用于多孔隙、粗颗粒、非饱和土时，主要是基于动力密实的机理。实践中，单锤夯击能量一般为 $1000\sim2000kN\cdot m$，所产生冲切变形在加固深度范围内，土中气体的减少可达到 60%。

强夯法应用于饱和黏性土地基时，加固机理则基于饱和土的动力固结。对于饱和黏性土，伴随着强制压缩和振密，更主要的夯击能量的转化导致：地基土体的液化和结构的破坏；地基土的渗透提高与固结致密；结构强度的触变恢复。

动力置换是采用强夯法将碎石等工程性能良好的透水性材料挤入饱和软黏土（特别是淤泥质土中），起到置换软弱土、形成表面硬壳层和加速固结的双重作用。

### 2. 试夯工作

试夯区应选择在施工现场附近，根据所需地基加固的深度和施工条件，初拟夯锤重量和落距，即可得到单锤夯击能。基于单锤夯击能可以得到强夯加固的影响深度 $D$，即

$$D = n\sqrt{WH} \tag{7.1}$$

式中：$H$——落锤的高度，m；

$W$——夯锤的重量，t；

$n$——影响深度折减系数土通常 $n=0.3\sim0.7$，对于填土和黏性土，$n\leqslant0.4$）。

夯锤的底面积，对砂土和碎石填土一般为 $4m^2$；对软弱黏性则至少为 $6m^2$。夯锤的平面形状有方形和圆形，并且夯锤中宜设置若干个上、下贯通的气孔，孔径可取 $250\sim300mm$。实践证明，圆形并设置纵向贯通孔的夯锤效果最好，这是因为圆形夯锤，不同次夯击着地时易于重合，而锤身中的贯通孔可显著降低起锤的吸力。因此，在采用圆形并设置贯通孔的夯锤进行夯击时，既可提高夯击的效果，又方便施工。

#### 1）夯击次数与夯沉量

夯点的夯击次数，应根据现场试夯得到的夯击次数和夯沉量关系曲线确定。累计夯沉量随夯击次数的增加而增加，而单击夯沉量则随累计次数的增加而减少，夯击效果渐趋饱和。这表明，在累计一定的夯击次数后，夯击能量的增长不再起加固地基的作用。因此，施工的合理夯击次数，应取单击夯沉量开始趋于稳定时的累计夯击次数，且这一稳定的单击夯沉量即可用作施工时收锤的控制夯沉量。但必须同时满足：①最后两击的平均夯沉量不大于 50mm，当单击夯击能量较大时，应不大于100mm；②夯坑周围地基不应发生过大的隆起；③不因夯坑过深而发生起锤困难。各试夯点的夯击数，应使上体竖向压缩最大，而侧向位移最小为原则，一般为 $5\sim15$ 次。

#### 2）夯击遍数与间歇时间

一般软弱土层含水量较高，或位于地下水位以下呈饱和状态。对于黏性土，由于孔隙水压力消散较慢，故随着夯击次数的增加，即夯击能量的逐渐增加，地基中超静孔隙水压力相应地发生积累并达到最大值。在这种情况下，如果再连续施加夯击能，对土的加固无效，应停止夯打。这种使孔隙水压力上升至最大值的夯击次数就是第一遍的夯击数。但对于砂性土，由于渗透较快，孔隙水压力的消散快，一般消散时间仅为 $2\sim4min$，故可连续夯击。

需要分遍夯击的夯击遍数应根据地基的性质确定，一般为 $2\sim3$ 遍。每遍夯击的间歇时间显然应根据地基中孔隙水压力消散的情况确定，一般为 $2\sim4$ 周。为了提高每遍

的夯击能量，降低孔隙水压力的积聚水平，加快孔隙水压力的消散速度，缩短各遍间的间歇时间，类似排水预压法，可在低渗透性黏性土中设置排水系统，如采用袋装砂井或塑料排水板进行综合处理。但是黏性土地基强夯时，采用这一综合处理的方法效果往往不很好，目前针对这一情况，更多的是采用块石、碎石等粗颗粒材料进行强夯置换。

3）夯击点布置与间距

夯击点的平面布置应考虑基础的结构类型与要求，一般的平面布置可采用三角形和正方形布置夯击点。当然也可根据上部重墙位置、柱网分布来布置夯击点，以提高夯击能的效率。

夯点间的距离确定，通常是根据土的性质和夯击的单击能量综合确定，一般按 5～9m 布置点距。机理上可以认为，单击能量越高且为第一遍加固性夯击时，应取较大的夯点距离。

### 7.2.3　施工与检测

通过试夯获得了必要的设计和施工参数后，便可布置夯点位置，拟定夯击遍数和夯击次数，以及前后两遍的夯击间歇时间。强夯施工的工艺流程，首先在第一阶段，应进行高能量、大间距的加固性夯击。根据强夯的机理，表面约 1.5m 厚的土层将被加固性夯击落锤时产生的瑞利波的竖向分量松动。因此，在第一阶段高能量的加固性夯击结束后，应进行第二阶段的低能量、夯击点间重叠搭接的满夯，其目的是加固由高能量夯击所产生的表层松散土。

加固效果检测的一般方法有常规原位触探法、室内土工试验法和原位荷载板试验法。常规触探主要是指标准贯入试验和静力触探试验。强夯的质量检测是动态的且贯穿于强夯施工的全过程。当强夯出现异常时，如按设计单击能量，每击夯沉量非但未减少，反而有所递增时，采用上述动态监测和测试，对评定强夯设计参数的合理性将起关键作用。实际应用时，要特别注意采用至少两种以上的测试方法，以保证测试结果的可靠性。

# 7.3　换土垫层法

### 7.3.1　特点及适用范围

换土垫层法是将结构物基底下一定深度的软弱土层挖除，然后回填强度较大、压缩性较小、料源较丰富、价格较便宜且无腐蚀性的砂土、碎石、石渣素土、矿渣及其他性能稳定的材料。分层夯实到要求的干密度，作为地基的持力层。

换土垫层的作用包括提高地基承载力、减小地基沉降量、加速软土的排水固结、防止冻胀、消除膨胀土的胀缩等。

提高地基承载力的作用：浅基础的地基承载力与基底土的强度有关。若上部荷载超过软弱地基土的强度，则从基础底面开始发生剪切破坏，并向软弱地基的纵深发展，如以强度大的砂石代替软弱土，就可避免地基剪切破坏，从而提高地基承载力。减小地基沉降量的作用：软弱地基土的压缩性高、沉降量大。换填压缩性低的砂石，则地基沉降量减小。湿陷性黄土换成灰土垫层，可消除湿陷性，也可减小地基沉降量。加速软土的排水固结作用：砂、石垫层透水性大，软弱下卧层在荷载作用下，以砂、石作为良好的排水体，可使孔隙水压力迅速消散，从而加速软土的固结过程。防止冻胀的作用：砂、石本身为不冻胀土，垫层切断了下卧软弱土中地下水的毛细管上升，因此可以防止冬季结冰造成的冻胀。消除膨胀土的胀缩的作用：在膨胀土地基中采用换土垫层法，应将基础底面与两侧的膨胀土挖除一定的范围，换填非膨胀土材料，则可消除胀缩作用。

　　换土垫层法一般适用于淤泥、淤泥质土、湿陷性黄土、素填土、杂填土地基及暗沟、古井等处理深度不大（对非湿陷性黄土地区，一般小于 3m）的各类软弱土层。因为换土垫层法处理深度不大，需全部置换的软弱土层，一般可取得良好的社会效果和经济效果。对于轻型结构，采用换土回填法处理局部软弱土时，由于传递到下卧层的附加应力很小，一般也可取得较好的效果。但对于上部结构刚度较差，体型又复杂、荷载较大的结构，在软弱土层较深厚的情况下，采用换土垫层法只进行局部软弱土层处理时，由于附加荷载对较软弱的下卧层影响很大，地基仍可能产生较大的变形及不均匀变形。

### 7.3.2　设计内容

　　1. 垫层的厚度

　　垫层厚度 $z$ 应根据下卧层的承载能力确定，并满足

$$P_z + P_{cz} \leqslant f_{cz} \tag{7.2}$$

式中：$P_z$——垫层底面附加应力，kPa；

　　　　$P_{cz}$——垫层底面处土的自重压力，kPa；

　　　　$f_{cz}$——垫层底面处下卧层的地基承载力，kPa。

　　垫层底面处附加应力 $P_z$，可按压力扩散角方法简化计算。

　　条形基础

$$P_z = \frac{b(p - p_c)}{b + 2z\tan\theta} \tag{7.3}$$

　　矩形基础

$$P_z = \frac{bl(p - p_c)}{(b + 2z\tan\theta)(l + 2z\tan\theta)} \tag{7.4}$$

式中：$b$——基础的宽度，m；

　　　　$l$——基础的长度，m；

　　　　$p$——基础底面处压力，kPa；

　　　　$p_c$——基础底面处土的自重压力，kPa；

　　　　$\theta$——垫层的压力扩散角（可按表 7.2 选用）。

表 7.2 垫层的压力扩散角 θ (°)

| 换填材料 z/b | 中砂、粗砂、砾砂、圆砾、角砾、卵石、碎石 | 黏性土和粉土 8<$I_p$<14 | 灰土 |
|---|---|---|---|
| <0.25 | 0 | 0 | 30 |
| 0.25 | 20 | 6 | 30 |
| ≥0.50 | 30 | 23 | 30 |

**2. 垫层的宽度**

垫层的宽度应满足基底应力扩散的要求，根据垫层侧面土的承载力，防止垫层向两侧挤压。

（1）垫层的顶宽。垫层顶面每边宜超出基础底边不小于 300mm，或从垫层底面两侧向上，按当地开挖基坑经验的要求放坡。

（2）垫层的底宽。垫层的底宽计算或据当地经验确定，即

$$b' \geqslant b + 2z\tan\theta \tag{7.5}$$

式中：$b'$——垫层底面宽度，m；

$z$——基础底面下垫层的厚度，m；

$\theta$——垫层的压力扩散角（可按表 7.2 选用）。

**3. 垫层的承载力**

垫层的承载力宜通过静载荷试验确定，对于小型、轻型或对沉降要求不高的工程，可按表 7.3 选用。

表 7.3 垫层的承载力

| 施 工 方 法 | 换 填 材 料 | 压实系数 $\lambda_c$ | 承载力标准值 $f_d$/kPa |
|---|---|---|---|
| 碾压或振密 | 碎夹石、卵石 | 0.94~0.97 | 200~300 |
| | 碎夹石（其中碎石、卵石占全重 30%~50%） | | 200~250 |
| | 土夹石（其中碎石、卵石占全重 30%~50%） | | 150~200 |
| | 中砂、粗砂、砾砂 | | 150~200 |
| | 黏性土和粉土 8<$I_p$<14 | | 130~180 |
| | 灰土 | 0.93~0.95 | 200~250 |

注：压实系数 $\lambda_c$ 为土的控制干密度 $\rho_d$ 与最大干密度 $\rho_{dmax}$ 的比值，土的最大干密度宜采用击实试验确定，碎石或卵石的最大干密度可以取 2.0~2.2t/m³。

**4. 沉降量验算**

垫层地基的变形包括垫层自身变形及压缩层范围内下卧层的变形。

垫层自身变形为

$$s_1 = \frac{\dfrac{p + \alpha p}{2} z}{E_1} \tag{7.6}$$

式中：$E_1$——垫层的压缩模量（宜由静载荷试验确定，无试验资料时可采用 15～
　　　　　25MPa），MPa

　　　$\alpha$——压力扩散系数。

　　下卧层变形可用分层总和法计算

$$s_2 = \Psi_s \sum_{i=1}^{n} \frac{p_{0z}}{E_{si}} (z_i \bar{\alpha}_i - z_{i-1} \bar{\alpha}_{i-1}) \tag{7.7}$$

式中：$\Psi_s$——沉降计算经验系数（根据地区沉降观测资料及经验确定）；

　　　$E_{si}$——基础底面下第 $i$ 层土的压缩模量，MPa；

　　　$z_{i-1}$——基础底面至第 $i$～1 层土底面的距离，m；

　　　$z_i$——基础底面至第 $i$ 层土底面的距离，m；

　　　$\bar{\alpha}_{i-1}$——基础底面计算点至第 $i$～1 层土底面范围内平均附加应力系数；

　　　$\bar{\alpha}_i$——基础底面计算点至第 $i$ 层土底面范围内平均附加应力系数。

### 7.3.3　垫层的施工

　　垫层的施工一般应分层铺填、分层压实、分层质量检验。施工时最优含水量、铺填与压实厚度、压实遍数等，应根据各类施工机具与设计要求通过现场试验确定。

　　1. 材料要求

　　（1）砂和碎石料中不得含有草根、垃圾等有机杂物，且含泥量不应超过 5%（排水垫层不应超过 3%），碎（卵）石最大粒径不应大于 5cm。

　　（2）土性材料宜采用原地基槽中挖出的土，并应过筛，粒径不大于 15mm，不得含有有机杂质、冻土和膨胀土。

　　（3）灰土垫层中灰料宜用达到国家三等石灰标准的生石灰，消解 3～4d 后过筛使用，粒径不大于 5mm。灰土以 2:8 或 3:7 等比例，应拌和均匀。

　　（4）粉煤灰可用湿排灰、调湿灰和干排灰。不应含有植物、垃圾和有机质等杂物。

　　（5）干渣可用分级干渣、混合干渣或原状干渣。小面积垫层可用 8～40mm 或 40～60mm 的分级干渣或 0～6mm 的混合干渣；大面积铺填可采用混合干渣或原状干渣，但最大粒径不大于 200mm 或 2/3 的虚铺厚度。

　　2. 含水量要求

　　施工用控制含水量一般为 ±2%；粉煤灰垫层可为 ±4%，振动碾压时为 −6%～2%。

　　3. 分层厚度

　　垫层施工时采用的虚铺厚度如表 7.4 所示。

表 7.4　垫层虚铺厚度（单位：cm）

| 施工方法＼材料 | 砂石 | 素土 | 灰土 | 粉灰土 | 干渣 |
|---|---|---|---|---|---|
| 平振法 | 20～25 | | | 20～25 | |
| 碾压法 | 25～35 | 20～35 | 20～30 | 20～30 | |
| 夯实法 | 15～20 | 15～25 | 20～25 | | |
| 锤击法 | | 重锤 10～15<br>中锤 5～7.5 | 重锤 10～15<br>中锤 5～7.5 | | |

### 4. 分层质量检验

分层质量检验以满足设计要求的最小干密度（或压实系数）为控制标准，一般用环刀取样法或贯入试验法；对碎石、干渣等粗骨料垫层，也可用沉降差值来控制。

砂垫层要求最小干密度不小于 16kN/m³。灰土最小干密度以土料种类区分为：黏土 14.5kN/m³；粉质黏土 15kN/m³；膨粉土 15.5kN/m³。

素土垫层的密实度可用压实系数控制，一般大于 0.94。处理湿陷性黄土时也可掺入适量石灰或水泥，控制干密度不小于 1.8t/m³；处理膨胀土地基时，垫层材料可用砂、碎石和灰土，控制干密度不小于 1.55t/m³。

# 7.4　排水固结法

## 7.4.1　原理及方法

### 1. 原理

根据太沙基固结理论，饱和黏性土固结所需的时间和排水距离的平方成正比。为了加速土层固结，最有效的方法是增加土层排水途径、缩短排水距离。因此，常在被加固地基中置入砂井、塑料排水板等竖向排水体，使土层中孔隙水主要从水平向通过砂井和部分从竖向排出，砂井缩短了排水距离，因而大大加速了地基的固结速率。

### 2. 加固方法

（1）预压方法。预压方法有堆载预压法、真空预压法、降低地下水位法等。在实际中，可单独使用一种方法，也可将几种方法联合使用。

（2）堆载预压法。堆载预压法是工程上常用的有效方法，堆载一般用填土砂石等其他堆载材料，当采用加载预压时必须控制加载速度，制定出分级加载计划，以防地基在预压过程中丧失稳定性，因而所需工期较长。

（3）真空预压法。真空预压法是在需要加固的软黏土地基内设置砂井，然后在地面铺设砂垫层，在其上硬盖不透气的密封膜，使之与大气隔绝，通过埋设于砂垫层中的吸水管道，用真空装置进行抽气，将膜内空气排出，因而在膜内产生一个负压，促使孔隙水从砂井排出，达到固结的目的。

（4）降低地下水位法。地基土中地下水位下降，则土的有效自重应力增加，促使地基土体固结。降低地下水位法最适宜于砂性土地基，也适用于软黏土层上存在砂性土的情况。对于深厚的软黏土层，为加速其固结，可设置砂井，并采用井点降低地下水位。但降低地下水位，可能引起邻近结构物基础的附加沉降，对此必须引起足够的重视。

（5）排水方法。排水方法是在地基中置入排水体，以缩短土层排水距离。竖向排水体可用就地灌筑砂井、袋装砂井、塑料排水板等做成。水平排水体一般由地基表面的砂垫层组成。当软黏土层较薄，或土的渗透性较好而工期又较长时，可仅在地表铺设一定厚度的砂垫层，当加载后，土层中的孔隙水竖向流入砂垫层而排出。对于厚度大、透水性又很差的软黏土，需同时用水平排水体和竖向排水体构成排水系统，使土层孔隙水由竖向排水体流入水平排水体。

### 7.4.2　砂井堆载预压法的设计计算

砂井堆载预压法的设计计算，就是合理安排排水系统与预压荷载之间的关系，使地基通过该排水系统在逐级加载的过程中排水固结，地基强度逐渐增长，以满足每级加载条件下地基的稳定性要求，并加速地基固结沉降，在尽可能短的时间内，使地基承载力达到设计要求。

砂井堆载预压法设计计算的内容包括：初步确定砂井布置方案；初步拟定加荷计划，即每级加载增量、范围及加载延续时间；计算每级荷载作用下，地基的固结度、强度增长量；验算每一级荷载下地基土的抗滑稳定性；验算地基沉降量是否满足要求。若上述验算不满足，则需调整加荷计划。

#### 1. 砂井布置

砂井布置包括砂井直径、间距和深度的选择，确定砂井的排列以及排水砂垫层的材料和厚度等。通常砂井直径、间距和深度的选择应满足在预压过程中，在不太长的时间内，地基能达到70%以上的固结度。

##### 1）砂井直径和间距

砂井直径和间距，主要取决于软黏土层的固结特性和施工期限的要求。就地灌注砂井的直径一般为300～500mm。袋装砂井的直径常采用70～100mm。就地灌注的砂井，常用的砂井间距一般是砂井直径的6～8倍，一般间距取2～4m；当袋装砂井直径为70mm时，间距一般为1～2m，一般按砂井直径的15～22倍计算。

##### 2）砂井深度排列

砂井深度的选择与土层分布、地基中的附加应力大小、施工期限等因素有关。根据工程经验，砂井深度多为10～20m。砂井的平面常按正方形或等边三角形布置。

##### 3）排水砂垫层和砂沟

在砂井顶面应铺设排水砂垫层或砂沟，以连通砂井引出从软土层排入砂井的渗流水，砂垫层的厚度宜大于400mm（水下砂垫层厚为1000mm左右）。平面上每边伸出砂井区外边线的宽度一般应不小于$2d$，如砂料缺乏，可采用砂沟，一般在纵向或横向每排砂设置一条砂沟，在另一方向按中间密两侧疏的原则设置砂沟，并使之连通。砂沟的高度可参照砂垫层的厚度确定，其宽度应大于砂井直径。

2. 制订预加荷载计划

在加载预压中，任何情况下所加的荷载均不得超过当时软土层的承载力。为此，要拟定加载计划，设计时可按以下步骤初步拟定加载计划：

(1) 利用地基的天然抗剪强度计算第一级容许施加的荷载。

(2) 计算第一级荷载下地基强度增长值并以此增长值确定第二级所能施加的荷载。

(3) 计算第一级荷载作用下达到指定固结度所需的时间，此时间也为第二级荷载开始施加的时间。

(4) 重复以上步骤完成整个加载过程。

3. 砂井地基平均固结度的计算

砂井地基的固结度按土力学中的渗透固结理论计算。渗透固结理论假设荷载是瞬间加上去的。而实际加载则需要一个过程，所以先按瞬时加载条件计算固结度，然后再按实际加载过程对固结度进行修正。

4. 排水过程中地基强度增长值的推算

在预压荷载作用下，地基土在某一时刻的抗剪强度为

$$\tau_{ft} = \tau_{f0} + \Delta\sigma_z U_t \tan\Psi_{cu} \tag{7.8}$$

式中：$\tau_{ft}$——地基中某点在加荷前的天然土抗剪强度，kPa；

$\tau_{f0}$——在加荷后某一时刻地基土由固结引起的强度增长量，kPa；

$\Delta\sigma_z$——预压荷载引起的该点附加竖向压力，kPa；

$U_t$——该点土的固结度。

5. 稳定性分析

由于地基土在预压荷载作用下可能失稳破坏，因此，预压加载过程中必须验算每级荷载下地基的稳定性。进行稳定分析时，通常假定地基的滑动面为圆筒面，可采用圆弧法进行分析。

### 7.4.3 施工简介与现场观测

1. 施工简介

应用排水固结法加固软黏土地基，其施工顺序为铺设水平排水垫层；设置竖向排水体；埋设观测设备；实施预压；检查预压效果；若不满足设计要求，则更改设计至满足设计要求为止。从施工角度分析，要保证排水固结法的加固效果，主要做好三个环节，即铺设水平排水垫层、设置竖向排水体和施加固结压力。

2. 现场观测

在采用排水固结法加固地基时，应根据现场观侧资料分析地基在堆载预压过程中和

竣工后的固结、强度和沉降变化，其不仅是发展理论及评价处理效果的依据，同时也可及时防止因设计和施工的不完善而引起的意外工程事故。工程上通常应进行孔隙水压力观测、沉降观测、侧向位移观测等。

# 7.5　搅 拌 桩 法

## 7.5.1　原理及方法

搅拌桩法是用于加固饱和软黏土地基的一种新方法。它是利用水泥、石灰等材料作为固化剂的主剂，通过特制的搅拌机械，在地基深处就地将软土和固化剂（浆液或粉体）混合利用固化剂和软土产生一系列物理化学反应，使软土硬结成具有整体性、水稳性和一定强度的良好地基。

搅拌桩法可用于增加软土地基的承载能力，减少沉降量，提高边坡的稳定性。深层搅拌法最适宜于加固各种成因的饱和软黏土。国外使用这种方法加固的土质有沼泽地带的泥炭土、沉积的粉土和淤泥质土等，加固场所从陆上软土到海底软土。目前国内采用它加固的土质有淤泥、淤泥质土、黏土和亚黏土等。

由于搅拌桩法将固化剂和原地基软土就地搅拌混合，因而最大限度地利用了原土；搅拌时较少使地基侧向挤出，所以对周围原有结构物的影响较小；按照不同地基土的性质及工程设计要求，合理选择固化剂及其配方，设计比较灵活；施工时无振动、无噪声、无污染；土体加固后基本不变，对软弱下卧层不致产生附加沉降；与钢筋混凝土桩相比，节省了大量的钢材，并降低了造价。

根据搅拌桩法的施工工艺，搅拌桩分为以下三种加固形式。

（1）柱（桩）状。每间隔一定距离打设一根搅拌桩，适用于上部结构单位面积荷载相对较小，对不均匀沉降没有严格要求的情况。

（2）壁状。将相邻搅拌桩部分重叠搭接而成，适用于深基坑开挖时的软土边坡加固。

（3）块状。由纵、横两个方向的相邻桩搭接而成，适用于上部结构单位面积荷载大、对不均匀沉降要求严格的结构物的地基加固。

## 7.5.2　施工技术

### 1. 施工工艺

深层搅拌法的施工工艺流程，如图 7.2 所示。

（1）定位。起重机（或塔架）悬吊搅拌机到达指定桩位，对中。当地面起伏不平时，应使起吊设备保持水平。

（2）预搅下沉。待搅拌头的冷却水循环正常后，启动搅拌机电机，放松起重机钢丝绳，使搅拌机沿导向架搅拌切土下沉，下沉的速度可由电机的电流监测表控制。工作电流不应大于 70A。如果下沉速度太慢，可从输浆系统补给清水以利钻进。

（3）制备水泥浆。待搅拌头下沉到一定深度时，即开始按设计确定的配合比拌制水泥浆，待压浆前将水泥浆倒入集料斗中。

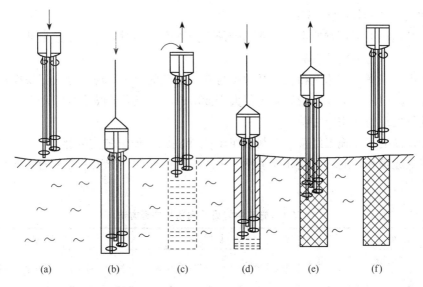

图 7.2 深层搅拌法的施工工艺流程

（4）提升喷浆搅拌。搅拌头下沉到达设计深度后，开启灰浆泵将水泥浆压入地基中。边喷浆边旋转，同时严格按照设计确定的提升速度提升搅拌头。

（5）重复上、下搅拌。搅拌头提升至设计加固深度的顶面标高时，集料斗中的水泥浆应正好排空。为使土和水泥浆搅拌均匀，可再次将搅拌头边旋转边沉入土中，至设计加固深度后，再将搅拌头提出地面。

（6）清洗。向集料斗中注入适量清水，开启灰浆泵，清洗全部管路中残存的水泥浆，直至基本干净，并将黏附在搅拌头上的软土清洗干净。

（7）移位。重复上述步骤，再进行下一根桩的施工。

考虑到搅拌桩顶部与上部结构的基础或承台接触部分受力较大，因此通常还可对桩顶 1.0～1.5m 内再增加一次输浆，以提高其强度。

2. 施工注意事项

深层搅拌法施工的场地应事先平整，清除桩位处地上、地下一切障碍物。场地低洼时应回填黏性土料，不得回填杂填土，基础底面以上宜预留 500mm 的土层，搅拌桩施工到地面，开挖基坑时，应将上部质量较差的桩段挖去。

施工时应确定搅拌机械的灰浆泵输浆量、灰浆经输浆管到达搅拌头喷浆口的时间和起吊设备提升速度等施工参数，并根据设计要求通过成桩试验，确定搅拌桩的配比等各项参数和施工工艺。宜用流量泵控制输浆速度，使注浆泵出口压力保持在 0.4～0.6MPa，并应使搅拌提升速度与输浆速度同步。

施工使用的固化剂和外掺剂必须通过加固土室内试验检验才能使用。固化剂浆液应严格按预定的配比拌制。制备好的浆液不得离析，泵送必须连续。拌制浆液的灌数、固化剂与外掺剂的用量及泵送浆液的时间等应有专人记录。

应保证起吊设备的平整度和导向架的垂直度，搅拌桩的垂直度偏差不得超过

1.5％，桩位偏差不得大于 50mm。

搅拌机预搅下沉不宜冲水，当遇到较硬上层下沉太慢时，才可以适量冲水，但应考虑冲水成桩对桩身强度的影响。

搅拌机喷浆提升的速度和次数必须符合施工工艺的要求，应有专人记录搅拌机每米下沉或提升的时间，深度记录误差不得大于 50mm，时间记录误差不得大于 5s，施工中发现问题及处理情况均应注明。

根据以往的工程施工经验，控制水泥土搅拌桩施工质量的主要指标为：水泥用量、提升喷浆（或喷粉）的均匀性和连续性、施工机械的性能。施工中常见的问题和处理方法如表 7.5 所示。

表 7.5　施工中常见的问题和处理方法

| 常见问题 | 发生原因 | 处理方法 |
|---|---|---|
| 搅拌头下不到预定深度，但电流不高 | 土质黏性大，搅拌机自重不够 | 增加搅拌机自重或开动加压装置 |
| 喷浆未到设计桩顶面（或底邻桩端）标高，集料斗浆液已排空 | ① 投料不准确<br>② 灰浆泵磨损漏浆<br>③ 灰浆泵输浆量偏大 | ① 重新标定投料盆<br>② 检修灰浆泵<br>③ 重新标定灰浆抽浆量 |
| 预搅下沉困难，电流值高，电机跳闸 | ① 电压偏低<br>② 土质硬，阻力太大<br>③ 遇大石块、树根等障碍物 | ① 调高电压<br>② 适量冲水或浆液下沉<br>③ 挖除障碍物 |
| 喷浆到设计位置集料斗中，剩余浆液过多 | ① 拌浆加水过量<br>② 输浆管路部分阻塞 | ① 重新标定拌浆用量<br>② 清洗输浆管路 |
| 输浆管堵塞爆裂 | ① 物浆管内有水泥结块<br>② 喷浆口球阀间隙太小 | ① 拆洗输浆管<br>② 使喷浆口球阀间隙适当 |
| 搅拌钻头和混合土同步旋转 | ① 灰浆浓度过大<br>② 搅拌叶片角度不适宜 | ① 重新标定浆液水灰比<br>② 调整叶片角度或更换钻头 |

### 7.5.3　加固效果检验

深层搅拌法加固地基效果检验分为质量控制和现场试验两个部分。

（1）质量控制包括预搅、水泥浆不得离析、确保加固强度和均匀性、确保壁状加固体的连续性、保证垂直度等。预搅：软土应完全预搅切碎，以利于同水泥浆均匀搅拌；水泥浆不得离析：水泥浆要严格按设计的配合比配置，并在灰浆拌制机中不断搅动；确保加固强度和均匀性：严格按设计确定的数据，控制喷浆和搅拌提升速度及重复搅拌时的下沉和提升速度，压浆阶段不允许出现断浆，输浆管道不能发生堵塞；确保壁状加固体的连续性：对于要求相邻柱体搭接的情况，每一施工段宜连续施工，相邻柱体施工间隔不得超过 24h；保证垂直度。

（2）现场试验包括施工原始记录、开挖检验、取样检验、采用标准贯入或动力触探方法检查桩体的均匀性和现场强度、载荷试验、动载试验、沉降、位移检测等。施工原始记录要求：详尽、完善、如实记录并及时汇总分析，发现不符合要求的应立即纠正；开挖检验：可选取一定数量的桩体进行开挖，检查柱体的外观质量、搭接质量、整体性等；取样检验：从桩体中凿取试块，与室内制作的试块进行强度比较，采用标准贯入或动力触探方法检查桩体的均匀性和现场强度；载荷试验：选取一定数量的搅拌桩进行单桩或复合地基的载荷试验，可以很准确地检验加固效果；动载试验：可选取一定比例的工程桩进行小应变动力试桩检验，对桩身强度及均匀性进行检验；沉降、位移检测：工程投入使用后，应定期进行沉降、侧向位移等观测，这是检验加固效果的直观方法。

# 7.6　灌　浆　法

## 7.6.1　加固机理

　　灌浆法是用液压或气压把能凝固的浆液（一般由水泥、粉煤灰或黏土等粒状浆材配制）注入有缝隙的岩土介质或物体中，改变灌浆对象的物理力学性质，适应各类土木工程的需要。

　　灌浆的目的包括加固、纠偏、防渗和堵漏四个方面。加固是指提高岩土的力学强度和变形模量，减少地基压缩变形，保证土体稳定性，增强基础与周围岩土介质之间的结合，提高地基承载力。纠偏是指使已发生不均匀沉降的结构物恢复正常位置。防渗是指降低岩土渗透性，减少渗流量，提高抗渗能力。堵漏是指截断岩土中渗透水流。

## 7.6.2　灌浆方法

　　在地基处理中，灌浆工艺的实施可有不同途径，其灌浆机理可归纳为四类，即渗入性灌浆、劈裂灌浆、压密灌浆和电动化学灌浆。

　　1. 渗入性灌浆

　　渗入性灌浆是指在灌浆压力作用下，浆液在不扰动和破坏地层结构的条件下渗入岩土缝隙的灌浆。浆液的渗入与水在土中渗透相似，灌浆压力相对较低。

　　2. 劈裂灌浆

　　劈裂灌浆是利用水力劈裂原理，用较大的灌浆压力，使浆液克服地层初始应力和抗拉强度，沿小主应力作用的平面上发生劈裂，人为地制造或扩大岩土缝隙，以提高低透水性地基的可灌性和注浆量，从而获得更为满意的灌浆效果。

　　地层中由于灌浆压力的作用，将使砂砾石土的有效应力减小。当灌浆压力达到下式要求的条件时，将导致地层破坏

$$p_c = \frac{(\gamma h - \gamma_w h_w)(1+K)}{2} - \frac{(\gamma h - \gamma_w h_w)(1+K)}{2\sin\varphi'} + c'\cos\varphi' \tag{7.9}$$

式中：$\gamma$——土的重度，$kN/m^3$；

　　　　$\gamma_w$——水的重度，$kN/m^3$；

　　　　$h$——灌浆段深度，m；

　　　　$h_w$——地下水位高度，m；

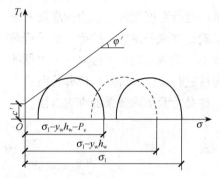

图 7.3　假设的水力破坏机理

$K$——扣除浮力的小主应力与大主应力之比。

式（7.9）所代表的破坏机理可以用莫尔包线解释，如图 7.3 所示。小孔隙水压力和灌浆压力使有效应力逐渐减小，最终应力圆与破坏包线相接，表明地层已开始劈裂。

由劈裂灌浆特点可知，它可应用于低透水性的岩土地层；在不利的地质条件下，如有流动的地下水或不均匀地层情况时，可先用低强度、胶凝的浆液灌注，再用劈裂灌浆的方法达到灌浆目的。

### 3. 压密灌浆

压密灌浆是用高压泵将稠度大的水泥浆或水泥砂浆压入预先钻好的孔内，浓浆在高压下向周围扩散，对土体起到排挤和压密作用，形成球状或圆柱状的浆泡，向外扩张的浆泡将在土体中引起复杂径向和切向应力体系。紧靠浆泡处的土体将遭受严重破坏和剪切，并形成塑性区，在此区内土体的密度可能因扰动而减小；离浆泡较远的土体则基本上发生弹性变形。实践表明，离浆泡界面 0.3～2.0m 的土体都能受到明显的加密。

压密灌浆用于加固密度较低的软弱土有较好效果，但不适用于会进一步分解的有机质土。对受挤压后会出现较大孔隙水压力的饱和黏土，使用时要慎重。压密灌浆特别适用于调整已经建成的结构物的不均匀沉降。高压浆液在地基中从侧向施加压力，浆泡逐渐增大，使地基各部位按需要产生不同程度的上抬，上抬量可达 0.1～0.3m，其精度可控制在 3mm 内，从而使结构物恢复到正常位置。

### 4. 电动化学灌浆

电动化学灌浆是在施工时将带孔的注浆管作为阳极，用滤水管作为阴极，将溶液由阳极压入土中，并通以直流电（两电极间电压梯度一般采用 0.3/1.0V/cm），在电渗作用下，孔隙水由阳极流向阴极，促使通电区域中土的含水量降低，并形成渗浆通路，化学浆液也随之流入土的孔隙中，并在土中硬结。因而电动化学灌浆是在电渗排水和灌浆法的基础上发展起来的一种加固方法。但由于电渗排水作用，可能会引起邻近既有结构物基础的附加沉降，应用时应慎重。

# 7.7　复 合 地 基

## 7.7.1　分类

复合地基是指由两种刚度（或模量）不同的材料（桩体和桩间土）组成，共同承受上部荷载并协调变形的人工地基。根据桩体材料的不同分类如图 7.4 所示。复合地基中的许多独立桩体，其顶部与基础不连接，区别于桩基中群桩与基础承台相连接。

复合地基设计应满足承载力和变形要求。对于地基土为欠固结土、膨胀土、湿陷性

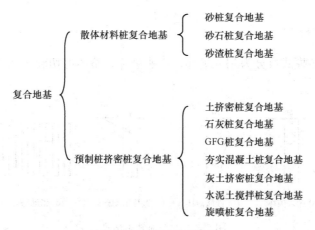

图 7.4　复合地基的分类

黄土等特殊土时，其设计要综合考虑土体的特殊性质选用适当的增强体和施工工艺。

### 7.7.2　作用机理

复合地基的作用机理主要有桩体作用、加速排水固结、挤密作用和加筋作用。

1. 桩体作用

复合地基是许多独立桩体与桩间土共同工作，由于桩体的刚度比周围土体大，在刚性基础底面发生等量变形时，地基中应力将重新分配，桩体产生应力集中而桩间土应力降低，故复合地基的承载力和整体刚度高于原地基，沉降量有所减少。复合地基中的桩体也称竖向增强体。

2. 加速排水固结

碎石桩、砂桩具有良好的透水特性。可加速地基的排水固结。此外，水泥土类桩在某种程度上也可加速地基固结。由固结系数表示是：地基固结不仅与地基土的排水性能有关，还与地基土的变形特性有关。虽然水泥土类桩会降低地基土的渗透系数，但它同样会减少地基土的压缩系数，而且减少幅度比渗透系数的减小幅度要大。因此，加固后的水泥土同样可起到加速排水固结的作用。

3. 挤密作用

砂桩、土桩、石灰桩、碎石桩等在施工过程中由于振动、挤压、排土等原因，可对桩间土起到一定的密实作用。此外，由于生石灰具有吸水、发热和膨胀等作用，对桩间土同样起到挤密作用。

4. 加筋作用

各种复合地基除了可提高地基的承载力和整体刚度外，还可提高土体的抗剪强度，增加土坡抗滑能力。

### 7.7.3 破坏模式

复合地基破坏模式可分为刺入破坏、鼓胀破坏、整体剪切破坏和滑动破坏四种，如图 7.5 所示。

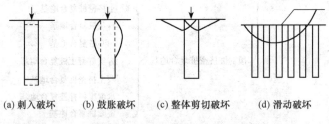

(a) 刺入破坏　　(b) 鼓胀破坏　　(c) 整体剪切破坏　　(d) 滑动破坏

图 7.5　复合地基破坏模式

刺入破坏 [图 7.7 (a)]：桩体刚度较大，地基土强度较低的情况下较易发生桩体刺入破坏。桩体发生刺入破坏后，不能承担荷载，进而引起桩间土发生破坏，导致复合地基全面破坏。刚性桩复合地基较易发生此类破坏。

鼓胀破坏 [图 7.5 (b)]：在荷载作用下，桩间土不能提供足够的围压来阻止桩体发生过大的侧向变形，从而产生桩体鼓胀破坏，并引起复合地基全面破坏。散体材料桩复合地基往往发生鼓胀破坏，在一定的条件下，柔性桩复合地基也可能产生此类形式的破坏。

整体剪切破坏 [图 7.5 (c)]：在荷载作用下，复合地基将出现如图 7.5 (c) 所示的塑性区，在滑动面上桩和土体均发生剪切破坏。散体材料桩复合地基较易发生整体剪切破坏，柔性桩复合地基在一定条件下也可能发生此类破坏。

滑动破坏 [图 7.5 (d)]：在荷载作用下复合地基沿某一滑动面产生滑动破坏。在滑动面上，桩体和桩间土均发生剪切破坏。各种复合地基都可能发生这类形式的破坏。

### 7.7.4 承载力的确定

复合地基承载力的计算方法有两类：第一类是分别确定桩体和桩间土的承载力，依据一定的原则将两者叠加得到复合地基承载力，称为复合求和法；第二类是将复合地基视为一个整体，按整体剪切破坏或整体滑动破坏计算复合地基承载力特征值，称为稳定分析法。

复合地基承载力特征值也可通过现场复合地基荷载试验确定，或采用单桩（增强体）的荷载试验结果和周边土的承载力特征值结果经验确定。

1. 复合求和法

复合求和法的计算公式根据桩的类型不同略有差别。

（1）散体材料桩复合地基可计算如下为

$$f_{\mathrm{sp,k}} = m f_{\mathrm{p,k}} + (1-m) f_{\mathrm{s,k}} \tag{7.10}$$

式中：$f_{\mathrm{sp,k}}$——复合地基的承载力特征值，kPa；

$f_{p,k}$——桩体的承载力特征值，kPa；

$f_{s,k}$——桩间土的承载力特征值，kPa；

$m$——桩土面积置换率。

（2）对柔性桩复合地基可计算如下为

$$f_{sp,k} = mf_{p,k} + \beta(1-m)f_{s,k} \qquad (7.11)$$

式中：$\beta$——桩间土承载力折减系数（对桩端土的承载力不大于桩侧土的承载力时，$\beta=$ 0.5～1.0；对桩端土的承载力大于桩侧土的承载力时，$\beta=0.1～0.4$）。

（3）对刚性桩复合地基可计算如下为

$$f_{sp,k} = \frac{NR_k^d}{A} + \beta f_{s,k}A_sA \qquad (7.12)$$

式中：$N$——基础底面下桩数；

$R_k^d$——单桩承载力的特征值，kPa；

$A$——基础底面面积，$m^2$；

$A_s$——桩间土面积，$m^2$；

$\beta$——桩间土承载力折减系数，$\beta=0.8～1.0$。

2. 稳定分析法

稳定分析法通常采用圆弧分析法（图7.6）。在分析计算时，假设圆弧滑动面经过加固区和未加固区；在滑动面上，设总滑动力矩为$M_s$，总抗滑力矩为$M_R$，则沿滑动面发生破坏的安全系数$k=M_R/M_s$。取不同的滑动面进行计算，找出最小的安全系数值，通过稳定分析法即可根据要求的安全系数来计算地基承载力，也可按确定的荷载计算在荷载作用下的安全系数，从而判断其稳定性。在计算时，地基土的强度应分区计算，加固区和未加固区采用不同的强度指标，未加固采用天然地基土的强度指标，加固区土体强度指标可分别采用桩体和桩间土的强度指标，也可采用复合土体的综合强度指标。

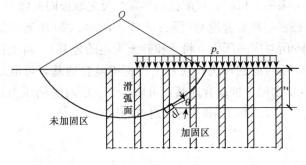

图7.6　圆弧分析法

（1）桩体和桩间土的强度指标分开考虑时，其复合地基的抗剪强度表达式为

$$\tau_{ps} = m\tau_p + (1-m)\tau_s \qquad (7.13)$$

式中：$\tau_{ps}$——复合地基抗剪强度，kPa；

$\tau_p$——桩体抗剪强度，kPa；

$\tau_s$——桩间土抗剪强度，kPa。

（2）按综合强度指标计算时，复合土体黏聚力 $c_c$ 和内摩擦角 $\varphi_c$ 可分别采用以下两个表达式

$$\tan\varphi_c = m\tan\varphi_p + (1-m)\tan\varphi_s \tag{7.14}$$
$$c_c = (1-m)c_s \tag{7.15}$$

式中：$\varphi_p$——桩体的内摩擦角，（°）；

　　　$\varphi_s$——桩间土的外摩擦角，（°）。

### 3. 荷载试验法

复合地基荷载试验分为单桩复合地基荷载试验和多桩复合地基荷载试验。前者承压板（刚性）面积为一根桩体承担的处理面积；后者承压板（刚性）尺寸按实际桩体数所承担的处理面积确定。单桩的中心或多桩的形心应与承压板的中心保持一致，并与荷载作用点重合。

承压板底高程宜接近基础底面设计高程。承压板底面下宜铺设与复合地基褥垫层相应的垫层，垫层顶面宜设中、粗砂和找平层。试坑的长度和宽度应不小于承压板尺寸的3倍。基准梁的支点应设在试坑之外。

加荷等级可分为8～12级。最大加载压力不宜小于设计要求压力值的2倍。每加一级荷载均各读记承压板沉降一次，以后每隔30min读记一次。当1h内沉降小于0.1mm时，即可加下一级荷载。

当出现下列现象之一时，可终止试验：①沉降急剧增大，土被挤出或承压板周围出现明显的隆起；承压板的累计沉降量已大于其宽度或直径的10%；②当达不到极限荷载，而最大加载压力已大于设计值的2倍。卸载级数可为加载级数的一半，每卸一级，读记回弹量，直至变形稳定。

复合地基承载力特征值（实测值）的确定：①当压力-沉降曲线上极限荷载能确定，而其值不小于比例界限的2倍时，可取比例界限，反之取极限荷载的一半。②按相对变形值确定。对砂石桩和振冲复合地基可取 $s/b$ 或 $s/d = 0.020$ 所对应的压力（黏性土为主的地基）或0.015所对应的压力（粉土和砂土为主的地基）。对土挤密桩或石灰桩复合地基，可取0.015所对应的压力；对灰土挤密桩复合地基，可取0.008所对应的压力。对CFG桩或夯实水泥土桩复合地基，可取0.010所对应的压力。对水泥土搅拌桩或旋喷桩复合地基，可取0.004～0.008所对应的压力。

### 7.7.5　变形计算

在各类计算复合地基变形的方法中，通常把复合地基沉降量分为两个部分，即复合地基加固区变形量和加固区下卧层变形量。加固区下卧层的变形计算一般采用分层总和法，加固区的变形计算可采用复合模量，将复合地基加固区中桩体和桩间土视为一个复合土体，采用复合压缩模量来评价复合土体的压缩性。采用分层总和法计算加固区变形量，加固区土层变形量 $s$ 的表达式为

$$s = \sum_{i=1}^{n} \frac{\Delta P_i}{E_{psi}} \cdot H_i \tag{7.16}$$

其中

$$E_{psi} = mE_{pi} + (1-m)E_{si} \tag{7.17}$$

式中：$s$——加固区土层变化量，m；

$\Delta P_i$——第 $i$ 层复合土体上附加应力增量，kPa；

$E_{psi}$——第 $i$ 层复合地基的压缩模量，MPa；

$H_i$——第 $i$ 层复合土体的厚度，m；

$n$——复合土体分层总数；

$E_{pi}$——第 $i$ 层桩体的压缩模量，MPa；

$E_{si}$——桩间土的压缩模量，MPa。

# 小  结

本章介绍地基加固的物理方法和化学方法。

（1）主要叙述了强夯法、换土垫层法、排水固结法、搅拌桩法和灌浆法等几种加固方法的加固机理、施工要点及检验要求。

（2）对于地基处理后形成复合地基进行承载能力、变形的计算。

# 思考题与习题

7.1  工程建设地基问题包括哪些内容？

7.2  强夯法的加固原理是什么？

7.3  怎样定义换土垫层法？换土垫层的作用是什么？

7.4  换土垫层法设计的内容包括哪些？

7.5  排水固结法的原理是什么？利用原理加固地基的方法有哪些？

7.6  深层搅拌法的施工工艺流程是什么？

7.7  什么是灌浆法？灌浆的目的是什么？

7.8  复合地基的作用机理是什么？

7.9  复合地基破坏模式包括哪些内容？

# 附表一  $A_i$、$B_i$、$C_i$、$D_i$（$i=1$、$2$、$3$、$4$）及其表达式的值

| 换算深度<br>$\bar{h}=ay$ | $A_1$ | $B_1$ | $C_1$ | $D_1$ | $A_2$ | $B_2$ | $C_2$ | $D_2$ |
|---|---|---|---|---|---|---|---|---|
| 0 | 1.000 00 | 0.000 00 | 0.000 00 | 0.000 00 | 0.000 00 | 1.000 00 | 0.000 00 | 0.000 00 |
| 0.1 | 1.000 00 | 0.100 00 | 0.005 00 | 0.000 17 | −0.000 00 | 1.000 00 | 0.100 00 | 0.005 00 |
| 0.2 | 1.000 00 | 0.200 00 | 0.029 00 | 0.001 33 | −0.000 07 | 1.000 00 | 0.200 00 | 0.020 00 |
| 0.3 | 0.999 98 | 0.300 00 | 0.045 00 | 0.004 50 | −0.000 034 | 0.999 96 | 0.300 00 | 0.045 00 |
| 0.4 | 0.999 91 | 0.399 99 | 0.080 00 | 0.010 67 | −0.001 07 | 0.999 83 | 0.399 98 | 0.080 00 |
| 0.5 | 0.999 74 | 0.499 96 | 0.125 00 | 0.020 83 | −0.002 60 | 0.999 48 | 0.499 94 | 0.124 99 |
| 0.6 | 0.999 35 | 0.599 87 | 0.179 98 | 0.036 09 | −0.005 40 | 0.998 70 | 0.599 81 | 0.179 98 |
| 0.7 | 0.998 60 | 0.699 67 | 0.244 95 | 0.057 16 | −0.010 00 | 0.997 20 | 0.699 51 | 0.244 94 |
| 0.8 | 0.997 27 | 0.799 27 | 0.319 98 | 0.085 32 | −0.017 07 | 0.994 54 | 0.798 91 | 0.319 33 |
| 0.9 | 0.995 08 | 0.898 52 | 0.404 72 | 0.121 46 | −0.027 33 | 0.983 33 | 0.897 79 | 0.404 62 |
| 1.0 | 0.991 67 | 0.997 22 | 0.499 41 | 0.166 57 | −0.041 67 | 0.991 67 | 0.995 83 | 0.499 21 |
| 1.1 | 0.996 58 | 1.095 08 | 0.603 84 | 0.221 63 | −0.060 96 | 0.973 17 | 1.092 62 | 0.603 40 |
| 1.2 | 0.979 27 | 1.191 71 | 0.717 87 | 0.287 58 | −0.086 32 | 0.958 55 | 1.187 56 | 0.717 10 |
| 1.3 | 0.969 08 | 1.286 60 | 0.841 27 | 0.365 36 | −0.118 83 | 0.938 17 | 1.279 90 | 0.840 02 |
| 1.4 | 0.955 23 | 1.379 10 | 0.973 73 | 0.455 88 | −0.159 73 | 0.910 47 | 1.368 65 | 0.971 63 |
| 1.5 | 0.936 81 | 1.468 39 | 1.114 84 | 0.559 97 | −0.210 30 | 0.873 65 | 1.452 59 | 1.111 45 |
| 1.6 | 0.912 80 | 1.553 46 | 1.264 03 | 0.677 842 | −0.271 94 | 0.825 85 | 1.530 20 | 1.258 72 |
| 1.7 | 0.882 01 | 1.633 07 | 1.420 61 | 0.811 93 | −0.346 04 | 0.764 13 | 1.599 63 | 1.412 47 |
| 1.8 | 0.843 13 | 1.705 57 | 1.583 62 | 0.961 09 | −0.434 12 | 0.666 45 | 1.658 67 | 1.571 50 |
| 1.9 | 0.794 67 | 1.769 72 | 1.751 90 | 1.126 37 | −0.537 68 | 0.589 67 | 1.704 68 | 1.734 22 |
| 2.0 | 0.735 02 | 1.822 94 | 1.924 02 | 1.308 01 | −0.658 22 | 0.470 61 | 1.734 57 | 1.898 77 |
| 2.2 | 0.574 91 | 1.887 09 | 2.272 17 | 1.720 42 | −0.956 16 | 0.151 27 | 1.731 10 | 2.222 99 |
| 2.4 | 0.345 91 | 1.874 50 | 2.608 82 | 2.195 35 | −1.338 89 | −0.302 73 | 1.612 86 | 2.518 74 |
| 2.6 | 0.033 15 | 1.754 73 | 2.906 70 | 2.723 65 | −1.814 79 | −0.926 02 | 1.334 85 | 2.749 72 |
| 2.8 | −0.385 48 | 1.490 37 | 3.128 43 | 3.287 69 | −2.387 56 | 1.754 83 | 0.841 77 | 2.868 53 |
| 3.0 | −0.928 99 | 1.036 79 | 3.224 71 | 3.858 38 | −3.053 19 | −2.824 10 | 0.068 37 | 2.804 06 |
| 3.5 | −2.927 99 | −1.271 72 | 2.463 04 | 4.979 82 | −4.980 62 | −6.708 06 | −3.586 47 | 1.270 18 |
| 4.0 | −5.853 33 | −5.940 97 | −0.926 77 | 4.547 80 | −6.533 16 | −12.158 10 | −10.608 40 | −3.766 47 |

续表

| 换算深度 $\bar{h}=ay$ | $A_3$ | $B_3$ | $C_3$ | $D_3$ | $A_4$ | $B_4$ | $C_4$ | $D_4$ |
|---|---|---|---|---|---|---|---|---|
| 0 | 0.000 00 | 0.000 00 | 1.000 00 | 0.000 00 | 0.000 00 | 0.000 00 | 0.000 00 | 1.000 00 |
| 0.1 | −0.000 17 | −0.000 01 | 1.000 00 | 0.100 00 | −0.005 00 | −0.000 33 | −0.000 01 | 1.000 00 |
| 0.2 | −0.001 33 | −0.000 13 | 0.999 99 | 0.200 00 | −0.020 00 | −0.002 67 | −0.000 20 | 0.999 99 |
| 0.3 | −0.004 50 | −0.000 67 | 0.999 94 | 0.300 00 | −0.045 00 | −0.009 00 | −0.001 01 | 0.999 92 |
| 0.4 | −0.010 67 | −0.002 13 | 0.999 74 | 0.399 98 | −0.080 00 | −0.021 33 | −0.007 80 | 0.999 66 |
| 0.5 | −0.020 83 | −0.005 21 | 0.999 22 | 0.499 91 | −0.124 99 | −0.041 67 | −0.006 21 | 0.998 96 |
| 0.6 | −0.036 00 | −0.010 80 | 0.998 06 | 0.599 74 | −0.179 97 | −0.071 99 | −0.010 00 | 0.997 41 |
| 0.7 | −0.057 16 | −0.020 01 | 0.995 80 | 0.699 35 | −0.244 90 | −0.114 33 | −0.030 01 | 0.994 40 |
| 0.8 | −0.085 32 | −0.034 12 | 0.991 81 | 0.798 54 | −0.319 75 | −0.172 80 | −0.051 20 | 0.980 08 |
| 0.9 | −0.121 44 | −0.054 66 | 0.985 24 | 0.897 05 | −0.404 43 | −0.242 94 | −0.081 98 | 0.980 32 |
| 1.0 | −0.166 52 | −0.083 29 | 0.975 01 | 0.994 45 | −0.498 81 | −0.332 98 | −0.124 93 | 0.966 67 |
| 1.1 | −0.221 52 | −0.121 92 | 0.959 75 | 1.090 16 | −0.602 68 | −0.442 92 | −0.182 85 | 0.946 34 |
| 1.2 | −0.287 37 | −0.172 60 | 0.937 83 | 1.183 42 | −0.715 73 | −0.574 50 | −0.258 86 | 0.917 12 |
| 1.3 | −0.364 96 | −0.237 60 | 0.907 27 | 1.273 20 | −0.837 53 | −0.729 50 | −0.356 31 | 0.876 38 |
| 1.4 | −0.455 15 | −0.319 33 | 0.865 75 | 1.368 21 | −0.967 46 | −0.909 54 | −0.478 83 | 0.821 02 |
| 1.5 | −0.558 70 | −0.420 39 | 0.810 54 | 1.436 80 | −1.104 68 | −1.116 09 | −0.630 27 | 0.747 45 |
| 1.6 | −0.676 29 | −0.543 48 | 0.738 59 | 1.506 95 | −1.248 08 | −1.350 42 | −0.814 66 | 0.651 56 |
| 1.7 | −0.808 48 | −0.691 44 | 0.646 37 | 1.566 21 | −1.396 23 | −1.613 46 | −1.036 16 | 0.528 71 |
| 1.8 | −0.955 64 | −0.867 15 | 0.529 97 | 1.611 62 | −1.547 28 | −1.905 77 | −1.296 09 | 0.373 68 |
| 1.9 | −1.117 96 | −1.073 57 | 0.385 03 | 1.639 69 | −1.698 89 | −2.227 45 | −1.607 70 | 0.180 71 |
| 2.0 | −1.295 35 | −1.313 61 | 0.206 76 | 1.646 29 | −1.848 18 | −2.577 98 | −1.966 20 | −0.056 52 |
| 2.2 | −1.693 34 | −1.905 67 | −0.270 87 | 1.575 36 | −2.124 83 | −3.359 52 | −2.848 58 | −0.691 58 |
| 2.4 | −2.141 17 | −2.663 29 | −0.948 85 | 1.352 02 | −2.339 08 | −4.228 11 | −3.973 23 | −1.591 51 |
| 2.6 | −2.621 26 | −3.599 87 | −1.877 34 | 0.916 70 | −2.436 99 | −5.140 23 | −5.355 41 | −2.821 06 |
| 2.8 | −3.103 41 | −4.717 48 | −3.107 91 | 0.197 29 | −2.345 58 | −6.022 99 | −6.990 07 | −4.444 91 |
| 3.0 | −3.540 58 | −5.999 79 | −4.687 88 | −0.891 29 | −1.969 21 | −6.764 60 | −8.840 29 | −6.519 72 |
| 3.5 | −3.919 21 | −9.543 67 | −10.340 40 | −5.854 02 | 1.074 01 | −6.788 95 | −13.692 40 | −13.826 10 |
| 4.0 | −1.614 28 | −11.730 70 | −17.918 60 | −15.075 50 | 9.243 65 | −0.357 62 | −15.610 50 | −23.140 40 |

| 换算深度 $\bar{h}=ay$ | $B_2D_4-B_4D_2$ | $A_2B_4-A_4B_2$ | $B_2D_4-B_4D_2$ | $A_2B_4-A_4D_2$ | $A_2D_4-A_4D_2=B_3C_4-B_4C_3$ | $A_2D_4-A_4D_2=B_2C_4-B_4C_2$ | $A_3C_4-A_4C_3$ |
|---|---|---|---|---|---|---|---|
| 0 | 0.000 00 | 0.000 00 | 1.000 00 | 0.000 00 | 0.000 00 | 0.000 00 | 0.000 00 |
| 0.1 | 0.000 02 | 0.000 00 | 1.000 00 | 0.005 00 | 0.000 33 | 0.000 03 | 0.005 00 |
| 0.2 | 0.000 40 | 0.000 00 | 1.000 04 | 0.020 00 | 0.002 67 | 0.000 33 | 0.020 00 |
| 0.3 | 0.002 03 | 0.000 01 | 1.000 29 | 0.045 00 | 0.009 00 | 0.001 69 | 0.045 00 |
| 0.4 | 0.006 40 | 0.000 06 | 1.001 20 | 0.070 99 | 0.021 33 | 0.005 33 | 0.080 01 |
| 0.5 | 0.015 63 | 0.000 22 | 1.003 65 | 0.125 04 | 0.041 67 | 0.013 03 | 0.125 05 |
| 0.6 | 0.032 40 | 0.000 65 | 1.009 17 | 0.180 13 | 0.072 03 | 0.027 01 | 0.180 20 |
| 0.7 | 0.060 06 | 0.001 63 | 1.019 62 | 0.245 35 | 0.114 43 | 0.050 04 | 0.245 59 |
| 0.8 | 0.102 48 | 0.003 65 | 1.038 24 | 0.320 91 | 0.170 94 | 0.085 39 | 0.321 50 |
| 0.9 | 0.164 26 | 0.007 38 | 1.068 93 | 0.407 09 | 0.243 74 | 0.136 85 | 0.408 42 |
| 1.0 | 0.250 62 | 0.013 90 | 1.116 79 | 0.504 36 | 0.335 07 | 0.208 73 | 0.507 14 |
| 1.1 | 0.367 47 | 0.024 64 | 1.188 23 | 0.613 51 | 0.447 39 | 0.306 00 | 0.618 93 |
| 1.2 | 0.521 58 | 0.041 56 | 1.291 11 | 0.735 65 | 0.583 46 | 0.434 12 | 0.745 62 |
| 1.3 | 0.720 57 | 0.067 24 | 1.434 98 | 0.872 44 | 0.746 50 | 0.599 40 | 0.889 91 |
| 1.4 | 0.973 17 | 0.105 04 | 1.631 25 | 0.026 12 | 0.940 32 | 0.808 87 | 1.055 50 |
| 1.5 | 1.289 38 | 0.159 16 | 1.893 49 | 1.199 31 | 1.169 60 | 1.070 61 | 1.247 52 |
| 1.6 | 1.680 91 | 0.234 97 | 2.237 76 | 1.397 71 | 1.440 15 | 1.393 79 | 1.472 77 |
| 1.7 | 2.161 45 | 0.339 04 | 2.682 96 | 1.625 22 | 1.759 34 | 1.789 18 | 1.740 19 |
| 1.8 | 2.747 34 | 0.479 51 | 3.251 43 | 1.889 46 | 2.136 53 | 2.269 33 | 2.061 47 |
| 1.9 | 3.458 33 | 0.666 32 | 3.969 45 | 2.199 44 | 2.583 62 | 2.849 09 | 2.451 47 |
| 2.0 | 4.313 31 | 0.911 58 | 4.868 24 | 2.566 64 | 3.115 86 | 3.546 38 | 2.929 05 |
| 2.2 | 6.610 44 | 1.639 62 | 7.363 56 | 3.533 66 | 4.518 46 | 5.384 69 | 4.248 06 |
| 2.4 | 9.955 10 | 2.823 66 | 11.131 30 | 4.952 88 | 6.570 04 | 8.022 19 | 6.288 00 |
| 2.6 | 14.868 00 | 4.701 18 | 16.746 60 | 7.071 78 | 9.628 90 | 11.820 60 | 9.462 94 |
| 2.8 | 22.157 10 | 7.626 58 | 25.065 10 | 10.264 20 | 14.257 10 | 17.336 20 | 14.403 20 |
| 3.0 | 33.087 90 | 12.135 30 | 37.380 70 | 15.092 20 | 21.328 50 | 25.427 50 | 22.068 00 |
| 3.5 | 92.209 00 | 36.858 00 | 101.369 00 | 41.018 20 | 60.476 50 | 67.498 20 | 64.769 60 |
| 4.0 | 266.061 00 | 109.012 00 | 279.996 00 | 114.722 00 | 176.706 00 | 185.998 00 | 190.834 00 |

续表

| 换算深度 $\bar{h}=ay$ | $A_2C_4-B_4C_2$ | $\dfrac{B_3D_4-D_4D_3}{A_3B_4-A_4B_3}$ | $\dfrac{A_3D_4-A_4D_3}{A_3B_4-A_4B_3}=\dfrac{B_3C_4-B_4C_3}{A_3B_4-A_4B_3}$ | $\dfrac{A_3C_4-A_4C_3}{A_3B_4-A_4B_3}$ | $\dfrac{B_2D_1-B_1D_2}{A_2B_1-A_1B_2}$ | $\dfrac{B_2D_1-B_1D_2}{A_2B_1-A_1B_2}=\dfrac{A_2D_1-A_1D_2}{A_2B_1-A_1B_2}$ | $\dfrac{A_2C_1-A_1C_2}{A_2B_1-A_1B_2}$ |
|---|---|---|---|---|---|---|---|
| 0 | 0.000 00 | ∞ | ∞ | ∞ | 0.000 00 | 0.000 00 | 0.000 00 |
| 0.1 | 0.000 50 | 3 770.490 | 54 098.400 | 819 672.000 | 0.000 33 | 0.005 00 | 0.100 00 |
| 0.2 | 0.004 00 | 424.771 | 2 807.280 | 21 028.600 | 0.002 69 | 0.020 00 | 0.200 00 |
| 0.3 | 0.013 50 | 196.135 | 869.565 | 4 347.970 | 0.009 00 | 0.045 00 | 0.300 00 |
| 0.4 | 0.032 00 | 111.956 | 372.930 | 1 399.070 | 0.021 33 | 0.079 99 | 0.399 96 |
| 0.5 | 0.062 51 | 72.102 | 192.214 | 576.825 | 0.041 66 | 0.124 95 | 0.499 88 |
| 0.6 | 0.108 04 | 50.012 | 111.179 | 278.134 | 0.071 92 | 0.178 93 | 0.599 62 |
| 0.7 | 0.171 61 | 36.740 | 70.001 | 150.236 | 0.114 06 | 0.244 48 | 0.699 02 |
| 0.8 | 0.256 32 | 28.108 | 46.884 | 88.179 | 0.169 85 | 0.318 67 | 0.797 83 |
| 0.9 | 0.365 33 | 22.245 | 33.009 | 55.312 | 0.240 92 | 0.401 99 | 0.895 62 |
| 1.0 | 0.501 94 | 18.028 | 24.102 | 36.480 | 0.328 55 | 0.493 74 | 0.991 79 |
| 1.1 | 0.669 65 | 14.915 | 18.160 | 25.122 | 0.433 51 | 0.592 94 | 1.085 60 |
| 1.2 | 0.872 32 | 12.550 | 14.039 | 17.941 | 0.555 89 | 0.698 11 | 1.176 05 |
| 1.3 | 1.114 29 | 10.716 | 11.102 | 13.235 | 0.694 88 | 0.807 37 | 1.261 99 |
| 1.4 | 1.400 59 | 9.265 | 8.952 | 10.049 | 0.848 55 | 0.918 31 | 1.342 13 |
| 1.5 | 1.737 20 | 8.101 | 7.349 | 7.838 | 1.013 82 | 1.028 16 | 1.415 16 |
| 1.6 | 2.131 35 | 7.154 | 6.129 | 6.268 | 1.186 32 | 1.133 80 | 1.479 90 |
| 1.7 | 2.592 00 | 6.375 | 5.189 | 5.133 | 1.360 88 | 1.232 19 | 1.535 40 |
| 1.8 | 3.130 39 | 5.730 | 4.456 | 4.300 | 1.531 79 | 1.320 88 | 1.581 15 |
| 1.9 | 3.760 49 | 5.190 | 3.878 | 3.680 | 1.693 43 | 1.396 88 | 1.617 18 |
| 2.0 | 4.499 99 | 4.737 | 3.418 | 3.213 | 1.840 91 | 1.439 79 | 1.644 05 |
| 2.2 | 6.401 96 | 4.032 | 2.756 | 2.591 | 2.080 41 | 1.545 49 | 1.674 90 |
| 2.4 | 9.092 20 | 3.526 | 2.327 | 2.227 | 2.239 74 | 1.585 66 | 1.685 20 |
| 2.6 | 12.971 90 | 3.161 | 2.048 | 2.013 | 2.329 65 | 1.596 17 | 1.686 65 |
| 2.8 | 18.063 60 | 2.905 | 1.869 | 1.889 | 2.371 19 | 1.592 62 | 1.687 17 |
| 3.0 | 27.125 70 | 2.727 | 1.758 | 1.818 | 2.385 47 | 1.586 06 | 1.690 51 |
| 3.5 | 72.048 50 | 2.502 | 1.641 | 1.757 | 2.388 91 | 1.584 35 | 1.711 00 |
| 4.0 | 200.047 00 | 2.411 | 1.625 | 1.751 | 2.400 74 | 1.599 79 | 1.732 18 |

# 附表二 系数 $A_3$、$B_3$（$i=x$、$\varphi$、$M$、$Q$、$\sigma$）的值

附表 2.1 桩置于土中（$\alpha h > 2.5$）或基岩（$\alpha h \geqslant 3.5$）位移系数 $A_x$

| $\overline{h}=\alpha h$ <br> $\overline{Z}=\alpha Z$ | 4.0 | 3.5 | 3.0 | 2.8 | 2.6 | 2.4 |
|---|---|---|---|---|---|---|
| 0.0 | 2.440 66 | 2.501 74 | 2.726 58 | 2.905 24 | 3.162 60 | 3.525 62 |
| 0.1 | 2.278 73 | 2.337 83 | 2.551 00 | 2.718 47 | 2.957 95 | 3.293 11 |
| 0.2 | 2.117 79 | 2.174 92 | 2.376 40 | 2.532 69 | 2.754 29 | 3.061 59 |
| 0.3 | 1.958 81 | 2.013 96 | 2.203 76 | 2.348 86 | 2.552 58 | 2.832 01 |
| 0.4 | 1.802 73 | 1.855 90 | 2.034 00 | 2.167 91 | 2.353 73 | 2.605 28 |
| 0.5 | 1.650 42 | 1.701 61 | 1.868 00 | 1.990 69 | 2.158 59 | 2.382 23 |
| 0.6 | 1.502 68 | 1.551 87 | 1.706 51 | 1.817 96 | 1.967 90 | 2.163 55 |
| 0.7 | 1.360 24 | 1.407 41 | 1.550 22 | 1.650 37 | 1.782 28 | 1.949 85 |
| 0.8 | 1.223 70 | 1.268 82 | 1.399 70 | 1.488 47 | 1.602 23 | 1.741 57 |
| 0.9 | 1.093 61 | 1.136 64 | 1.255 43 | 1.322 71 | 1.428 16 | 1.539 06 |
| 1.0 | 0.970 41 | 1.011 27 | 1.117 77 | 1.183 41 | 1.260 33 | 1.342 49 |
| 1.1 | 0.854 41 | 0.893 03 | 0.986 96 | 1.040 74 | 1.098 86 | 1.151 90 |
| 1.2 | 0.745 88 | 0.782 15 | 0.863 15 | 0.904 81 | 0.943 77 | 0.967 24 |
| 1.3 | 0.644 98 | 0.678 75 | 0.746 37 | 0.775 60 | 0.794 97 | 0.788 31 |
| 1.4 | 0.551 75 | 0.582 85 | 0.636 55 | 0.652 96 | 0.652 23 | 0.614 77 |
| 1.5 | 0.466 14 | 0.494 35 | 0.533 49 | 0.536 62 | 0.515 18 | 0.446 16 |
| 1.6 | 0.388 10 | 0.413 15 | 0.436 96 | 0.426 29 | 0.383 46 | 0.282 02 |
| 1.7 | 0.317 41 | 0.339 01 | 0.346 60 | 0.321 52 | 0.256 54 | 0.121 74 |
| 1.8 | 0.253 86 | 0.271 66 | 0.262 01 | 0.221 86 | 0.133 87 | −0.035 29 |
| 1.9 | 0.197 17 | 0.210 74 | 0.182 73 | 0.126 76 | 0.014 87 | −0.189 71 |
| 2.0 | 0.146 96 | 0.155 83 | 0.108 19 | 0.035 62 | −0.101 14 | −0.342 21 |
| 2.2 | 0.064 61 | 0.062 43 | −0.028 70 | −0.137 06 | −0.326 49 | −0.643 55 |
| 2.4 | 0.003 48 | −0.012 38 | −0.153 30 | −0.300 98 | −0.546 85 | −0.943 16 |
| 2.6 | −0.039 86 | −0.072 51 | −0.269 99 | −0.460 33 | −0.865 53 | |
| 2.8 | −0.069 02 | −0.122 02 | −0.382 75 | −0.619 32 | | |
| 3.0 | −0.087 41 | −0.164 58 | −0.494 34 | | | |
| 3.5 | −0.104 95 | −0.258 66 | | | | |
| 4.0 | −0.107 88 | | | | | |

**附表 2.2 桩置于土中($\alpha h \geqslant 2.5$)或基岩上($\alpha h \geqslant 3.5$)转角系数 $A_\varphi$**

| $\bar{h}=\alpha h$ $\bar{Z}=\alpha Z$ | 4.0 | 3.5 | 3.0 | 2.8 | 2.6 | 2.4 |
|---|---|---|---|---|---|---|
| 0.0 | −1.621 00 | −1.640 76 | −1.757 55 | −1.869 40 | −2.048 19 | −2.326 86 |
| 0.1 | −1.616 00 | −1.635 76 | −1.752 55 | −1.864 40 | −2.043 19 | −2.321 80 |
| 0.2 | −1.601 17 | −1.620 24 | −1.737 74 | −1.849 60 | −2.028 41 | −2.307 05 |
| 0.3 | −1.576 76 | −1.596 54 | −1.713 41 | −1.825 31 | −2.004 18 | −2.282 90 |
| 0.4 | −1.543 34 | −1.563 16 | −1.680 17 | −1.792 19 | −1.971 22 | −2.250 18 |
| 0.5 | −1.501 51 | −1.521 42 | −1.638 74 | −1.750 99 | −1.930 36 | −2.209 77 |
| 0.6 | −1.460 09 | −1.472 16 | −1.590 01 | −1.702 68 | −1.882 63 | −2.162 83 |
| 0.7 | −1.395 93 | −1.416 24 | −1.534 95 | −1.648 28 | −1.829 14 | −2.110 60 |
| 0.8 | −1.333 98 | −1.354 68 | −1.474 67 | −1.588 96 | −1.771 16 | −2.054 45 |
| 0.9 | −1.267 13 | −1.288 37 | −1.410 15 | −1.525 79 | −1.709 85 | −1.995 64 |
| 1.0 | −1.196 47 | −1.218 45 | −1.342 66 | −1.460 09 | −1.646 62 | −1.935 71 |
| 1.1 | −1.122 83 | −1.145 78 | −1.273 15 | −1.392 89 | −1.582 57 | −1.875 83 |
| 1.2 | −1.047 33 | −1.071 54 | −1.202 90 | −1.325 53 | −1.519 13 | −1.817 53 |
| 1.3 | −0.970 78 | −0.996 57 | −1.132 86 | −1.259 02 | −1.457 34 | −1.761 86 |
| 1.4 | −0.894 09 | −0.921 83 | −1.064 03 | −1.194 46 | −1.398 35 | −1.710 00 |
| 1.5 | −0.818 01 | −0.848 11 | −0.997 43 | −1.132 73 | −1.343 05 | −1.662 80 |
| 1.6 | −0.743 37 | −0.776 30 | −0.933 87 | −1.074 80 | −1.292 41 | −1.621 16 |
| 1.7 | −0.670 75 | −0.706 99 | −1.874 03 | −0.021 32 | −1.247 00 | −1.585 51 |
| 1.8 | −0.600 77 | −0.640 85 | −0.818 63 | −0.972 97 | −1.207 43 | −1.556 27 |
| 1.9 | −0.533 93 | −0.578 42 | −0.768 18 | −0.930 20 | −1.174 00 | −1.533 48 |
| 2.0 | −0.470 63 | −0.520 13 | −0.723 09 | −0.893 33 | −1.146 86 | −1.516 93 |
| 2.2 | −0.355 88 | −0.411 27 | −0.649 92 | −0.837 67 | −1.110 79 | −1.500 04 |
| 2.4 | −0.258 31 | −0.334 11 | −0.599 79 | −0.805 13 | −1.095 59 | −1.497 29 |
| 2.6 | −0.178 49 | −0.271 04 | −0.570 92 | −0.791 58 | −1.093 07 | — |
| 2.8 | −0.116 11 | −0.227 27 | −0.559 14 | −0.789 43 | — | — |
| 3.0 | −0.069 87 | −0.200 56 | −0.557 21 | — | — | — |
| 3.5 | −0.012 06 | −0.183 72 | | | | |
| 4.0 | −0.003 41 | | | | | |

### 附表2.3 桩置于土中（$\alpha h > 2.5$）或基岩上（$\alpha h \geqslant 3.5$）弯矩系数 $A_m$

| $\bar{h}=\alpha h$ / $\bar{Z}=\alpha Z$ | 4.0 | 3.5 | 3.0 | 2.8 | 2.6 | 2.4 |
|---|---|---|---|---|---|---|
| 0.0 | 0 | 0 | 0 | 0 | 0 | 0 |
| 0.1 | 0.099 60 | 0.099 59 | 0.099 59 | 0.099 53 | 0.099 48 | 0.099 42 |
| 0.2 | 0.196 96 | 0.196 89 | 0.196 60 | 0.196 38 | 0.196 06 | 0.195 61 |
| 0.3 | 0.290 10 | 0.289 84 | 0.288 91 | 0.288 18 | 0.287 14 | 0.285 69 |
| 0.4 | 0.377 39 | 0.376 78 | 0.374 63 | 0.372 96 | 0.370 60 | 0.367 32 |
| 0.5 | 0.457 52 | 0.456 35 | 0.452 27 | 0.449 13 | 0.444 71 | 0.438 59 |
| 0.6 | 0.529 38 | 0.527 40 | 0.520 57 | 0.515 34 | 0.508 01 | 0.497 95 |
| 0.7 | 0.592 28 | 0.589 18 | 0.578 67 | 0.570 69 | 0.559 56 | 0.544 39 |
| 0.8 | 0.645 61 | 0.641 07 | 0.625 88 | 0.614 45 | 0.598 59 | 0.577 13 |
| 0.9 | 0.689 26 | 0.682 92 | 0.662 00 | 0.646 42 | 0.624 94 | 0.596 08 |
| 1.0 | 0.723 05 | 0.714 52 | 0.686 81 | 0.666 37 | 0.638 41 | 0.601 16 |
| 1.1 | 0.747 14 | 0.736 02 | 0.700 45 | 0.674 51 | 0.639 30 | 0.592 85 |
| 1.2 | 0.761 83 | 0.747 69 | 0.703 24 | 0.671 20 | 0.628 10 | 0.571 87 |
| 1.3 | 0.767 61 | 0.750 01 | 0.695 70 | 0.657 07 | 0.605 63 | 0.539 34 |
| 1.4 | 0.764 98 | 0.743 49 | 0.678 45 | 0.632 85 | 0.572 80 | 0.496 54 |
| 1.5 | 0.754 66 | 0.728 84 | 0.652 32 | 0.599 52 | 0.530 89 | 0.445 20 |
| 1.6 | 0.737 34 | 0.706 77 | 0.618 19 | 0.558 14 | 0.481 27 | 0.387 18 |
| 1.7 | 0.713 81 | 0.678 09 | 0.577 07 | 0.509 96 | 0.425 51 | 0.324 66 |
| 1.8 | 0.684 88 | 0.643 64 | 0.530 05 | 0.456 31 | 0.365 40 | 0.260 08 |
| 1.9 | 0.651 39 | 0.604 32 | 0.478 34 | 0.398 68 | 0.302 91 | 0.196 17 |
| 2.0 | 0.614 13 | 0.560 97 | 0.423 14 | 0.338 64 | 0.240 13 | 0.135 88 |
| 2.2 | 0.531 60 | 0.465 83 | 0.307 66 | 0.218 28 | 0.123 20 | 0.039 42 |
| 2.4 | 0.443 34 | 0.365 18 | 0.194 80 | 0.110 15 | 0.035 27 | 0.000 00 |
| 2.6 | 0.354 58 | 0.265 60 | 0.096 67 | 0.031 00 | 0.000 01 | |
| 2.8 | 0.269 96 | 0.173 62 | 0.026 86 | 0.000 00 | | |
| 3.0 | 0.193 05 | 0.095 35 | 0.000 0 | | | |
| 3.5 | 0.050 81 | 0.000 01 | | | | |
| 4.0 | 0.000 05 | | | | | |

**附表 2.4　桩置于土中（$\alpha h > 2.5$）或基岩上（$\alpha h \geqslant 3.5$）剪力系数 $A_Q$**

| $\bar{h}=\alpha h$ <br> $\bar{Z}=\alpha Z$ | 4.0 | 3.5 | 3.0 | 2.8 | 2.6 | 2.4 |
|---|---|---|---|---|---|---|
| 0.0 | 1.000 00 | 1.000 00 | 1.000 00 | 1.000 00 | 1.000 00 | 1.000 00 |
| 0.1 | 0.988 33 | 0.988 03 | 0.986 95 | 0.986 09 | 0.984 87 | 0.983 14 |
| 0.2 | 0.955 51 | 0.954 34 | 0.950 33 | 0.946 88 | 0.945 69 | 0.935 69 |
| 0.3 | 0.904 68 | 0.902 11 | 0.893 04 | 0.886 01 | 0.876 04 | 0.862 21 |
| 0.4 | 0.838 98 | 0.834 52 | 0.819 02 | 0.807 12 | 0.790 34 | 0.767 24 |
| 0.5 | 0.761 45 | 0.754 64 | 0.731 40 | 0.713 73 | 0.689 02 | 0.655 25 |
| 0.6 | 0.674 86 | 0.665 29 | 0.633 23 | 0.609 13 | 0.575 69 | 0.530 41 |
| 0.7 | 0.582 01 | 0.569 31 | 0.527 60 | 0.496 64 | 0.454 05 | 0.397 00 |
| 0.8 | 0.485 22 | 0.469 06 | 0.417 10 | 0.379 05 | 0.327 26 | 0.258 72 |
| 0.9 | 0.386 89 | 0.366 98 | 0.304 41 | 0.259 32 | 0.198 65 | 0.119 49 |
| 1.0 | 0.289 01 | 0.265 12 | 0.191 85 | 0.139 98 | 0.071 14 | −0.017 17 |
| 1.1 | 0.193 88 | 0.165 32 | 0.081 54 | 0.023 40 | −0.052 51 | −0.147 89 |
| 1.2 | 0.101 53 | 0.069 17 | −0.024 66 | −0.088 28 | −0.169 76 | −0.269 53 |
| 1.3 | 0.014 77 | −0.021 97 | −0.125 08 | −0.193 12 | −0.278 24 | −0.379 03 |
| 1.4 | −0.065 86 | −0.106 98 | −0.218 28 | −0.289 39 | −0.375 76 | −0.473 56 |
| 1.5 | −0.139 52 | −0.184 94 | −0.302 97 | −0.375 49 | −0.460 25 | −0.550 31 |
| 1.6 | −0.205 55 | −0.255 10 | −0.378 00 | −0.449 94 | −0.529 70 | −0.606 54 |
| 1.7 | −0.263 59 | −0.316 99 | −0.442 49 | −0.511 47 | −0.582 33 | −0.639 67 |
| 1.8 | −0.313 45 | −0.370 30 | −0.495 62 | −0.558 89 | −0.616 37 | −0.647 10 |
| 1.9 | −0.355 01 | −0.414 76 | −0.536 60 | −0.590 98 | −0.629 96 | −0.626 10 |
| 2.0 | −0.388 39 | −0.450 34 | −0.564 80 | −0.606 65 | −0.621 38 | −0.574 06 |
| 2.2 | −0.431 74 | −0.495 14 | −0.580 52 | −0.584 38 | −0.530 57 | −0.365 92 |
| 2.4 | −0.446 47 | −0.505 79 | −0.537 89 | −0.482 87 | −0.328 89 | 0.000 00 |
| 2.6 | −0.436 51 | −0.483 79 | −0.431 39 | −0.291 84 | +0.000 01 | |
| 2.8 | −0.406 41 | −0.430 66 | −0.254 62 | 0.000 01 | | |
| 3.0 | 0.360 65 | −0.347 26 | 0.000 00 | | | |
| 3.5 | −0.199 75 | +0.000 01 | | | | |
| 4.0 | −0.000 02 | | | | | |

附表 2.5　桩置于土中（$\alpha h > 2.5$）或基岩上（$\alpha h \geqslant 3.5$）位移系数 $B_x$

| $\bar{h}=\alpha h$<br>$\bar{Z}=\alpha Z$ | 4.0 | 3.5 | 3.0 | 2.8 | 2.6 | 2.4 |
|---|---|---|---|---|---|---|
| 0.0 | 1.621 00 | 1.640 76 | 1.757 55 | 1.869 40 | 2.048 19 | 2.326 80 |
| 0.1 | 1.450 94 | 1.470 03 | 1.580 70 | 1.685 55 | 1.851 90 | 2.109 11 |
| 0.2 | 1.290 88 | 1.309 30 | 1.413 85 | 1.511 69 | 1.665 61 | 1.901 42 |
| 0.3 | 1.140 79 | 1.158 54 | 1.256 97 | 1.347 80 | 1.439 28 | 1.703 68 |
| 0.4 | 1.000 64 | 1.017 72 | 1.110 01 | 1.193 83 | 1.322 87 | 1.515 85 |
| 0.5 | 0.870 36 | 0.886 76 | 0.972 92 | 1.049 71 | 1.166 29 | 1.337 83 |
| 0.6 | 0.749 81 | 0.765 53 | 0.845 53 | 0.915 28 | 1.019 37 | 1.169 41 |
| 0.7 | 0.638 85 | 0.653 90 | 0.727 70 | 0.790 37 | 0.881 91 | 1.010 39 |
| 0.8 | 0.537 27 | 0.551 62 | 0.619 17 | 0.674 72 | 0.753 64 | 0.860 43 |
| 0.9 | 0.444 81 | 0.458 46 | 0.519 67 | 0.568 02 | 0.634 21 | 0.719 15 |
| 1.0 | 0.361 19 | 0.374 11 | 0.428 89 | 0.469 94 | 0.523 24 | 0.586 11 |
| 1.1 | 0.286 06 | 0.298 22 | 0.346 41 | 0.380 04 | 0.420 27 | 0.460 77 |
| 1.2 | 0.219 08 | 0.230 45 | 0.271 87 | 0.297 91 | 0.324 82 | 0.342 61 |
| 1.3 | 0.159 85 | 0.170 38 | 0.204 81 | 0.233 06 | 0.236 35 | 0.230 98 |
| 1.4 | 0.107 93 | 0.117 57 | 0.144 72 | 0.154 94 | 0.154 25 | 0.125 23 |
| 1.5 | 0.062 88 | 0.071 55 | 0.091 08 | 0.092 99 | 0.077 90 | 0.024 64 |
| 1.6 | 0.024 22 | 0.031 85 | 0.043 37 | 0.036 63 | 0.006 67 | −0.071 48 |
| 1.7 | −0.008 47 | −0.001 99 | 0.001 07 | −0.014 70 | −0.060 06 | −0.163 83 |
| 1.8 | −0.035 72 | −0.030 49 | −0.036 43 | −0.061 63 | −0.122 98 | −0.252 14 |
| 1.9 | −0.057 98 | −0.054 13 | −0.069 65 | −0.104 75 | −0.182 72 | −0.340 07 |
| 2.0 | −0.075 72 | −0.073 41 | −0.099 14 | −0.144 65 | −0.239 90 | −0.425 26 |
| 2.2 | −0.099 40 | −0.100 69 | −0.149 05 | −0.216 96 | −0.348 81 | −0.592 53 |
| 2.4 | −0.110 30 | −0.116 01 | −0.190 23 | −0.282 75 | −0.453 81 | −0.758 33 |
| 2.6 | −0.111 36 | −0.122 46 | −0.226 00 | −0.345 23 | −0.557 48 | |
| 2.8 | −0.105 44 | −0.123 05 | −0.259 29 | −0.406 82 | | |
| 3.0 | −0.094 71 | −0.119 99 | −0.291 85 | | | |
| 3.5 | −0.056 98 | −0.106 32 | | | | |
| 4.0 | −0.014 87 | | | | | |

附表 2.6　桩置于土中（$\alpha h > 2.5$）或基岩上（$\alpha h \geqslant 3.5$）转角系数 $B_\varphi$

| $\overline{Z}=\alpha Z$ ＼ $\overline{h}=\alpha h$ | 4.0 | 3.5 | 3.0 | 2.8 | 2.6 | 2.4 |
|---|---|---|---|---|---|---|
| 0.0 | −1.750 58 | −1.757 28 | −1.818 49 | −1.888 55 | −2.012 89 | −2.226.91 |
| 0.1 | −1.650 68 | −1.657 28 | −1.718 49 | −1.788 55 | −1.912 89 | −2.126 91 |
| 0.2 | −1.550 69 | −1.557 39 | −1.618 61 | −1.688 68 | −1.813 03 | −2.027 07 |
| 0.3 | −1.451 06 | −1.457 77 | −1.519 01 | −1.589 11 | −1.713 51 | −1.927 61 |
| 0.4 | −1.352 04 | −1.358 76 | −1.420 08 | −1.490 25 | −1.614 76 | −1.829 04 |
| 0.5 | −1.253 94 | −1.260 69 | −1.322 17 | −1.392 49 | −1.517 23 | −1.731 86 |
| 0.6 | −1.157 25 | −1.164 05 | −1.225 81 | −1.296 38 | −1.421 52 | −1.636 77 |
| 0.7 | −1.062 38 | −1.069 26 | −1.131 46 | −1.202 45 | −1.328 22 | −1.544 43 |
| 0.8 | −0.969 78 | . −0.976 78 | −1.039 65 | −1.111 24 | −1.237 95 | −1.455 56 |
| 0.9 | −0.879 87 | −0.887 04 | −0.950 84 | −1.023 27 | −1.151 27 | −1.370 80 |
| 1.0 | −0.793 11 | −0.800 53 | −0.865 58 | −0.939 13 | −1.068 85 | −1.290 91 |
| 1.1 | −0.709 81 | −0.717 53 | −0.784 22 | −0.859 22 | −0.991 12 | −1.216 38 |
| 1.2 | −0.630 38 | −0.638 81 | −0.707 26 | −0.784 08 | −0.918 69 | −1.147 89 |
| 1.3 | −0.555 06 | −0.563 70 | −0.635 00 | −0.714 02 | −0.851 92 | −1.085 81 |
| 1.4 | −0.484 12 | −0.493 38 | −0.567 76 | −0.649 42 | −0.791 18 | −1.030 54 |
| 1.5 | −0.417 70 | −0.427 71 | −0.505 75 | −0.590 48 | −0.736 71 | −0.982 28 |
| 1.6 | −0.355 98 | −0.366 89 | −0.449 18 | −0.537 45 | −0.688 73 | −0.941 20 |
| 1.7 | −0.298 97 | −0.310 93 | −0.398 11 | −0.490 35 | −0.647 23 | −0.907 18 |
| 1.8 | −0.246 72 | −0.259 90 | −0.352 62 | −0.449 27 | −0.612 24 | −0.880 10 |
| 1.9 | −0.199 16 | −0.213 74 | −0.312 63 | −0.414 08 | −0.583 53 | −0.859 54 |
| 2.0 | −0.156 24 | −0.172 40 | −0.278 08 | −0.384 68 | −0.560 88 | −0.844 98 |
| 2.2 | −0.083 65 | −0.103 55 | −0.224 48 | −0.342 03 | −0.531 79 | −0.830 56 |
| 2.4 | −0.027 53 | −0.051 96 | −0.189 80 | −0.318 34 | −0.520 08 | −0.828 32 |
| 2.6 | −0.014 15 | −0.015 51 | −0.170 78 | −0.308 88 | −0.528 21 | |
| 2.8 | −0.043 51 | −0.008 09 | −0.163 35 | −0.307 45 | | |
| 3.0 | −0.062 96 | −0.021 55 | −0.162 17 | | | |
| 3.5 | −0.082 94 | −0.029 47 | | | | |
| 4.0 | −0.085 07 | | | | | |

附表 2.7 桩置于土中（$\alpha h > 2.5$）或基岩上（$\alpha h \geqslant 3.5$）弯矩系数 $B_m$

| $\overline{h} = \alpha h$ / $\overline{Z} = \alpha Z$ | 4.0 | 3.5 | 3.0 | 2.8 | 2.6 | 2.4 |
|---|---|---|---|---|---|---|
| 0.0 | 1.000 00 | 1.000 00 | 1.000 00 | 1.000 00 | 1.000 00 | 1.000 00 |
| 0.1 | 0.999 74 | 0.999 74 | 0.999 72 | 0.999 70 | 0.999 67 | 0.999 63 |
| 0.2 | 0.998 06 | 0.998 04 | 0.997 89 | 0.997 75 | 0.997 53 | 0.997 19 |
| 0.3 | 0.993 82 | 0.993 73 | 0.993 25 | 0.992 79 | 0.992 07 | 0.990 96 |
| 0.4 | 0.986 17 | 0.985 98 | 0.984 86 | 0.983 82 | 0.982 17 | 0.979 66 |
| 0.5 | 0.974 58 | 0.974 20 | 0.972 09 | 0.970 12 | 0.967 04 | 0.962 36 |
| 0.6 | 0.958 61 | 0.957 97 | 0.954 43 | 0.950 56 | 0.946 07 | 0.938 35 |
| 0.7 | 0.938 17 | 0.937 18 | 0.931 73 | 0.926 74 | 0.919 00 | 0.907 36 |
| 0.8 | 0.913 24 | 0.911 78 | 0.903 90 | 0.896 75 | 0.885 74 | 0.869 27 |
| 0.9 | 0.884 07 | 0.882 04 | 0.871 20 | 0.861 45 | 0.846 53 | 0.824 40 |
| 1.0 | 0.850 89 | 0.848 15 | 0.833 81 | 0.821 02 | 0.801 60 | 0.773 03 |
| 1.1 | 0.814 10 | 0.810 54 | 0.792 13 | 0.775 89 | 0.751 45 | 0.715 82 |
| 1.2 | 0.774 15 | 0.769 63 | 0.746 63 | 0.726 58 | 0.696 67 | 0.653 54 |
| 1.3 | 0.731 61 | 0.725 99 | 0.697 91 | 0.673 73 | 0.638 03 | 0.587 20 |
| 1.4 | 0.686 94 | 0.680 09 | 0.646 48 | 0.617 94 | 0.576 27 | 0.517 81 |
| 1.5 | 0.640 81 | 0.632 59 | 0.593 07 | 0.560 03 | 0.512 42 | 0.446 73 |
| 1.6 | 0.593 73 | 0.584 01 | 0.538 29 | 0.500 72 | 0.447 39 | 0.375 28 |
| 1.7 | 0.546 25 | 0.534 90 | 0.482 80 | 0.440 82 | 0.382 24 | 0.304 97 |
| 1.8 | 0.498 89 | 0.485 82 | 0.427 29 | 0.381 15 | 0.318 12 | 0.237 45 |
| 1.9 | 0.452 19 | 0.437 29 | 0.372 44 | 0.322 61 | 0.256 21 | 0.174 50 |
| 2.0 | 0.406 58 | 0.389 78 | 0.318 90 | 0.266 05 | 0.197 79 | 0.118 03 |
| 2.2 | 0.320 25 | 0.299 56 | 0.218 44 | 0.162 55 | 0.096 75 | 0.032 82 |
| 2.4 | 0.242 62 | 0.218 15 | 0.131 10 | 0.078 20 | 0.026 54 | −0.000 02 |
| 2.6 | 0.175 46 | 0.147 78 | 0.061 99 | 0.021 01 | −0.000 04 | |
| 2.8 | 0.119 79 | 0.090 07 | 0.016 38 | −0.000 23 | | |
| 3.0 | 0.075 95 | 0.046 19 | −0.000 07 | | | |
| 3.5 | 0.013 54 | 0.000 04 | | | | |
| 4.0 | 0.000 09 | | | | | |

**附表 2.8　桩置于土中（$\alpha h > 2.5$）或基岩上（$\alpha h \geqslant 3.5$）剪力系数 $B_Q$**

| $\bar{h}=\alpha h$<br>$\bar{Z}=\alpha Z$ | 4.0 | 3.5 | 3.0 | 2.8 | 2.6 | 2.4 |
|---|---|---|---|---|---|---|
| 0.0 | 0 | 0 | 0 | 0 | 0 | 0 |
| 0.1 | −0.007 53 | −0.007 63 | −0.003 19 | −0.008 73 | −0.009 58 | −0.010 96 |
| 0.2 | −0.027 95 | −0.028 32 | −0.080 50 | −0.032 55 | −0.035 79 | −0.040 70 |
| 0.3 | −0.058 20 | −0.059 03 | −0.163 73 | −0.068 14 | −0.075 06 | −0.685 67 |
| 0.4 | −0.095 54 | −0.096 98 | −0.105 02 | −0.112 47 | −0.124 12 | −0.141 85 |
| 0.5 | −0.137 47 | −0.139 66 | −0.151 71 | −0.162 77 | −0.179 94 | −0.265 84 |
| 0.6 | −0.181 91 | −0.184 98 | −0.201 59 | −0.216 68 | −0.239 91 | −0.274 64 |
| 0.7 | −0.226 85 | −0.230 92 | −0.252 53 | −0.271 91 | −0.304 18 | −0.345 24 |
| 0.8 | −0.270 87 | −0.276 04 | −0.302 94 | −0.326 75 | −0.362 71 | −0.415 28 |
| 0.9 | −0.312 45 | −0.318 82 | −0.351 18 | −0.379 41 | −0.421 52 | −0.482 23 |
| 1.0 | −0.350 59 | −0.358 22 | −0.396 09 | −0.428 56 | −0.476 34 | −0.514 05 |
| 1.1 | −0.384 43 | −0.393 37 | −0.436 65 | −0.473 02 | −0.525 70 | −0.598 82 |
| 1.2 | −0.413 35 | −0.423 64 | −0.472 07 | −0.511 87 | −0.568 41 | −0.644 86 |
| 1.3 | −0.436 90 | −0.448 56 | −0.501 72 | −0.544 29 | −0.603 33 | −0.680 54 |
| 1.4 | −0.454 86 | −0.467 88 | −0.525 20 | −0.569 69 | −0.629 57 | −0.704 45 |
| 1.5 | −0.467 15 | −0.481 50 | −0.542 20 | −0.587 57 | −0.646 30 | −0.715 21 |
| 1.6 | −0.473 78 | −0.489 39 | −0.552 50 | −0.597 49 | −0.652 72 | −0.711 43 |
| 1.7 | −0.474 96 | −0.491 74 | −0.556 04 | −0.599 17 | −0.648 19 | −0.691 88 |
| 1.8 | −0.471 03 | −0.488 83 | −0.552 89 | −0.592 43 | −0.632 11 | −0.655 62 |
| 1.9 | −0.462 23 | −0.480 92 | −0.542 99 | −0.576 95 | −0.603 74 | −0.600 35 |
| 2.0 | −0.449 14 | −0.468 39 | −0.526 44 | −0.552 54 | −0.562 43 | −0.525 62 |
| 2.2 | −0.411 79 | −0.431 27 | −0.473 79 | −0.476 08 | −0.438 25 | −0.311 24 |
| 2.4 | −0.363 12 | −0.381 01 | −0.395 38 | −0.360 78 | −0.253 25 | −0.000 02 |
| 2.6 | −0.307 32 | −0.321 04 | −0.291 02 | −0.203 46 | −0.000 03 | |
| 2.8 | −0.248 53 | −0.254 52 | −0.159 80 | −0.000 18 | | |
| 3.0 | −0.190 52 | −0.184 11 | −0.000 04 | | | |
| 3.5 | −0.016 72 | −0.000 01 | | | | |
| 4.0 | −0.000 45 | | | | | |

#### 附表 2.9　桩嵌固于基岩内（$\alpha h > 2.5$）土侧向位移系数 $A_x^0$

| $\bar{h}=\alpha h$ / $\bar{Z}=\alpha Z$ | 4.0 | 3.5 | 3.0 | 2.8 | 2.6 | $\bar{h}=\alpha h$ / $\bar{Z}=\alpha Z$ | 4.0 | 3.5 | 3.0 | 2.8 | 2.6 |
|---|---|---|---|---|---|---|---|---|---|---|---|
| 0 | 2.401 | 2.389 | 2.385 | 2.371 | 2.330 | 1.4 | 0.543 | 0.553 | 0.547 | 0.524 | 0.480 |
| 0.1 | 2.248 | 2.230 | 2.230 | 2.210 | 2.170 | 1.5 | 0.460 | 0.471 | 0.466 | 0.443 | 0.399 |
| 0.2 | 2.080 | 2.075 | 2.070 | 2.055 | 2.010 | 1.6 | 0.380 | 0.397 | 0.391 | 0.369 | 0.326 |
| 0.3 | 1.926 | 1.916 | 1.913 | 1.896 | 1.853 | 1.7 | 0.317 | 0.332 | 0.325 | 0.303 | 0.260 |
| 0.4 | 1.773 | 1.765 | 1.763 | 1.745 | 1.703 | 1.8 | 0.257 | 0.273 | 0.267 | 0.244 | 0.203 |
| 0.5 | 1.622 | 1.618 | 1.612 | 1.596 | 1.552 | 1.9 | 0.203 | 0.221 | 0.215 | 0.192 | 0.153 |
| 0.6 | 1.475 | 1.473 | 1.468 | 1.450 | 1.407 | 2.0 | 0.157 | 0.176 | 0.170 | 0.148 | 0.111 |
| 0.7 | 1.336 | 1.334 | 1.330 | 1.314 | 1.267 | 2.2 | 0.082 | 0.104 | 0.099 | 0.078 | 0.048 |
| 0.8 | 1.202 | 1.202 | 1.196 | 1.178 | 1.133 | 2.4 | 0.030 | 0.057 | 0.050 | 0.032 | 0.012 |
| 0.9 | 1.070 | 1.071 | 1.070 | 1.050 | 1.005 | 2.6 | −0.004 | 0.023 | 0.020 | 0.008 | 0 |
| 1.0 | 0.952 | 0.956 | 0.951 | 0.930 | 0.885 | 2.8 | −0.022 | 0.006 | 0.004 | 0 | |
| 1.1 | 0.831 | 0.844 | 0.831 | 0.818 | 0.772 | 3.0 | −0.028 | −0.001 | 0 | | |
| 1.2 | 0.732 | 0.740 | 0.713 | 0.712 | 0.667 | 3.5 | −0.015 | 0 | | | |
| 1.3 | 0.634 | 0.642 | 0.636 | 0.614 | 0.570 | 4.0 | 0 | | | | |

#### 附表 2.10　桩嵌固于基岩内（$\alpha h > 2.5$）土侧向位移系数 $B_x^0$

| $\bar{h}=\alpha h$ / $\bar{Z}=\alpha Z$ | 4.0 | 3.5 | 3.0 | 2.8 | 2.6 | $\bar{h}=\alpha h$ / $\bar{Z}=\alpha Z$ | 4.0 | 3.5 | 3.0 | 2.8 | 2.6 |
|---|---|---|---|---|---|---|---|---|---|---|---|
| 0 | 1.600 | 1.584 | 1.586 | 1.593 | 1.596 | 1.4 | 0.113 | 0.128 | 0.157 | 0.169 | 0.172 |
| 0.1 | 1.430 | 1.420 | 1.426 | 1.430 | 1.430 | 1.5 | 0.070 | 0.087 | 0.119 | 0.129 | 0.134 |
| 0.2 | 1.275 | 1.260 | 1.270 | 1.275 | 1.280 | 1.6 | 0.034 | 0.053 | 0.086 | 0.097 | 0.101 |
| 0.3 | 1.127 | 1.117 | 1.123 | 1.130 | 1.137 | 1.7 | 0.003 | 0.027 | 0.059 | 0.070 | 0.074 |
| 0.4 | 0.988 | 0.980 | 0.990 | 0.998 | 1.025 | 1.8 | 0.022 | 0.001 | 0.037 | 0.048 | 0.052 |
| 0.5 | 0.858 | 0.854 | 0.866 | 0.874 | 0.878 | 1.9 | −0.042 | −0.017 | 0.021 | 0.032 | 0.035 |
| 0.6 | 0.740 | 0.737 | 0.752 | 0.760 | 0.763 | 2.0 | −0.058 | −0.031 | 0.008 | 0.010 | 0.023 |
| 0.7 | 0.630 | 0.630 | 0.643 | 0.654 | 0.659 | 2.2 | −0.077 | −0.046 | −0.006 | 0.004 | 0.007 |
| 0.8 | 0.531 | 0.533 | 0.550 | 0.561 | 0.564 | 2.4 | −0.083 | −0.048 | −0.010 | −0.001 | 0.001 |
| 0.9 | 0.440 | 0.444 | 0.464 | 0.473 | 0.478 | 2.6 | −0.080 | −0.043 | −0.007 | −0.001 | 0 |
| 1.0 | 0.359 | 0.364 | 0.386 | 0.396 | 0.400 | 2.8 | −0.070 | −0.032 | −0.003 | 0 | |
| 1.1 | 0.285 | 0.294 | 0.318 | 0.327 | 0.332 | 3.0 | −0.056 | −0.020 | 0 | | |
| 1.2 | 0.220 | 0.230 | 0.257 | 0.267 | 0.271 | 3.5 | −0.018 | 0 | | | |
| 1.3 | 0.163 | 0.176 | 0.203 | 0.214 | 0.218 | 4.0 | | | | | |

#### 附表 2.11　桩嵌固于基岩内计算 $\phi_2=0$ 系数 $A_\phi^0$、$B_\phi^0$

| $\bar{h}=\alpha h$ | 4.0 | 3.5 | 3.0 | 2.8 | 2.6 |
|---|---|---|---|---|---|
| $A_\phi^0 = -B_x^0$ | −1.600 | −1.584 | −1.586 | −1.593 | −1.596 |
| $B_\phi^0$ | −1.732 | −1.711 | −1.691 | −1.687 | −1.686 |
| $A_x^0$ | 2.401 | 2.389 | 2.385 | 2.371 | 2.330 |

注：1. 表列为 $\bar{Z}=\alpha Z=0$ 的系数值，$\bar{Z}$ 为其他值的系数不常应用，此处从略；

2. $A_Q^0$、$B_Q^0$ 系数不常应用，此处从略。

### 附表 2.12  桩置基岩内（$\alpha h > 2.5$）弯矩系数 $A_m^0$、$B_m^0$

| $\overline{Z}=\alpha Z$ | $\overline{h}=\alpha h$ | | | | | | | | | |
|---|---|---|---|---|---|---|---|---|---|---|
| | 4.0 | | 3.5 | | 3.0 | | 2.8 | | 2.6 | |
| | $A_m^0$ | $B_m^0$ | $A_m^0$ | $B_m^0$ | $A_m^0$ | $B_m^0$ | $A_m^0$ | $B_m^0$ | $A_m^0$ | $B_m^0$ |
| 0 | 0 | 1.000 | 0 | 1.000 | 0 | 1.000 | 0 | 1.000 | 0 | 1.000 |
| 0.1 | 0.100 | 1.000 | 0.100 | 1.000 | 0.100 | 1.000 | 0.100 | 1.000 | 0.100 | 1.000 |
| 0.2 | 0.197 | 0.998 | 0.197 | 0.998 | 0.197 | 0.998 | 0.197 | 0.998 | 0.197 | 0.998 |
| 0.3 | 0.290 | 0.994 | 0.290 | 0.994 | 0.290 | 0.994 | 0.290 | 0.994 | 0.291 | 0.994 |
| 0.4 | 0.378 | 0.986 | 0.378 | 0.986 | 0.378 | 0.986 | 0.378 | 0.986 | 0.379 | 0.986 |
| 0.5 | 0.458 | 0.975 | 0.458 | 0.975 | 0.458 | 0.975 | 0.459 | 0.975 | 0.460 | 0.975 |
| 0.6 | 0.531 | 0.959 | 0.531 | 0.960 | 0.531 | 0.959 | 0.532 | 0.959 | 0.533 | 0.959 |
| 0.7 | 0.594 | 0.939 | 0.595 | 0.939 | 0.595 | 0.939 | 0.596 | 0.939 | 0.598 | 0.938 |
| 0.8 | 0.648 | 0.914 | 0.649 | 0.915 | 0.649 | 0.914 | 0.651 | 0.914 | 0.654 | 0.913 |
| 0.9 | 0.693 | 0.886 | 0.694 | 0.886 | 0.694 | 0.885 | 0.696 | 0.884 | 0.701 | 0.884 |
| 1.0 | 0.728 | 0.853 | 0.729 | 0.854 | 0.729 | 0.852 | 0.732 | 0.850 | 0.739 | 0.850 |
| 1.1 | 0.753 | 0.817 | 0.754 | 0.817 | 0.755 | 0.815 | 0.759 | 0.813 | 0.769 | 0.810 |
| 1.2 | 0.770 | 0.777 | 0.770 | 0.778 | 0.772 | 0.774 | 0.777 | 0.771 | 0.789 | 0.770 |
| 1.3 | 0.777 | 0.735 | 0.778 | 0.736 | 0.779 | 0.730 | 0.786 | 0.727 | 0.802 | 0.725 |
| 1.4 | 0.776 | 0.691 | 0.777 | 0.691 | 0.779 | 0.684 | 0.788 | 0.680 | 0.808 | 0.678 |
| 1.5 | 0.768 | 0.645 | 0.768 | 0.645 | 0.771 | 0.635 | 0.782 | 0.630 | 0.806 | 0.628 |
| 1.6 | 0.753 | 0.598 | 0.752 | 0.597 | 0.756 | 0.585 | 0.769 | 0.578 | 0.799 | 0.576 |
| 1.7 | 0.731 | 0.551 | 0.730 | 0.549 | 0.734 | 0.533 | 0.750 | 0.525 | 0.786 | 0.522 |
| 1.8 | 0.705 | 0.503 | 0.703 | 0.500 | 0.707 | 0.480 | 0.727 | 0.471 | 0.769 | 0.467 |
| 1.9 | 0.673 | 0.456 | 0.670 | 0.451 | 0.676 | 0.427 | 0.699 | 0.416 | 0.749 | 0.411 |
| 2.0 | 0.638 | 0.410 | 0.633 | 0.402 | 0.640 | 0.373 | 0.667 | 0.360 | 0.725 | 0.355 |
| 2.2 | 0.559 | 0.321 | 0.549 | 0.307 | 0.558 | 0.265 | 0.595 | 0.247 | 0.672 | 0.246 |
| 2.4 | 0.472 | 0.239 | 0.457 | 0.216 | 0.468 | 0.157 | 0.517 | 0.135 | 0.615 | 0.126 |
| 2.6 | 0.383 | 0.165 | 0.358 | 0.129 | 0.373 | 0.051 | 0.435 | 0.022 | 0.556 | 0.010 |
| 2.8 | 0.294 | 0.099 | 0.258 | 0.047 | 0.276 | −0.055 | 0.352 | −0.091 | | |
| 3.0 | 0.207 | 0.041 | 0.156 | 0.032 | 0.179 | −0.161 | | | | |
| 3.5 | 0.005 | −0.079 | −0.096 | −0.221 | | | | | | |
| 4.0 | −0.184 | −0.181 | | | | | | | | |

### 附表 2.13　确定桩身最大弯矩及其位置的系数

| $\alpha Z$ | $C_Q$ | $D_Q$ | $K_Q$ | $K_m$ |
|---|---|---|---|---|
| 0.0 | $\infty$ | 0.000 00 | $\infty$ | 1.000 00 |
| 0.1 | 131.252 32 | 0.007 60 | 131.317 79 | 1.000 50 |
| 0.2 | 34.186 40 | 0.029 25 | 34.317 04 | 1.003 82 |
| 0.3 | 15.544 33 | 0.064 33 | 15.738 37 | 1.012 48 |
| 0.4 | 8.781 45 | 0.113 88 | 9.037 39 | 1.029 14 |
| 0.5 | 5.539 03 | 0.180 54 | 5.855 75 | 1.057 18 |
| 0.6 | 3.708 96 | 0.269 55 | 4.138 32 | 1.101 30 |
| 0.7 | 2.565 62 | 0.389 77 | 2.999 27 | 1.169 02 |
| 0.8 | 1.791 34 | 0.558 24 | 2.281 53 | 1.273 65 |
| 0.9 | 1.238 25 | 0.807 59 | 1.783 96 | 1.440 71 |
| 1.0 | 0.824 35 | 1.213 07 | 1.424 48 | 1.728 00 |
| 1.1 | 0.503 03 | 1.987 95 | 1.156 66 | 2.299 39 |
| 1.2 | 0.245 63 | 4.071 21 | 0.951 98 | 3.875 72 |
| 1.3 | 0.033 81 | 29.580 23 | 0.792 35 | 23.437 69 |
| 1.4 | −0.144 79 | −6.906 47 | 0.665 52 | −4.596 37 |
| 1.5 | −0.298 66 | −3.348 27 | 0.563 28 | −1.875 85 |
| 1.6 | −0.433 85 | −2.304 94 | 0.479 75 | −1.128 38 |
| 1.7 | −0.554 97 | −1.801 89 | 0.410 66 | −0.739 96 |
| 1.8 | −0.665 46 | −1.502 73 | 0.352 89 | −0.530 30 |
| 1.9 | −0.767 97 | −1.302 13 | 0.304 12 | −0.396 00 |
| 2.0 | −0.864 74 | −1.156 41 | 0.262 54 | −0.303 61 |
| 2.2 | −1.048 45 | −0.953 79 | 0.195 83 | −0.186 78 |
| 2.4 | −1.229 54 | −0.813 31 | 0.145 03 | −0.117 95 |
| 2.6 | −1.420 38 | −0.704 04 | 0.105 36 | −0.074 18 |
| 2.8 | −1.635 25 | −0.611 53 | 0.074 07 | −0.045 30 |
| 3.0 | −1.892 98 | −0.528 27 | 0.049 28 | −0.026 03 |
| 3.5 | −2.993 86 | −0.334 01 | 0.010 27 | −0.003 43 |
| 4.0 | −0.044 50 | −22.500 00 | −0.000 08 | +0.011 34 |

**附表 2.14 桩置于土中（$\alpha h > 2.5$）或基岩上（$\alpha h \geqslant 3.5$）桩顶位移系数 $A_{x1}$**

| $\bar{l}_0=\alpha l_0$ ＼ $\bar{h}=\alpha h$ | 4.0 | 3.5 | 3.0 | 2.8 | 2.6 | 2.4 |
|---|---|---|---|---|---|---|
| 0.0 | 2.440 66 | 2.501 74 | 2.726 58 | 2.905 24 | 3.162 60 | 3.525 62 |
| 0.2 | 3.161 75 | 3.231 00 | 3.505 01 | 3.731 21 | 4.065 06 | 4.548 08 |
| 0.4 | 4.038 89 | 4.116 85 | 4.444 91 | 4.724 26 | 5.144 55 | 5.764 76 |
| 0.6 | 5.088 07 | 5.175 27 | 5.562 30 | 5.900 40 | 6.417 07 | 7.191 47 |
| 0.8 | 6.325 30 | 6.422 28 | 6.873 16 | 7.275 62 | 7.898 62 | 8.844 39 |
| 1.0 | 7.766 57 | 7.873 87 | 8.393 50 | 8.865 92 | 9.605 20 | 10.739 46 |
| 1.2 | 9.427 90 | 9.546 05 | 10.139 33 | 10.687 31 | 11.552 82 | 12.892 69 |
| 1.4 | 11.315 26 | 11.454 80 | 12.126 63 | 12.755 78 | 13.757 46 | 15.320 07 |
| 1.6 | 13.474 68 | 13.616 14 | 14.371 41 | 15.087 34 | 16.235 14 | 18.037 60 |
| 1.8 | 15.892 14 | 16.046 06 | 16.889 67 | 17.697 98 | 19.001 85 | 21.061 29 |
| 2.0 | 18.593 65 | 18.760 57 | 19.697 41 | 20.603 71 | 22.073 59 | 24.407 13 |
| 2.2 | 21.595 20 | 21.775 65 | 22.810 62 | 23.820 52 | 25.466 36 | 28.091 12 |
| 2.4 | 24.912 80 | 25.107 32 | 26.245 32 | 27.364 41 | 29.196 16 | 32.129 26 |
| 2.6 | 28.562 45 | 28.771 57 | 30.017 50 | 31.251 83 | 33.278 99 | 36.537 56 |
| 2.8 | 32.560 14 | 32.784 40 | 34.143 15 | 35.497 45 | 37.730 85 | 41.332 01 |
| 3.0 | 36.921 88 | 37.161 82 | 38.638 29 | 40.118 59 | 42.567 75 | 46.528 61 |
| 3.2 | 41.663 67 | 41.919 82 | 43.518 90 | 45.130 82 | 47.805 68 | 52.143 36 |
| 3.4 | 46.801 50 | 47.074 40 | 48.801 00 | 50.550 13 | 53.460 63 | 58.192 27 |
| 3.6 | 52.351 38 | 52.641 56 | 54.500 57 | 56.392 53 | 59.548 62 | 64.691 33 |
| 3.8 | 58.329 30 | 58.637 31 | 60.633 62 | 62.674 01 | 66.085 64 | 71.656 55 |
| 4.0 | 64.751 27 | 65.077 63 | 67.216 15 | 69.410 57 | 73.087 69 | 79.103 91 |
| 4.2 | 71.633 29 | 71.978 54 | 74.264 16 | 76.618 22 | 80.573 78 | 87.049 43 |
| 4.4 | 78.991 35 | 79.356 03 | 81.893 65 | 84.312 95 | 88.550 89 | 95.509 10 |
| 4.6 | 86.841 47 | 87.226 11 | 89.820 62 | 92.510 77 | 97.044 03 | 104.498 93 |
| 4.8 | 95.199 62 | 95.604 77 | 98.361 07 | 101.227 67 | 106.066 21 | 114.034 91 |
| 5.0 | 104.081 83 | 104.508 01 | 107.431 00 | 110.479 65 | 115.633 42 | 124.133 04 |
| 5.2 | 113.504 08 | 113.951 83 | 117.046 40 | 120.282 73 | 125.761 65 | 134.809 32 |
| 5.4 | 123.482 37 | 123.952 23 | 127.223 29 | 130.652 88 | 136.466 92 | 146.079 76 |
| 5.6 | 134.032 71 | 134.525 22 | 137.977 65 | 141.606 11 | 147.765 22 | 157.960 34 |
| 5.8 | 145.171 10 | 145.686 79 | 149.325 50 | 153.158 44 | 159.672 56 | 170.467 09 |
| 6.0 | 156.913 54 | 157.452 94 | 161.282 82 | 165.325 84 | 172.204 92 | 183.615 98 |
| 6.4 | 182.274 55 | 182.862 99 | 187.089 90 | 191.569 90 | 199.208 74 | 211.904 23 |
| 6.8 | 210.243 75 | 210.883 37 | 215.526 90 | 220.466 30 | 228.904 68 | 242.953 08 |
| 7.2 | 240.949 13 | 241.642 08 | 246.721 82 | 252.143 03 | 261.420 75 | 276.890 55 |
| 7.6 | 274.518 69 | 275.267 12 | 280.802 66 | 286.728 10 | 296.884 95 | 313.844 63 |
| 8.0 | 311.080 45 | 311.886 49 | 317.897 41 | 324.349 51 | 335.425 27 | 353.943 33 |
| 8.5 | 361.185 40 | 362.066 47 | 368.699 17 | 375.841 11 | 388.121 47 | 408.683 80 |
| 9.0 | 416.415 64 | 417.375 10 | 424.660 17 | 432.526 99 | 446.074 11 | 468.787 73 |
| 9.5 | 477.021 17 | 478.062 37 | 486.030 42 | 494.657 14 | 509.533 20 | 534.505 11 |
| 10.0 | 534.251 99 | 544.378 27 | 553.059 91 | 562.481 57 | 578.798 73 | 606.085 95 |

**附表 2.15　桩置于土中（$\alpha h \geqslant 2.5$）或基岩上（$\alpha h \geqslant 3.5$）桩顶转角（位移）系数 $A_{\varphi 1} = B_{x1}$**

| $\bar{h} = \alpha h$ <br> $\bar{Z} = \alpha Z$ | 4.0 | 3.5 | 3.0 | 2.8 | 2.6 | 2.4 |
|---|---|---|---|---|---|---|
| 0.0 | 1.621 00 | 1.640 76 | 1.757 55 | 1.869 49 | 2.048 19 | 2.326 80 |
| 0.2 | 1.991 12 | 2.012 22 | 2.141 25 | 2.267 11 | 2.470 77 | 2.792 18 |
| 0.4 | 2.401 23 | 2.423 67 | 2.564 95 | 2.704 82 | 2.933 35 | 3.297 56 |
| 0.6 | 2.851 35 | 2.875 13 | 3.028 64 | 3.182 53 | 3.435 92 | 3.842 95 |
| 0.8 | 3.341 46 | 3.366 58 | 3.532 34 | 3.700 24 | 3.978 50 | 4.428 33 |
| 1.0 | 3.871 58 | 3.898 04 | 4.076 04 | 4.257 95 | 4.501 08 | 5.053 71 |
| 1.2 | 4.441 70 | 4.469 50 | 4.659 74 | 4.855 66 | 5.183 66 | 5.719 09 |
| 1.4 | 5.051 81 | 5.080 95 | 5.283 44 | 5.493 37 | 5.846 24 | 6.424 47 |
| 1.6 | 5.701 93 | 5.732 41 | 5.947 13 | 6.171 08 | 6.528 81 | 7.169 86 |
| 1.8 | 6.392 04 | 6.423 86 | 6.650 83 | 6.888 79 | 7.291 39 | 7.955 24 |
| 2.0 | 7.122 16 | 7.155 32 | 7.394 53 | 7.646 50 | 8.073 97 | 8.180 62 |
| 2.2 | 7.892 28 | 7.926 78 | 8.178 23 | 8.444 21 | 8.896 55 | 9.646 00 |
| 2.4 | 8.702 39 | 8.738 23 | 9.001 93 | 9.281 92 | 9.759 13 | 10.561 38 |
| 2.6 | 9.552 51 | 9.589 69 | 9.865 62 | 10.159 63 | 10.661 70 | 11.496 77 |
| 2.8 | 10.442 62 | 10.481 14 | 10.769 32 | 11.077 34 | 11.604 28 | 12.482 15 |
| 3.0 | 11.372 74 | 11.412 60 | 11.713 02 | 12.035 05 | 12.586 86 | 13.507 53 |
| 3.2 | 12.342 86 | 12.384 06 | 12.696 72 | 13.032 76 | 13.609 44 | 14.572 91 |
| 3.4 | 13.352 97 | 13.395 51 | 13.702 42 | 14.070 47 | 14.672 02 | 15.678 29 |
| 3.6 | 14.403 09 | 14.446 97 | 14.784 11 | 15.148 18 | 15.774 59 | 16.823 68 |
| 3.8 | 15.493 20 | 15.538 42 | 15.887 81 | 16.265 89 | 16.917 17 | 18.009 06 |
| 4.0 | 16.623 32 | 16.669 88 | 17.031 51 | 17.423 60 | 18.099 75 | 19.234 44 |
| 4.2 | 17.793 44 | 17.841 34 | 18.215 21 | 18.621 31 | 19.322 33 | 20.499 82 |
| 4.4 | 19.003 55 | 19.052 79 | 19.438 91 | 19.869 02 | 20.584 91 | 21.305 20 |
| 4.6 | 20.253 67 | 20.304 25 | 20.702 60 | 21.136 73 | 21.887 48 | 23.190 59 |
| 4.8 | 21.543 78 | 21.595 70 | 22.006 30 | 22.454 44 | 23.230 06 | 24.535 97 |
| 5.0 | 22.873 90 | 22.927 16 | 23.350 00 | 23.812 15 | 24.612 64 | 25.961 35 |
| 5.2 | 24.244 02 | 24.298 62 | 24.733 70 | 25.209 86 | 26.035 22 | 27.426 73 |
| 5.4 | 25.654 13 | 25.710 07 | 26.157 40 | 26.647 57 | 27.497 80 | 28.932 11 |
| 5.6 | 27.104 36 | 27.161 53 | 27.621 09 | 28.125 28 | 29.000 37 | 30.477 50 |
| 5.8 | 28.594 36 | 28.652 98 | 29.124 79 | 29.642 99 | 30.542 95 | 32.052 88 |
| 6.0 | 30.124 48 | 30.184 44 | 30.668 49 | 31.200 70 | 32.125 53 | 38.688 26 |
| 6.4 | 33.304 71 | 33.367 35 | 33.875 89 | 34.486 12 | 35.410 69 | 37.059 02 |
| 6.8 | 36.644 94 | 37.710 26 | 37.243 28 | 37.831 54 | 38.855 84 | 40.589 79 |
| 7.2 | 40.145 18 | 40.213 18 | 40.770 68 | 41.386 96 | 42.461 00 | 44.280 55 |
| 7.6 | 43.805 41 | 44.876 06 | 44.458 07 | 45.102 38 | 46.226 15 | 48.131 32 |
| 8.0 | 47.625 64 | 48.699 00 | 48.305 47 | 48.977 80 | 50.151 31 | 52.142 08 |
| 8.5 | 52.625 93 | 52.702 64 | 53.339 72 | 54.047 08 | 54.282 76 | 57.380 54 |
| 9.0 | 57.876 22 | 57.956 28 | 58.623 96 | 59.366 35 | 60.664 20 | 62.868 99 |
| 9.5 | 63.376 51 | 63.459 92 | 64.158 21 | 64.935 63 | 66.295 65 | 68.607 45 |
| 10.0 | 69.126 80 | 69.213 56 | 69.942 45 | 70.754 90 | 72.177 09 | 74.595 90 |

**附表 2.16　桩置于土中（$\alpha h \geqslant 2.5$）或基岩上（$\alpha h \geqslant 3.5$）桩顶转角（位移）系数 $B_{\varphi 1}$**

| $\bar{h}=\alpha h$ / $\bar{l}_0=\alpha l_0$ | 4.0 | 3.5 | 3.0 | 2.8 | 2.6 | 2.4 |
|---|---|---|---|---|---|---|
| 0.0 | 1.750 58 | 1.757 28 | 1.818 49 | 1.888 55 | 2.012 89 | 2.226 91 |
| 0.2 | 1.950 58 | 1.957 28 | 2.018 49 | 2.088 55 | 2.212 89 | 2.426 91 |
| 0.4 | 2.150 58 | 2.157 28 | 2.218 49 | 2.288 55 | 2.412 89 | 2.626 91 |
| 0.6 | 2.350 58 | 2.357 28 | 2.418 49 | 2.488 55 | 2.612 89 | 2.826 91 |
| 0.8 | 2.550 58 | 2.557 28 | 2.618 49 | 2.688 55 | 2.812 89 | 3.026 91 |
| 1.0 | 2.750 58 | 2.757 28 | 2.818 49 | 2.888 55 | 2.012 89 | 3.226 91 |
| 1.2 | 2.950 58 | 2.957 28 | 3.018 49 | 3.088 55 | 3.212 89 | 3.426 91 |
| 1.4 | 3.150 58 | 3.157 28 | 3.218 49 | 3.288 55 | 3.412 89 | 3.626 91 |
| 1.6 | 3.350 58 | 3.357 28 | 3.418 49 | 3.488 55 | 3.612 89 | 3.826 91 |
| 1.8 | 3.550 58 | 3.557 28 | 3.618 49 | 3.688 55 | 3.812 89 | 4.026 91 |
| 2.0 | 3.750 58 | 3.757 28 | 3.818 49 | 3.888 55 | 4.012 89 | 4.226 91 |
| 2.2 | 3.950 58 | 3.957 28 | 4.018 49 | 4.088 55 | 4.212 89 | 4.426 91 |
| 2.4 | 4.150 58 | 4.157 28 | 4.218 49 | 4.288 55 | 4.412 89 | 4.626 91 |
| 2.6 | 4.350 58 | 4.357 28 | 4.418 49 | 4.488 55 | 4.612 89 | 4.826 91 |
| 2.8 | 4.550 58 | 4.557 28 | 4.618 49 | 4.688 55 | 4.812 89 | 5.026 91 |
| 3.0 | 4.750 58 | 4.757 28 | 4.818 49 | 4.888 55 | 5.012 89 | 5.226 91 |
| 3.2 | 4.950 58 | 4.957 28 | 5.018 49 | 5.088 55 | 5.212 89 | 5.426 91 |
| 3.4 | 5.150 58 | 5.157 28 | 5.218 49 | 5.288 55 | 5.412 89 | 5.626 91 |
| 3.6 | 5.350 58 | 5.357 28 | 5.418 49 | 5.488 55 | 5.612 89 | 5.826 91 |
| 3.8 | 5.550 58 | 5.557 28 | 5.618 49 | 5.688 55 | 5.812 89 | 6.026 91 |
| 4.0 | 5.750 58 | 5.757 28 | 5.818 49 | 5.888 55 | 6.012 89 | 6.226 91 |
| 4.2 | 5.950 58 | 5.957 28 | 6.018 49 | 6.088 55 | 6.212 89 | 6.426 91 |
| 4.4 | 6.150 58 | 6.157 28 | 6.218 49 | 6.288 55 | 6.412 89 | 6.626 91 |
| 4.6 | 6.350 58 | 6.357 28 | 6.418 49 | 6.488 55 | 6.612 89 | 6.826 91 |
| 4.8 | 6.550 58 | 6.557 28 | 6.618 49 | 6.688 55 | 6.812 89 | 7.026 91 |
| 5.0 | 6.750 58 | 6.757 28 | 6.818 49 | 6.888 55 | 7.012 89 | 7.226 91 |
| 5.2 | 6.950 58 | 6.957 28 | 7.018 49 | 7.088 55 | 7.212 89 | 7.426 91 |
| 5.4 | 7.150 58 | 7.157 28 | 7.218 49 | 7.288 55 | 7.412 89 | 7.626 91 |
| 5.6 | 7.350 58 | 7.357 28 | 7.418 49 | 7.488 55 | 7.612 89 | 7.826 91 |
| 5.8 | 7.550 58 | 7.557 28 | 7.618 49 | 7.688 55 | 7.812 89 | 8.026 91 |
| 6.0 | 7.750 58 | 7.757 28 | 7.818 49 | 7.888 55 | 8.012 89 | 8.226 91 |
| 6.4 | 8.150 58 | 8.157 28 | 8.218 49 | 8.288 55 | 8.412 89 | 8.626 91 |
| 6.8 | 8.550 58 | 8.557 28 | 8.618 49 | 8.688 55 | 8.812 89 | 9.026 91 |
| 7.2 | 8.950 58 | 8.957 28 | 9.018 49 | 9.088 55 | 9.212 89 | 9.426 91 |
| 7.6 | 9.350 58 | 9.357 28 | 9.418 49 | 9.488 55 | 9.612 89 | 9.826 91 |
| 8.0 | 9.750 58 | 9.757 28 | 9.818 49 | 9.888 55 | 10.012 89 | 10.226 91 |
| 8.5 | 10.250 58 | 10.257 28 | 10.318 49 | 10.388 55 | 10.512 89 | 10.726 91 |
| 9.0 | 10.750 58 | 10.757 28 | 10.818 49 | 10.888 55 | 11.012 89 | 11.226 91 |
| 9.5 | 11.250 58 | 11.257 28 | 11.318 49 | 11.388 55 | 11.512 89 | 11.726 91 |
| 10.0 | 11.750 58 | 11.757 28 | 11.818 49 | 11.888 55 | 12.012 89 | 12.226 91 |

### 附表 2.17 多排桩计算 $\rho_2$ 系数 $x_Q$

| $\bar{h}=\alpha h$ $\bar{l}_0=\alpha l_0$ | 4.0 | 3.5 | 3.0 | 2.8 | 2.6 | 2.4 |
|---|---|---|---|---|---|---|
| 0.0 | 1.064 23 | 1.031 17 | 0.972 83 | 0.948 05 | 0.927 22 | 0.913 70 |
| 0.2 | 0.885 55 | 0.860 36 | 0.810 68 | 0.787 23 | 0.765 49 | 0.748 70 |
| 0.4 | 0.736 49 | 0.717 41 | 0.675 95 | 0.654 68 | 0.633 52 | 0.615 28 |
| 0.6 | 0.613 77 | 0.599 33 | 0.565 11 | 0.546 34 | 0.526 63 | 0.508 31 |
| 0.8 | 0.513 42 | 0.502 44 | 0.474 37 | 0.458 09 | 0.440 24 | 0.422 69 |
| 1.0 | 0.431 57 | 0.423 17 | 0.400 19 | 0.386 19 | 0.370 32 | 0.354 01 |
| 1.2 | 0.364 76 | 0.358 29 | 0.339 45 | 0.327 49 | 0.313 53 | 0.298 66 |
| 1.4 | 0.311 05 | 0.305 05 | 0.289 57 | 0.279 38 | 0.267 17 | 0.253 80 |
| 1.6 | 0.265 16 | 0.261 21 | 0.248 43 | 0.329 75 | 0.229 12 | 0.217 17 |
| 1.8 | 0.228 07 | 0.224 94 | 0.214 35 | 0.206 94 | 0.197 69 | 0.187 07 |
| 2.0 | 0.197 28 | 0.194 78 | 0.185 95 | 0.179 61 | 0.171 57 | 0.162 15 |
| 2.2 | 0.171 57 | 0.169 56 | 0.162 16 | 0.156 73 | 0.149 72 | 0.141 38 |
| 2.4 | 0.150 00 | 0.148 36 | 0.142 13 | 0.137 46 | 0.131 34 | 0.123 95 |
| 2.6 | 0.131 78 | 0.130 44 | 0.125 16 | 0.121 13 | 0.115 78 | 0.109 24 |
| 2.8 | 0.116 33 | 0.115 22 | 0.110 72 | 0.107 23 | 0.102 54 | 0.096 73 |
| 3.0 | 0.103 14 | 0.102 22 | 0.098 37 | 0.095 33 | 0.091 21 | 0.086 04 |
| 3.2 | 0.091 83 | 0.091 05 | 0.087 75 | 0.085 10 | 0.081 47 | 0.076 86 |
| 3.4 | 0.082 08 | 0.081 43 | 0.078 57 | 0.076 25 | 0.073 04 | 0.068 93 |
| 3.6 | 0.073 64 | 0.073 09 | 0.070 61 | 0.068 57 | 0.065 72 | 0.062 04 |
| 3.8 | 0.066 30 | 0.065 83 | 0.063 67 | 0.061 87 | 0.059 34 | 0.056 04 |
| 4.0 | 0.059 89 | 0.059 49 | 0.057 60 | 0.056 00 | 0.053 75 | 0.050 79 |
| 4.2 | 0.054 27 | 0.053 92 | 0.052 26 | 0.050 85 | 0.048 83 | 0.046 16 |
| 4.4 | 0.049 32 | 0.049 02 | 0.047 56 | 0.046 30 | 0.044 49 | 0.042 09 |
| 4.6 | 0.044 95 | 0.044 69 | 0.043 39 | 0.042 27 | 0.040 65 | 0.038 47 |
| 4.8 | 0.041 08 | 0.040 85 | 0.039 70 | 0.038 69 | 0.037 23 | 0.035 26 |
| 5.0 | 0.037 63 | 0.037 43 | 0.036 41 | 0.035 50 | 0.034 19 | 0.032 39 |
| 5.2 | 0.034 55 | 0.034 38 | 0.033 46 | 0.032 65 | 0.031 46 | 0.029 83 |
| 5.4 | 0.031 80 | 0.031 65 | 0.030 83 | 0.030 10 | 0.029 01 | 0.027 53 |
| 5.6 | 0.029 33 | 0.029 20 | 0.028 46 | 0.027 80 | 0.026 82 | 0.025 46 |
| 5.8 | 0.027 11 | 0.026 99 | 0.026 33 | 0.025 73 | 0.024 83 | 0.023 59 |
| 6.0 | 0.025 11 | 0.025 00 | 0.024 40 | 0.023 85 | 0.023 04 | 0.021 90 |
| 6.4 | 0.021 65 | 0.021 56 | 0.021 07 | 0.020 62 | 0.019 94 | 0.018 97 |
| 6.8 | 0.018 80 | 0.018 73 | 0.018 32 | 0.017 84 | 0.017 36 | 0.016 55 |
| 7.2 | 0.016 42 | 0.016 86 | 0.016 00 | 0.015 50 | 0.015 22 | 0.014 52 |
| 7.6 | 0.014 43 | 0.014 38 | 0.014 38 | 0.013 82 | 0.013 41 | 0.012 80 |
| 8.0 | 0.012 75 | 0.012 71 | 0.012 46 | 0.012 23 | 0.011 87 | 0.011 35 |
| 8.5 | 0.010 99 | 0.010 96 | 0.010 76 | 0.010 56 | 0.010 27 | 0.009 83 |
| 9.0 | 0.009 54 | 0.009 51 | 0.009 35 | 0.009 19 | 0.008 94 | 0.008 57 |
| 9.5 | 0.008 32 | 0.008 31 | 0.008 17 | 0.008 04 | 0.007 83 | 0.007 51 |
| 10.0 | 0.007 32 | 0.007 30 | 0.007 19 | 0.007 07 | 0.006 89 | 0.006 62 |

### 附表 2.18　多排桩计算 $\rho_3$ 系数 $x_m$

| $\bar{h} = \alpha h$ <br> $\bar{l}_0 = \alpha l_0$ | 4.0 | 3.5 | 3.0 | 2.8 | 2.6 | 2.4 |
|---|---|---|---|---|---|---|
| 0.0 | 0.985 45 | 0.962 79 | 0.940 23 | 0.938 44 | 0.943 48 | 0.954 69 |
| 0.2 | 0.903 95 | 0.884 51 | 0.859 98 | 0.854 54 | 0.854 69 | 0.861 38 |
| 0.4 | 0.822 32 | 0.806 00 | 0.781 52 | 0.773 77 | 0.770 17 | 0.725 52 |
| 0.6 | 0.744 53 | 0.730 99 | 0.707 67 | 0.698 70 | 0.692 51 | 0.691 01 |
| 0.8 | 0.672 62 | 0.661 45 | 0.639 93 | 0.630 48 | 0.622 66 | 0.618 39 |
| 1.0 | 0.607 46 | 0.598 25 | 0.578 75 | 0.569 28 | 0.560 61 | 0.554 42 |
| 1.2 | 0.549 10 | 0.541 50 | 0.524 02 | 0.514 87 | 0.505 84 | 0.498 43 |
| 1.4 | 0.498 75 | 0.490 92 | 0.475 36 | 0.466 69 | 0.457 66 | 0.449 56 |
| 1.6 | 0.451 25 | 0.446 01 | 0.432 20 | 0.424 11 | 0.415 30 | 0.406 88 |
| 1.8 | 0.410 58 | 0.406 20 | 0.393 97 | 0.386 48 | 0.378 04 | 0.369 56 |
| 2.0 | 0.374 62 | 0.370 93 | 0.360 09 | 0.353 19 | 0.345 19 | 0.336 84 |
| 2.2 | 0.342 76 | 0.339 64 | 0.330 02 | 0.323 70 | 0.316 17 | 0.308 07 |
| 2.4 | 0.314 50 | 0.311 84 | 0.303 29 | 0.297 50 | 0.290 46 | 0.282 67 |
| 2.6 | 0.289 36 | 0.287 09 | 0.279 47 | 0.274 17 | 0.267 61 | 0.260 18 |
| 2.8 | 0.266 94 | 0.264 99 | 0.258 19 | 0.253 35 | 0.247 24 | 0.240 19 |
| 3.0 | 0.246 91 | 0.245 21 | 0.239 12 | 0.234 70 | 0.229 03 | 0.222 36 |
| 3.2 | 0.228 94 | 0.227 47 | 0.222 00 | 0.212 68 | 0.212 68 | 0.206 39 |
| 3.4 | 0.212 79 | 0.211 50 | 0.206 58 | 0.197 98 | 0.197 98 | 0.192 06 |
| 3.6 | 0.198 22 | 0.197 09 | 0.192 65 | 0.184 71 | 0.184 71 | 0.179 14 |
| 3.8 | 0.185 05 | 0.184 06 | 0.180 04 | 0.172 70 | 0.172 70 | 0.167 46 |
| 4.0 | 0.173 12 | 0.172 24 | 0.168 59 | 0.161 80 | 0.161 80 | 0.156 88 |
| 4.2 | 0.162 27 | 0.161 49 | 0.158 17 | 0.155 51 | 0.151 88 | 0.147 25 |
| 4.4 | 0.152 38 | 0.151 68 | 0.148 66 | 0.146 21 | 0.142 82 | 0.138 48 |
| 4.6 | 0.143 36 | 0.142 73 | 0.139 96 | 0.137 70 | 0.134 54 | 0.130 46 |
| 4.8 | 0.135 09 | 0.134 52 | 0.131 99 | 0.129 90 | 0.126 95 | 0.123 11 |
| 5.0 | 0.127 50 | 0.127 00 | 0.124 67 | 0.122 73 | 0.119 98 | 0.116 36 |
| 5.2 | 0.120 53 | 0.120 07 | 0.117 93 | 0.116 12 | 0.113 56 | 0.110 15 |
| 5.4 | 0.114 10 | 0.113 68 | 0.111 71 | 0.110 03 | 0.107 63 | 0.104 42 |
| 5.6 | 0.108 17 | 0.107 79 | 0.105 97 | 0.104 40 | 0.102 15 | 0.099 13 |
| 5.8 | 0.102 68 | 0.102 32 | 0.100 64 | 0.099 19 | 0.097 08 | 0.094 22 |
| 6.0 | 0.097 59 | 0.097 27 | 0.095 71 | 0.094 35 | 0.092 37 | 0.089 67 |
| 6.4 | 0.088 47 | 0.088 21 | 0.086 86 | 0.085 66 | 0.083 91 | 0.081 50 |
| 6.8 | 0.082 56 | 0.080 34 | 0.079 16 | 0.078 11 | 0.076 56 | 0.074 40 |
| 7.2 | 0.073 66 | 0.075 30 | 0.072 44 | 0.071 51 | 0.070 13 | 0.068 18 |
| 7.6 | 0.067 60 | 0.067 44 | 0.066 53 | 0.065 71 | 0.064 47 | 0.062 71 |
| 8.0 | 0.062 25 | 0.062 11 | 0.061 31 | 0.060 58 | 0.059 46 | 0.057 87 |
| 8.5 | 0.056 41 | 0.056 29 | 0.055 60 | 0.054 96 | 0.053 98 | 0.052 58 |
| 9.0 | 0.051 35 | 0.051 25 | 0.050 65 | 0.050 09 | 0.049 22 | 0.047 97 |
| 9.5 | 0.046 94 | 0.046 85 | 0.046 33 | 0.045 83 | 0.045 07 | 0.043 95 |
| 10.0 | 0.043 07 | 0.042 99 | 0.042 53 | 0.042 10 | 0.041 41 | 0.040 41 |

## 附表 2.19　多排桩计算 $\rho_4$ 系数 $\phi_m$

| $\bar{h}=\alpha h$ ＼ $\bar{l}_0=\alpha l_0$ | 4.0 | 3.5 | 3.0 | 2.8 | 2.6 | 2.4 |
|---|---|---|---|---|---|---|
| 0.0 | 1.483 75 | 1.468 02 | 1.458 63 | 1.456 83 | 1.456 83 | 1.446 56 |
| 0.2 | 1.435 41 | 1.420 26 | 1.407 70 | 1.406 40 | 1.406 19 | 1.403 07 |
| 0.4 | 1.383 16 | 1.369 08 | 1.254 32 | 1.351 47 | 1.350 74 | 1.350 22 |
| 0.6 | 1.328 58 | 1.315 80 | 1.219 69 | 1.295 38 | 1.293 36 | 1.293 11 |
| 0.8 | 1.273 25 | 1.261 82 | 1.245 17 | 1.239 65 | 1.239 19 | 1.235 07 |
| 1.0 | 1.218 58 | 1.208 44 | 1.191 11 | 1.185 36 | 1.180 59 | 1.778 18 |
| 1.2 | 1.165 51 | 1.156 55 | 1.140 24 | 1.133 23 | 1.127 57 | 1.123 63 |
| 1.4 | 1.117 13 | 1.106 75 | 1.091 04 | 1.083 67 | 1.076 97 | 1.072 03 |
| 1.6 | 1.066 37 | 1.059 40 | 1.044 42 | 1.036 88 | 1.029 57 | 1.023 62 |
| 1.8 | 1.020 81 | 1.014 65 | 1.000 48 | 1.992 90 | 0.985 18 | 0.978 41 |
| 2.0 | 0.978 01 | 0.972 55 | 0.959 20 | 0.951 69 | 0.943 72 | 0.936 31 |
| 2.2 | 0.937 88 | 0.933 04 | 0.920 50 | 0.913 13 | 0.905 04 | 0.897 15 |
| 2.4 | 0.900 32 | 0.896 00 | 0.884 25 | 0.877 08 | 0.868 96 | 0.860 74 |
| 2.6 | 0.865 19 | 0.861 33 | 0.850 32 | 0.843 37 | 0.835 31 | 0.826 87 |
| 2.8 | 0.832 33 | 0.828 86 | 0.818 55 | 0.811 85 | 0.803 89 | 0.795 33 |
| 3.0 | 0.801 58 | 0.798 46 | 0.788 80 | 0.782 35 | 0.774 54 | 0.765 93 |
| 3.2 | 0.772 79 | 0.769 97 | 0.760 92 | 0.754 73 | 0.747 09 | 0.738 49 |
| 3.4 | 0.745 80 | 0.743 25 | 0.734 75 | 0.728 82 | 0.721 38 | 0.712 84 |
| 3.6 | 0.720 49 | 0.718 16 | 0.710 19 | 0.704 50 | 0.697 27 | 0.688 83 |
| 3.8 | 0.696 70 | 0.694 58 | 0.689 09 | 0.681 65 | 0.674 63 | 0.666 32 |
| 4.0 | 0.674 33 | 0.672 39 | 0.665 35 | 0.660 14 | 0.663 34 | 0.645 17 |
| 4.2 | 0.653 27 | 0.651 49 | 0.644 85 | 0.639 87 | 0.633 29 | 0.625 28 |
| 4.4 | 0.633 41 | 0.631 77 | 0.625 52 | 0.620 74 | 0.614 39 | 0.606 55 |
| 4.6 | 0.614 67 | 0.613 15 | 0.607 24 | 0.602 68 | 0.596 53 | 0.588 88 |
| 4.8 | 0.596 94 | 0.595 55 | 0.589 96 | 0.585 59 | 0.579 65 | 0.572 18 |
| 5.0 | 0.580 17 | 0.578 88 | 0.573 59 | 0.569 41 | 0.563 67 | 0.556 38 |
| 5.2 | 0.564 29 | 0.563 08 | 0.558 07 | 0.554 06 | 0.548 53 | 0.541 42 |
| 5.4 | 0.549 21 | 0.548 09 | 0.543 34 | 0.539 49 | 0.534 15 | 0.527 23 |
| 5.6 | 0.534 89 | 0.533 85 | 0.529 34 | 0.525 65 | 0.520 49 | 0.513 75 |
| 5.8 | 0.521 28 | 0.520 31 | 0.516 02 | 0.512 48 | 0.507 49 | 0.500 94 |
| 6.0 | 0.508 33 | 0.507 41 | 0.503 33 | 0.499 93 | 0.495 11 | 0.488 74 |
| 6.4 | 0.484 21 | 0.488 40 | 0.479 69 | 0.476 55 | 0.472 05 | 0.466 02 |
| 6.8 | 0.462 22 | 0.461 51 | 0.458 12 | 0.455 22 | 0.451 01 | 0.445 31 |
| 7.2 | 0.442 11 | 0.441 47 | 0.438 38 | 0.435 68 | 0.431 74 | 0.426 34 |
| 7.6 | 0.423 64 | 0.423 07 | 0.420 23 | 0.417 72 | 0.414 03 | 0.408 92 |
| 8.0 | 0.406 63 | 0.406 12 | 0.403 50 | 0.401 16 | 0.397 70 | 0.392 86 |
| 8.5 | 0.387 18 | 0.386 72 | 0.384 34 | 0.282 20 | 0.378 99 | 0.374 46 |
| 9.0 | 0.369 47 | 0.369 01 | 0.366 90 | 0.364 93 | 0.361 95 | 0.357 71 |
| 9.5 | 0.353 30 | 0.352 94 | 0.350 96 | 0.349 14 | 0.346 37 | 0.342 39 |
| 10.0 | 0.338 47 | 0.339 15 | 0.336 33 | 0.334 64 | 0.332 06 | 0.328 32 |

# 参 考 答 案

## 第一章

1.1　答案要点：桥梁由上部结构、支座和下部结构组成。其下部结构又由桥墩、桥台和基础组成。

桥梁的上部结构即桥跨，为桥梁的主要构件。它支撑桥面并将桥面和车辆及行人的荷载传递给墩台。具体有梁桥、拱桥、索桥和组合体系桥等形式。

支座是位于桥跨和墩台之间的传力构件，它的作用是将来自桥跨的荷载传递给墩台，并且协调梁体的变形。按照受力性质有固定和活动支座之分；按照材料划分有钢支座、橡胶支座和混凝土支座等；按照形式划分有板式支座、盆式支座和球形支座等；按照功能又可分为一般支座和特种支座。

桥墩是位于桥梁的中间支承，它的作用是承受来自两边桥跨及桥孔的荷载并将其传递给基础。

桥台是位于桥梁两端的支承，它一侧连接桥跨，另一侧连接路基；它既承受来自桥跨河桥孔的荷载，也承受来自路基的土压力；它的作用除传递荷载之外，还有挡土和挡渣的作用。

基础是位于墩台底以下部分的结构，它的作用将墩台传递过来的荷载传递给地基。

1.2　答案要点：有21种，分三大类。

永久作用：结构自重、预加力、土重及其侧压力、混凝土收缩和徐变作用、水浮力、基础变位引起的次内力。

可变作用：汽车竖向荷载、离心力、制动力、冲击力及其引起的土体侧压力，人群荷载、风荷载、流水及流冰压力、温度作用及支座摩阻力。

偶然作用：地震力、船只及漂流物的撞击力和汽车撞击力。

计算详见内容和例题（略），但在计算时应注意其各项作用的数值大小、作用方向和作用点位置。

作用效应组合：按承载能力极限状态设计时，应采用基本组合和偶然组合；按正常使用极限状态设计时，应根据不同的设计要求，采用短期效应和长期效应组合。

公路桥涵结构设计应考虑结构上可能同时出现的作用，按承载能力极限状态和正常使用极限状态进行作用效应组合，取其最不利效应组合进行设计。只有在结构上可能同时出现的作用，才进行其效应的组合。当结构或结构构件需做不同受力方向检算时，则应以不同方向的最不利作用效应进行组合（具体有七项，可参考教材）。

1.3　答案要点：古代桥梁、现代桥梁和当代桥梁（特点见教材内容）。

1.4　答案要点：

特点：内容系统，知识面广，综合性强，应用性强，实践性强。

目的及要求：通过本门课程的学习，对于土木工程专业交通土建工程方向的学生来说，能够针对各种桥梁结构根据桥址的水文及地质情况进行基础选型；合理地选用设计方法和原理，结合计算机的应用完成基础结构的设计计算、检算以及配筋设计，结合桥址所在地区的抗震等级进行抗震设计与检算。

（1）了解桥梁基础的基本概念、类型划分及设计原则，掌握桥梁基础的构造、各种作用的计算及其效应组合的要求。

（2）掌握基础工程设计的基本内容、设计方法、计算原理和检算要求。

（3）了解各种基础施工的基本程序、施工要点和技术要求。

（4）结合计算机的应用完成各种基础的结构设计计算、检算及设计图纸绘制。

1.5 答案要点：（1）公路-Ⅱ级车道荷载的均布荷载标准值 $q_k$ 和集中荷载标准值 $P_k$ 按公路-Ⅰ级车道荷载的 0.75 倍采用，在荷载计算中，对应的活载效应均应按照该荷载集度计算。

（2）跨径改变为 16m，与之对应的主梁的荷载集度、活载的布载长度、制动力和温度力的计算长度等均应相应变化。

（3）对于跨径减小以后，墩台及其基础设计的尺寸也会相应改变。

## 第二章

【思考题】

2.1 答：天然地基上的浅基础设计计算内容，主要包括：浅基础的类型，基础埋置深度的选择，基础底面尺寸的确定，地基承载力的验算，基底合力偏心距验算，基础稳定性和地基稳定性验算，基础沉降验算。

2.2 答：当截面厚度一定时，其悬出部分长度应控制在一定范围内即受刚性角限制的基础，基础内不需配置受力钢筋，这种基础称为刚性基础。

刚性基础的特点：稳定性好、施工简便、能承受较大的荷载。它的主要缺点是自重大，在实际应用中也受到一定的限制，当持力层为软弱土时，由于扩大基础面积有一定限制，需要对地基进行处理或加固后才能采用，否则会因所受的荷载压力超过地基强度而影响建筑物的正常使用。

刚性基础常见的形式：刚性扩大基础、墙下条形刚性基础、柱下条形刚性基础等。

2.3 答：基础埋置深度考虑因素：桥位处地基地质条件、河流的冲刷深度、当地的冻结深度、上部结构形式、当地的地形条件、保证持力层稳定所需的最小埋置深度、相邻建筑物基础埋深的影响。

埋置深度与地基承载力的关系主要是随着基础埋深的增加，基础底面以上土的自重也随着增大，这对阻止基底土在荷载作用下的挤出是有利的。对沉降的影响可从对承载力的影响入手。

2.4 答：自墩台边缘处的垂线与基底边缘的连线间的最大夹角 $\alpha_{max}$，称为刚性角。刚性角 $\alpha_{max}$ 的数值与基础所用的圬工材料强度和受力形式有关。

2.5 答：墩、台基础的设计计算，必须控制基底合力偏心距，目的是尽可能使基底应力分布比较均匀，以免基底两侧应力相差过大，使基础产生较大的不均匀沉降，使墩、台发生倾斜，影响正常使用。

2.6 答：基础沉降验算包括沉降量、相邻基础沉降差、基础由于地基不均匀沉降而发生倾斜等。

墩台基础的总沉降量，可按结构重力及土重采用分层总和法。

$$s = \Psi_s s_0 = \Psi_s \sum_{i=1}^{n} \frac{p_0}{E_{si}} (z_i \bar{\alpha}_i - z_{i-1} \bar{\alpha}_{i-1})$$

$$p_0 = p - \gamma h$$

$$\Delta s_n \leqslant 0.025 \sum_{i=1}^{n} \Delta s_i$$

以下情况必须验算基础的沉降，使其不大于规定的容许值。

（1）墩台修建在地质情况复杂、土质分布不均或承载力较小的软黏土地基及湿陷性黄土上的基础。

（2）修建在非岩石地基上的拱桥、连续梁桥等超静定结构的基础。

（3）当相邻基础地基土承载力有显著不同或相邻跨度相差悬殊而必须考虑其沉降差时。

（4）对于跨线桥、跨线渡槽要保证桥（或槽）下净空高度时。

2.7 答：刚性浅基础的施工内容包括基础定位放样、基坑开挖与支护、基坑排水、基坑检验和基底处理、基础砌筑及基坑的回填等。

2.8 答：当基坑较深，土方数量较大，或者基坑放坡开挖受到场地限制，或基坑地质松软，含水量大，坡度不易保持时，可采用开挖后护壁加固的方法施工。

2.9 答：水中基坑开挖的围堰形式有土围堰、草（麻）袋围堰、钢板桩围堰、钢套箱围堰、双壁钢围堰等。

适用条件和特点可从围堰的结构特点进行分析。

2.10 答：桥梁墩台基础，大多数位于水中。修建水中基础，在开挖前，必须首先在基坑外围修筑一道临时挡水结构物即围堰，把围堰内的水排干后，再开挖基坑修筑基础。如排水困难，也可在围堰内进行水下挖土，挖至预定高程后先灌注水下封底混凝土，然后再抽干水继续修筑基础。

【习题】

2.1 答：（1）先计算基底形心处作用效应标准值组合（表答 2.1）。

表答 2.1 基底形心处作用效应标准值组合

| 基底形心处作用效应标准值组合 | 单孔活载 | | | 双孔活载 | | |
|---|---|---|---|---|---|---|
| | $N/\text{kN}$ | $H/\text{kN}$ | $M/(\text{kN} \cdot \text{m})$ | $N/\text{kN}$ | $H/\text{kN}$ | $M/(\text{kN} \cdot \text{m})$ |
| 1. 恒载＋汽车＋人群 | 6928.6 (5728.6) | 0 | 107.15 | 7185.5 | 0 | 0 |
| 2. 恒载＋汽车＋人群＋制动力＋风力 | 6928.6 (5728.6) | 50.9 | 556.77 | 7185.5 | 50.9 | 449.62 |

注：括号内数字为考虑浮力后的组合值。

（2）地基承载力验算。

① 持力层承载力验算。持力层为中密中砂，查表得 $[f_{a0}] = 370\text{kPa}$，$k_1 = 2.0$，$k_2 = 4.0$，则

$$[f_a] = [f_{a0}] + k_1\gamma_1(b-2) + k_2\gamma_2(h-3)$$
$$= 370 + 2.0 \times 10.5 \times (3.1-2) + 4.0 \times 10.5 \times (4.1-3) = 439.3(\text{kPa})$$

组合 2，不考虑浮力时，为最不利组合。

单孔时

$$p_{\substack{\max \\ \min}} = \frac{N}{A} \pm \frac{M}{W} = \frac{6928.6}{3.1 \times 9.9} \pm \frac{556.77}{\frac{1}{6} \times 9.9 \times 3.1^2}$$

$$= \begin{matrix} 260.87(\text{kPa}) \\ 190.65(\text{kPa}) \end{matrix}$$

双孔时

$$p_{\substack{\max \\ \min}} = \frac{N}{A} \pm \frac{M}{W} = \frac{7185.5}{3.1 \times 9.9} \pm \frac{449.62}{\frac{1}{6} \times 9.9 \times 3.1^2}$$

$$= \begin{matrix} 262.49(\text{kPa}) \\ 205.77(\text{kPa}) \end{matrix}$$

$$p_{\max} = 262.49\text{kPa} < \gamma_R[f_a] = 1.25 \times 439.3 = 549.13(\text{kPa})$$

所以，持力层承载力满足要求。

② 下卧层承载力验算。下卧层为一般黏性土，$e=0.8$，$I_L=1.0$，查表得 $[f_{a0}]=$ 140kPa，小于持力层的承载力 370kPa，所以为软弱下卧层。

当 $l/b = 9.9/3.1 = 3.19$，$z/b = 5.3/3.1 = 1.71$ 时，查得附加应力系数 $\alpha = 0.326$。

因 $z/b > 1$，即

$$p = \frac{p_{\max} + p_{\min}}{2} = \frac{262.49 + 205.77}{2} = 258.39 \ (\text{kPa})$$

则下卧层顶面处的总应力为

$$p_z = \gamma_1(h+z) + \alpha(p - \gamma_2 h)$$
$$= 19.7 \times 6.5 + 0.469 \times (246.44 - 19.7 \times 2) = 225.15(\text{kPa})$$

下卧层顶面处的容许承载力为

$$[f_a] = [f_{a0}] + k_1\gamma_1(b-2) + k_2\gamma_2(h+z-3)$$

查表得 $k_1 = 0$，$k_2 = 1.5$，有

$$[f_a] = 140 + 0 + 1.5 \times 10.5 \times (2+5.3-3) = 207.73(\text{kPa})$$
$$p_z = 225.15 < \gamma_R[f_a] = 1.25 \times 207.73 = 259.66(\text{kPa})$$

所以下卧层承载力满足要求。

（3）基底合力偏心距验算。

① 桥墩仅承受永久作用标准值效应组合

$$e_0 = \frac{M}{N} = 0(\text{m}), \rho = \frac{b}{6} = \frac{3.1}{6} = 0.52(\text{m})$$

$$[e_0] = 0.75\rho = 0.75 \times 0.52 = 0.39(\text{m})$$

因 $e_0 < [e_0]$，故基底合力偏心距满足要求。

② 桥墩承受作用标准值效应组合。经比较，按组合 2 单孔布载时考虑浮力作用最

不利，则

$$e_0 = \frac{M}{N} = \frac{556.77}{5728.6} = 0.10(\text{m})$$

$$[e_0] = \rho = \frac{3.1}{6} = 0.52(\text{m})$$

因 $e_0 < [e_0]$，故基底合力偏心距满足要求。

（4）稳定性验算。

使用阶段：

① 抗倾覆稳定性验算。经比较可知，按组合 2 单孔布载时考虑浮力作用最不利，则

$$e_0 = \frac{M}{N} = \frac{556.77}{5728.6} = 0.10(\text{m})$$

又

$$s = \frac{b}{2} = \frac{3.1}{2} = 1.55(\text{m})$$

则抗倾覆稳定系数为

$$k_0 = \frac{s}{e_0} = \frac{1.55}{0.1} = 15.5 > 1.3$$

所以，抗倾覆稳定性满足要求。

② 抗滑动稳定性验算。经比较可知，按组合 2 单孔布载时考虑浮力作用最不利，则根据基底土为砂土查表可得，基底摩擦系数 $\mu = 0.30$。

抗滑动稳定系数计算为

$$k_c = \frac{\mu N}{H} = \frac{0.30 \times 5728.6}{50.9} = 33.76 > 1.2$$

所以，抗滑动稳定性满足要求。

施工阶段：

① 抗倾覆稳定性验算。经比较可知，按组合 2 单孔布载时考虑浮力作用最不利（扣除上部结构自重、汽车及人群荷载作用），则

$$e_0 = \frac{M}{N} = \frac{126.42}{4280} = 0.03(\text{m})$$

又

$$s = \frac{b}{2} = \frac{3.1}{2} = 1.55(\text{m})$$

则抗倾覆稳定系数为

$$k_0 = \frac{s}{e_0} = \frac{1.55}{0.1} = 15.5 > 1.2$$

所以，抗倾覆稳定性满足要求。

② 抗滑动稳定性验算。经比较可知，按组合 2 单孔布载时考虑浮力作用最不利（扣除上部结构自重、汽车及人群荷载作用），则

根据基底土为砂土查表可得，基底摩擦系数 $\mu=0.30$，则抗滑动稳定系数计算为

$$k_c = \frac{\mu N}{H} = \frac{0.30 \times 4280}{18.9} = 67.94 > 1.2$$

所以，抗滑动稳定性满足要求。

2.2 答：(1) 确定基础埋置深度及基础尺寸的拟定。表层黏土层厚 6.35m，液限指数 $I_L=0.5$，$e=0.732$，查表得 $[f_a]=274$kPa，由于外荷载不大，故该层可作为基础的持力层。拟定基础设置两层台阶，每层厚 74cm，台阶宽 40cm，其刚性角 $\alpha = \arctan\dfrac{0.8}{1.5} = 31.19° < \alpha_{max} = 40°$，符合要求。

拟定基础底面设在局部冲刷线以下 2m 处，满足冻结深度要求。

基础顶面尺寸： $a_1 = 390 + 2 \times 40 = 470$（cm），$b_1 = 390 + 2 \times 40 = 470$（cm）

基础底面尺寸： $a_2 = 390 + 4 \times 40 = 550$（cm），$b_2 = 390 + 4 \times 40 = 300$（cm）

(2) 验算过程略。

## 第三章 桩基础

【思考题】

3.1 答：目前桩基础主要用于以下方面：

(1) 上部荷载很大，只有在较深处才有能满足承载力要求的持力层的情况。

(2) 为了减少基础的沉降或不均匀沉降，利用较少的桩将部分荷载传递到地基深处，从而减少基础沉降，按沉降控制设计，这种桩基础称为减沉桩基础或疏桩基础。

(3) 当设计基础底面比天然地面高或基础底部的土可能被冲蚀，形成承台与地基土不接触的高承台桩基。

(4) 有很大的水平方向荷载情况，如风、浪、水平土压力、地震荷载和冲击力等荷载。可采用垂直桩、斜桩或交叉桩承受水平荷载。

(5) 地下水位较高，加深基础埋深需要进行深基坑开挖和人工降水，这可能不经济或对环境有不利影响，这时可考虑采用桩基础。

(6) 在水的浮力作用下，地下室或地下结构可能上浮，这时用桩抗浮承受上拔荷载。

(7) 用桩穿过湿陷性土、膨胀性土、人工填土、垃圾土和可液化土层，可保证建筑物的稳定。

(8) 地震区，在可液化地基中，采用桩基础可增加结构物的抗震能力，桩基础穿越可液化土层并伸入下部密实稳定土层，可消除或减轻地震对结构物的危害。

除以上情况使用桩基础以外，目前桩还广泛用于基坑的支挡结构，用桩作为锚固结构，用于滑坡治理的抗滑桩等。

3.2 答：摩擦桩在极限承载力状态下，桩顶荷载由桩侧阻力承受，即纯摩擦桩，桩端阻力可忽略不计；端承摩擦桩在极限承载力状态下，桩顶荷载主要由桩侧阻力承受，桩端阻力占少量比例，"端承"为形容摩擦桩的，但不能忽略不计。

3.3 答：(1) 按桩的使用功能分类：竖向抗压桩、竖向抗拔桩、水平受荷桩、复合受荷桩。

(2) 按成桩方法分类：非挤土桩、部分挤土桩、挤土桩。

(3) 按桩径大小分类：小桩、中等直径桩、大直径桩。

(4) 按施工方法分类：沉入桩、灌注桩、管柱。

(5) 按承载性状分类：摩擦型桩、端承型桩。

(6) 高桩承台和低桩承台。

3.4 答：高桩承台的承台底面位于地面（或冲刷线）以下，低桩承台的承台底面位于地面（或冲刷线）以下。高桩承台的结构特点是基础部分桩身沉入土中，部分桩身外露在地面以上（称为桩的自由长度），而低桩承台则基桩全部沉入土中（桩的自由长度为零）。

高桩承台由于承台位置较高或设在施工水位以上，可减少墩台的圬工数量，可避免或减少水下作业，施工较为方便，且经济。然而，高桩承台基础刚度较小，在水平力作用下，由于承台及基桩露出地面的一段自由长度周围无土来共同承受水平外力，基桩的受力情况较为不利，桩身内力和位移都将大于在同样水平外力作用下的低桩承台，在稳定性方面低桩承台比高桩承台好。

3.5 答：(1) 影响因素。桩底阻力与土的性质、持力层上覆荷载（覆盖层土层厚度）、桩径、桩底作用力、时间及桩底端进入持力层深度等因素有关。

桩底地基土的性质：桩端地基土的受压刚度和抗剪强度大则桩端阻力大；持力层上覆荷载：覆盖层土厚度大，桩端阻力大；桩径：桩径大则桩端阻力大；时间因素：固结度随时间增长，固结度大则桩底阻力大。

(2) 深度效应。桩的承载力（主要是桩底阻力）随着桩的入土深度，特别是进入持力层的深度而变化，这种特性称为深度效应。

临界深度 $h_c$：桩底端进入持力砂土层或硬黏土层时，桩的极限阻力随着进入持力层的深度线性增加。达到一定深度后，桩端阻力的极限值保持一稳定值。这一深度称为临界深度。上覆荷载越小，持力层土密度越大，则 $h_c$ 越大。

3.6 答：(1) 钻（挖）孔灌注桩的承载力容许值

$$[R_a] = \frac{1}{2} u \sum_{i=1}^{n} q_{ik} l_i + A_p q_r$$

(2) 沉桩的承载力容许值

$$[R_a] = \frac{1}{2} \left( u \sum_{i=1}^{n} \alpha_i l_i q_{ik} + \alpha_r A_p q_{rk} \right)$$

(3) 支承在基岩上或嵌入基岩内的钻（挖）孔桩、沉桩的单桩轴向受压承载力容许值 $[R_a]$，可按下式计算为

$$[R_a] = c_1 A_p f_{rk} + u \sum_{i=1}^{m} c_{2i} h_i f_{rki} + \frac{1}{2} \zeta_s u \sum_{i=1}^{n} l_i q_{ik}$$

(4) 桩端后压浆灌注桩单桩轴向受压承载力容许值，应通过静载试验确定。在符合后压浆技术的条件下，后压浆单桩轴向受压承载力容许值可按下式计算为

$$[R_\mathrm{a}] = \frac{1}{2}u\sum_{i=1}^{n}\beta_{si}q_{ik}l_i + \beta_\mathrm{p}A_\mathrm{p}q_\mathrm{r}$$

3.7　（略）

3.8　答：

（1）桩身纵向弯曲破坏。当桩底支承在很坚硬的地层，桩侧为软土层，其抗剪强度很低，$P\text{-}S$ 曲线呈现出明确的破坏荷载。

（2）桩端土出现整体剪切破坏。桩侧土抗剪强度较低，不能阻止滑动土楔形成，桩端土在桩轴线荷载作用下，发生整体剪切破坏，$P\text{-}S$ 曲线可以明确确定破坏荷载。

（3）刺入破坏。桩入土深度较大，或桩周土抗剪强度较均匀，不形成滑动面，发生刺入破坏，大多数情况下 $P\text{-}S$ 曲线没有明显的转折点，有时也有明显转折点（破坏荷载）。

3.9　答：列表概括桩的几种有代表性的弹性地基梁计算方法（表答 3.9）。

表答 3.9

| 计 算 方 法 | 图　　号 | 地基系数随深度分布 | 地基系数 $C$ 表达式 | 说　　明 |
|---|---|---|---|---|
| $m$ 法 | 4.50 (a) | 与深度成正比 | $C=mZ$ | $m$ 为地基土比例系数 |
| $K$ 法 | 4.50 (b) | 桩身第一挠曲零点以上抛物线变化，以下不随深度变化 | $C=K$ | $K$ 为常数 |
| $C$ 值法 | 4.50 (c) | 与深度呈抛物线变化 | $C=cZ^{0.5}$ | $c$ 为地基土比例系数 |
| 张有龄法 | 4.50 (d) | 沿深度均匀分布 | $C=K_0$ | $K_0$ 为常数 |

3.10　答：对单桩及单排桩基础的设计计算，首先应根据上部结构的类型，荷载性质与大小，地质与水文资料，施工条件等情况，初步拟定出桩的直径、承台位置、桩的根数及排列等，然后进行如下的计算：

（1）计算各桩桩顶所承受的荷载。

（2）确定桩在最大冲刷线下的入土深度（桩长的确定），一般情况可根据持力层位置、荷载大小、施工条件等初步确定，通过验算再予以修改；在地基土较单一，桩底端位置不易根据土质判断时，也可根据已知条件用单桩容许承载力公式计算桩长。

（3）验算单桩轴向承载力。

（4）确定桩的计算宽度。

（5）计算桩的变形系数。

（6）计算地面处桩截面的作用力，并验算桩在地面或最大冲刷线的横向位移不大于 6cm，然后求算桩身各截面的内力，进行配筋，桩身截面强度和稳定性验算。

（7）计算桩顶位移和墩台顶位移，并进行验算。

（8）弹性桩桩侧最大土抗力是否验算并无统一规定，视情况而定。

3.11　答：图答 3.11。

3.12　答：桩基设计是一个系统工程，包括方案设计与施工图设计。为取得良好的技术与经济效果，通常（尤其是对大桥或特大桥）需作几种方案比较或对拟定方案修正使施工图设计成为方案设计的实施与保证，其设计步骤如下：

（1）现场勘察与试验，勘察报告与设计资料的综合分析研究。

（2）确定桩基础持力层的几种方案。

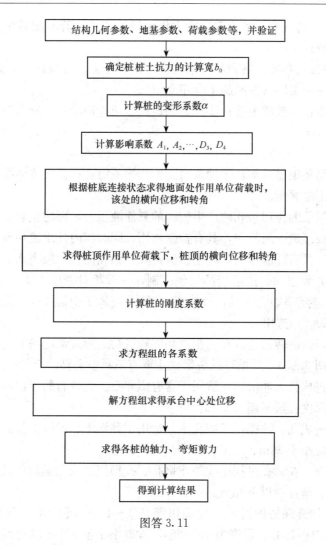

图答 3.11

（3）确定基桩类型的几种方案和桩的尺寸、构造及施工工艺。

（4）确定单桩容许承载力。

（5）确定桩基础形式及承台尺寸、标高和计算承台底面作用力。

（6）确定桩数和平面布置计算和确定参数。

（7）桩顶作用力计算，地面处位移 $x_0$ 验算，桩身内力计算。若不能满足，重新拟定桩数和平面布置计算和确定参数。

（8）验算单桩承载力。若不能满足，重新拟定桩数和平面布置计算和确定参数。

（9）验算群桩基础承载力和必要时验算群桩基础沉降。若不能满足，重新拟定桩数和平面布置计算和确定参数。

（10）桩身强度设计（配筋）。

（11）验算桩身强度、稳定性、裂缝宽度，以及桩顶或墩台顶水平位移。若不能满足，重新拟定基桩类型的几种方案和桩的尺寸、构造及施工工艺。

（12）承台结构强度计算与校核，已确定的形式和尺寸能否满足要求。

（13）几种方案的技术经济比较，能否作出最优选择。若不能满足，重新进行设计资料的综合分析研究。

（14）核对桩数，布置方案和承台结构作出技术上必要的调整，绘制施工图。

3.13　答：主要工序（按照施工顺序介绍）。

（1）准备工作：①放样定位；②准备场地；③埋置护筒；④制备泥浆；⑤安装钻机或钻架。

（2）钻孔。

（3）清孔及吊装钢筋骨架：①抽浆清孔；②掏渣清孔；③换浆清孔。

（4）灌注水下混凝土。

3.14　答：泥浆的作用是孔内产生较大的悬浮液压力，可防止坍孔；泥浆向孔外土层渗漏，孔壁表面形成一层胶泥，具有护壁作用，同时将内外水流切断，能稳定孔内水位。泥浆密度大，具有浮渣作用，利于钻渣排除。钻孔泥浆一般由水、黏土（或膨胀润土，一般 $I_p > 15$）和添加剂按适当的比例配制，一般相对密度 1.1～1.3。其他指标如黏度为 10～25s，含砂率小于 6%，胶体率、pH 等在施工中请按《公路桥梁施工技术规范》（JTJ 041—2000）选用。

3.15　答：（1）旋转钻进成孔。正循环旋转机钻头形式常用的有鱼尾锥、圆柱形钻头、刺猬钻头（图 3.63）。反循环钻头形式主要有三翼空心钻。

（2）冲击钻进成孔。冲击钻孔适用于含有漂卵石、大块石的土层或岩层，也可用于其他土层，成孔深度一般不超过 50m。

（3）冲抓钻进成孔。冲抓钻进成孔主要适用于黏性土、砂性土及夹有碎卵石的砂石土层。成孔深度应小于 30m。

钻孔注意事项：在钻孔过程中应防止坍孔、孔型扭歪或孔偏斜，甚至把钻头埋住或掉进孔内。为此，请注意以下几点。

① 钻进中，始终保持护筒内水位高出筒外 1～1.5m 的水位差和护壁泥浆的要求（泥浆相对密度 1.1～1.3），黏度为 10～25s，含砂率小于 6%，以起到护壁作用，防止坍孔。

② 钻进中，根据土质情况控制钻进速度，调整泥浆稠度，防止坍孔、偏斜、卡钻。

③ 钻孔宜一气呵成，不宜中途停钻。若坍孔严重应回填重钻。

④ 加强成孔情况检查（包括孔径、深度、倾斜、土质等）合格后立即清孔，吊放吊筋笼，浇注混凝土。

3.16　答：（1）关键技术参数。

① 浆液水灰比：应根据土的饱和度和渗透性确定。对于饱和土宜为 0.5～0.7，对于非饱和土宜为 0.7～0.9（松散碎石土、砂砾宜为 0.5～0.6）；低水灰比浆液宜掺加减水剂；地下水流动时，应掺入速凝剂。

② 桩端压浆终止压力：根据土层性质、压浆点深度确定。对于风化岩，非饱和黏性土、粉土宜为 5～10MPa；对于饱和土宜为 1.5～6MPa；软土取低值，密实土取高值。

③ 持荷时间：5min。

④ 压浆流量：不宜超过 75L/min。

⑤ 压浆量：单桩压浆量设计，主要应考虑桩径、桩长、桩端桩侧土层性质、单桩承载力增幅诸因素确定，可按式 $G_c = \alpha_p d$ 计算，其中 $G_c$ 为单桩压浆量（t）；$\alpha_p$ 为压浆系数，取值范围如表答 3.16 所示；$d$ 为桩径。

表答 3.16　压浆系数

| 持力层 | 黏性土、粉土 | 粉砂 | 细砂 | 中砂 | 粗砂 | 砾砂 | 碎石土 |
|---|---|---|---|---|---|---|---|
| 取值范围 | 2.1～2.5 | 2.5～3.2 | 2.4～2.7 | 2.3～2.7 | 3.1～3.8 | 3.1～3.8 | 2.3～2.8 |

（2）后压浆施工要点。

① 确保工程桩施工质量。满足规范对沉渣、垂直度、泥浆密度、钢筋笼制作质量等要求；安装钢筋笼时，确保不损坏压浆管路，下放钢筋笼后，不得墩放、强行扭转和冲撞。

② 压浆管下放过程中，每下完一节钢筋笼后，必须在压浆管内注入清水检查其密封性，若压浆管渗漏必须返工处理，直至达到密封要求。

③ 压浆管接头可采用丝扣或接箍套节焊。必须保证管路密封，以防泥浆进入管内。

④ 压水开塞时，若水压突然下降，表明单向阀已打开，此时应停泵封闭阀门 10～20min，以消散压力。当管内存在压力时不能打开闸阀，以防止承压水回流。

⑤ 压浆工作一般在混凝土浇注完毕后 3～7 天进行；也可根据实际情况，待桩的声测工作结束后进行。

3.17　答：摩擦桩群的工作性状与单桩相比有显著区别，这种群桩不同于单桩工作性状所产生的效应，称为"群桩效应"，它主要表现在对桩基承载力和沉降的影响。

群桩效应是针对摩擦桩群桩基础而言的，当桩距小于 6 倍桩径时，需要考虑群桩效应。

由摩擦桩组成的群桩基础桩底处地基土受到的压力比单桩大，其产生的压缩变形和群桩基础的沉降比单桩大，在桩的承载力方面，群桩基础的承载力绝对不是等于各单桩承载力总和的关系。

3.18　答：高桩承台由于承台位置较高或设在施工水位以上，可减少墩台的圬工数量，可避免或减少水下施工，施工较为方便，且经济，但高桩承台基础刚度较小，在水平力作用下，由于承台及基桩露出地面的一段自由长度周围无土来共同承受水平外力，基桩的受力情况较为不利，桩身内力和位移都将大于在同样水平外力作用下的低桩承台，在稳定性方面低桩承台比高桩承台好。

【习题】

3.1　解：

1）设计资料。

（1）地质与水文资料。如图答 3.1 所示，地基土为密实细砂石，地基土的比例系数 $m = 10\,000\text{kN/m}^4$；地基土的极限摩阻 $q_{ik} =$

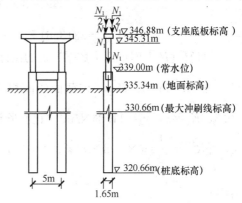

图答 3.1　单排桩算例

70kPa；地基土内摩擦角 $\varphi=40°$；内聚力 $c=0$；地基土容许承载力 $[f_{a0}]=400$kPa；土容重 $\gamma'=11.80$kN/m³（已考虑浮力）；地面标高为 335.34m，常水位标高为 339.6m，最大冲刷线标高为 330.6m，一般冲刷线标高为 335.34m。

（2）墩、桩的尺寸与材料。墩帽顶标高为 346.88m，桩顶标高为 339m，墩柱顶标高为 345.31m；墩柱直径 1.5m，桩直径 1.65m；桩身用 C20 混凝土，其受压弹性模量 $E_h=2.55\times10^4$MPa。

（3）荷载情况。桥面宽 7m，设计等级为公路二级，人行荷载 3kN/m³，两侧人行道各宽 1.5m。上部为 30m 预应力钢筋混凝土梁，单排双柱式桥墩，桩基础采用冲抓锥钻孔灌注摩擦桩基础。

每一根桩承荷载为：两跨恒载反力 $N_1=1876$kN，盖梁自重反力 $N_2=256.5$kN，系梁自重反力 $N_3=76.4$kN，一根墩柱（直径 1.5m）自重 $N_4=279$kN，桩自重每延米 $q=\dfrac{\pi\times1.65^2}{4}\times15=32.1$（kN）（已扣除浮力），重每延米桩重于置换土重的差值 $q'=\dfrac{\pi\times1.65^2}{4}\times(15-11.8)=5.65$（kN）（扣除浮力），两跨活载反力 $N_5=558$kN，一跨活载反力 $N_6=403$kN，车辆荷载反力已按偏心受压原理考虑横向分布的分配影响。

$N_6$ 在顺桥向引起的弯矩 $M=120.9$kN·m，制动力 $H=30$kN。纵向风力：盖梁部分 $W_1=3$kN，对桩顶力臂 7.06m；桩身部分 $W_2=2.7$kN，对桩顶力臂 3.15m。

2）桩长的确定。由于地基土层单一，用确定单桩容许承载力的《公桥基规》经验公式初步反算桩长，该桩埋入最大冲刷线以下深度为 $h$，一般冲刷线以下深度为 $h_3$，则

$$[R_a]=\frac{1}{2}u\sum_{i=1}^{n}q_{ik}l_i+Am_0\lambda\{[f_{a0}]+k_2\gamma_2(h-3)\}=R_a$$

式中：$R_a$——一根桩受到的全部竖向荷载，kN，即

$$R_a=N_1+N_2+N_3+N_4+N5+l_0q+q'h$$
$$=1876+256.5+76.4+279+558$$
$$\quad+(339-330.66)\times32.1+\frac{1}{2}\times5.65\times h$$
$$=3313.61+6.84h$$

计算 $[R_a]$ 时取以下数据：桩的设计桩径 1.65m，冲抓锥成孔直径 1.80m，则桩周长 $U=\pi\times1.80$m$=5.65$m，桩截面的面积 $A=\dfrac{\pi\times(1.65)^2}{4}=2.14$（m²），$\lambda=0.7$，$m_0=0.8$，$K_2=3$，$\gamma_2=11.8$kN/m³（已扣除浮力），$q_{ik}=70$kPa，所以得

$$[R_a]=\frac{1}{2}(\pi\times1.8\times h\times70)+0.7\times0.8\times2.14\times[400+3\times11.8\times(h-3)]$$
$$=3313.61+6.84h$$

所以
$$h=13.14\text{m}$$

现取 $h=13\mathrm{m}$ 进行试算：此时桩底标高为 323.66m，上式计算中 4.68m 为一般冲刷线到最大冲刷线的高度。所以取 $h=13\mathrm{m}$，桩的轴向承载力符合要求。

3）桩的内力及位移计算。

① 确定桩的计算宽度

$$b_1 = kk_f(d+1) = 1.0 \times 0.9 \times (1.65+1) = 2.385(\mathrm{m})$$

② 计算桩的变形系数

$$\alpha = \sqrt[5]{\frac{mb_1}{EI}} = \sqrt[5]{\frac{10\,000 \times 2.385}{0.8 \times 2.55 \times 10^7 \times 0.364}} = 0.317(\mathrm{m}^{-1})$$

式中

$$I = 0.049\,087 \times 1.65^4 = 0.364(\mathrm{m}^4), \quad EI = 0.8E_hI$$

桩的换算深度 $\bar{h} = \alpha h = 0.317 \times 10 = 3.17$（>2.5），所以按弹性桩计算。

③ 计算墩柱顶上外力 $N_i$、$Q_i$、$M_i$ 及最大冲刷线处桩上外力 $N_0$、$Q_0$、$M_0$。盖梁顶的外力（按一跨活载计算）

$$N_i = 1876 + 403 = 2279(\mathrm{kN})$$
$$Q_i = 30\mathrm{kN}$$
$$M_i = 120.9\mathrm{kN} \cdot \mathrm{m}$$

换算到最大冲刷线处

$$N_0 = 2279 + 256.5 + 76.4 + 279 + (3.21 \times 8.34) = 3158.6(\mathrm{kN})$$
$$Q_0 = 30.00 + 3.00 + 2.70 = 35.70(\mathrm{kN})$$
$$M_0 = 120.9 + 30 \times (346.88 - 330.66) + 3 \times 15.4 + 2.7 \times 11.49$$
$$= 684.7(\mathrm{kN} \cdot \mathrm{m})$$

④ 最大冲刷线处桩变位 $x_0$、$\varphi_0$ 计算。已知

$$\alpha = 0.317, \quad EI = 0.8E_cI = 0.8 \times 2.55 \times 10^7 \times 0.364 = 7425.6 \times 10^3(\mathrm{kN} \cdot \mathrm{m}^2)$$

当桩置于非岩石类土且 $\alpha h \geqslant 2.5$ 时，取 $k_h = 0$，$\bar{h} = \alpha h = 0.317 \times 13 = 4.12\mathrm{m} \geqslant 4\mathrm{m}$，按 $\bar{h} = 4\mathrm{m}$ 计算查表得：$A_2 = -6.533\,16$；$B_2 = -12.158\,10$；$B_2 = -3.766\,47$；$A_3 = -1.614\,28$；$B_3 = -11.730\,66$；$C_3 = -17.9186$；$D_3 = -15.075\,58$；$A_4 = 9.243\,68$；$B_4 = -0.357\,62$；$C_4 = -15.6105$；$D_4 = -23.1404$。

a. $H_0 = 1$ 作用时

$$\delta_{HH}^{(0)} = \frac{1}{\alpha^3 EI} \times \frac{(B_3D_4 - B_4D_3) + k_h(B_2D_4 - B_4D_2)}{(A_3B_4 - A_4B_3) + K_h(A_2B_4 - A_4B_2)}$$

$$= \frac{1}{0.317^3 \times 7425.6 \times 10^3}$$

$$\times \frac{[(-11.730\,66) \times (-23.1404) - (-0.357\,62) \times (-15.0755)] + 0}{[(-1.614\,28) \times (-0.357\,62) - 9.243\,68 \times (-11.730\,66)] + 0}$$

$$= 10.319 \times 10^{-6}(\mathrm{m})$$

$$\delta_{MH}^{(0)} = \frac{1}{\alpha^2 EI} \times \frac{(A_3D_4 - A_4D_3) + k_h(A_2D_4 - A_4D_2)}{(A_3B_4 - A_4B_3) + k_h(A_2B_4 - A_4B_2)}$$

$$= \frac{1}{0.317^2 \times 7425.6 \times 10^3}$$

$$\times \frac{[(-1.614\,28) \times (-0.357\,62) - (-9.243\,68) \times (-15.0755)] + 0}{[(-1.614\,28) \times (-0.357\,62) - 9.243\,68 \times (-11.730\,66)] + 0}$$

$$= 2.173 \times 10^{-6}\,(\text{m})$$

b. $M_0 = 1$ 作用时

$$\delta_{HM}^{(0)} = \delta_{MH}^{(0)} = \frac{1}{\alpha^2 EI} \times \frac{(B_3 C_4 - B_4 C_3) + k_h (B_2 C_4 - B_4 C_2)}{A_3 B_4 - A_4 B_3 + k_h (A_2 B_4 - A_4 B_2)}$$

$$= \frac{1}{0.317 \times 7425.6 \times 10^3}$$

$$\times \frac{[(-11.730\,66) \times (-15.6105) - (-0.357\,62) \times (-17.9186)] + 0}{[(-1.614\,28) \times (-0.357\,62) - 9.243\,68 \times (-11.730\,66)] + 0}$$

$$= 2.173 \times 10^{-6}\,(\text{rad})$$

$$\delta_{MM}^{(0)} = \frac{1}{\alpha EI} \times \frac{(A_3 C_4 - A_4 C_3) + k_h (A_2 C_4 - A_4 C_2)}{(A_3 B_4 - A_4 B_3) + k_h (A_2 B_4 - A_4 B_2)}$$

$$= \frac{1}{0.317 \times 7425.6 \times 10^3}$$

$$\times \frac{[(-1.614\,28) \times (-15.6105) - 9.243\,68 \times (-17.9186)] + 0}{[(-1.614\,28) \times (-0.357\,62) - 9.243\,68 \times (-11.730\,66)] + 0}$$

$$= 0.743 \times 10^{-6}\,(\text{rad})$$

$$x_0 = H_{(0)} \delta_{HH}^{(0)} + M_0 \delta_{HM}^{(0)}$$

$$= 35.7 \times 10.319 \times 10^{-6} + 684.7 \times 2.173 \times 10^{-6}$$

$$= 1.856\,(\text{mm}) \leqslant 6\text{mm}(\text{符合 } m \text{ 法要求})$$

$$\varphi_0 = -(H_0 \delta_{MH}^{(0)} + M_0 \delta_{MM}^{(0)})$$

$$= -(35.7 \times 2.173 \times 10^{-6} + 684.7 \times 0.743 \times 10^{-6})$$

$$= -5.86 \times 10^{-4}\,(\text{rad})$$

⑤ 最大冲刷线以下深度 $z$ 处桩截面上的弯矩 $M_z$ 及剪力 $Q_z$ 为

$$M_z = \alpha^2 EI \left( x_0 A_3 + \frac{\varphi_0}{\alpha} B_3 + \frac{M_0}{\alpha^2 EI} C_3 + \frac{H_0}{\alpha^3 EI} D_3 \right)$$

其中无量纲系数 $A_3$、$B_3$、$C_3$ 及 $D_3$ 由表 3.13 查得，$Q_z$ 值计算列于表 3.14 中，其结果如图 3.54 所示。

$$Q_z = \alpha^3 EI \left( x_0 A_4 + \frac{\varphi_0}{\alpha} B_4 + \frac{M_0}{\alpha^2 EI} C_4 + \frac{H_0}{\alpha^3 EI} D_4 \right)$$

其中无量纲系数 $A_4$、$B_4$、$C_4$ 及 $D_4$ 由表 3.13 查得，$Q_z$ 值计算列于表 3.15 中，其结果如图 3.55 所示。

⑥ 桩柱顶水平位移。由于墩柱、桩身为截面不等，柱、桩截面的刚度比为

$$n = \frac{E_1 I_1}{EI} = \frac{(1.5)^4}{(1.65)^4} = 0.683 \qquad h_1 + h_2 = 6.31 + 8.34 = 14.65\,(\text{m})$$

将以上参数代入计算公式 (3.29b)

$$\Delta_0 = \frac{H}{E_1 I_1}\left[\frac{1}{3}(nh_2^3 + h_1^3) + nh_1 h_2(h_1 + h_2)\right] + \frac{M}{2E_1 I_1}\left[h_1^2 + nh_2(2h_1 + h_2)\right]$$

$$= \frac{30}{0.8 \times 2.55 \times 10^7 \times 0.2485}$$

$$\left[\frac{1}{3}(0.683 \times 8.34^3 + 6.31^3) + 0.683 \times 8.34 \times 6.31(8.34 + 6.31)\right]$$

$$+ \frac{120.90}{2 \times 0.8 \times 2.55 \times 10^7 \times 0.2485}[6.31^2 + 0.683 \times 8.34(2 \times 6.31 + 8.34)]$$

$$= 6.293 \times 10^{-3}(\text{m})$$

则得到桩顶的位移为

$$\Delta = x_0 - \varphi_0(h_2 + h_1) + \Delta_0$$

$$= [1.856 - (-5.86 \times 0.1) \times 14.65 + 6.294] \times 10^{-3} = 16.7(\text{mm})$$

$$[\Delta] = \sqrt[5]{L} = \sqrt[5]{30} = 27.4(\text{mm})$$

所以 $\Delta < [\Delta]$ 符合要求。

4) 桩的配筋及截面抗压承载力复核。

① 截面配筋设计。验算最大弯矩 ($z = 1.23\text{m}$ 处) 截面强度,该处弯矩 $M_0 = 715.73\text{kN} \cdot \text{m}$,计算轴向力时恒载荷载安全系数为 1.2,活载为 1.4 计算轴向力 $N_0$ 为

$$N_0 = \left[(3158.6 - 403) + \frac{1}{2}(32.1 \times 1.23) - 70\pi \times 1.8 \times 1.23 \times \frac{1}{2}\right]$$

$$\times 1.2 + 403.00 \times 1.4$$

$$= 3602.48(\text{kN})$$

其中 $M_{\text{max}}$ 未考虑荷载安全系数的影响,仍用原位置数值,配筋验算仅供参考。

桩的直径 1.65m,桩的计算长度 $l_p = 0.7 \times \left(345.31 - 339.00 + \frac{4.0}{0.317}\right) = 13.250$ (m),结构重要性系数 $\gamma_0 = 1$;拟采用 C20 混凝土,$f_{cd} = 9.2\text{MPa}$;HRB335 钢筋,$f'_{sd} = 280\text{MPa}$,混凝土保护层厚度取 60mm,拟采用 $\phi$22 (外径 24mm) 钢筋,则

$$\gamma_s = \frac{1650}{2} - \left(60 + \frac{24}{2}\right) = 753(\text{mm}), \qquad g = \frac{\gamma_g}{\gamma} = \frac{753}{825} = 0.913$$

桩的长细比:$l_p/D = 13\,250/1650 = 8.03 > 4.4$,应考虑偏心矩增大系数 $\eta$。

$$\eta = \left[1 + \frac{1}{1400\frac{e_0}{h_0}}(l_p/h)^2 \xi_1 \xi_2\right]$$

式中

$$e_0 = \frac{M_0}{N_0} = \frac{715.73}{3002.48} = 0.238(\text{m}), h_0 = \gamma_s + \gamma = 0.753 + 0.825 = 1.578(\text{m})$$

$$\xi_1 = 0.2 + 2.7\frac{e_0}{h_0} = 0.2 + \frac{2.7 \times 0.238}{1.578} = 0.607 < 1$$

$$\xi_2 = 1.15 - \frac{0.01 lp}{h} = 1.15 - \frac{0.01 \times 13.25}{1.65} = 1.07 > 1$$

取 $\xi_2 = 1$，则

$$\eta = \left[ 1 + \frac{1}{1400 \times \dfrac{0.238}{1.578}} \left( \frac{13.25}{1.65} \right)^2 \times 0.607 \times 1 \right] = 1.185$$

计算偏心距

$$e'_0 = \eta e_0 = 0.238 \times 1.185 = 0.282 = 282(\text{mm})$$

② 采用查表法计算。假设 $\xi = 0.25$，查《公桥预规》附表得系数

$$A = 0.4473, \quad B = 0.3411, \quad C = -1.2348, \quad D = 1.6012$$

配筋率

$$\rho = \frac{f_{cd}}{f'_{sd}} \times \frac{B_r - A \eta e_0}{C \eta e_0 - Dgr} = \frac{9.2}{280} \times \frac{0.3411 \times 825 - 0.4473 \times 282}{-1.2348 \times 282 - 1.6012 \times 0.913 \times 825} = -0.0033$$

即说明配筋满足构造要求。

③ 求轴向设计值为

$$N_{du} = A \gamma^2 f_{cd} + C \cdot \rho \gamma^2 f'_{sd}$$

$$= 0.4473 \times 825^2 \times 9.2 + (-1.2348) \times (-0.003\,28) \times 825^2 \times 280 = 357.736(\text{kN})$$

与设计值 3602.48kN 相差 0.8%，所以桩基只按构造要求配筋。根据规范要求，选配 $20\phi22$，钢筋截面面积 $A_s = 7602\text{m}^2$。

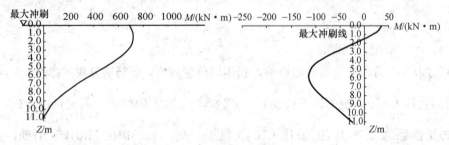

图答 3.19　桩身的内力

3.2　解：由于地基土层单一，用确定单桩容许承载力公式初步反算桩长，该桩埋入最大冲刷线以下深度为 $h$，一般冲刷线下深度为 $h_3$，则

$$[R_a] = \frac{1}{2} u \sum_{i=1}^{n} q_{ik} l_i + A_p q_r = \frac{1}{2} u \sum_{i=1}^{n} q_{ik} l_i + A_P \{ m_0 \lambda [f_{a0}] + k_2 \gamma_2 (h - 3) \}$$

式中：$[R_a]$——一根桩受到的全部竖直荷载，kN。

其余符号同前，最大冲刷线以下（入土深度的桩重的一半作外荷载计算）。

1) 计算 $[R_a]$ 时取以下数据

桩的设计桩径 1.6m，桩周长 $u = \pi \times 1.6 = 5.027$（m），$A = \dfrac{\pi \times (1.6)^2}{4} = 2.011$（$\text{m}^2$）

$\lambda = 0.7$，$k_2 = 4$，$\gamma' = 10.5\text{kN/m}^3$，$m_0 = 0.7$，$q_{ik} = 55\text{kPa}$，所以得

$$[R_a] = \frac{1}{2} u \sum_{i=1}^{n} q_{ik} l_i + A_p q_r = \frac{1}{2} u \sum_{i=1}^{n} q_{ik} l_i + A_p \{ m_0 \lambda [f_{a0}] + k_2 \gamma_2 (h-3) \}$$

$$= \frac{1}{2} \times 5.027 \times 55 \times (h-9.4) + 2.011$$

$$\times [0.7 \times 0.7 \times 380 + 4 \times 10.5 \times (h-9.4-3)]$$

当两跨活载时

$$P = N_1 + N_2 + N_3 + N_4 + N_5 + l_0 q + \frac{1}{2} qh$$

$$= 1359.34 + 418 + 145.35 + 220.78 + 652.52 + 9.4 \times 30.16 + \frac{1}{2} \times 30.16 \times (h-9.4)$$

使 $[R_0] = P$，解之得 $h = 23.429 \mathrm{m}$，其中 $9.4 \mathrm{m}$ 为最大冲刷线以上的高度。

现取 $h = 24 \mathrm{m}$ 设计，即最大冲刷线下桩长为 $14.6 \mathrm{m}$，由上式验算知桩的轴向承载能力满足要求。

2）桩的内力计算

(1) 确定桩的计算宽度 $b_1$

$$b_1 = k k_f (d+1) = 1.0 \times 0.9 (1.6+1) = 2.34 \ (\mathrm{m})$$

(2) 计算桩的变形系数 $\alpha$

$$\alpha = \sqrt[5]{\frac{m b_1}{EI}} = \sqrt[5]{\frac{m b_1}{0.8 E_c I}} = \sqrt[5]{\frac{15\,000 \times 2.34}{0.8 \times 2.81 \times 10^7 \times 0.3217}} = 0.344\,76 (\mathrm{m}^{-1})$$

桩的换算深度 $\bar{h} = \alpha h = 0.344\,76 \times 24 = 8.27 \ (>2.5)$，所以可以按弹性桩计算。

(3) 计算桩顶上外力 $P_i$、$Q_i$、$M_i$ 及最大冲刷线处桩上 $P_0$、$Q_0$、$M_0$。根据 JTG D63—2007，恒载安全系数为 $1.2$，活载系数为 $1.4$，则桩顶外力（按一跨活载计算）如图 3.3 所示。

$$N_i = \gamma_0 (1.2 \times N_1 + 1.4 \times N_6 = 1.2 \times 1359.34 + 1.4 \times 421.34) = 2221.08 (\mathrm{kN})$$

$$H_i = \gamma_0 (T \times 1.4) = 90 \times 1.4 = 126.00 (\mathrm{kN})$$

$$M_i = \gamma_0 (M \times 1.4) = 132.68 \times 1.4 = 185.75 (\mathrm{kN \cdot m})$$

换算到最大冲刷线处

$$N_0 = \gamma_0 [N_i + (N_2 + N_3 + N_4 + l_0 \times q) \times 1.2]$$

$$= 2221.08 + (418 + 145.38 + 220.78 + 9.4 \times 30.16) \times 1.2 = 3502.24 (\mathrm{kN})$$

$$H_0 = \gamma_0 [H_i + (W_1 + W_2) \times 1.2] = 126.00 + (3.45 + 2.75) \times 1.4) = 134.68 (\mathrm{kN})$$

$$M_0 = \gamma_0 [M_i + (T \times 7.367 + W_1 \times 6.45 + W_2 \times 2.85) \times 1.4]$$

$$= 185.75 + [90 \times (7.367 + 5.2) + 3.45 \times (6.45 + 5.2) + 2.75 \times (2.85 + 5.2)] \times 1.4$$

$$= 1856.45 (\mathrm{kN \cdot m})$$

(4) 地面以下深度 $Z$ 处桩身截面上的弯矩 $M_z$ 与剪力 $Q_i$

已知作用于最大冲刷线处的外力为

$$N_0 = 3502.24 \mathrm{N}, \quad H_0 = 134.68 \mathrm{kN}, \quad M_0 = 1856.45 \mathrm{kN \cdot m}$$

① 桩身弯矩

$$M_z = \frac{H_0}{\alpha} \cdot A_m + M_0 B_m$$

其中的无量纲系数 $A_m$、$B_m$ 可根据 $\alpha h = 4.0$ ($\alpha h > 4.0$) 和 $\alpha Z$ 由有关表格查取，计算如表 2.1 所示，其结果示于图 3.13 中。

表答 3.17 桩身弯矩 $M_z$ 计算

| $Z/m$ | $\overline{Z}=\alpha Z$ | $\overline{h}=\alpha h$ | $A_m$ | $B_m$ | $\dfrac{H_0}{\alpha}A_m$ /(kN·m) | $M_0 B_m$ /(kN·m) | $M_z$ /(kN·m) |
|---|---|---|---|---|---|---|---|
| 0.00 | 0 | 4.0 | 0 | 1 | 0 | 1856.45 | 1856.4500 |
| 0.29 | 0.1 | 4.0 | 0.099 60 | 0.999 74 | 38.9086 | 1855.967 | 1894.8759 |
| 0.58 | 0.2 | 4.0 | 0.196 96 | 0.998 06 | 76.942 14 | 1852.848 | 1929.7906 |
| 1.16 | 0.4 | 4.0 | 0.377 39 | 0.986 17 | 147.4269 | 1830.775 | 1978.2022 |
| 1.74 | 0.6 | 4.0 | 0.529 38 | 0.958 61 | 206.8015 | 1779.612 | 1986.4131 |
| 2.32 | 0.8 | 4.0 | 0.645 61 | 0.913 24 | 252.2066 | 1695.384 | 1947.5910 |
| 2.90 | 1 | 4.0 | 0.723 05 | 0.850 89 | 282.4584 | 1579.635 | 1862.0932 |
| 3.48 | 1.2 | 4.0 | 0.761 83 | 0.774 15 | 297.6078 | 1437.171 | 1734.7786 |
| 4.06 | 1.4 | 4.0 | 0.764 98 | 0.686 94 | 298.8383 | 1275.27 | 1574.1081 |
| 4.64 | 1.6 | 4.0 | 0.737 34 | 0.593 73 | 288.0408 | 1102.23 | 1390.2709 |
| 5.22 | 1.8 | 4.0 | 0.684 88 | 0.498 89 | 267.5474 | 926.1643 | 1193.7117 |
| 5.80 | 2 | 4.0 | 0.614 13 | 0.406 58 | 239.909 | 754.7954 | 994.7044 |
| 6.38 | 2.2 | 4.0 | 0.531 60 | 0.320 25 | 207.6688 | 594.5281 | 802.1969 |
| 7.54 | 2.6 | 4.0 | 0.354 58 | 0.175 46 | 138.5162 | 325.7327 | 464.2489 |
| 8.70 | 3 | 4.0 | 0.193 05 | 0.075 95 | 75.414 71 | 140.9974 | 216.4121 |
| 10.15 | 3.5 | 4.0 | 0.050 81 | 0.013 54 | 19.848 85 | 25.136 33 | 44.9852 |
| 11.60 | 4 | 4.0 | 0.000 05 | 0.000 09 | 0.019 532 | 0.167 081 | 0.1866 |

② 桩身剪力

$$Q_z = H_0 \cdot A_q + \alpha M_0 B_q$$

其中的无量纲系数 $A_q$、$B_q$ 同理可由有关表格查取，计算如表答 3.18 所示，其结果示于图 3.14 中。

表答 3.18 桩身剪力 $Q_z$ 计算

| $Z/m$ | $\overline{Z}=\alpha Z$ | $\overline{h}=\alpha h$ | $A_Q$ | $B_Q$ | $H_0 A_Q$/kN | $\alpha M_0 B_0$/kN | $Q_z$/kN |
|---|---|---|---|---|---|---|---|
| 0.00 | 0 | 4.0 | 1 | 0 | 134.68 | 0 | 134.680 0 |
| 0.29 | 0.1 | 4.0 | 0.988 33 | −0.007 53 | 133.1083 | −4.819 42 | 128.2889 |
| 0.58 | 0.2 | 4.0 | 0.955 51 | −0.027 95 | 128.6881 | −17.8888 | 110.7993 |
| 1.16 | 0.4 | 4.0 | 0.838 98 | −0.095 54 | 112.9938 | −61.1484 | 51.8454 |
| 1.74 | 0.6 | 4.0 | 0.674 86 | −0.181 91 | 90.890 14 | −116.428 | −25.5377 |
| 2.32 | 0.8 | 4.0 | 0.485 22 | −0.270 87 | 65.349 43 | −173.365 | −108.0154 |
| 2.90 | 1 | 4.0 | 0.289 01 | −0.350 59 | 38.923 87 | −224.388 | −185.4641 |
| 3.48 | 1.2 | 4.0 | 0.101 53 | −0.413 35 | 13.674 06 | −264.556 | −250.8822 |
| 4.06 | 1.4 | 4.0 | −0.065 86 | −0.454 86 | −8.870 02 | −291.124 | −299.9939 |
| 4.64 | 1.6 | 4.0 | −0.205 55 | −0.473 78 | −27.6835 | −303.233 | −330.9167 |
| 5.22 | 1.8 | 4.0 | −0.313 45 | −0.471 03 | −42.2154 | −301.473 | −343.6886 |
| 5.80 | 2 | 4.0 | −0.388 39 | −0.449 14 | −52.3084 | −287.463 | −339.7713 |
| 6.38 | 2.2 | 4.0 | −0.431 74 | −0.411 79 | −58.1467 | −263.558 | −321.7046 |
| 7.54 | 2.6 | 4.0 | −0.436 51 | −0.307 32 | −58.7892 | −196.694 | −255.4831 |
| 8.70 | 3 | 4.0 | −0.360 65 | −0.190 52 | −48.5723 | −121.938 | −170.5108 |
| 10.15 | 3.5 | 4.0 | −0.199 75 | −0.016 72 | −26.9023 | −10.7013 | −37.6036 |
| 11.60 | 4 | 4.0 | −0.000 02 | −0.000 45 | −0.002 69 | −0.288 01 | −0.2907 |

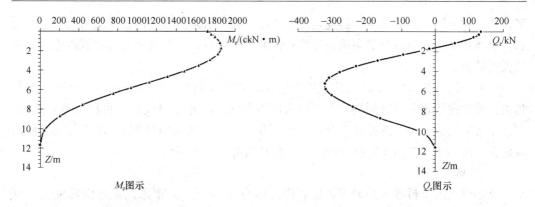

$M_z$图示　　　　　　　　　$Q_z$图示

### 第四章　沉井与沉箱基础

4.1　答案要点：

定义：把事先在地面上制成的井筒状或箱状结构作为基坑坑壁的支撑，利用机械或人工方法清除井内土石，并借助自重或添加压重等措施使其下沉至设计标高，这样形成的构造物称为沉井或沉箱。简而言之，上下敞口带刃脚的空心井筒状结构，依靠自重或配以助沉措施下沉至设计标高处，以井筒作为结构的基础成为沉井基础。

特点：沉井作为建造地下工程构筑物或深基础的一种方法，与其他方法相比，具有十分明显的特点：

（1）埋深较大，整体性强，稳定性好，承载能力高，能承受较大的垂直和水平荷载。

（2）技术上比较稳妥可靠，施工操作简便。

（3）适用土质范围广，如淤泥土、砂土、黏土、砂砾等土层均可施工。

（4）与其他基础（如桩基础）相比，抗震性好。

（5）内部空间可利用。

当然，沉井基础也存在一些弊端：

（1）施工工期较长。

（2）对粉砂、细砂类土在井内抽水时易发生流砂现象，造成沉井倾斜。

（3）沉井下沉过程中如遇大孤石、树干或井底岩层表面倾斜过大，将给施工带来一定困难。

适用场合：沉井在深基础或地下结构中应用较为广泛。如大型桥梁的墩台基础、港口基础、地下泵房、水池、油库、矿用竖井及大型设备的基础、高层超高层建筑物的基础等。

4.2　答案要点：刃脚、井壁、隔墙、井孔、射水孔、封底混凝土、顶盖等部分组成。

（简述略）

4.3　答：沉井作为实体基础来计算，首先要根据荷载大小、水文地质条件及各土层的工程特性等拟定出沉井的轮廓尺寸；然后验算沉井基底承载力、偏心滑动及倾覆稳定等内容以满足工程要求。

4.4　答：从制作、拆垫下沉直到竣工后开通运营，沉井在施工中各不同阶段，各部位均受到不同外力的作用。因此，沉井的结构强度必须按照各阶段的受力情况进行验算。具体包括：底节沉井竖向破裂计算；沉井刃脚计算；井壁受力计算；混凝土封底及顶盖的验算。

4.5　答：空气幕下沉法又称壁后压气法、空气喷射法、空气膜法等。该法工作原理为：通过向预埋在井壁周围的管组输入压缩空气，由井壁喷气孔（也称气龛）喷出，在水下形成气泡，再沿外井壁上升，形成一圈气压层（成为空气幕），使其周围土松动或液化，减小了井壁与土体间的摩阻力，促使沉井顺利下沉。

4.6　解：

某桥梁一近岸桥墩为圆端形，墩底设计标高为－0.3m，拟采用矩形钢筋混凝土沉井基础。

以墩址处河床为相对标高零点，即河床标高为 0.00m，则河流洪水位 1.90m，最低水位 0.4m，施工时水位 1.40m。河床冲刷线标高为－1.0m，局部冲刷线标高－4.00m。墩址处各土层资料见表答 4.1。

表答 4.1　各土层主要参数

| 土层名称 | 层厚/m | 重度/(kN/m³) | 内摩擦角/(°) | 土与井壁摩阻力/kPa | 地基系数 $m$ $(m_0)$/(MN/m⁴) | 基本承载力 $[f_{a0}]$/kPa |
|---|---|---|---|---|---|---|
| 粉砂 | 4.00 | 19.0 | 26 | 11.0 | 5 | |
| 黏砂土 | 10.00 | 20.0 | 26 | 13.0 | 20 | |
| 密实砂夹卵石 | | 21.0 | 35 | 16.0 | 50 (50) | 550 |

沉井材料为钢筋混凝土，除第二节以上井壁混凝土等级采用 C15 外，其余均为 C20。沉井沉至设计标高后，以水下混凝土封底，井口填以砂石，顶盖为厚 1.50m 的钢筋混凝土板。按《公路桥涵地基与基础设施规范》（JTG D63—2007）及《公路钢筋混凝土及预应力混凝土桥涵设计规范》（JTG D62—2004）等进行设计计算。

上部桥梁结构传递给墩底的荷载有多种组合，本算例中以低水位时二孔荷载（荷载组合Ⅱ）作为验算对象。其中，双孔上部结构恒载、活载及墩身自重等产生的墩底竖向力 $N=16\,033.0$kN，两者在墩底产生的总弯矩 $M=12\,583.9$kN·m，其余荷载组合从略。

（1）初步设计。

① 沉井高度 $H$。

a. 根据墩底标高要求，沉井顶部标高为－0.30m。按水文条件，局部冲刷深度 $h_m=4.02$m，而根据规定，大、中桥基础埋深应大于等于 2m，故沉井所需高度为

$$H=(4.00-0.30)+2.0=5.70(\text{m})$$

然而，若按此深度沉井底部将位于黏砂层内，而该层从其力学性能指标来看，并非理想地基持力层。

b. 按土质条件。井底应进入密实的砂卵石层并考虑 2.0m 的安全度，则

$$H=4.00-0.30+10.00+2.0=15.70(\text{m})$$

c. 按地基承载力。沉井底面位于密实的砂卵石层为宜。

综上所述，拟取深井高度 $H=16.00$m，井顶标高－0.30m，井底标高－16.30m。

按施工与构造要求,将沉井分为三节施工,第一节为 6.0m,第二、第三节均为 5.0m。

② 沉井平面尺寸。考虑到桥墩形式,采用矩形沉井(也可采用圆端形沉井)。

矩形边长 8.2m 宽 4.9m,第一节井壁厚度 $\lambda=1.2m$,第二、第三节厚度 1.1m。隔墙厚 $\delta=0.8m$。为减小下沉阻力与方便取土清孔,沉井及两井孔四角均做成圆角,拟用筑岛法施工。

刃脚踏面宽度 0.15m,刃脚高 1.20m,则内侧倾角 $\theta=\arctan(1.20/1.05)=48.8°>45°$。

(2) 荷载计算。

① 上部荷载传递的荷载。上部桥梁结构传递给墩底的荷载有多种组合,本算例中以低水位时(荷载组合Ⅱ)作为验算对象。其中,双孔上部结构恒载、活载及墩身自重等产生的墩底竖向力 $N=16\ 033.0kN$,两者在墩底产生的总弯矩 $M$ 为 12 583.9kN・m。其余荷载组合从略。

② 沉井自重。沉井自重为各组成部分自重之和,按上述初步拟定的沉井初步几何尺寸对其各部分的体积及自重计算如下:

顶盖重 $G_1=892.5kN$(重度取 25.0kN/m³);

封底混凝土重 $G_2=1340.2kN$(重度取 23.0kN/m³,厚度取 3.7m);

井孔填料重 $G_3=2566.3kN$[砂石重度 20.0kN/m³,填料高度 16.0−3.7−1.5=10.8(m)];

刃脚与井壁重 $G_4=9203.8kN$(刃脚与底节井壁重度取 25.0kN/m³,其余 23.0kN/m³);

沉井自重 $G$ 为

$$G=G_1+G_2+G_3+G_4=14\ 000.8(kN)$$

沉井受浮力 $G'$ 为

$$G'=\left[\left(8.2\times4.9-\frac{0.5^2}{2}\times4\right)\times6.0+\left(8.0\times4.7-\frac{0.5^2}{2}\times4\right)\times10.0\right]\times10.0$$
$$=6090.8(kN)$$

故考虑浮力时沉井的自重 $G''$ 为

$$G''=G-G'=14\ 000.8-6090.8=9710.0(kN)$$

(3) 下沉验算。此时,沉井自重只包含刃脚、井壁及隔墙重,即 $G=G_4=9203.8kN$。

因前已计算得到刃脚与底节井壁体积为 152.42m³,第二、第三节井壁体积为 234.49m³,故沉井浮力为

$$G'=(152.42+234.49)\times10.0=3869.1(kN)$$

土与井壁间平均单位面积摩阻力

$$T_m=\frac{11.0\times3.7+13.0\times10.0+\times16.0\times2.3}{16.0}=12.97(kN/m^2)$$

沉井井壁所受总摩阻力

$$T=[2\times(8.2+4.9)\times6.0+2\times(8.0+4.7)\times10.0]\times12.97=5333.3(kN)$$

则排水下沉时

$$G=9203.8kN>T=5333.3kN \quad (满足要求)$$

不排水下沉时

$$G - G' = 9203.8 - 3869.1 = 5334.7 \text{（kN）} > T = 5333.3 \text{kN （也满足要求）}$$

（4）整体基础验算。

① 基底应力验算。沉井自局部冲刷线至井底的埋深：$h = 16.3 - 4.0 = 12.3$（m）；基础宽度：$d = 4.9$m；底面积：$A_0 = 8.2 \times 4.9 - 0.5 \times 0.5^2 \times 4 = 39.68$（m²）；

井底截面抵抗矩 $W = 31.75$m³；总竖向荷载 $N = 23951.2$kN；总水平荷载 $H = 890.0$kN；总弯矩　　　$M = 12563.9 + 890.0 \times 16.0 = 26803.9$（kN·m）

沉井基础侧面的地基比例系数按规范规定的双层地基当量 $m$ 值计算，即将双层地基的地基比例系数按深度进行加权换算，使换算前后地基比例系数面积相等。

$$m = \frac{m_1 h_1^2 + m_2 h_2^2 (2h_1 + h_2)}{h^2} = \frac{2000 \times 10^2 + 50\,000 \times 2.3 \times (2 \times 10 + 2.3)}{12.3^2}$$

$$= 301\,070.5 (\text{kN/m}^4)$$

则

$$C_h = mh = 30170.5 \times 12.3 = 371\,097.2 (\text{kN/m}^3)$$

而根据规范，当 $h > 10$m 时，一般取 $C_0 = m_0 h = 50\,000 \times 12.3 = 615\,000.0$（kN/m³），故基础设计宽度

$$b_1 = b + 1 = 8.2 + 0.1 = 8.3 \text{（m）}$$

又

$$\lambda = M/H = 26\,803.9/890.0 = 30.12(\text{m})$$

故

$$A = \frac{b_1 \beta h^3 + wd}{2\beta (3\lambda - h)} = \frac{8.3 \times 0.6 \times 12.3^3 + 18 \times 31.75 \times 4.9}{2 \times 0.6 \times (3 \times 30.12 - 12.3)} = 128.83 \text{（m}^2\text{）}$$

基地边缘处的压应力可按基底位于非岩石地基上考虑，计算如下为

$$\left.\begin{array}{c}\sigma_{max} \\ \sigma_{min}\end{array}\right. = \frac{N}{A_0} \pm \frac{3Hd}{A\beta} = \frac{23\,493.0}{39.68} \pm \frac{3 \times 890.0 \times 4.9}{128.83 \times 0.6} = 603.4 \pm 169.3 = \begin{cases} 772.7(\text{kPa}) \\ 434.1(\text{kPa}) \end{cases}$$

井底地基土为密实砂夹卵石，根据规范可按下式计算地基容许承载力 $[\sigma]$

$$[\sigma] = [\sigma_0] + k_1 \gamma_1 (b - 2) + k_2 \gamma_3 (h - 3)$$

由土层资料及规范经验表格等查得：$[\sigma_0] = 550$kPa，$k_2 = 6$；又 $b = 4.9$m，一般冲刷线至基底的距离 $h = 16.3 - 1.0 = 15.3$（m）$< 4b = 4 \times 4.9 = 19.6$（m）。而土重

$$\gamma_1 = 21.0 - 10.0 = 11.0(\text{kN/m}^3)$$

$$\gamma_2 = \frac{9.0 \times 3.0 + 10.0 \times 10.0 + 11.0 \times 2.3}{3.0 + 10.0 + 2.3} = 10.0(\text{kN/m}^3)$$

因荷载组合时考虑了其他可变荷载，承载力可提高 25%，即基底土容许承载力为

$$[\sigma] = 1.25 \times \{[\sigma_0] + k_1 \gamma_1 (b - 2) + k_2 \gamma_2 (h - 3)\}$$

$$= 1.25 \times \{550 + 4 \times 11.0 \times (4.9 - 2) + 6 \times 10.0 \times (15.3 - 3)\}$$

$$= 1769.5(\text{kPa}) > 772.7\text{kPa}$$

满足要求。

② 土体横向抗力验算。将上述已获得的有关计算参数代入公式，得沉井转动中心位置为

$$Z_0 = \frac{0.6 \times 8.3 \times 12.3^2 \times (4 \times 30.12 - 12.3) + 6 \times 4.9 \times 31.75}{2 \times 0.6 \times 8.3 \times 12.3 \times (3 \times 30.12 - 12.3)} = 8.62 (\text{m})$$

可得两控制位置 $z = h/3$ 与 $z = h$ 处井壁水平向压应力为

$$\sigma_{\frac{h}{3}x} = \frac{6H}{Ah} z(z_0 - z)\Big|_{z=\frac{h}{3}} = \frac{6 \times 890.0}{12.83 \times 12.3} \times \frac{12.3}{3} \times \left(8.62 - \frac{12.3}{3}\right) = 62.5 (\text{kPa})$$

$$\sigma_{hx} = \frac{6H}{Ah} z(z_0 - z)\Big|_{z=h} = \frac{6 \times 890.0 \times 12.3}{12.83 \times 12.3} \times (8.62 - 12.3) = 152.5 (\text{kPa})$$

根据表所提供的土参数，取土体的平均重度与平均抗剪强度指标为

平均重

$$\gamma = \frac{10.0 \times 10.0 + 11.0 \times 2.3}{12.2} = 10.2 \ (\text{kN/m}^3)$$

平均内摩擦角

$$\varphi = \frac{26.0 \times 10.0 + 35.0 \times 2.3}{12.3} = 27.7°$$

平均黏聚力

$$c = 0$$

修正系数式（3.6）和式（3.7）可得土体极限横向抗力为

$z = \dfrac{h}{3}$ 时，$\left[\sigma_{\frac{h}{3}x}\right] = 1.0 \times 1.0 \times \dfrac{4}{\cos 27.7°} \times \left(\dfrac{10.2 \times 12.3}{3} \times \tan 27.7° + 0\right) = 99.2$

(kPa) $> 62.5\text{kPa}$

$z = \dfrac{h}{3}$ 时，$\left[\sigma_{hx}\right] = 1.0 \times 1.0 \times \dfrac{4}{\cos 27.7°} \times (10.2 \times 12.3 \times \tan 27.7° + 0) = 297.6$

(kPa) $> 152.5\text{kPa}$

均满足要求，因此计算可以考虑沉井侧面土的弹性抗力。

### 第五章　地下墙基础

5.1　答：地下连续墙基坑支护结构设计的内容有：支护体系的方案技术经济比较和选型；支护结构的强度、稳定和变形计算；基坑内外土体稳定性计算；抗渗流稳定性计算；基坑降水、岩土开挖方法及要求；基坑施工过程监测要求。

5.2　答：地下连续地基础设计应综合考虑工程地质与水文地质、上部结构条件和周边环境要求。基础主要承受上部构造物传递的各种作用。基础设计应保证不发生影响上部结构功能的沉降、水平移动、倾斜等。

5.3　答：由于其平面为闭合框架形式，因此基础具有很大的抗弯刚度。与其他基础形式比较，井筒式地下连续墙有以下特点：

如日本青森大桥斜拉桥塔墩基础——井筒式地下连续墙基础（也称为地下连续墙井箱基础）。完工后的基础好似一个底朝上倒置的箱子。与沉井基础和桩基础相比有以下特点：

（1）从其承受荷载的特性分析，由于地下墙在施工时对周围土层的扰动比下沉沉井时小，加以井箱内留有土芯，箱壁内外均有摩阻力，但基底处和地基接触的承载面积却

比沉井小，故是一种以摩阻力为主的摩擦型基础。因此，在无明显坚硬持力层的情况下，地下墙井箱基础可获得较大的承载力。

（2）地下墙井箱基础的刚度不仅比桩基础大，且比沉井基础也大。在日本的实测对比试验中发现，在水平力作用下地下墙井箱基础的位移和转角都较小。

5.4　答：地下连续墙的施工主要有四个部分，即施工准备、沟槽开挖、墙体浇筑和槽段联结。地下连续墙基础是在泥浆护壁条件下，采用专用的挖槽（孔）设备，沿着基础结构物的周边，在地基中开挖出一个具有一定宽度与深度的槽孔，然后在槽内安放钢筋笼，灌注混凝土，逐个连接形成的连续钢筋混凝土墙体。

### 第六章　特殊土地基

6.1　答：一些土类具有特殊的成分、结构和工程性质，通常把这些具有特殊工程性质的土类称为特殊土。包括软弱土、湿陷性黄土、膨胀性黏土、红土、冻土、地震液化土等。

6.2　答：软土的工程特性包括触变性、流动性、高压缩性、低强度、低透水性和不均匀性等。软土按其地质成因类型可以分为：滨海沉积软土、河滩沉积软土、湖泊沉积软土和谷地沉积软土；软土按其地理分布可以概括为山区软土、内陆软土和沿海软土三大类。

6.3　答：黄土的湿陷性，即黄土在一定的压力下受水浸湿后结构迅速破坏，并发生显著附加下沉的现象，这种现象称为湿陷。三方面：①判定地基土是否为湿陷性；②若是湿陷性土，进一步判定场地是自重湿陷性还是非自重湿陷性；③判定湿陷性黄土地基的湿陷等级。

6.4　答：膨胀土的工程特性指标包括自由膨胀率、膨胀率和收缩系数等。

6.5　答：整理地表排水系统，防止上下水管漏水，不使地基及其附近受水浸湿；降低地下水位，增大临界深度。不宜用盲沟排水来降低地下水位，因为盲沟易被盐分沉淀淤塞而失效；设置毛细水上升的隔断层；当基础埋置在盐渍土以下时，为了防止基础周围盐渍土对基础的影响，可设置防护层，一般不宜采用盐渍土本身来作防护层或垫层。

6.6　答：冻结状态连续保持三年或三年以上者，当温度条件改变时，其物理力学性质随之改变，并产生冻胀、融陷、热融滑塌等现象的土层称为多年冻土。按持续保存时间，冻土可以分为季节性冻土、隔年冻土和多年冻土；按稳定程度，冻土可以分为发展的多年冻土和退化的多年冻土；按平面分布特征，冻土可以分为零星分布多年冻土、岛状分布多年冻土、断续分布多年冻土和整体分布多年冻土；根据压缩变形特性，冻土可以分为坚硬冻土、塑性冻土和松散冻土；按冻结特征，冻土可以分为少冰冻土、多冰冻土、富冰冻土和饱冰冻土。

6.7　答：多年冻土地区基础工程计算的内容包括多年冻土地基基桩承载力计算、多年冻土地区基础抗拔验算和多年冻土融沉量计算。

6.8　答：桥墩基础地震荷载的计算（用反应谱理论计算）：反应谱理论是以大量的强震水平加速度记录为基础，经过动力计算和数理统计分析，按照结构物作为单质点振动体系，在一定的阻尼比条件下，其自振周期与它发生的平均最大水平加速度反应的函数的关系，用曲线表示的图谱——加速度反应谱，以此作为结构物地震反应计算荷载的依据。

桥台、挡墙基础地震荷载的计算（用静力理论计算）：静力理论出发点是认为结构物为刚性，地震时不变形，各部分受到的地震水平加速度与地面相同，也不考虑不同场地土对地震反应的影响。

### 第七章　地基处理

7.1　答：强度及稳定性问题。当地基的抗剪强度不足以支承上部结构的自重及外荷载时，地基就会产生局部或整体剪切破坏。

压缩及不均匀沉降问题。当地基的上部结构的自重及外荷载作用下产生过大的变形时，会影响结构物的正常使用，特别是超过结构物所容许的不均匀沉降时，结构可能开裂破坏。沉降量较大时，不均匀沉降往往也较大。

地基的渗透量超过容许值时，会发生水量损失，或因潜蚀和管涌而可能导致失事。

地震、机械及车辆的振动、波浪作用和爆破等动力荷载可能引起地基土，特别是饱和无黏性土的液化、失稳和震陷等危害。

7.2　答：强夯最初应用时，加固的机理是动力密实，即在冲击型动力荷载作用下，土颗粒相对位移，孔隙中气体被挤出，孔隙减小而致密的过程。强夯法应用于多孔隙、粗颗粒、非饱和土时，主要是基于动力密实的机理。实践中，单锤夯击能量一般为 $1000\sim2000kN\cdot m$，所产生冲切变形在加固深度范围内，土中气体的减少可达到 60%。

强夯法应用于饱和黏性土地基时，加固机理则基于饱和土的动力固结。对于饱和黏性土，伴随着强制压缩和振密，更主要的夯击能量的转化导致：地基土体的液化和结构的破坏；地基土的渗透提高与固结致密；结构强度的触变恢复。

动力置换是采用强夯法将碎石等工程性能良好的透水性材料挤入饱和软黏土（特别是淤泥质土中），起到置换软弱土、形成表面硬壳层和加速固结的双重作用。

7.3　答：换土垫层法是将结构物基底下一定深度的软弱土层挖除，然后回填强度较大、压缩性较小、料源较丰富、价格较便宜且无腐蚀性的砂土、碎石、石渣素土、矿渣以及其他性能稳定的材料。分层夯实到要求的干密度，作为地基的持力层。

换土垫层的作用包括提高地基承载力、减小地基沉降量、加速软土的排水固结、防止冻胀、消除膨胀土的胀缩等。

7.4　答：换土垫层法设计的内容包括垫层的厚度、垫层的宽度、垫层的承载力和沉降量验算等。

7.5　答：根据太沙基固结理论，饱和黏性土固结所需的时间和排水距离的平方成正比。为了加速土层固结，最有效的方法是增加土层排水途径，缩短排水距离。因此，常在被加固地基中置入砂井，塑料排水板等竖向排水体，使土层中孔隙水主要从水平向通过砂井和部分从竖向排出，砂井缩短了排水距离，因而大大加速了地基的固结速率。

加固地基的方法有预压方法和排水方法，其中预压方法有堆载预压法、真空预压法、降低地下水位法等。

7.6　答：

（1）定位。起重机（或塔架）悬吊搅拌机到达指定桩位，对中。当地面起伏不平时，应使起吊设备保持水平。

（2）预搅下沉。待搅拌头的冷却水循环正常后，启动搅拌机电机，放松起重机钢丝绳，使搅拌机沿导向架搅拌切上下沉，下沉的速度可由电机的电流监测表控制。工作电流不应大于 70A。如果下沉速度太慢，可从输浆系统补给清水以利钻进。

（3）制备水泥浆。待搅拌头下沉到一定深度时，即开始按设计确定的配合比拌制水泥浆，待压浆前将水泥浆倒入集料斗中。

（4）提升喷浆搅拌。搅拌头下沉到达设计深度后，开启灰浆泵将水泥浆压入地基中。边喷浆边旋转，同时严格按照设计确定的提升速度提升搅拌头。

（5）重复上、下搅拌。搅拌头提升至设计加固深度的顶面标高时，集料斗中的水泥浆应正好排空。为使土和水泥浆搅拌均匀，可再次将搅拌头边旋转边沉入土中，至设计加固深度后，再将搅拌头提出地面。

（6）清洗。向集料斗中注入适量清水，开启灰浆泵，清洗全部管路中的残存的水泥浆，直至基本干净，并将黏附在搅拌头上的软土清洗干净。

（7）移位。重复上述步骤，再进行下一根桩的施工。

7.7　答：灌浆法是用液压或气压把能凝固的浆液（一般由水泥、粉煤灰或黏土等粒状浆材配制）注入有缝隙的岩土介质或物体中，以改变灌浆对象的物理力学性质，适应各类土木工程的需要。

灌浆的目的包括加固、纠偏、防渗和堵漏四个方面。加固是指提高岩土的力学强度和变形模量，减少地基压缩变形，保证土体稳定性，增强基础与周围岩土介质之间的结合，提高地基承载力。纠偏是指使已发生不均匀沉降的结构物恢复正常位置。防渗是指降低岩土渗透性，减少渗流量，提高抗渗能力。堵漏是指截断岩土中渗透水流。

7.8　答：复合地基的作用机理主要有桩体作用、加速排水固结、挤密作用和加筋作用。

7.9　答：复合地基破坏模式可分为刺入破坏、鼓胀破坏、整体剪切破坏和滑动破坏。

# 主要参考文献

冯忠居. 2001. 基础工程. 北京：人民交通出版社.

葛春辉. 2004. 钢筋混凝土沉井结构设计施工手册. 北京：中国建筑工业出版社.

郭智多. 2006. 桥梁施工便携手册. 北京：中国电力出版社.

李克钏. 2003. 基础工程. 北京：中国铁道出版社.

凌治平，易经武. 2002. 基础工程. 北京：人民交通出版社.

刘自明. 2003. 桥梁深水基础. 北京：人民交通出版社.

上海市政设计研究总院. 2007. 桥梁设计工程师手册. 北京：人民交通出版社.

盛洪飞. 2007. 桥梁墩台与基础工程. 哈尔滨：哈尔滨工业大学出版社.

石明磊，等. 2002. 基础工程. 南京：东南大学出版社.

唐业清，等. 1999. 基坑工程事故分析与处理. 北京：中国建筑工业出版社.

王慧东. 2005. 桥梁墩台与基础工程. 北京：中国铁道出版社.

王晓谋. 2003. 基础工程. 北京：人民交通出版社.

许克宾. 2005. 桥梁施工. 北京：中国建筑工业出版社.

张鸿，刘先鹏. 2005. 特大型桥梁深水高桩承台基础施工技术. 北京：中国建筑工业出版社.

张季超. 1998. 基础工程处理与检测实录. 北京：中国环境科学出版社.

赵明华. 2000. 土力学与基础工程. 武汉：武汉工业大学出版社.

赵明华. 2004. 桥梁地基与基础. 北京：人民交通出版社.

中华人民共和国行业标准. 2000. 公路桥涵施工技术规范（JTG 041—2000）. 北京：人民交通出版社.

中华人民共和国行业标准. 2004. 公路桥涵设计通用规范（JTG D60—2004）. 北京：人民交通出版社.

中华人民共和国行业标准. 2005. 公路圬工桥涵设计规范（JTG D61—2005）. 北京：人民交通出版社.

中华人民共和国行业标准. 2007. 公路桥涵地基与基础设计规范（JTG D63—2007）. 北京：人民交通出版社.